부모교육

이순형 · 민하영 · 권혜진 · 정윤주 · 한유진 · 최윤경 · 권기남 공저

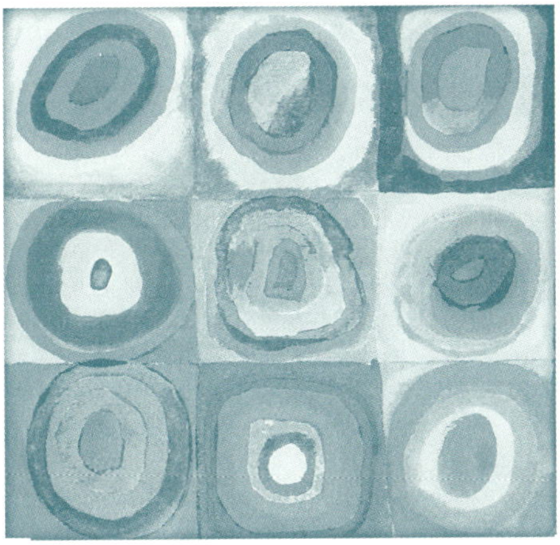

학지사

서 문

'열 손가락 깨물어 안 아픈 손가락이 어디 있겠는가' '고슴도치도 제 새끼가 함함한다면 좋아한다' 는 우리의 속담 안에는 자녀에 대한 부모의 애틋하면서도 절대적인 사랑이 표현되어 있다. 자녀에 대한 부모의 사랑은 애틋하면서 절대적이기 때문에 자녀를 위하는 일이라면 볏짚을 들고 불속에 뛰어드는 것을 마다하지 않을 만큼 무조건적이며 헌신적인 것이 우리 사회 부모들의 자화상일지 모른다.

그러나 중요한 것은 무엇이 자녀를 위하는 것인지, 어떻게 하는 것이 자녀를 위하는 일인지 진실로 알지 못하기 때문에 현대사회의 많은 부모들은 불안해하고 있다. 자녀를 낳고 키우는 부모들의 공통적인 어려움이 자녀양육과 교육이라는 사실에서, 우리 사회의 많은 부모들이 자녀양육에 대해 일련의 두려움과 이를 극복할 수 있는 사회적 도움을 절실히 기대하고 있다는 것을 알 수 있다. 산업화, 도시화 및 세계화에 따라 나타나는 부부 중심의 핵가족화와 저출산, 다문화가족 현상은 부모들이 자신의 부모세대가 사용했던 양육 지식이나 방식을 모델로 하여 자녀를 키우는 것을 어렵게 만들고 있다. 각종 포털 사이트 안에 부모나 양육, 육아 관련 사이트가 수없이 개설되고, 육아전문 방송국이 개국되며, 주요 신문마다 특집으로 자녀양육과 교육에 대한 기획물을 싣는 것 등은 올바른 자녀양육 방법에 대한 부모의 높은 관심과 이를 사회적 지원체계로부터 도움받고 싶어하는 부모의 높은 요구를 단적으로 나타내 주는 사회적 현상이다. 그리고 이러한 사회적 현상은 부모교육의 필요성을 상승시키는 요인이 되고 있다.

부모교육이란 자녀의 성장과 발달에 대한 부모의 이해와 지식을 증진시킴으로써, 부모로서의 역량을 키우고 이를 토대로 부모 스스로 효과적인 자녀양육 방법과 기술을 개발하여 자녀에게 실천하고 적용하도록 지원해 주는 교육적 활동을 의미한다. 따라서 부모교육은 자녀양육과 교육의 문제로 어려움을 겪는 많은 부모들에게 현 사회에 적합한 자녀양육 관련 정보 및 지식, 기술 등을 제공할 수 있는 좋은 기회의 장이라 할 수 있다.

이 책은 '부모교육' 이라는 타이틀을 빌려, 효율적인 부모역할을 하려는 많은 부모들에게 또는 유치원이나 어린이집 등 유아교육기관에서 한정된 시간이지만 효율적인 부모역할을 대리적으로 수행하고자 하는 교사들에게, 가정이나 현장 속에서 실질적으로 도움이 되는 지식과 정보, 기술을 제공한다는 취지 아래 집필이 시작되었다. 그러나 학문적 부족함과 식견의 일천함으로 처음의 취지 의도는 십분 발휘하지도 못한 채 책을 출판하게 되었음을 죄송스럽게 생각한다.

이 책은 주변의 우정 어린 충고와 주의, 조언 그리고 오류에 대한 지적 등을 통해 더욱 좋은 책으로 거듭날 수 있을 것이다. 학문적 소양이 부족함에도 책으로 묶어 출판해 주신 학지사 김진환 사장님과 편집부 여러분께 감사를 드린다.

2010년 2월

저자 일동

차례

▪ 서 문 / 3

제1장 부모교육의 개념과 역사 9

1. 부모교육의 개념 / 9
2. 부모교육의 필요성 / 11
3. 부모교육의 목적 / 14
4. 부모교육의 역사 / 18

제2장 사회 환경의 변화와 부모교육 29

1. 저출산과 부모교육 / 30
2. 이혼율 증가에 따른 가족 해체 현상과 부모교육 / 32
3. 여성 취업률 증가와 부모교육 / 36
4. 다문화가족과 부모교육 / 41
5. 장기분거가족과 부모교육 / 43

제3장 부모됨과 부모태도 45

1. 부모됨 / 46
2. 부모의 양육행동 / 52

제4장 ····· 부모교육의 구성요소 65

1. 아동에 대한 태도 형성 / 65
2. 부모역할 수행에 필요한 지식 제공 / 67
3. 상호작용 기술과 양육 기술 훈련 / 71
4. 부모의 자기이해 및 통찰 / 73

제5장 ····· 영아기 부모역할 75

1. 영아기 발달특성 / 76
2. 영아기 부모의 역할 / 80
3. 영아기 부모역할 적응 사례연습 / 97

제6장 ····· 유아기 부모역할 101

1. 유아기 발달특성 / 102
2. 유아기 부모의 역할 / 111

제7장 ····· 학령기 · 청소년기 부모역할 129

1. 학령기 발달특성 / 129
2. 학령기 부모의 역할 / 132
3. 청소년기 발달특성 / 137
4. 청소년기 부모의 역할 / 144

제8장 ····· 부모교육의 이론 153

1. 정신분석이론 / 154
2. 애착이론 / 163
3. 학습이론 / 169
4. 상호작용론 / 177

제9장 …… 부모교육 프로그램의 유형 및 실행 187

1. 부모교육 프로그램의 유형 / 187
2. 부모교육 프로그램의 실행 / 196
3. 영유아교육기관에서의 부모교육 프로그램 운영실제 / 200

제10장 …… 애착증진 프로그램 219

1. 부모-자녀관계에서 애착의 중요성 / 219
2. 베이비 마사지 / 221
3. 발달놀이치료와 치료놀이 프로그램 / 227
4. 애착증진 프로그램의 연구 / 238

제11장 …… 행동수정 프로그램 241

1. 교육목표 / 241
2. 기본원리 / 242
3. 부모교육의 실제 / 244
4. 부모교육으로서의 유용성 / 255

제12장 …… 의사소통 향상 프로그램 257

1. 부모효율성훈련 프로그램 / 258
2. 체계적 부모효율성훈련 프로그램 / 267
3. 적극적 부모역할훈련 프로그램 / 278

제13장 자기이해 강화 프로그램 287

1. 교류분석 프로그램 / 288
2. MBTI 프로그램 / 304
3. 에니어그램 프로그램 / 313

제14장 자녀 특성별 부모교육 프로그램 331

1. 장애아 가족 / 332
2. 영재아 가족 / 336
3. 환아 가족 / 343
4. 행동발달장애아 가족 / 346

제15장 부모 특성별 부모교육 프로그램 353

1. 맞벌이 가족의 부모교육 / 353
2. 다문화가족의 부모교육 / 360
3. 한부모가족의 부모교육 / 371
4. 재혼가정의 부모교육 / 374

- 참고문헌 / 381
- 찾아보기 / 407

제 1 장

부모교육의 개념과 역사

산업화, 도시화 및 세계화에 따라 나타나는 부부 중심의 핵가족체계, 애정 중심의 가족 기능 변화, 저출산, 다문화 가족의 증가 등과 같은 현대 가족의 특징 역시 자녀를 효율적으로 양육하는 문제를 심각하게 고려하도록 만들고 있다. 이로 인해 현대 사회의 부모들은 더 이상 자신의 부모 세대가 사용했던 양육 지식이나 방식을 모델로 하여 자녀를 키우기 어렵게 되었으며, 양육의 중심 가치와 양육 모델의 부재를 극복하기 위해 사회적 도움을 필요로 하게 되었다. 효율적으로 부모역할을 할 수 있도록 돕기 위해 부모들에게 제공되는 부모교육은 이러한 사회적 요구를 반영한 결과라 할 수 있다(Hamner & Turner, 1985).

1. 부모교육의 개념

'부모되기는 쉬워도 부모 노릇 하기는 어렵다.'는 것은 효율적인 부모역할을 수행하는 것이 그렇게 간단하고 단순한 것이 아님을 의미한다. 단연코 이야기하지만 부모역할은 절대 쉽지 않다. 그러나 무엇을 해야 하고 왜 해야 하는지를 알게 된다면 부모역할은 보다 쉬워질 수 있다. 효율적인 부모역할 방법에 대한 지침을 교육받거나 바람직한 부모역할에 대한 정보나 기술들을 익히는 이유는 부모역할 수행에서 겪는 어려움을 보다 수월하게 만드는 데 도움을 줄 수 있다.

부모교육(parent education)이란 자녀의 성장과 발달에 대한 부모의 이해와 지식을 증진시킴으로써, 부모로서의 역량을 키우고 이를 토대로 부모 스스로 효과적인 자녀양육 방법과 기술을 개발하여 자녀에게 실천하고 적용하도록 지원해 주는 다양한 교육활동을 말한다. 즉 부모의 효율적인 부모역할을 지원하기 위해 부모에게 제공하는 교육활동이라 할 수 있다. 부모교육은 부모역할의 효율적 수행을 위한 교육 차원의 배려라는 점에서 부모됨의 태도나 자녀의 성장 및 발달에 필수적인 요건이라 할 수 있다(Morrison, 1976).

부모교육은 부모훈련(parent training)과 같은 의미로 사용되나 부모치료(paret therapy)와는 개념상 구분된다(Fine, 1980). 부모교육과 부모치료는 부모역할을 잘 수행하기 위해 필요한 정보나 기술을 전달한다는 측면에서 모두 같은 의미를 지닌다. 그러나 부모교육이 효율적인 부모역할에 관심이 있는 불특정 다수를 위한 계몽적 활동이라고 한다면, 부모치료는 부모역할에서 심각한 문제를 지닌 특정 내담자를 위한 치료 활동이라 할 수 있다. 따라서 특정 전문 자격이 없는 사람이라도 스스로 부모교육에 적합하다고 생각하는 사람이라면, 부모역할에 대한 정보와 기술을 배우고자 하는 다수의 사람들에게 부모교육을 일정한 시간 제한을 두고 행할 수 있다. 그러나 부모치료는 정신과 의사나 임상심리학자 등 전문 자격증을 가진 치료자만이 행할 수 있다. 부모치료는 부모교육과 달리 치료자와 내담자와의 개별적 관계로부터 시작하며, 시간 제약 없이 치료자나 내담자 중 어느 한편에서 그 관계를 종결시킬 때까지 지속적으로 이루어진다. 부모교육은 부모치료를 필요로 하는 부모를 발견하는 기회가 되기도 한다(Fine, 1980).

2. 부모교육의 필요성

부모교육이라는 공식적 용어가 사용되지 않았던 인류의 초기에도 자녀양육과 관련하여 부모교육은 존재했다고 볼 수 있다. 아기를 출산하고 양육하고 키우는 과정에서 요구되는 방법과 기술에 대한 지도와 조언은 부모교육의 고전적인 예라 할 수 있다. 부모교육의 역사는 인류의 존재와 더불어 시작되었지만 공식적이고 체계적인 부모교육에 대한 사회적 요구와 필요성은 현대사회에서 더욱 요청되고 있다. 부모교육의 필요성을 요약하면 다음과 같다.

첫째, 부모역할 책임이 증가했다. 과거 전통사회에서는 확대가족 안에서 조부모와 친척들의 공동 작업을 통해 부모역할이 수행되었다면, 현대사회에서는 핵가족 안에서 부부 중심 또는 한부모 중심으로 부모역할이 수행되고 있다. 현대사회의 핵가족 구조는 한곳에 집중된 부모역할을 강조하므로 부모역할에 대한 부담을 더욱 무겁게 만들고 있다. 뿐만 아니라 기혼여성의 취업 증가와 이혼률 증가 같은 사회적 현상은 현대사회의 핵가족 구조와 맞물려 부모역할 수행을 더욱 어렵게 만드는 요인으로 나타나고 있다. 따라서 현대사회의 부모역할은 과거의 부모역할에 비해 좀 더 어려운 환경에 처해 있다고 볼 수 있다. 현대사회의 핵가족 구조는 과거 전통사회의 대가족 안에서 요구되었던 부모역할만으론 충분하지 않기 때문에 새로운 부모역할에 대한 학습이 요구된다.

둘째, 부모역할에 관한 관찰학습의 기회가 적다. 과거 전통사회에서는 확대가족과 혈연 중심의 촌락구성으로 인해 성인이 되어 스스로가 부모가 될 때까지 관찰학습을 통해 부모역할을 간접적으로 학습할 기회가 많았다. 많은 형제의 출산과 더불어 삼촌이나 가까운 친척의 계속된 출산은 끊임없이 어린아이의 성장과 양육의 방법을 관찰할 수 있는 학습의 장이었다. 결국 결혼하여 자신의 자녀를 낳기까지 혈연 중심의 확대가족 안에서 부모역할의 의미와 방법 그리고 기술 등을 익힐 수 있었다.

그러나 현대사회에서는 핵가족화와 소인수 가족으로 인해 아래 형제가 하나이거나 아래 형제 없이 성장하는 비율이 증가하면서 일상 생활 속에서 관찰학습을 통해 부모역할에 대한 지식과 정보를 간접적이나마 습득할 기회조차 충분히 주어지지 않고 있다. 따라서 현대사회 부모들은 부모역할 수행에 직면하여 많은 불안감과 두려움을 느끼고 있으며, 이러한 정서적 긴장을 극복하고 시행착오 없이 부모역할을 수행하기 위해 바람직한 부모역할에 대한 안내와 지도를 교육받고자 한다.

셋째, 부모역할에 대한 체계적인 교육이 거의 제공되지 않고 있어 준비 없이 부모역할을 수행해야 하는 경우가 많다. 중·고등학교 및 대학교와 같은 공식적인 교육기관에서는 현대사회에서 필요로 하는 전문화된 지식 및 기술이나 입시 관련 과목을 중심으로 교육과정을 편성하기 때문에 부모역할에 관한 지식과 정보 그리고 기술에 관한 교육기회는 상대적으로 매우 부족한 편이다. TV, 잡지, 육아 관련 서적 등 다양한 대중매체를 통해 부모역할에 대한 지식과 정보가 제공되지만, 양육과 관련한 단편적인 지식 전달에 치중하기 때문에 체계적인 부모역할의 안내나 지침을 필요로 하는 부모의 사회적 요구를 충분히 충족시키지 못하고 있다.

넷째, 부모역할과 관련한 다양한 정보와 지식으로 인해 바람직한 부모역할에 관한 가치관 형성이 오히려 어렵게 되었다. 과거 전통사회의 부모역할은 분명하고 단일한 가치 속에서 이루어진 반면, 현대사회의 부모역할은 다양한 가치 속에서 제공되고 있다. 바람직한 부모역할에 관한 중심가치 결여는 부모역할을 어떻게 해야 하는지에 대한 선택문제를 제기하고 있다. 현대사회에서 제공하고 있는 바람직한 부모역할에 대한 광범위하고 과도한 지식과 정보는 오히려 부모역할에 대한 자아상을 발달시키는 데 장애가 되고 있다.

다섯째, 아버지들의 자녀양육 참여가 증가하고 있다. 과거 전통사회에서 아버지의 역할은 경제적 자원을 제공하고 사회적 권력을 행사하며 가정에 안정과 보호를 제공하는 도구적 역할자로 간주되었다(Parsons & Bales, 1955). 그러나 핵가족화 및 취업모의 증가, 아동의 성장과 발달에 있어 아버지 역할의 중요성이 학문적으로 검증(Lamb, 1981)되면서 아버지는 자녀양육에 있어 어머니의 중요 동반자 또는 협력자로 간주되고 있다. 그러나 자녀양육에서 적극적 동반자, 협력자 또는 참여자의 역할을 하고자 하는 아버지들의 의지에도 불구하고 현대사회에 적합한 아버지 역할에 대한 지식과 기술 부족으로 아버지의 자녀양육 수행은 어머니의 자녀양육 활동의 보조적 차원을 넘지 못하고 있다. 핵가족화 및 취업모의 증가 외에 남성 한부모 가족이 증가하고 장기분거 가족의 기러기 아빠가 증가하고 있기 때문에 아버지들은 어머니의 자녀양육의 보조자에서 벗어나 보다 적극적이며 새로운 아버지 역할을 해야만 하는 현실에 처해 있다. 자녀양육에서 보다 적극적이며 주도적인 아버지 역할 수행을 위해 아버지를 위한 부모교육이 새롭게 강조되고 있다.

여섯째, 생의 초기 경험에 대한 중요성이 강조되고 있다. 영유아기 및 아동기를 포함하는 생의 초기는 신체적, 인지적, 정서적, 사회적 측면에서 급격한 성장과 발달이 이루어지는 민감한 시기다. 교육학, 심리학의 아동관련 연구를 통해 생의 초기에 경험하는 부모-자녀관계의 질이 자녀의 성인기 사회적응에 중요한 요인으로 지적되면서, 부모역할에 대한 특별한 준비나 훈련 없이 핵가족 안에서 혼자 자녀양육을 책임져야 하는 현대사회의 부모들은 바람직한 부모-자녀관계를 형성할 수 있는 자녀양육방법을 배우고 싶어 한다. 특히 생의 초기 경험이 일생의 기초를 형성한다는 발달의 '기초성', 특정한 발달과업을 성취하는 데는 가장 적절한 시기가 있으며 이를 놓치면 다음 시기에 보완하기 어렵다는 발달의 '적기성' 등과 같은 아동발달에 관한 지식이 보급되면서 이러한 요구를 더욱 상승시키고 있다.

일곱째, 유아교육 기관 및 학교교육 현장에서 가정과의 교육 연계성을 강조하고 있다. 유아교육 기관 및 학교교육 현장에서는 아동의 전인적, 균형적 발달을 도모하기 위해 교육 현장과 가정교육 간에 일관성을 유지하고자 한다. 가정 안에서 부모의 참여나 지원이 이루어지지 않는다면 유아교육 기관 및 학교교육 현장에서의 교육은 실효성을 거두기 어렵기 때문이다. 이를 위해 유아교육 기관 및 학교교육 현장에서는 아동의 발달과 교육에 주된 영향을 미치는 부모에게 아동을 이해하고 돕고 지도하는 데 필요한 지식, 능력, 태도 등을 익히도록 지원하고 도와줌으로써 유아교육 기관 및 학교교육 현장의 교사처럼 부모도 가정 안에서 아동의 건전한 성장과 발달을 자극하고 촉진할 수 있도록 유도하고 있다. 유아교육 기관 및 학교교육 현장과 가정교육 간 일관성 유지는 아동교육에 대한 책임을 기관과 가정이 함께 공유하기 때문에 아동에 대한 교육 효율성을 최대화시킬 수 있는 이점이 있다. 따라서 유아교육 기관 및 학교교육 현장에서는 부모를 대상으로 하는 부모교육을 아동을 대상으로 하는 교육활동만큼이나 중요하게 간주하고 있다.

여덟째, 미래사회에 적응적인 자녀로 양육해야 한다. 현대사회는 급속히 변화하고 있고 변화의 속도는 더욱 가속될 전망이다. 사회화를 담당하는 부모들이 해야 할 일은 자녀들이 미래사회의 사회질서를 따르고 사회발전에 기여할 수 있도록 준비시키는 일이다. 과거에는 부모가 살아온 사회와 자녀가 살아갈 사회가 크게 다르지 않았기 때문에 자녀양육을 담당하는 일은 어려운 일이 아니었다. 그러나 근대산업사회에서 지식정보사회로 급속히 변화하는 현 사회에서 자녀가 살아갈 사회가 어떤 것인지, 자녀에게 어떤 가치와 태도, 기술, 능력을 갖추어야 할지를 예측하는 일은 쉬운 일이 아니다. 그러므로 부모들이 미래사회를 살아갈 자녀들에게 필요한 것이 무엇이고 어떻게 준비시켜야 할지에 도움을 주기 위해 부모교육이 필요하다(한국부모교육학회 편, 1997).

3. 부모교육의 목적

부모교육의 일차적 목적은 부모가 자녀를 이해하고 돕고 지도하는 데 필요한 지식, 능력, 태도 등을 익히도록 하는 데 있다. 자녀의 사회, 정서, 인지, 언어 그리고 신체 발달과 관련된 정보와 지식을 익히고 이를 토대로 발달에 적합한 환경 조성에 관한 지식 및 기술을 습득하게 하며(한국행동과학연구소 편, 1983), 자녀의 성장과 발달을 촉진시키기 위한 부모의 역할을 부모 스스로 인식하고 이를 실천할 수 있도록 돕는 것이 부모교육의 목적이라 할 수 있다. 이러한 부모교육의 목적을 보다 구체적으로 제시하면 다음과 같다.

첫째, 그 시대가 요구하는 바람직한 아동관을 갖는다. 아동관이란 아동의 본질에 대한 철학적 견해로, 아동의 양육과 교육방법을 결정하는 기초가 된다. 따라서 바람직한 자녀양육은 현대사회가 지향하는 아동관의 확립을 기초로 수행된다고 볼 수 있다(Harman & Brim, 1980).

과거 서구의 중세시대에는 아동을 본성적으로 선한 존재가 아니라 악한 존재로 간주하였기 때문에 최적의 자녀양육방법으로 순종과 복종을 이끌기 위한 체벌이 강조되었다. 그러나 현대사회는 과거와 달리 아동을 인격적인 존재, 가능성의 존재 그리고 독자적인 존재로 간주하고 있다(유안진, 1990). 현대사회에서는 아동의 잠재 능력은 무한하며, 성인과 같은 독립된 인격을 지녔을 뿐 아니라 모든 특성에 있어서 자기 나름의 독자성을 갖는다고 본다. 따라서 생의 초기부터 아동의 잠재능력을 자극하거나 촉진시키면서 그와 함께 아동 개인에게 적합한 양육 및 교육활동을 실시하는 것을 바람직한 자녀양육행동으로 평가한다. 아동에 대한 바람직한 양육행동의 권장은 현대사회가 지향하는 아동 본질에 대한 이해로부터 시작될 수 있다.

둘째, 현대사회가 지향하는 효과적인 자녀양육방법을 습득한다. 새로운 지식과 정보는 좀 더 효과적인 자녀양육방법을 제안하기 때문에 바람직한 자녀양육방법은 새로운 지식과 정보의 구축과 더불어 계속 변화한다. 1950년대 미국에서는 스포크(Spock, 1946)의 『아동양육 전서(*The common sense book of baby and child care*)』에서 과거 신의 뜻에 따라 아동을 권위적으로 양육했던 서구의 중세시대와 달리 아동에게 선택과 자기표현의 자유가 최대한 주어져야 한다고 강조하였다. 이러한 강조는 아동의 충동에 대한 무제한적 수용을 가치있게 생각하는 양육방법을 파급시켰다. 그러나 1960년대 들어서 스포크(Spock, 1957)는 10년 전 자신의 주장을 번복하였다. 자녀에게 허용적인 양육태도가 엄격한 양육태도보다 더 바람직하다고 평가할 만한 근거가 부족하다고 지적하였다. 이러한 미국 사례는 특정 양육방법이 절대적으로 최선일 수 없음을 시사하는 것으로 새로운 지식과 정보로부터 제안된 새롭고 효과적인 양육방법에 대한 계속적인 교육과 학습이 필요함을 함축하는 것이다.

셋째, 자녀의 사회 적응력을 최대화할 수 있는 방법을 학습한다. 비교문화적 시각에서 양육행동을 연구한 르빈(LeVine, 1974, 1988)은 모든 문화권의 부모가 자녀의 사회 적응력을 최대화하기 위해 자녀의 생존력, 경제적 자립 능력 그리고 사회적 가치와 미덕을 육성하는 데 노력해 왔다고 지적하였다. 다만 사회문화에 따라 자녀의 양육행동 방식은 다르지만, 자녀의 생존력을 높여 주고, 자녀 스스로 자신을 돌볼 수 있는 경제적 능력을 갖게 하고 사회가 지향하는 가치와 미덕을 실천하도록 양육하는 것이 자녀의 사회 적응력을 최적화한다고 보았다. 르빈의 이러한 연구는 자녀양육을 전담해야 하는 부모의 경우 적어도 우리 사회에서 자녀의 생존력을 높이고 경제적 자립 능력을 갖출 수 있도록 자녀를 보호하고 지원하거나, 우리 사회에서 미덕이 되는 가치, 예를 들어 정직이나 협동, 겸손 등을 자녀에게 내면화시켜야 함을 의미하는 것이다.

그러나 대부분의 부모들은 과거의 관습에 따라 습관적으로 자녀를 양육할 뿐, 현 시점에서 자녀의 사회 적응력을 최대화시킬 수 있는 효과적이고 과학적인 방법에 대해서는 구체적으로 알고 있지 못하다. 부모교육은 시대의 변화에 맞게 아동의 사회 적응력을 최대화시키는 방법을 공식적으로 제안하기 때문에 부모가 자신감을 갖고 자녀양육에 임할 수 있도록 해 준다.

넷째, 부모교육을 통해 아동발달에 관한 기초지식을 습득한다. 아동발달에 관한 기본원리와 연령별 발달단계에 따르는 발달상의 특징에 대한 지식과 정보는 자녀를 과학적으로 지도하고 교육하는 데 중요한 정보가 된다. 예를 들어, 생후 2년 정도가 되면 유아는 "안 돼." "내가 할 거야." "싫어."라는 거부적 표현을 자주 쓰기 시작한다. 자아개념 발달에 관한 지식과 정보를 갖고 있는 부모라면 유아기 자녀의 이런 표현을 자녀의 자아개념 획득의 간접 표현이라 해석할 수 있을 것이다. 그러나 자아개념 발달에 대한 정보를 갖고 있지 못한 부모라면 자녀의 이런 표현을 부모에 대한 반항이라 해석할 수 있다. 같은 상황에서 자녀의 표현을 어떻게 해석하느냐 하는 것은 자녀에 대한 부모의 반응을 결정짓는 중요한 지표가 된다. 예를 들어, 유아기 자녀의 거부 표현을 자아개념 발달 측면에서 해석한 부모는 자녀가 자아를 형성하기 시작한다는 측면에서 기뻐하며, 자녀의 표현을 사회적인 것으로 재 표현할 수 있도록 유도하고 자녀의 자아개념이 왜곡되지 않고 긍정적으로 발달할 수 있도록 지원하고 도와줄 것이다. 그러나 부모에 대한 반항으로 해석한 부모는 자녀에게 제재나 체벌을 가함으로써 자녀의 긍정적 자아개념 발달을 처음부터 방해할 수 있을 것이다.

이와 같은 예에서 알 수 있듯이 자녀의 건강한 성장과 발달은 부모의 양육행동이 자녀의 발달적 특성을 고려할 때 그 가능성이 더 커진다고 볼 수 있다. 부모교육은 아동발달에 관한 지식과 정보를 제공해 줌으로써 부모가 발달에 적합하게 자녀를 양육할 수 있도록 지원해 준다.

다섯째, 자녀와 효과적으로 상호작용할 수 있는 기술과 방법을 배운다. 부모와 자녀는 인격적으로 동등하다는 점을 강조한 드레이커스(Dreikus), 부모가 자녀의 입장에서 자녀를 바라보는 것을 강조한 기노트(Ginott), 부모-자녀 간 효율적인 의사소통을 강조한 고든(Gordon) 등은 바람직한 부모-자녀관계가 효율적인 의사소통을 토대로 이루어진다고 지적하였다(Medway, 1991). 따라서 드레이커스의 민주적 부모교육 프로그램, 기노트의 인본주의적 부모교육 프로그램, 고든의 효율적인 의사소통을 위한 부모교육에서는 부모-자녀 간 효율적인 의사소통을 증진하는 방법을 제안하고 있다. 이들 부모교육 프로그램은 부모들에게 효과적인 의사소통 방법을 가르쳐 주고, 자녀와 애정적인 관계를 유지하도록 도와주며 민주적이되 권위 있는 양육행동을 실천하도록 도와준다(Fine & Herry, 1991). 부모-자녀 간 효과적인 의사소통을 할 수 있는 방법을 습득하는 것은 부모역할을 위한 바람직한 기술 획득의 한 방법(김정원 · 이기숙, 1999)이라 할 수 있다.

여섯째, 자녀의 건강한 신체적, 인지적, 정서적, 사회적 발달에 위협을 가할 수 있는 가정의 심리적, 물리적 환경 요인에 대한 지식과 정보를 습득함으로써 자녀의 문제 가능성을 예방한다. 부부간 불화와 결손 가정, 빈곤, 약물남용 등은 자녀의 신체적, 지적, 정서적 및 사회적 발달에 부정적 영향을 미치는 심리적이고 물리적인 환경 요인(Bolger, Patterson, Thompson, & Kupersmidt, 1995; Miller, O'Conner, & Strignano, 1995)임에도 불구하고, 이들 환경이 자녀의 성장과 발달에 어느 정도 심각한 영향을 미치는지에 대해서는 대다수의 부모들이 충분히 깨닫지 못하고 있다. 자녀들 앞에서 부부간 폭력을 동원하며 싸우거나, 이혼이나 별거를 거침없이 이야기하는 것이 계속적이고 반복적으로 누적되었을 때 자녀의 문제 가능성이 커질 수 있다는 것을 인식해야 한다.

자녀의 문제 가능성은 한 가지 요인만으로 설명될 수 없으나, 일반적으로 가정 내 심리적, 물리적 환경이 주요 원인으로 지적되고 있다. 부모의 양육행동, 부부관계의 질, 부모-자녀 간 의사소통, 가족의 사회적 지지관계와 같은 가정 내 심리적 환경 및 가족구조, 가족인원수, 부모의 취업여부, 소득, 주거 환경 등과 같은 가정 내 물리적 환경은 복합적으로 상호 연계되어 자녀의 성장과 발달에 영향을 미치고 있다. 자녀의 성장 및 발달과 관련된 가정의 심리적, 물리적 환경에 대한 지식과 정보 제공은 자녀의 건전한 성장과 발달에 유용한 최적의 심리적, 물리적 환경 구성에 부모가 적극적으로 투자하도록 함으로써 자녀의 문제 가능성을 미연에 방지하는 데 도움을 줄 수 있다.

이와 같은 부모교육을 통해 부모들은 현 사회에서 요구하는 바람직한 아동관 및 자녀양육행동에 관한 지식과 기술을 습득할 수 있다. 이는 부모 자신의 긍정적 자아개념, 자신감, 능력, 긍지, 자아존중감, 자아가치감 등을 개발하는 토대가 되며 부모가 자녀의 건전한 성장과 발달을 자극하고 지원하는 데 노력하도록 하는 원동력으로 작용하게 된다.

4. 부모교육의 역사

부모교육에 관한 체계적인 기록은 서양의 경우 17세기에 와서야 찾아 볼 수 있다. 그러나 그 이전에 부모교육이 없었던 것은 아니다. 기록이 없었던 사회에서도 농사짓는 방법이나 사냥하는 방법, 도구를 사용하는 방법, 자신을 보호하는 방법, 아기를 낳아 돌보며 양육하는 방법 등 부모역할에 필요한 지식이나 기술 등을 자녀를 낳은 부모나 또는 부모가 되려는 사람에게 가르쳤을 것이다(신용주 · 윤혜경 · 강인재, 1997).

1) 서양의 부모교육

(1) 17세기 이전의 부모교육

기원전 300년경 그리스의 철학자이며 교육자였던 플라톤(Platon)은 국가론에서 이상적인 국가 건설을 위해 좋은 인재 양성이 필요하다고 강조하며, 이를 위해 아동을 양육하고 교육하는 일부터 국가가 지도하고 관리해야 한다고 지적하였다. 그러나 플라톤의 제자인 아리스토텔레스(Aristoteles)는 아동이 선량한 시민으로 성장하도록 양육되어야 한다고 주장하면서 국가가 아니라 가족이 아동을 양육해야 한다고 보았다. 즉, 아동이 6세에 이르기까지 가정에서 부모의 지도 아래 양육되어야 한다고 주장하였다.

그리스 문명이 패망하여 문화의 중심이 로마로 옮겨간 다음, 약 1000년간은 철학적 사고와 과학적 사색이 억압되는 대신 정치, 도덕, 경제, 교육 등 모든 가치가 종교적 기준에 의해 결정되는 암흑기가 지속되었다. 4세기부터 14세기까지 암흑기라 불리는 중세시대에는 성서에 기초해 인간을 선천적으로 악한 존재로 태어난다고 보았으며, 부모는 자녀의 바람직하지 않은 특성을 없애야 할 책임이 있다고 믿었다. 따라서 인간의 흥미나 개성은 억압되고 전적으로 엄격한 도덕적 훈련이 강조되기 시작하였다.

(2) 17세기의 부모교육

17세기는 양육과 교육에 있어서 가정의 중요성이 강조되었으며, 독립된 시기로서 아동기의 중요성이 인식되기 시작하였다. 그러나 부모 또한 자녀의 양육자라는 개념은 가졌으나, 현대의 양육태도와 비교해 볼 때 아동 개개인의 독특한 요구가 고려되지는 않았다(이은화 · 이경우 역, 1985).

현대 부모교육의 기원은 17세기 코메니우스(Comenius)에서부터 찾을 수 있다. 취학 전 교육을 학교교육의 기초 단계로 보고 가정을 교육의 장으로 인식하였으며 어머니가 교육자가 되어 아동의 능력과 성질에 맞는 교육을 실시할 것을 처음 주장한 사람이 코메니우스이기 때문이다. 17세기 최초의 부모교육자로 평가되는 그는 중세시대와 달리 아동은 근본적으로 선하다고 보았다.

Comenius

코메니우스는 1657년 『대교수학(*The great didactic*)』에서 교육의 단계를 4단계로 분류하고 0~6세까지의 모든 아동이

로크의 『교육에 대한 고찰』

각 가정에서 어머니의 무릎에 앉아 교육되어야 한다고 주장하였다. 그는 자녀교육에 있어 어머니의 역할을 강조하였으며 어머니 무릎을 가장 중요한 최초의 학교라 표현하였다.

모친 학교(mother's school)라는 개념을 정립하고 어머니가 교육자가 되어 자녀의 능력과 특성에 맞는 교육을 실시해야 한다고 주장함으로써 부모교육에 대한 새로운 정립을 시도하였다. 따라서 코메니우스의 모친 학교는 부모교육의 기원이라 할 수 있다. 코메니우스가 모성교육의 필요성을 주장한 이래, 자녀양육에 대한 어머니 역할의 중요성은 꾸준히 강조되어 왔다.

17세기 로크(Locke)는 1693년 어머니들에게 하는 충고를 담은 『교육에 대한 고찰(*Some thoughts concerning education*)』에서 인간은 백지와 같은 상태(tabula rasa)로 태어나기 때문에 인간의 본성은 어릴 때 경험하는 교육의 가치에 따라 바뀔 수 있다고 보았다. 로크는 가정에서의 교육이 학교에서의 교육보다 중요하다고 지적하면서 부모들은 관찰을 통해 아동마다의 독특한 성격을 파악한 후 아동의 관심과 뛰어난 점을 개발해 줄 수 있는 최적의 환경을 조성해 주어야 한다고 충고하였다.

(3) 18세기의 부모교육

자연주의 사상이 대두되면서 루소(Lousseau)의 교육사상은 부모들의 자녀양육관을 변화시키는 데 큰 영향을 미쳤다. 루소는 『에밀(*Emile*)』(1762)에서 인간은 선천적으로 선하게 태어났으므로 아동 양육은 천성이 자연스럽게 자랄 수 있도록 자연적인 방법으로 해야 하는데 사회가 인간의 자연성을 말살하여 아동의 발달을 방해하고 있다고 보았다. 그러므로 선한 것을 유지할 수 있도록 잘못된 교육이나 나쁜 환경으로부터 아동을 보호해야 한다고 믿었다.

루소는 아동의 내부에 잠재해 있는 자연적 발달을 조장하기 위해서는 아동을 존중하고, 외부에서 구속하지 말며 아동 스스로 보고 느끼고 생각하도록 도와주어야 한다고 주장하였다. 뿐만 아니라 아동은 하고자 하는 동기가 있을 때 자기의 경험을 통하여 스스로 배우기 때문에 아동에게 주입식, 암기식으로 가르치지 말고 아동의 능력을 벗어난 것을 강요하지 말며 자연을 통해 배우도록 내버려두라고 권고하였다.

(4) 19세기의 부모교육

페스탈로치(Pestallozzi)와 프뢰벨(Froebel)은 19세기의 대표적 부모교육가라 할 수 있다. 페스탈로치는 1801년 현대적인 부모교육의 시발점이라 할 수 있는 『게르투르트는 어떻게 자녀를 가르쳤나?(*How Gertrude teaches her children?*)』라는 저서에서 인간 형성의 기초는 생의 초기에 경험하는 가정교육에 있다고 강조하고, 유아기에 가정 생활 속에서 어머니와 나누는 인간적 접촉이야말로 인간 교육의 기초이며 교육의 출발점이 된다고 보았다. 즉, 사랑, 신뢰, 감사, 의무의 감정은 어릴 적에 부모로부터 가정에서 길러지므로 교육은 인생의 가장 초기부터 시작되어야 한다고 주장하였다. 따라서 아동은 어머니의 무릎에 앉는 순간부터 가르침을 받아야 하며 아동이 가정의 영향을 벗어나기 전에 어머니와의 자연적 인간관계를 통하여 도덕교육 및 종교교육 등을 마땅히 받아야 한다고 주장하였다(곽노의 · 홍순정, 2001).

페스탈로치의 제자인 프뢰벨은 아동이 어머니의 무릎에 앉는 순간부터 가르쳐야 한다고 주장한 페스탈로치의 영향을 받아, 1843년 초에 펴낸 책 『어머니와 아기의 노래(*Mutter und Kose-Lieder*)』에서 어린 시절 어머니의 역할의 중요성을 강조하였다. 어머니가 가정에서 자녀에게 삽화나 동요를 가르칠 때, 율동이나 노래를 붙여서 가르칠 수 있도록 구성한 이 책은 어머니의 교육기능을 강화시키기 위해 만든 부모교육서라 할 수 있다(이원영, 1992).

그러나 프뢰벨은 아동에게 자유롭게 활동하는 내면적 특성이 있으며, 표현하고자 하는 욕구가 있으므로 표현할 수 있도록 해 주어야 한다고 강조함으로써 어른으로부터 주어지는 도덕교육, 종교교육을 강조한 페스탈로치와는 다른 입장을 보이고 있다. 프뢰벨은 간섭적인 교육을 배제한 자유로운 교육이 아동교육에 합당한 것이라 믿었다. 그리고 인간이 근본적으로 영적, 신적인 존재이며 부모가 자녀를 양육하는 목적은 아동이 가지고 태어난 잠재능력을 자극하여 발달시키는 것이라고 보았다. 따라서 훌륭한 어머니란 아동 속에 잠자고 있는 능력을 이끌어 내어 개발하고 전개시키는 사람이라고 하였다.

미국에서는 19세기 중반부터 중류층 부모와 빈곤계층 부모를 대상으로 정부 또는 단체의 프로그램이나 소책자, 잡지, 서적 또는 대중매체를 이용해 부모교육이 다양하게 이루어졌다. 1888년 최초로 뉴욕에 결성된 미국 아동보육협회는 1924년 미국 부모교육협회를 창립한 후, 콜롬비아 대학교에 부모교육에 관한 과목을 개설함으로써 부모교육을 체계화하고자 하였다.

한편, 아동에 대한 연구를 처음으로 대학에서 제도화하여 실시한 클라크 대학의 총장인 홀(Hall)은 부모교육에 직접 개입하지는 않았지만 부모들로 하여금 체계적인 방법으로 자녀의 말과 행동을 관찰하도록 하였으며, 이에 영향을 받은 미국의 대졸 여성들은 자기 자녀를 양육하면서 관찰 양육일기를 쓰는 부모교육 프로그램에 참여하기도 하였다. 또 아동은 자연스럽게 자라야 한다는 홀의 생각은 부모-교사협의회(PTA: Parent-Teacher Association)에 영향을 주어 부모교육과 부모참여가 학교활동의 일부로 활성화되는 계기가 되었다(신용주 등, 1997).

(5) 20세기의 교육

20세기는 아동의 세기(Key, 1909)라고 할 만큼 아동에 대한 연구 및 활동이 활발히 이루어졌다. 왓슨(Watson)의 행동주의, 게젤(Gesell)의 성숙이론, 프로이트(Freud)의 정신분석이론 등이 20세기 초에 소개되면서 아동의 건강한 습관이나 성격 형성을 위해 부모의 바람직한 양육행동이 요구되었다. 이에 교육 현장에서는 부모교육을 통해 부모-자녀관계의 질적 향상을 도모했으며, 정부도 부모교육운동에 영향을 주었다.

1909년 미국의 루즈벨트 대통령은 아동에 관한 백악관 회의(white house conference on children)를 개최하여 그 후 10년마다 그것을 개최하도록 하였다. 이 회의에서는 세계 각국의 전문가를 초청하여 아동발달, 자녀양육 그리고 가정문제들을 다루었다. 제1회 백악관 회의 결과에 의해 1912년 세계 최초의 아동문제 담당국인 아동국(children's bureau)이 노동성에 설립되었다. 아동국은 아동의 노동력 착취를 없앨 목적으로 설립되었으나 곧 부모들을 위한 자녀양육에 관한 책자인 『영아양육(*Infant Care*)』을 발간하기 시작하였다. 이들 책자의 내용은 아동의 발달에 관한 규준과 자녀가 사회적으로 잘 적응하고 공부를 잘하도록 기르기 위한 것들이었다.

일선 학교나 정부의 활발한 노력 이외에도 1920년대는 아동연구소들이 생겨나 부모교육의 중요성을 학문적으로 지원하기 시작하였다. 그 중 메릴 팔머 연구소(merrill-palmer institute)는 지금까지 아동연구에서 선구자적인 역할을 하고 있으며 학술지 『메릴 팔머 계간지(*Merrill-Palmer Quarterly*)』를 통해 양질의 부모-자녀관계를 형성하도록 돕는 학문적 지식과 정보를 제공해 오고 있다.

1930년대의 세계 경제의 불황은 부모교육의 필요성을 더욱 인식시키는 사회적 분위기를 조성하였다. 경제적으로 곤란할 때일수록 아동이 잘 성장하고 발달해야 한다는 의식이 형성되었기 때문이다. 이 시기는 유치원이 증가하면서 부모와 유아교육기관이 긴밀하게 연관되었고, 유치원 아동들을 대상으로 그들의 신체와 정서발달 연구가 많이 이루어졌다.

1940년대의 제2차 세계대전은 아버지의 부재 현상을 가져왔고, 아버지의 부재현상이 자녀의 발달에 어떤 영향을 미치는가에 관심을 기울이게 되었으며, 아버지의 존재가 자녀의 심리적 복지에 중요하다는 확신이 형성되기 시작하였다(Griswold, 1993). 한편, 스포크(1946)는 『아동양육 전서』라는 책을 출판하여 자녀양육에 많은 영향을 주었다. 그는 이 책에서 부모들이 자녀양육을 즐겁게 하고, 보다 많은 융통성과 자율성을 부여할 것을 강조하였다.

1950년대 미국에서는 학군마다 부모교육, 취학 전 부모교육, 성인교육이 활발하게 진행되었는데, 아동양육에 대한 정보를 얻을 수 있는 중요한 근원이었다. 이 시대에 영향을 주었던 연구물들의 내용은 애정적 양육방식, 아동의 자율성, 사회적·정서적 발달, 개별성, 아동의 발달 속도에 맞는 교육을 강조하는 방향으로 바뀌었다. 이러한 가치관 형성은 프로이트의 정신분석이론에 기초했다고 볼 수 있다. 정신분석이론을 통해 정서적으로 건강한 아동을 양육하는 것이 사회적으로 중요하다는 것을 깨달았기 때문이다.

1960년대는 부모교육에 있어 전환기를 맞이한 시기다. 1957년 소련이 먼저 우주선 스푸트니크(Sptunik: 길동무) 호를 발사하자, 미국은 아동이 무엇인가 학습하려면 준비가 이루어질 때까지 기다려야 한다는 1940~1950년대 의식에서 벗어나 초등학교 이전부터 인지와 관련한 조기교육이 필요하다고 인식하기 시작했으며, 이를 위해 생의 초기부터 부모의 적극적인 개입이 있어야 한다고 강조하기 시작했다. 부모교육에서 인지교육이 강조되기 시작한 것과 더불어 1960년대에 획기적인 것은 1950년대 이전과 달리 중류계층의 부모뿐 아니라 하류계층의 부모도 부모교육의 대상으로 혜택을 받게 된 것이다. 1964년 빈곤퇴치 운동(war on the poverty)의 선포와 함께, 가정환경이 취약한 빈곤 아동에게도 균등한 환경적 기회를 마련해 주어 가난하기 때문에 지적으로 열등해지고, 지적으로 열등하기 때문에 다시 가난해지는 악순환을 막고자 하였다. 이를 위해 정부 주도로 빈곤계층의 아동과 그 부모에게 헤드 스타트(head start), 홈 스타트(home start), 팔로우 뜨루(Follow-through) 프로그램을 운영했으며 그 결과 부모참여가 아동의 학업 성취와 능력 향상에 밀접한 관련이 있음이 입증되었다. 그 후 자녀교육에 부모의 참여가 정착되기 시작했다.

한편, 1960년대는 헤드 스타트, 홈 스타트, 팔로우 뜨루 등 빈곤층 아동의 학습능력 향상을 위한 정부 차원의 부모교육 프로그램 외에 임상심리학자나 신경정신학자와 같은 전문가들에 의해 실시된 부모교육 프로그램이 실시되기 시작했다. 아들러(Adler)의 영향을 받은 드레이커스(Dreikurs)의 민주적 부모교육 프로그램, 기노트(Ginott)의 인본주의적 부모교육 프로그램, 고든(Gordon)의 효율적인 의사소통을 위한 부모교육 프로그램 등이 그 대표적 예라 할 수 있다.

1970년대 들어서면서 다양한 부모교육 프로그램이 본격적으로 개발되었다. 특히 대중매체의 발달은 생활을 풍요롭게 하였으나 가치와 습관의 변화를 가져왔고, 가족 간의 대화가 절실히 요구되면서 가족, 부모-자녀관계의 중요성이 더욱 부각되었다.

이 시기에 본격적으로 실시된 부모교육 프로그램은 반영적 부모교육 프로그램, 행동적 부모교육 프로그램 그리고 아들러식 부모교육 프로그램 유형으로 정리될 수 있다(Medway, 1991). 반영적 부모교육 프로그램은 칼 로저스(Carl Rogers)의 내담자 중심 치료법(client-centered therapy)을 기초로 한 프로그램이다. 이 프로그램에서는 부모들이 자녀의 감정을 인식하고 이해하며 수용하는 것에 초점을 둔다.

행동적 부모교육(behavioral parent education)은 부모의 양육체계가 역기능적이라고 가정하고, 부모들이 자녀의 비정상적인 행동을 수정하는 데 필요한 타당하고 효율적인 절차와 기법을 학습하도록 훈련시키는 것에 초점을 둔다.

아들러식 모델(Adlerian model)로 분류되는 부모교육 프로그램은 드레이커스의 민주적인 부모교육 프로그램이나 딘커메이어(Dinkermeyer)와 멕케이(McKay)의 스텝(STEP: System Training for Effective Parenting) 부모교육 프로그램 등이 포함된다. 이들 부모교육 프로그램은 아들러의 이론에 근거한 것으로, 부모들이 자녀의 잘못된 행동 원인을 정확히 이해한 후, 자녀의 잘못된 행동을 변화시키는 데 초점을 둔다.

1980~1990년대는 십대의 임신, 약물중독, 아동학대 등이 부각된 시기(Covey, 1997)로 부모뿐 아니라 젊은이들을 위한 부모교육의 필요성이 더욱 강조되었고 이들을 위한 프로그램이 개발, 실시되기 시작하였다. 한편, 이 시기 부모교육의 특징은 국가의 개입이 보편적으로 이루어졌고, 어머니뿐 아니라 아버지도 부모교육에 참여시켜야 한다는 주장이 강조되었다(신용주 등, 1997; 이재연 · 김경희, 1996).

2) 우리나라의 부모교육

(1) 조선시대의 부모교육

유교윤리가 지배했던 조선시대 전통사회에서 부모의 1차적 역할은 자녀를 임신하고 출산하여 가계를 계승하는 것이었다. 이러한 사회적 요구는 자녀를 임신하고 출산하여 양육해야 하는 부모에게 가계를 계승시킬 남아 출산 및 출산된 자녀의 건강과 장수 그리고 교육을 위한 방법을 중요하게 받아들이고 실천하도록 하였다. 전통사회에서 발달한 기자속(祈子俗), 즉 아들을 낳기 위해 인간보다 힘이 있다고 생각되는 초인간적인 능력을 지닌 대상에게 기원하는 습속(유안진, 1986)은 남아출산을 위한 전통적인 부모교육의 한 예라 할 수 있다. 남아를 낳을 수 있고 가능하면 많은 자녀를 낳을 수 있는 비법, 예를 들어 '달힘마시기' '달모래찜질하기' '알터바위에서 빌기' 등에 대한 지식과 태도 그리고 기능 습득을 강조하고 있는 기자속은 현대적 의미에서 예비부모교육이라 할 만하다.

전통사회의 실질적인 부모교육은 자녀를 출산하기 이전인 태교에서부터 시작되었다. 자녀교육은 마땅히 태중에서 비롯되어야 한다고 생각한 전통사회에서는 부모교육으로서 태교(胎教)를 강조하였다(유안진, 1986). 태교란 태중의 태아가 전인적인 교육을 받아서 신체적, 정서적, 지적, 도덕적인 측면에서 정상적인 인간으로, 나아가서는 인격자로 성장, 발달할 수 있도록 부모를 통해 간접적으로 이루어지는 교육이라 할 수 있다.

이러한 태교는 고려시대 정몽주의 어머니 이씨가 쓴 『태중훈문(胎中訓文)』에서도 강조되고 있는데, 조선시대 전통사회에서는 본격적인 태교 연구서라 할 수 있는 『태교신기(胎教新記)』뿐 아니라 의학총서인 『동의보감(東醫寶鑑)』 그리고 여성생활 백과사전이라 할 수 있는 『규합총서(閨閤叢書)』 등을 통해 교육되었으며 삼태도(三胎道), 칠태도(七胎道)라 하여 구전을 통해 교육(이규태, 1978: 39-40)되기도 하였다. 이러한 태교 교육은 임신의 주체인 어머니에게 더욱 강조되었으나 아버지 역시 잉태 전 심신의 보전과 수양 및 절제에 관한 내용, 잉태 시 지켜야 할 마음가짐과 신체적 수련, 잉태 후의 금욕 등을 실천할 것을 교육받음으로써 자녀양육과 교육에 있어 중요한 존재임을 인식하도록 하였다.

한편, 전통사회에서는 유아사망률이 높았기 때문에 자녀의 건강한 성장과 발달을 위해 부모가 각종 질병을 예방하거나 치료할 수 있도록 그와 관련된 기초 지식과 태도 그리고 기술 등을 부모에게 교육시켰으며, 『규합총서』나 『동의보감』 등에 아기의 만족스런 수유를 위한 수유 지도와 감독 등을 엄격히 명시해 놓음으로써 부모들이 참고할 수 있도록 했다(유안진, 1995: 539).

성리학을 중심으로 한 전통사회의 유교문화에서는 도덕적으로 성숙한 인간, 즉 군자(君子)로 자녀를 키우기 위해 엄부자모(嚴父慈母)의 자녀양육행동을 요구하였다. 아버지는 엄격하고 원칙적으로 훈육하며 어머니는 자애롭고 따뜻하게 양육해야 한다는 엄부자모는 부모의 상호 보완적이고 조화로운 역할 담당을 강조하는 것으로, 자녀에게 인격의 바른 틀을 마련해 주고 인격을 바르고 크게 키워 나가도록 하는 가정교육의 방법적 원리로 간주되었다.

(2) 일제강점기의 부모교육

일제강점기에 서구 문물을 받아들이면서 소수의 양반계층과 일본인 자녀들을 대상으로 한 유아교육이 실시되었고 그 부모들을 대상으로 자녀양육에 관한 부모교육이 이루어졌다. 그러나 조직적으로 부모교육이 시작된 것은 1914년 미국 선교사 브라운리(Brownlee)가 유치원을 설립하고 자모회를 조직하여 어머니들을 교육시키면서부터라고 할 수 있다. 한편, 이 시기 초등학교에서는 어머니들을 교육기능의 조력자, 후원자로 보고 사친회(PTA: Parent-Teacher Association)라는 학부형 후원회를 조직하여 아동교육에 참여시켰다(이재연 · 김경희, 1996).

(3) 해방 후의 부모교육

우리나라의 공식적인 부모교육은 해방 이후부터 시작되었다고 볼 수 있다. 6·25 전쟁이 끝난 1950년대는 부모교육이 활발한 편이 아니었다. 각 유치원에서 어머니만을 대상으로 '자모회'가 조직되어 운영되었으나 사회 전반적으로 유아교육과 부모교육에 대한 인식 및 호응이 부족하였다(성영혜 · 윤석희 · 이경화, 1994). 1960년대 이후부터 아동에 대한 관심이 고조되면서 부모교육에도 중요한 변화를 가져왔다. 그러나 1980년대 이전의 부모교육은 대부분 부분적이고 소극적인 형태로 진행되어 왔으며 내용면에서도 부모가 실제로 필요로 하는 구체적이고 체계적인 방법을 제공하지 못하고 이론만을 전달하는 경향이 있었다(한국교육개발원, 1984).

1980년대 들어서면서 부모가 수동적인 입장에서 벗어나 능동적으로 자녀교육에 참여하는 것이 바람직하다는 인식과 더불어, 교육기관에서는 유아 및 아동교육에 부모참여를 적극적으로 권장하였으며 부모교육 프로그램의 개발과 실시가 본격화되기 시작하였다.

한편, 1980년대는 부모교육에 브론펜브레너(Bronfenbrenner, 1989)의 생태학적 체계론적 관점(ecological system theory)이 적용되기 시작하였다. 가족은 사회의 전체 체계와 상호작용하는 하나의 하위 체계인 동시에 가족 구성원들이 상호 의존하는 하나의 독립 체계라는 생태학적 체계론적 관점은 부모교육이 자녀를 양육하는 부모만을 대상으로 실시될 것이 아니라 부모역할에 영향을 미치는 친척, 이웃, 친구, 단체나 위원회 등 사회 구성원 역시 부모역할에 대한 교육을 받아야 할 필요가 있다는 의식을 확산시켰다. 그러나 부모교육은 여전히 부모역할에 대한 지식과 정보를 교육대상자에게 일방적으로 전달하는 전통적인 방법에 의해 이루어졌다(한국부모교육학회, 1997).

1990년대 이후 이혼률의 증가, 취업모의 증가 그리고 부모역할의 복잡성 증가 등으로 자녀양육에 대한 부모의 요구도가 급격히 증가하였다. 이러한 사회적 요구에 따라 각종 사회단체 또는 여성단체 등을 중심으로, 신문이나 방송 등 대중매체를 중심으로 그리고 유아교육기관과 같은 정부기관을 중심으로 부모와 자녀의 인간관계 향상을 위한 교육이나 부모의 교육기능을 강화하기 위한 프로그램을 구성(김정원 · 이기숙, 1999; 김지신, 1994, 도현심 · 유명희, 1996; 유은희 · 홍숙자, 1998)하거나 소개 또는 실천하였다. 특히 1990년대는 외국에서 개발된 부모교육 프로그램의 무분별한 수용에 대한 비판적 시각과 함께 우리나라 실정에 적합한 부모교육 프로그램을 개발하고자 하는 노력(김향은 · 정옥분, 1999; 김혜숙, 1997)이 본격화되었다.

제 2 장

사회 환경의 변화와 부모교육

21세기의 현대사회는 탈 근대사회 또는 후기산업사회로 불리는 정보기반의 지식사회라 할 수 있다(임현진, 2000). 정보기반의 지식사회란 지식화 및 지식의 부가가치화를 강조하는 지식정보사회로, 산업사회와 달리 정보의 생산, 저장, 분배에 관련된 산업이나 활동이 경제의 가장 중요한 활동으로 등장하고 그 결과 지식과 정보기술이 경제, 정치, 사회, 문화 등의 모든 생활 영역을 지배하는 사회를 말한다(Bell, 1985). 따라서 지식정보사회는 산업기술을 근간으로 한 과거 근대산업사회와 질적으로 다른 사회체계를 지향한다고 볼 수 있다(고선주, 2000). 우리나라의 경우 세계적 추세에 따라 후기산업사회로의 전이 필요성이 당위적으로 요구되고 있지만, 현실적으로 후기산업사회의 문턱에서 농업경작의 전근대적 특성뿐 아니라 산업기술의 근대적 특성을 함께 공유하는 복합적 체계를 이루고 있다고 볼 수 있다(임현진, 2000).

이러한 복합적 사회체제는 전통적인 가치규범이 상실되는 중요한 원인이 되고 있으며, 다수의 새로운 가치 제시와 함께 중심가치가 결여되는 현상을 낳고 있다. 산업사회를 거치고 후기산업사회로 진입하면서 더욱 가속화되어 나타나는 핵가족화, 취업모, 저출산, 다문화의 특성은 새로운 국면에서 혼란스러워하는 부모들에게 분명한 자녀양육 이정표를 제공할 것을 기대하고 있다. 이러한 기대는 후기산업사회의 사회환경 변화 속에서 부모교육이 필요함을 강조하는 토대가 되고 있다. 이 장에서는 우리 사회에서 나타나고 있는 사회 환경의 대표적 변화 특성을 살펴보면서 부모교육의 필요성을 생각해 본다.

1. 저출산과 부모교육

아이를 낳고 기르는 책임과 부담이 주양육자인 어머니에게 있다는 의식 때문에 어머니들은 '엄마 되는 기쁨'보다 '엄마 되는 부담'을 훨씬 크게 느낀다. 따라서 '자녀가 주는 기쁨과 보람은 세상 어느 것에도 비할 바가 못된다.'라는 생각과 '자녀를 낳고 키우는 것은 가장 가치 있고 소중한 일이다.' 라는 의식이 우세함(한국여성개발원, 2004)에도 불구하고 아이를 낳고 기르는 책임과 부담 때문에 출산율이 감소하고 있다.

출산율 감소는 핵가족화 및 여성 취업률 증가 그리고 자녀양육비에 대한 경제적 부담 등이 원인으로 작용하고 있는데 이 중 가장 큰 이유는 자녀 교육비 부담, 경제력 부족, 양육비 부담과 같은 경제적 부담이라 할 수 있다(한국여성개발원, 2004).

우리 사회의 출산율 감소는 1960년대 초반부터 꾸준히 이루어져 왔다. 이러한 출산율 감소는 향후 우리 사회의 노동력 감소 문제와 연결되어 심각성이 강조되고 있으나, 향후 미래의 문제 이전에 '집에 나홀로 있는 아동'이 증가하고 있다는 사실 때문에 걱정해야 한다. 2007년에 합계출산율(여성 1명이 평생 낳을 것으로 예상되는 출생아 수)이 1.26명 수준에 이르고 있음(통계청, 2007)은 형제아보다 외동아로 성장하는 아동이 상대적으로 증가하고 있음을 시사하는 것이다.

저출산의 가장 중요한 요인인 자녀양육의 경제적 비용 부담과 관련하여 함께 경제활동을 하는 맞벌이 부부가 증가하고 있음을 고려해 볼 때, 저출산으로 인한 외동아의 증가는 '집에 나홀로 있는 아동'의 증가를 가져올 수밖에 없다. 중국의 경우 정부에 의한 인구감소 정책으로 한 자녀 갖기 운동이 실시된 이후, '소황제(little emperor)'라 불리는 외동아가 급증했다. 중국에서 외동아를 소황제라 부르는 것은 지나친 과보호 속에서 온갖 지원을 다 받고 자라 버릇이 없는 아이들이라는 의미가 내재된 것이다.

우리나라의 경우 중국과 같이 정부의 인구정책에 의한 강제적이며 인위적인 감소가 아니라 자녀양육의 경제적 부담에 따른 부모의 자발적 선택에 의한 감소 현상이기 때문에 '집에 나홀로 있는 외동아'가 중국의 '소황제'와는 차이가 날 수 있을 것이다. 우리나라의 '집에 나홀로 있는 외동아'는 중국의 외동아와 달리 부모의 마음가짐에 따라 형제아가 될 수도 있기 때문이다.

저출산에 의해 한자녀 가정이 늘어나면서 부모들은 외동아를 더 잘 키우고 싶어 한다. 그러나 외동아의 특성을 충분히 이해하지 못하기 때문에 외동아에게 필요한 양육방법을 제공하지 못할 가능성도 크다. 형제아의 경우 일상생활 속에서 공간이나 물건, 흥미 등을 형제와 공유하면서 협동과 갈등, 지배, 경쟁, 방어 등 또래 집단에서 얻을 수 없거나 수직적인 부모-자녀관계에서 얻을 수 없는 경험을 축적할 수 있다. 이러한 경험 때문에 형제아들은 인간관계에서 보다 유리한 입장을 취할 수 있다. 그러나 외동아의 경우 형제아에 비해 자기중심적이고, 비협조적이며, 사교성이 떨어지고 행동문제가 높게 나타나는 등 적응 측면에서 부족함이 나타난다고 지적되고 있다(Taanila, Ebeling, Kotimaa, Moilanen, & Järvelin, 2004). 그렇지만 외동아도 형제아만큼이나 적응적이라는 주장도 있다. 과거와 달리 양육환경이 변화함에 따라 어린 시절부터 어린이집 등을 통해 또래와 상호작용하는 시간이 많기 때문에 사회성 발달에 문제가 없을 뿐 아니라, 형제 없이 혼자 있는 시간으로 인해 창의성, 독립성 등이 발달할 수 있다고 보고되고 있다(Doh & Falbo, 1999; Jennifer, 1999).

외동아에 대한 상반된 연구결과 등이 제시되고 있지만, 외동아와 관련된 연구결과에서 공통적으로 지적되는 것은 이들에 대한 부모의 태도가 외동아의 발달특성에 영향을 미치고 있다는 점이다. 이는 부모의 양육태도가 중요함을 시사하는 것이며 저출산의 사회적 현상에서 보다 바람직한 부모역할을 할 수 있도록 안내하거나 지도하는 부모교육이 필요한 이유라 할 수 있다.

2. 이혼율 증가에 따른 가족 해체 현상과 부모교육

외환위기 전인 1996년 이혼 건수가 7만 9895건이었던 것이 1998년에는 11만 1727건으로 늘어났다. 이는 IMF 외환위기로 촉발된 경제적 위기가 가족 해체 양상을 가속화시켰음을 의미한다. 2003년의 경우 결혼 대비 이혼율이 47.4%로 나타났다. 한 해 2쌍이 결혼하고 1쌍이 이혼한 셈이다. 이러한 이혼율은 한부모 가족의 증가 및 조손가족의 증가로 연결되면서 결손 가정의 문제를 야기시키고 있다.

1) 한부모가족의 증가

한부모가족이란 '부모 중 한쪽의 사망, 이혼, 유기, 별거로 인하여 아버지와 자녀 또는 어머니와 자녀로 이루어진 가족'을 말한다. 이전에는 편부모가족이라는 용어로 사용하였으나, 결손과 결핍의 부정적인 이미지가 강하기 때문에 이를 극복하기 위해 편부모가족을 한부모가족이라는 용어로 대체하여 사용하고 있다. 한부모가족의 형성 비율은 배우자의 사망으로 인한 것과 헤어짐으로 인한 것이 6 : 4 정도다. 이는 한부모가족 중 40%의 아동이 부모가 생존하고 있음에도 어느 한쪽의 부모와 함께 살고 있지 않음을 의미한다.

(1) 여성 한부모가족

매년 전체 가구수의 7～9% 내외를 차지하고 있는 한부모가족은 80% 이상이 여성 가구주이며 대부분이 경제적 어려움에 직면한 저소득 계층으로 알려져 있다. 여성 한부모가족에서 가장 어려운 점은 경제적 문제로 지적되고 있으나, 경제적 문제만큼이나 심리, 정서적 측면에서의 지원과 대책이 요구되는 가정이라 할 수 있다. 여성 한부모가족의 경우 어머니 혼자서 가족의 생계 등을 책임져야 하고 자녀양육 등을 전담해야 하므로 어머니에게 자녀를 돌볼 수 있는 시간적, 정신적 여유가 제한되어 있다. 그렇지만 '팔자가 센 여자'가 '애비 없는 자식' '후레자식' 등을 기를 것이라는 사회적 편견과 기대 때문에 자녀양육에 대해 강한 심리적 부담감을 한부모가족의 어머니들은 안고 있다(이소희 · 김훈 · 최덕경 · 강기정, 2004).

이로 인해 여성 한부모가족의 가장은 미래에 대한 불안과 고독, 우울, 절망감 등 높은 심리적 불안감과 부적응을 보이고 있다. 이러한 어머니의 심리적 특성은 여성 가장과 함께 생활하는 자녀의 심리, 정서적 발달에 부정적 영향을 미치고 있다. 실제로 여성 한부모가족의 유아기 자녀들은 보다 많은 외현화 문제(Olson, Ceballo, & Park, 2002)를 나타내는 것으로 알려져 있다. 그리고 학령기 및 청소년기 자녀의 경우 낮은 학교 성적(오승환, 2001; Murray & Sandqvist, 1990)과 낮은 자아 통제감 및 자아 가치감, 낮은 복지감 및 적응력(Borgers, Dronkers, & Van Praag, 1996; Murray & Brody, 1999; Show, Winslow, & Flanagan, 1999)이 보고되고 있다.

이는 여성 한부모가족의 가장이 지니는 심리적 문제와 경제적 어려움으로 자녀에게 좀 더 권위주의적 양육방식을 사용하기 때문에 나타난 결과로 보여진다(Nelson & Delzer, 1999). 한부모가족이라 할지라도 한부모-자녀 간 효과적인 의사소통 기술과 한부모의 지속적이고 비처벌적인 훈육의 경우 아동의 성공적 적응을 북돋우는 것으로 나타났다(민하영 · 이윤주 · 김경화, 2008; Booth & Amato, 1991; Olson & Haynes, 1993). 이러한 결과는 한부모가족이라는 구조적 문제보다 효과적인 의사소통 기술이나 훈육태도와 같은 기능적 문제가 한부모가족 안에서 성장하고 있는 자녀의 성공적 적응에 중요한 요인임을 시사하는 것이다.

여성 한부모가족의 가장에게 필요한 것은 배우자의 부재로 인한 좌절감이 아니라 한부모가족도 정상가족이라는 인식 아래 당당함을 갖는 것이다. 공선영(2000)은 여성 한부모가족의 가장이 어려움을 극복하고 당당하게 생활하기 위해서는 "사별이나 이혼은 여성이 경제적 자립을 할 수 있는 기회의 장이며, 자유로운 시간을 통해 새로운 자아를 발견하고 발전시키는 계기가 될 수 있다. 한부모가족의 어려움은 자녀와의 유대를 통해 극복할 수 있으며, 어려움이나 문제상황은 적극적 대처전략으로 해결할 수 있다."라고 스스로 격려하는 것이라 하였다.

(2) 남성 한부모가족

남성 한부모가족은 2005년도 전체 한부모가구의 20.9%를 차지(통계청, 2007)할 만큼 계속해서 꾸준히 증가해 왔다. 이는 한부모 다섯 가구당 한 가구가 남성 한부모가족임을 의미하는 것이다.

남성 한부모가족은 배우자의 몫이었던 자녀양육의 문제를 해결해야 하기 때문에 높은 양육 스트레스를 경험한다. 남성 한부모의 경우 자녀와의 대화 단절 때문에 가사처리나 선물로 자녀를 즐겁게 해 주는 것보다, 자녀의 정서발달을 함양하는 것을 더 어려워한다(Demo & Cox, 2000). 특히 아버지가 딸을 양육하는 경우 모델링 대상이 부재함으로써 여성 한부모가족보다 더 많은 어려움을 겪는 것으로 알려져 있다(신혜령 · 정재훈 · 김성경, 2006). 남성 한부모가족의 자녀는 전통적으로 표현 역할을 담당해 온 어머니가 없기 때문에 그리고 함께 사는 아버지가 자녀의 생활에 별로 개입하지 않거나 학교생활에 관심을 보이지 않기 때문에 감정이나 애정을 표현하는 등 표현 경험의 기회가 적다. 이는 남성 한부모가족의 아동이 여성 한부모가족의 아동에 비해 정신건강이나 사회성 발달에 더 부정적인 결과가 나타나는 이유이기도 하다(김옥 · 이완정, 2001; Demo & Cox, 2000).

남성 한부모가족은 여성 한부모가족에 비해 사회적 지원을 더 받는다고 볼 수 있다. 양육의 일차 책임자 역할을 하고 있는 여성 한부모가족은 사회적 관계망 축소 등의 이유로 사회적 지원이 부족한 반면, 남성 한부모가족은 성역할 및 아동양육에 관한 전통적 관념에 따라 한부모가 되어서도 가정 내에 조부모나 친척 등이 양육자 역할을 대리하거나 보조하는 경우가 많기 때문이다. 따라서 남성 한부모가족의 가장은 대부분 친부모와 동거하면서 가사지원 및 자녀양육 보조 등을 받는 것으로 알려져 있다. 그러나 남성 한부모가족은 여성 한부모가족에 비해 전반적인 생활 만족도가 낮게 나타나고 있어 가족의 삶의 질이 떨어진다고 볼 수 있다(김승권 · 김태진 · 김유경 · 송수경, 2001). 한편, 아버지가 저학력인 남성 한부모가족의 경우 자녀양육과 가사를 병행해야 하므로 저임금 직종과 같은 제한된 범위 내에서 직업을 선택하기 쉽다(김미숙 등, 2002). 따라서 여성 한부모가족만큼이나 빈곤에 의한 경제적 스트레스를 받고 있다.

2) 조손가족의 증가

이혼률의 급증과 경제적 어려움 등으로 전통적인 가족 기능과 가족 간 유대관계가 점차 약화되고 가족해체가 증가되면서 부모 없이 조부모가 아동을 양육하는 조손가족이 증가하고 있다. 미국에서도 1990년대 이후 조손가족이 증가하고 있으며 우리나라의 경우도 2005년 국내 조손가구가 전체 세대의 0.4%로 1995년 이후 10년 사이에 65.1%나 증가하였다.

조손가족이란 조부모가 18세 이하의 손자녀들과 동거하며 손자녀의 기본적인 생활 욕구에 1차적 책임을 지는 경우로, 1세대 조부모와 3세대 아동만으로 구성된 기능적 핵가족을 말한다. 조부모는 손자녀를 전담 양육하기 때문에 손자녀의 의료적인 보호, 교육, 훈육 등의 책임을 져야 한다.

조손가족 아동의 경우 부모의 이혼, 별거, 재혼 등으로 인해 조부모와 함께 생활하는 경우가 압도적으로 많다(이정화 · 한경혜, 2008). 따라서 대부분의 조손가족 아동은 부모가 생존해 있음에도 조부모와 함께 살아야만 한다는 사실 때문에 부모에게서 버려졌다는 배신감과 함께 부모에 대한 그리움을 미움이나 원망 등으로 표현하는 등 왜곡된 심리정서적 특성을 나타내기도 한다. 이로 인해 조손가족 아동은 우울, 불안 등의 심리정서적 문제와 문제행동 등과 같은 사회적 부적응이 높게 나타나고 있으며 낮은 학업 성취도와 대인관계상의 문제가 심각하게 나타나는 것으로 보고되고 있다. 그러나 손자녀와 함께 사는 조부모들은 손자녀의 심리, 정서상의 부적응에 대처할 만한 준비가 전혀 되어 있지 못하다. 조부모 자신도 양육대리자라는 역할로 인해 높은 양육 스트레스를 경험하기 때문(Seltzer, 1976)이다.

한편, 조손가족은 경제적 어려움으로 인해 아동양육에 상당한 어려움을 겪는 것으로 알려져 있다. 한국여성정책연구원이 2007년 조손가족 600가구를 설문조사한 결과, 이들 중 82%는 월평균 소득이 100만 원에 못 미치는 것으로 나타났다. 10가구 중 6가구는 정부 지원금에 전적으로 의존하고 있었으며 일부 조부모(1.5%)는 돈이 없어 아이들을 학교에 보내지 않는 것으로 나타났다. 이처럼 조손가족 아동은 매우 불리한 양육환경에서 성장하고 있다고 볼 수 있다. 손자녀의 주양육자인 조부모가 손자녀를 위해서 행동이나 대처전략에서 규칙들과 한계를 설정해야 함에도 불구하고 그렇지 못한 경우가 많다(Brown, 2003). 조부모들이 궁극적으로 그들의 부모가 되고 권위가 있을 때에야 조손가족 아동들이 비로소 안정과 적응을 시작하기 때문에 조부모들은 손자녀를 위해 확고한 규칙과 한계를 설정함으로써 일관되며 신뢰할 만한 양육태도를 나타내야 한다. 대리부모로서의 역할을 하는 조부모가 성공적으로 부모역할을 하기 위해서는 조부모로서의 역할됨이 아니라 부모됨의 역할교육이 제공될 필요가 있다.

조부모의 80%가 최종 학력이 초등학교 졸업이며, 조부모의 양육 경험이 전 시대적임을 고려할 때 조손가족의 조부모를 대상으로 자녀양육에 관한 부모교육을 실시할 필요가 있는 것이다.

3. 여성 취업률 증가와 부모교육

1) 취업모의 증가와 부모교육

부모와 미성년 자녀로 이루어진 핵가족은 2007년 전체 가족 유형 중 64.7%를 차지하고 있다. 이러한 핵가족화 현상은 도시 지역의 경우 더욱 심각해서 가족구조 유형 중 80% 이상이 핵가족인 것으로 나타나고 있다(통계청, 2007). 직계가족 형태와 달리 핵가족 형태는 다른 가족원의 도움 없이 부모 혼자 자녀양육을 책임지도록 하고 있다. 따라서 핵가족화는 기혼인 취업 여성이 취업과 자녀양육을 병행해야만 하는 상황에서는 유리한 조건이라 보기 어렵다. 과거 확대가족 형태에서는 취업 여성의 자녀양육은 조부모의 도움으로 이루어졌다. 그러나 핵가족화에 따라 조부모에 의한 대리양육 지원도 쉽지 않게 됨으로써 핵가족 안에서 생활하고 있는 대부분의 취업 여성들은 자녀양육 문제 때문에 상당한 스트레스를 받고 있다.

자녀와 함께 보내는 시간이 절대적으로 부족하고, 자녀를 제대로 돌보아 주지 못하는 현실에서 '아이는 엄마가 키워야 한다.' '좋은 엄마는 가정에 있어야 한다.'라는 전통적 가치관은 취업모에게 심리적 죄책감이나 불안감을 높이는 요인이 되기도 한다(정태연 · 노현정, 2005). 양육에 대한 취업모의 심리적 부담감은 취업모가 가정생활과 직장생활을 병행하는 데 가장 큰 어려움으로 양육 문제를 지적하고 있다는 점에서, 그리고 퇴직 여성의 70%가 육아문제로 직장을 그만두고 있다는 점에서 충분히 짐작할 수 있다. 이러한 취업모의 심리적 어려움과 부담감을 줄이기 위해 국가에서는 1991년 「영유아보육법」 제정을 통해 양육의 공적 책임을 강화하였다. 양육에 대한 책임을 부모와 국가가 함께 나누기 위해 다각적인 육아지원 서비스와 보육 서비스를 제공하려 노력하고 있다(이순형 등, 2008).

국가가 자녀의 양육문제를 함께 해결하고자 노력하고 있으나 자녀의 성장과 발달을 위해서는 어머니의 보호와 교육이 가장 중요하다는 믿음과 어머니들은 자녀들을 돌보며 집에 있어야 한다는 사회문화적 가치관이 여전히 존재한다고 볼 수 있다. 취업한 어머니들의 양육태도가 지배적이고 통제적(박경자 · 권연희, 2002; 한종혜 · 홍계옥, 2000)이면서도 관대한 이중적 특성(정태연 · 노현정, 2005)을 보이기 때문이다. 취업한 어머니들이 지배적이고 통제적인 양육행동을 하는 것은 자녀를 직접 돌보지 못하고 유아교육기관이나 타인에게 맡기면서 나타나는 교육이나 양육에 대한 부족한 점들을 지배적이고 통제적인 양육행동으로 보완하려 하기 때문이다. 그럼에도 보다 관대한 양육행동이 나타나는 것은 취업으로 인해 집에서 자녀와 함께 시간을 보내면서 잘해 주지 못한 것에 대한 미안함을 관대한 행동으로 보상하려 하기 때문이다(정태연 · 노현정, 2005).

어머니의 취업은 자녀의 성장과 발달에 영향을 미치고 있음이 분명하다. 취업 자체보다 취업으로 인한 심리적 불안감, 양육 스트레스, 사회적 지원 등의 문제가 더 중요한 요인이지만, 어머니의 취업은 자녀에 대한 양육행동을 왜곡시킬 수 있는 가능성을 제공한다. 이러한 가능성을 최소화할 수 있는 방법 중 하나가 부모교육이다. 특히 어린이집이나 유치원 등 유아교육기관에 자녀를 맡겨야 하는 취업모의 경우 부모교육의 필요성이 더욱 요구된다. 왜냐하면 자녀가 다니는 유아교육기관에서의 부모교육은 유아교육기관과 부모가 공동으로 아동의 건강한 성장과 발달을 도모한다는 취지에서 부모에게 요구되는 효율적인 양육태도 및 방법을 교육하기 때문이다.

2) 조부모와 부모교육

아동양육의 주 책임은 부모에게 있기 때문에 부모는 아동의 양육 및 발달에 있어 중요한 변수로 간주되어 왔다. 그러나 손자녀에 대한 양육 책임이 없으나, 조부모는 전통적으로 아동의 성장과 발달에 중요한 영향을 미치는 제2양육자, 대리부모로 고려되고 있다(민하영 · 유안진, 1996).

우리나라 전통사회의 경우 '할머니의 빈젖 빨리기'와 같은 양육 풍습과 세강달강 민요 등에서 알 수 있듯이 조부모는 손자녀의 성장과 발달, 특히 심리정서적 발달에 중요한 역할을 해 왔음을 알 수 있다(유안진, 1989). 그러나 산업화 및 도시화, 그로 인한 가족구조의 변화에 따른 핵가족화 등으로 인해, 아동의 성장과 발달에 영향을 미치는 '의미있는 타자(significance others)'로서의 조부모의 위상과 역할은 상당히 퇴색되어 왔다.

이러한 사실은 아동의 심리정서적 적응 및 발달에 관련한 대부분의 연구에서 조부모에 관한 변인을 가족환경 변인 안에서조차 고려하지 않고 있는 사실에서도 알 수 있다. 그러나 우리 사회는 구조적으로 핵가족이지만 기능적으로는 대가족 형태를 유지하고 있음을 고려해 볼 때 조부모의 영향력을 간과하기 어려울 수 있다. 특히 조부모 중 조모나 외조모의 영향력은 더욱 간과하기 어렵다(민하영, 2004).

조모나 외조모가 아동의 성장과 발달에서 강조되는 것은 첫째, 조모는 양육 대행자, 정서적 친밀감의 제공자, 가족원 간의 유대감을 공고히 하는 친족 유지자(kin-keeper)로서 조부에 비해 아동의 심리정서적 발달에 유의한 영향을 미칠 수 있는 위치에 있기 때문이다. 조모는 여성으로서 가족관계를 유지하도록 사회화되면서 친족 유지자로서의 역할을 담당해 왔다(Michalski & Shackelford, 2005).

친족 유지자로서의 역할은 핵가족의 구조 안에서조차 손자녀와 보다 많은 상호작용을 하도록 하는 원동력이 되었으며, '중요한 타인'으로 역할하는 토대가 되었다. 가족원 간의 유대감을 공고히 하는 '친족 유지자'로 조모는 아동과 심리적으로 밀접히 연결(Creasey & Koblewski, 1991; Finch, 1989; Jendreck, 1993)되었으며, 아동 또한 조부보다 조모에게 더욱 큰 심리적 유대감을 느끼고 있는 것(Creasey & Koblewski, 1991; King & Elder, 1995; Taylor, Robila, & Lee, 2005)으로 나타났다. 이는 조모가 아동의 성장과 발달에 중요한 존재임을 시사하는 것이다.

둘째, 조부모와 손자녀의 관계는 어머니와 조부모와의 관계를 통해 매개되는 것으로 알려져 있다. 조부모와 손자녀를 매개하는 어머니의 경우 친정 어머니인 외조모와 정서적으로 긴밀한 유대감을 형성하고 있기 때문에 아동은 외조모에게 심리적 친밀감을 가장 강하게 느끼고 있는 것(박경란, 1994; Crosnoe & Elder, 2002; Kennedy, 1992; King & Elder, 1995; Whitbeck, Hoyt, & Huck, 1993)으로 나타나고 있다. 이는 전통적으로 혈연 중심의 사회 구조임에도 불구하고 외조모가 아동의 성장 과정에서 중요한 역할을 하는 이유라 할 수 있다.

이처럼 조부모, 특히 조모는 심리적 친밀감과 유대감뿐 아니라 정서적 안정감의 주요 원천 역할을 할 수 있기 때문에 손자녀 양육의 주요 지원자로 활동하고 있다. 그러나 조모의 경우 육아 경험을 한 지 오래되었기 때문에 우유 먹이기, 이유식과 간식 만들기, 책 읽어 주기 등 사회 변화에 의해 새롭게 강조되는 육아 내용을 교육받아야 할 필요가 있다. 이는 조부모를 대상으로 한 부모교육이 요구되는 이유라 할 수 있다.

3) 아버지 역할 변화

전통적으로 아버지는 자녀양육에서 주 책임자로서 역할하기보다 어머니의 자녀양육을 지원하거나 보조하는 등의 보조자 또는 주변인의 역할을 담당해 왔다. 이러한 아버지의 근본적 역할은 크게 변하지 않았지만, 아버지 역할의 재발견 시대(Lamb, 1997)라고 표현될 만큼 현대사회 내 아버지의 자녀양육 참여는 증가하고 있다.

핵가족 내 어머니의 자녀양육 활동에 있어 남편인 아버지가 가장 영향력 있는 지원체계이고(이완정 · 현온강 · 최혜란, 1997; Brunelli, Wasserman, Rauh, Alvarado, & Caraballo, 1995; Simons, Beaman, Conger, & Chao, 1993), 자녀양육의 어려움을 이유로 출산율이 점점 줄어들고 있는 최근의 현실에서 아버지의 자녀양육 참여는 매우 절실하다. 아버지의 출산휴가제에 대한 의견 수렴이 최근 여성가족부에 의해 실시(www.mogef.go.kr)되고 있으며, 매달 6일을 육아데이로 정하여 아버지의 육아 참여 확산을 촉구하는 노력(www.6aday.co.kr)이 활발히 진행되고 있는 것은, 자녀양육의 사회적 지지원으로 아버지의 역할이 중요해졌음을 사회적으로 인정하고 있는 예다.

아버지의 자녀양육 참여가 어머니의 의미 있는 양육 지원체계라는 점에서 강조되는 것만은 아니다. 아버지의 양육 참여가 아동의 사회적 능력(김광웅 · 이인수, 1998; 최경순, 1992)이나 사회적 적응, 도덕성 또는 친사회성(정현희 · 최경순, 1992; 최경순 · 정현희, 1995; Coley, 1998; Coosey & Fondell, 1996)과 같은 사회성 발달뿐 아니라 학업 성취(Flouri & Buchanan, 2004)와 같은 인지발달에 유의한 영향을 미치는 것으로 보고되고 있다. 이는 아버지의 양육 참여가 아동의 건강한 성장과 발달을 위한 환경으로서 중요한 역할을 하고 있음을 의미하는 것이다(양장애, 1999; Cummings & O'Reilly, 1997; Geary, 2000; Lamb, 1997; Parke, 2000).

아버지의 양육 참여가 아동의 사회정서 및 인지발달에 긍정적 영향을 미치는 것은 다음과 같은 이유로 설명될 수 있다. 첫째, 아버지의 양육 참여는 어머니가 제공해 주지 못하는 새롭고 흥미로운 경험을 아동에게 제공하기 때문이다. 어머니와의 상호작용 안에서 얻기 쉽지 않은 동적이고 활동적인 경험을 통해 아동은 보다 폭넓고 역동적이며 다양한 사회적, 정서적, 지적 자극을 접할 수 있게 된다. 이러한 경험이 보다 적응적인 발달을 성취하는 토대로 기능한다고 볼 수 있다.

둘째, 아버지의 양육 참여는 어머니의 양육 스트레스를 완화시킴으로써 어머니의 긍정적 양육행동을 유발하는 토대가 되기 때문이다. 아동의 성장과 발달에 미치는 아버지의 영향력이 어머니와 다를지라도 아버지의 양육 참여는 아동의 환경 적응에 가장 큰 영향력을 미치는 어머니의 양육행동에 영향을 미침(김정 · 이지현, 2005)으로써 아동이 보다 건강하게 성장할 수 있는 가정 내 환경을 마련하는 데 기

아빠와 함께 작품 만들기

아빠와 함께 책 읽기

여한다. 이러한 간접적 기여가 사회적, 정서적, 인지적 측면에서 아동이 적응적 발달을 이루게 하는 원동력이 된다.

아버지의 양육 참여가 아동의 발달에 긍정적 역할을 하고 있음이 알려지면서 그 필요성은 더욱 강조되고 있다. 그러나 자녀양육에서 아버지 역할에 대한 모호성과 불명확성 때문에 아버지 스스로 적극적 역할을 수행하는 데 어려움을 겪고 있다. 이러한 어려움을 해결하는 데 도움을 줄 수 있는 것이 아버지를 대상으로 한 부모됨 교육이다. 왜냐하면 아버지됨 교육은 아버지가 자녀양육에서 적극적 역할을 수행하는 데 필요한 정보와 기술을 제공하기 때문이다.

4. 다문화가족과 부모교육

1990년대 이후 국제결혼, 특히 한국 남성과 외국 여성의 결혼이 급격한 증가를 보이고 있다. 1990년에 국제결혼건수(4,710건)는 총 결혼건수(399,312건)의 1.2%에 불과했으며, 아내가 외국인인 경우는 국제결혼건수의 13%에 지나지 않았다. 그러나 2005년 국제결혼건수(43,121건)는 총 결혼건수의 13.6%나 되며, 이는 2004년도에 비해 21.6%나 증가한 수치다. 2005년 국제결혼건수 중 아내가 외국인인 경우는

2/3 이상(72.3%)을 차지하며, 이들의 출신국가는 중국, 베트남, 캄보디아 순으로 나타났다. 이러한 국제결혼은 전체 국내 결혼건수의 9.9%에 이르고 있으며, 농림어업에 종사하는 남성들의 결혼건수 중 41.0%에 이르고 있다(통계청, 2007).

국제결혼건수가 증가함에 따라 다문화가족의 아동에 대한 관심도 증가하고 있다. 국제결혼이 증가함에 따라 2020년에는 출생하는 신생아의 32%가 다문화 가족의 2세대일 것으로 예측되기 때문이다.

다문화가족의 아동수는 매년 증가하고 있지만, 이들은 다음과 같은 문제에 직면해 있다. 첫째, 우리 사회는 전통적으로 단일민족의식이 강하기 때문에 서로 다른 문화와 가치를 지닌 이방인에 대해 포용성이 적다. '피부색이 다르다.' '말을 더듬는다.' '발음이 정확하지 않다.' 등의 이유로 사회적 편견과 차별을 받는 것(이영주, 2008)은 대표적인 폐쇄적 태도라 할 수 있다. 이러한 폐쇄적 태도 때문에 다문화가족의 아동은 우리 사회의 구성원으로 성장하는 데 어려움을 겪는다.

둘째, 문화적 차이와 언어 소통의 문제로 발생하는 부부간 갈등에 노출되어 있다. 국제결혼의 특성상 다문화가족은 문화적 차이에서 오는 인식 차이 문제를 근본적으로 안고 있다. 가족 내에 존재하는 이중문화로 인해 상호 간 갈등을 경험하기 쉽지만 언어적 장벽으로 생기는 의사소통의 문제 때문에 갈등을 해결하지 못한 채 더욱 악화시키는 경향이 있다. 중요한 것은 부부간에 나타나는 갈등이 아동에게 그대로 전달된다는 점이다. 아동은 부모의 이중문화로부터 발생하는 갈등과 혼동 외에 부부간 갈등으로 인해 더욱 힘들어 할 수밖에 없다.

셋째, 대부분의 다문화가족은 빈곤하다. 다문화가족의 52.9%가 최저생계비 이하의 수입을 가지고 있음에도 불구하고 기초생활수급가구에 해당하는 다문화가족이 13.7%에 불과할 만큼 빈곤문제는 심각하다. 다문화가족의 빈곤문제는 다문화가족의 아동이 경제적 어려움 속에서 생활함을 의미하는 것으로, 성장과 발달에 필요한 경제적 지원을 충분히 받지 못하고 있음을 시사하는 것이다.

이와 같이 다문화가족의 아동은 사회적 차원에서, 가정적 차원에서 좀 더 불리한 환경에서 생활한다고 볼 수 있다. 불리한 환경적 문제로 다문화가족의 아동은 학교생활에서의 학습부진, 따돌림 및 정체성 혼란과 같은 발달적 부적응을 나타낸다(교육인적자원부, 2006). 의사소통의 불편함이나 문화배경과 가치관의 이질성 등으로 어머니들 역시 어려움에 직면해 있다. 그러나 다문화가족의 아동을 보다 성공적으로 양육하기 위해서, 한국어교육이나 문화이해교육뿐 아니라 부모교육에 보다 많은 관심을 기울여야 할 것이다.

읽어 보기

국제결혼가족 중 어머니가 아시아계 외국인인 가족에 대해 많은 관심을 가지는 것은 이것이 국제결혼가족의 대부분을 차지하고 있기 때문이다. 과거에는 내국인과 아시아계 외국인 사이에서 태어난 2세를 가리키는 용어로 흔히 '코시안'이 사용되었다. 코시안이라는 용어는 1997년 외국인 노동자 문제를 연구하는 시민단체들이 처음 사용한 용어로, 한국인(korean)과 아시아인(asian)을 합성해 만든 것이었다. 그러나 최근에는 코시안이라는 용어가 내국인과 저소득국가 아시아인 사이에 태어난 2세를 일컫는 말로서 기존 내국인과 이들 자녀를 차별하는 결과를 초래할 수 있음에 대해 우려하는 목소리가 높아지고 있다. 이에 코시안이라는 용어보다는 다문화가족 2세라는 용어가 대안으로 사용되고 있다. 다문화가족은 한 가족 내에 다양한 문화가 공존하고 있다는 것을 의미한다.

국제결혼가족은 이중문화가족(dual culture family), 온누리안, 다문화가족(multi culture family) 등 다양하게 호명되고 있다. 다양한 호명 속에서 다문화가족이라는 용어 사용을 권장하는 것은 혼혈인, 코시안, 온누리안 등의 기존 용어가 혈통, 민족, 국적의 차이를 내포하고 있다면 다문화가족이라는 용어는 다만 가족 내의 다양한 문화가 공존하고 있음을 강조하기 때문이다.

5. 장기분거가족과 부모교육

장기분거가족이란 기러기 가족을 의미하는 것으로, 장기적으로 자녀와 아내는 해외로 보내고 남편은 경제활동을 위해 국내에 남아 생활하는 가족을 말한다(엄명용, 2005). 기러기 가족의 증가는 우리 사회에서 팽배하게 나타나고 있는 과도한 교육열에 기인했다고 볼 수 있다. 이러한 기러기 가족 현상은 1970년대 이미 지방에

거주하면서 교육을 위해 자녀들을 서울로 보냈던 부모들에게서도 나타났다. 이런 교육열이 최근에는 해외로 가족을 보내는 현상으로 확장된 것이라 볼 수 있다.

장기분거가족을 기러기 가족이라 부르는 것은 '기러기 아빠'라는 신조어로부터 발생했다. 기러기 아빠란 맹모아빠, 외기러기 아빠, 나홀로 아빠 등으로 표현되기도 했지만 2001년부터 공식적 용어로 사용되고 있다. 기러기 아빠로 통일되어 사용된 것은 기러기가 화목을 상징하는 철새라는 점 때문이다. 비록 교육을 위해 자녀와 떨어져 있지만, 뜨거운 가족애 하나만으로 혼자 사는 수고를 묵묵히 받아들이고 외로움과 싸우는 가장임을 표현하는 데 적절하다고 평가되었기 때문이다(김양희 · 장은정, 2004). 기러기 아빠가 포함된 기러기 가족은 장기간 분거하기 때문에 부모역할을 수행하는 데 어려움이 있다. 특히 국내에 남아 있는 아버지의 경우 훈육적이고 경제적인 부양자로서의 역할만이 강조되고 있고 경제적 부양자 외에 훈육자로서의 역할 수행이 효과적으로 이루어지지 않고 있기 때문에 가족관계에서 정서적 어려움을 겪고 있다(최양숙, 2008). 한편, 어머니의 경우는 외국어에 익숙하지 않은 상황에서 문화와 가치관의 차이, 언어적 장벽 그리고 정체성에 혼란을 경험하는 자녀를 혼자 양육해야 한다는 부담감 때문에 힘들어하고 있다. 장기분거가족 안에서 나타나는 이러한 현실적 문제들이 장기분거가족을 대상으로 부모교육이 요구되는 이유인 것이다.

제 3 장

부모됨과 부모태도

'부모되기는 쉬워도 부모노릇 하기는 어렵다.' 라는 이야기를 들었을 때 사람들이 쉽게 공감하는 것은 부모역할이 누구에게나 쉽지 않기 때문이다. 우리 사회에 나타나고 있는 저출산의 문제는 아마도 부모역할하기가 쉽지 않음으로 인해 발생하는 사회적 현상의 하나라고 볼 수 있다. 저출산의 문제가 사회적 관심으로 부각되고 있지만 그래도 많은 사람들은 결혼과 함께 아이를 낳고자 한다. 사람들은 부모역할하기가 힘들다 하면서 왜 아이를 낳으려 하는가? 이러한 질문은 어리석게 여겨질 수 있으나, 아이를 낳으려는 동기 즉 부모됨의 동기를 이해하는 것은 부모의 양육행동을 이해하는 첫 단계라 할 수 있다. 이 장에서는 '아이를 왜 낳으려 하는가?' 에 대한 우문(愚問)에 대해 각자의 현답(賢答)을 찾아볼 수 있도록 왜 부모가 되려 하는지에 대한 부모됨의 동기와 부모됨의 준비 그리고 역할을 살펴보며 바람직한 부모의 양육행동의 특징에 대해 살펴본다.

1. 부모됨

동서양을 막론하고 대부분의 부모들은 부모 노릇하는 것이 힘들지만 자녀를 두는 것이 모든 것을 희생할 만한 가치가 있는 일이라고 생각한다. 따라서 대부분의 사람들은 전통적인 가치, 믿음, 성역할 고정관념에 의해 부모됨을 자연스럽게 받아들여 왔다. 그러나 최근에는 자녀가 없는 부모, 자신의 선택에 의해 자녀를 갖지 않는 부모 등 자녀를 두지 않는 부모들이 나타나고 있다. 이들 부모들은 부모로서의 책임에 압도당하기보다, 자녀를 두지 않을 자신들의 권리를 존중받고 싶어 한다. 이와 같이 자발적으로 부모됨을 포기하는 사람들이 늘고 있지만 여전히 많은 수의 사람들은 자녀를 낳음으로써 부모됨을 경험하고 싶어 하며 경험하고 있다.

사람들은 왜 자녀를 낳음으로써 부모가 되려 하는가? 자연의 섭리 때문에, 가계 계승 때문에, 사회적 지위 획득의 목적 때문에 또는 심리적 안정 때문에 등등 부모가 되는 동기는 사람마다 다르며 다양하다. 부모됨의 동기는 부모의 심리적 과정을 나타내는 것이기 때문에 부모의 자녀양육 태도를 결정하는 요인이기도 하다(Veevers, 1973). 부모가 자녀를 두는 부모됨의 동기를 살펴보면 다음과 같다.

1) 부모됨 동기

첫째, 자연의 섭리에 따라 자녀를 낳는다.

부모됨을 자연의 섭리라고 생각한다. 자녀를 갖지 않는 것은 자연스럽지 않고 이기적이며 인간으로서의 의무를 위반하는 것이라 본다. 자연의 섭리로서 아이를 가져야 한다는 부모들은 자녀를 갖지 않는 사람들을 이기적이라 생각하지만, 자녀가 없는 성인들도 어린 아동과의 활동이나 문제해결 과정에 적극적으로 참여하는 경우를 보면 자녀를 갖지 않는 사람을 이기적이라 평가하는 것은 편견이라 할 수 있다.

둘째, 노동력 확보를 위해 자녀를 낳는다.

부모됨의 전통적인 이유는 노동력 확보라 할 수 있다. 지금도 개발 도상국에서는 노동력 확보를 위해 자녀를 출산하고 있다. 특히 자녀의 노동력이 높게 평가됨에도 불구하고 열악한 주변 환경 때문에 영아 사망률이 높은 사회에서는 많은 수의 자녀를 낳는 경향이 있다.

셋째, 가계 계승 및 노후 보장을 위해 자녀를 낳는다.

가계 계승 및 노년의 경제적 안정과 보호를 위해 자녀를 원하는 것이다. 조상 숭배, 혈연 계승 등을 강조하는 우리나라 전통사회에서는 결혼의 궁극적 목적이 가계 계승을 위한 자녀의 출산이었다. 특히 가계 계승과 노후 보장을 목적으로 자녀를 출산할 경우 남아 출산을 기원하는 경우가 많이 나타난다. 전통사회에서 발달한 기자속(祈子俗)은 부모됨의 동기가 가계 계승에 있음을 잘 나타내 준다.

넷째, 삶의 보상 수단으로 자녀를 낳는다.

부모가 이루지 못했던 과업을 자녀가 성취하도록 함으로써 자신의 꿈이나 불행을 자녀를 통해 보상받고자 한다.

다섯째, 소속감을 얻기 위해 자녀를 낳는다.

인간은 사회적 동물로 집단에 소속되고자 한다. 자녀의 출산은 누구의 아버지 또는 누구의 어머니로서의 소속감과 함께 사회적 지위을 갖게 할 뿐 아니라 자녀를 낳은 사람끼리 동료의식을 갖게 한다. 사회를 구성하는 대부분의 사람들은 자녀를 낳고 키우는 부모이기 때문에 자녀 출산은 사회에 성공적으로 소속된다는 심리적 안정감을 갖게 한다.

여섯째, 사랑과 애정을 나눌 동반자를 얻기 위해 자녀를 낳는다.

인생을 함께 할 동반자를 얻기 위해 자녀를 낳는다. 동반자 의식은 자녀를 두는 가장 현명한 이유라 할 수 있다. 자녀는 애정적이며 따뜻하고 앙증맞으며 재미있어서 사랑과 애정이 충만한 훌륭한 인생의 동반자라 할 수 있다. 양육의 즐거움을 통해 얻게 되는 사랑과 애정은 인생의 기쁨을 제공하기 때문에 인간의 기본적인 정서적 욕구를 충족시켜 준다.

2) 부모됨 준비

부모가 되려는 성인 남녀들은 아기를 임신하기 전에 부모가 되기 위한 일련의 준비를 해 두어야 한다. 일반적으로 부모됨은 자녀의 출산과 더불어 자동적으로 그 지위와 역할이 부여된다. 그러나 준비 없이 부모가 되는 사람들은 자녀의 건강한 성장과 발달을 저해하거나 방해할 수 있다. 그러므로 부모가 되고자 하는 사람들은 신체적, 정신적 준비와 경제적 준비를 해 두어야 한다(이경희 · 이경희, 1994).

(1) 신체적 준비

부모가 되고자 하는 사람은 건강해야 한다. 건강하지 못하거나 질병에 걸린 상태에서 임신할 경우, 기형아나 장애아를 출산할 가능성을 무시하지 못하기 때문이다. 또한 부모는 양쪽 가계의 가족적인 질병 유무와 유전적인 질병 유무를 확인해야 한다.

부모가 되기에 적합하지 않은 건강상태는 다음과 같다.

- 체중 미달이거나 몸이 너무 허약한 사람
- 과거 또는 현재 약물이나 알코올 중독일 때
- 흡연, 특히 임신부의 흡연
- 당뇨, 결핵 등 만성적 질병을 앓고 있을 때
- 성병 등 기타 병원 검진 결과, 임신해서는 안 되는 질병이 있을 때

(2) 심리정서적 준비

부모가 되기 위해서는 자기 자신의 성장 상태나 문제점, 그리고 성격의 장단점을 스스로 파악하여 부모됨에 문제가 되거나 장애가 되는 요인들은 개선하는 노력이 필요하다. 부모의 비정상적인 정서 상태나 성격의 문제와 기질적인 요인들은 자녀에게 심리적인 손상을 주어서 문제아 등을 발생시키는 가정환경이 될 수 있다. 따라서 자신의 정서 상태, 성격, 기질에 문제가 있다고 판단되면, 부모가 되기 전 상담 또는 심리 치료사 등 전문가에게 치료를 받을 필요가 있다.

(3) 경제적 준비

자녀가 신체적, 정신적으로 건강하게 잘 성장하기 위해서는 경제적인 준비가 필요하다. "양육비와 교육비 때문에 애도 맘대로 못 낳는다."라고 할 정도로 한 아이를 양육하고 교육시키는 데에는 많은 비용이 소요된다. 그러므로 경제적 문제는 부모가 되고자 하는 사람에게 간과할 수 없는 문제라 할 수 있다.

경제적 문제가 부모됨을 위한 1차적 준비 요건이라 할 수 없지만, 경제적 문제는 아동의 기본 권리(Key, 1909), 즉 교육받을 수 있는 권리, 건강하게 성장할 수 있는 권리, 정상적인 가정생활을 누릴 권리, 교육받을 권리, 놀이와 오락을 즐길 권리 등을 실현하기 위한 수단이기 때문에 중요하게 평가되어야 한다.

한편, 경제적 준비는 좀 더 바람직한 부모됨을 위해 필요하다. 경제적으로 궁핍한 상황은 부모됨을 어렵게 만든다. 경제적 빈곤은 부모에게 상당한 스트레스와 긴장을 주며 이러한 경제적 스트레스와 긴장은 자녀에 대한 부모의 적대적인 양육행동을 부추긴다(한미현, 1993; Conger, Conger, Elder, Lorenze, Simmons, & Whitebeck, 1992). 경제적으로 빈곤한 부모는 부모 노릇을 잘할 만한 교육적, 정서적, 경제적 자원이 부족하기 때문에 자녀를 돌보고 충분한 영양을 제공하고 안정된 가정환경을 만드는 데 어려움이 많다. 따라서 바람직한 부모됨을 실천하기 위해서는 경제적 준비가 반드시 필요하다.

3) 부모역할

자녀의 출생으로 부부는 남편 또는 아내로서의 역할만 수행하다가 아버지 또는 어머니로서의 역할을 함께 수행해야 한다. 대부분 준비 없이 부부가 되는 것처럼 준비 없이 부모가 되는 경우가 많다. 부모역할에 대한 구체적인 준비 없이 부모가 되지만 사회는 부모에게 사회적으로 수용되는 부모로서의 역할 수행을 기대한다.

산업화, 도시화로 대표되는 현대사회의 특성은 부모로서의 역할 수행에도 많은 변화를 가져왔다. 자녀의 보호와 양육과 관련하여 과거 전통사회가 자녀의 보호와 양육을 어머니에게 전담시킨 것과 달리, 현대사회는 부모의 동등한 참여와 책임을 요구한다. 따라서 과거 전통사회의 부모역할이 도구적 역할과 정서적 역할로 뚜렷이 이분화되었다면, 현대사회의 부모역할은 비록 부모 간 기본적 차이가 크게 변하지는 않았지만 점점 공유 영역을 넓혀 가고 있다고 볼 수 있다(김광웅 · 박성연 역, 1995; Woodworth, Belsky, & Crinic, 1996).

(1) 아버지 역할

아버지가 한 가정의 경제적 책임을 지고 있었던 농경시대에는 경제적 책임자 또는 부양자로서 아버지의 역할, 즉 파슨스와 베일즈(Parsons & Bales, 1955)가 언급한 도구적 역할이 강조되었다. 유영주(1985)도 아버지는 생계유지를 위해 도구적, 수단적 역할을 하며 이성적이고 공정한 판단자의 역할을 가진다고 하였다. 그러나 현대사회에서는 도구적 또는 수단적 역할과 같은 특정한 역할만을 아버지 역할로 제시하기 어렵다.

현대사회의 아버지는 가족의 생계를 책임지는 사람이나 규율을 지키도록 엄격하게 요구하는 사람으로서의 전통적인 아버지 역할에서 벗어나, 자녀양육에 참여적이고 지지적인 역할을 할 수 있는 새로운 아버지(new father)를 요구하고 있다(Harris & Morgan, 1991). 새로운 아버지란 자녀양육에 참여하는 아버지(Blankenhorn, 1995)로서 자녀와 시간을 보내는 아버지, 자녀에 대한 지식이 있는 아버지, 일관성 있는 행동을 하는 아버지, 위험 또는 문제상황에서 분별력 있는 아버지, 가정에 일정한 수입을 가져다주는 아버지, 귀 기울여 이야기를 들어 주는 아버지 등으로 묘사될 수 있다(Roid & Canfield, 1994).

새로운 아버지에 대한 관심과 요구가 고조되면서 일차적 양육자로서의 아버지 역할이 어머니와 마찬가지로 중요하다고 지적(윤서영 · 정옥분, 1999; 이영환, 2001; Lamb, 1986)하고 있지만, 실제로 자녀와의 상호작용이나 활동 유형 등은 어머니와 차이를 보여 자녀양육 역할에 있어 부부간 전문화가 나타나고 있는 실정이다.

일반적으로 어머니는 아버지보다 자녀의 애정적, 정서적 관계의 질을 향상시키기 위해 보다 큰 책임감을 가지며 어린 자녀에게 따뜻한 보살핌과 편안함, 안락함을 제공하는 데 많은 시간을 보낸다. 그러나 아버지는 자녀를 사회와 연결시켜 주고 생계를 유지시켜 주는 도구적 역할에 보다 많은 책임을 갖기 때문에(Lewis & Weinraub, 1976), 어머니가 어린 자녀를 돌보는 데 보내는 것만큼 많은 시간을 자녀와 상호작용하며 보내지는 않는다.

자녀와의 활동 유형에서 어머니는 인형이나 퍼즐 등 놀잇감을 중심으로 조용히 상호작용하며, 신체적인 자극보다 언어적 자극을 보다 많이 제공한다. 이와 달리 아버지는 보다 새롭고 예측하기 힘든 방법으로 자녀와 상호작용하며 뒹굴고 뛰어다니고 몸을 부대끼는 등의 거친 신체적 자극을 많이 제공한다(Belsky & Volling, 1987). 아버지가 제공하는 높은 수준의 신체적 자극은 아동으로 하여금 보다 큰 위험을 감수할 수 있는 힘을 갖게 만든다. 청소년기 자녀와의 관계에 있어서도 어머니는 자녀의 일상생활을 뒷바라지하거나 정서적 지지를 제공하는 데 많은 시간을 보내지만 아버지는 정서적 지지보다 충고나 훈계 또는 쟁점 공유 등에 많은 시간을 보내는 경향이 있다(Thompson & Walker, 1989).

보편적으로 아버지는 어머니보다 자녀에 대해 덜 민감하고 덜 양육적이지만(Starrels, 1994), 이는 아버지가 어머니보다 자녀양육 경험이 적기 때문이며, 아버지 참여와 부모교육의 중요성을 어머니보다 낮게 인식하기 때문이다.

(2) 어머니 역할

사회의 변화에 따라 여성의 역할 선택의 범위가 넓어지게 되면서 여성들은 누구나 결혼해서 주부가 되고 어머니가 되어야만 하는 것은 아니라고 생각하게 되었다. 그렇지만 아직도 여성에게 있어 어머니가 된다는 것은 사회적으로나 개인적으로 매우 중요한 일이다.

파슨스와 베일즈(1955)는 가정 안에서 어머니가 애정적 또는 표현적 역할을 담당한다고 하였으며, 유영주(1985) 또한 어머니가 자녀의 사회화 과정에 있어서 최초로 그리고 가장 장기간의 대행자 역할을 담당하고 자녀에 대하여 표현적, 정서적 역할을 담당한다고 지적하였다. 최근 취업모의 증가로 가족의 경제적 부양을 부부가 공동으로 책임지고 있는 경우가 증가하고 있으나 취업한 경우에도 자녀양육과 사회화 역할은 어머니에게 우선적으로 기대한다. 따라서 어머니들은 아버지들과 달리 대부분의 자녀양육을 수행하고 있는 실정이다(Berman & Pedersen, 1987). 결국 취업모는 직업과 자녀양육의 역할을 수행해야 하는 이중 역할 부담을 안고 있다고 볼 수 있다. 실제로 취업모의 가장 큰 어려움이 자녀양육과 교육으로 보고(김미영, 1995; 서영숙 · 김경혜, 1997; 오선영 · 이숙, 1993; 조희금, 1999)되고 있음을 고려해 보면 취업모는 직업과 자녀양육의 이중 역할 수행 속에서 많은 갈등과 어려움을 경험하고 있음을 알 수 있다.

최근 육아의 사회화라는 관점에서 취업모의 자녀양육 문제를 사회적 또는 국가적으로 해결해야 한다는 시각이 제기되고 있으며, 이러한 시각과 더불어 사회 일각에서는 국가와 정부가 나서 자녀의 육아문제를 함께 해결해야 한다고 주장하고 있다. 과거와 달리 보건복지부뿐 아니라 여성부에서도 취업모의 자녀양육 문제에 적극적인 관심을 보이고 있는 것은 어머니 역할에 대한 사회적 도움과 지원이 국가전략사업 차원에서 더욱 가속화될 수 있음을 시사하는 것이다.

2. 부모의 양육행동

자녀는 출생하는 그 순간부터 부모로부터 끊임없는 보호와 양육을 받는다. 자녀에 대한 부모의 보호와 양육은 사회문화적 특성에 따라 다양한 형태로 이루어지고 있으나, 일반적으로 수유, 기저귀 갈기, 잠재우기, 놀아 주기 등 자녀의 신체적 보호에서 시작하여, 사회적 규범이나 규칙을 내면화시키는 방향으로 발전한다. 자녀에 대한 부모의 보호와 양육은 양육행동을 통해 자녀에게 표현된다. 양육행동이란 자녀가 올바르게 성장할 수 있도록 물리적, 심리적 측면에서 도움을 제공하고 보살펴 주는 일련의 모든 활동을 의미한다. 따라서 사회적으로 수용될 수 없는 잘못된 행동을 수정하거나 자녀 스스로 자기 통제할 수 있는 능력을 갖추도록 요구하는 행동, 부모의 권위에 순종하도록 하는 행동들이 양육행동의 한 예로 지적될 수 있다.

부모의 양육행동은 자녀의 사회화 과정에 영향을 미치는 중요한 요인으로, 자녀가 소속된 사회의 효율적인 구성원으로 참여하는 데 요구되는 지식, 기술, 특성을 습득하도록 하는 데 영향을 미친다는 점에서 중요하게 평가되고 있다.

1) 자녀의 발달단계에 따른 부모의 양육행동

(1) 영아기 자녀를 둔 부모의 양육행동

신체적 보호가 가장 많이 요구되는 시기임을 고려하여 면역력 강화, 충분한 영양 섭취 등에 관심을 가져야 한다. 한편, 정서적으로 애착 발달의 결정적 시기이기 때문에 반응적이며 지지적인 양육행동이 이루어지도록 노력해야 한다.

(2) 유아기 자녀를 둔 부모의 양육행동

자아개념 발달과 더불어 자기 표현력이 증가하고, 사회활동이 확장되는 시기이므로 유아 스스로 환경을 관찰하고 실험하고 조작할 수 있는 기회를 제공해야 한다. 자발적인 탐색활동을 통해 자기에 대한 이해를 높이고 주변 환경에 대한 인식을 강화시킬 수 있기 때문이다.

(3) 학령기 자녀를 둔 부모의 양육행동

초등학교 입학과 더불어 공식적인 사회활동이 시작되는 학령기 아동의 경우 사회적 규칙과 질서에 대한 이해를 강화시키고 학업에 대한 흥미와 관심을 가질 수 있도록 지도해야 한다. 뿐만 아니라 친구 관계를 형성하고 건강하게 유지, 발달시킬 수 있는 사회적 기술을 교육함으로써 건강한 사회 구성원으로 성장할 수 있는 기반을 마련해 주어야 한다.

(4) 청소년기 자녀를 둔 부모의 양육행동

청소년기는 사춘기의 신체적 변화와 더불어 정서적, 사회적 성숙에 대한 사회적 요구의 강화로 신체, 심리, 정서적 측면에서 매우 혼란한 시기다. 질풍노도의 시기라 불리는 청소년기 자녀의 경우 자신에 대한 올바른 이해와 자신감 구축, 적성에 알맞은 진로선택 등이 이루어질 수 있도록 지도해야 한다.

2) 부모의 양육행동 유형

부모의 양육행동은 다양한 방식으로 이루어지지만, 다양한 방식 안에도 보편적인 공통성이 존재한다. 양육행동의 보편적인 공통성은 일반적으로 양육행동 유형으로 대표된다. 양육행동 유형은 연구자에 따라 다양하게 제시될 수 있으나, 대표적인 양육행동 유형을 통해 자녀의 건강한 성장과 발달에 도움이 되는 양육행동과 그렇지 못한 양육행동에 대한 정보를 얻을 수 있다.

(1) 쉐퍼의 양육행동

쉐퍼(Schaefer, 1959)는 30년간의 종단연구자료를 토대로 부모의 양육행동이 애정성-적대성(love-hostility), 자율성-통제성(autonomy-control)이라는 두 가지 주요 차원으로 설명될 수 있다고 제안하였다.

애정성-적대성 차원의 경우 애정성에는 칭찬, 애정 표현, 요구 신호에 대한 민감한 반응 등이 포함되며 적대성에는 애정성과 상반되는 행동이 포함된다. 자율성-통제성 차원은 정의하기 어려운데 이는 연구자마다 부모의 통제를 측정하는 데 일치되지 않는 항목을 사용했기 때문이다. 부모의 통제는 자녀의 자유를 얼마나 많이 제한하는가로 측정되기도 하며, 부모가 자녀에게 성숙한 행동을 얼마나 많이 그리고 얼마나 강하게 요구하는가로 측정되기도 하기 때문이다.

부모의 양육행동 중 애정성은 자녀의 사려성, 이타심, 부모에 대한 애착, 책임감 발달 등 긍정적 영향을 미치지만, 적대성은 자녀의 공격적 행동 발달과 같은 부정적 영향을 미치는 것으로 나타났다. 그러나 자율성-통제성 차원은 부모의 통제를 측정하는 데 연구자 간 차이를 보이기 때문에 애정성-적대성 차원이 자녀의 발달에 미치는 영향력만큼 명백한 영향력을 제시하지 못하고 있다.

부모의 통제를 자녀 행동의 제한 및 자녀의 대인관계 간섭 등으로 정의한다면,

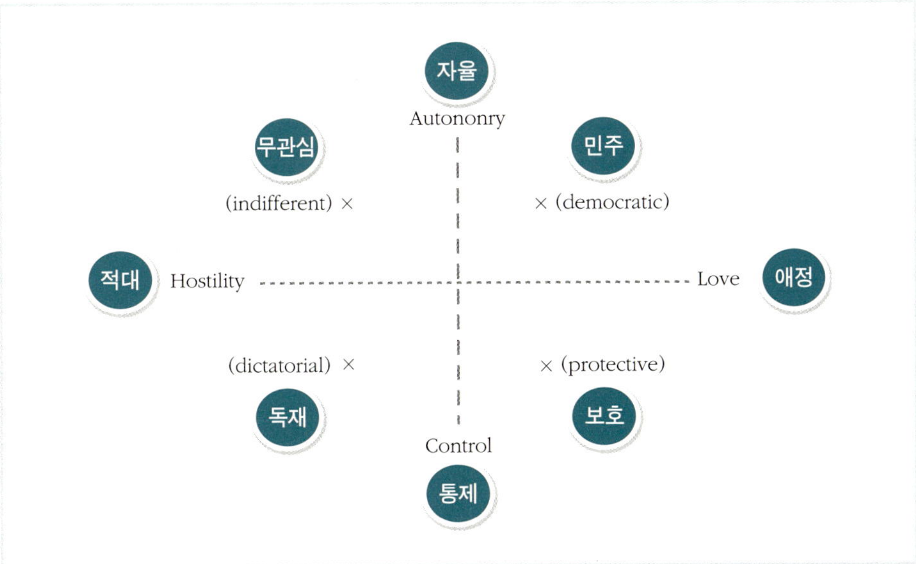

그림 3-1 쉐퍼의 부모 양육행동 유형

부모의 통제성은 자녀의 바람직하지 않은 행동 발달에 영향을 미치는 것으로 나타나고 있다. 그러나 부모의 통제를 자녀에게 성숙한 행동을 요구하는 정도로 개념화한다면, 통제성은 자녀의 도와주기, 협동성, 이타심, 친절, 자기 통제 등과 같은 긍정적 발달에 영향을 미치는 것으로 나타나고 있다.

한편, 자녀 발달에 영향을 미치는 자율성-통제성 차원의 영향력은 부모의 애정성-적대성 차원의 위치 정도에 따라 차이를 보인다. 예를 들어 부모가 요구적이며 엄격하다 하더라도, 또는 부모가 자율적이라 하더라도 부모가 애정적이라면 아동은 긍정적 방향으로 성장, 발달할 수 있다. 그러나 부모가 자녀에게 요구적이며 엄격할 뿐 아니라 적대적이라면 아동은 위축 행동이나 정서적 불안 행동을 나타낼 수 있다(Baumrind, 1967). 이와 마찬가지로 부모가 자녀에게 자율적인 동시에 적대적이라면 자녀는 공격적 행동을 발달시킬 수 있다(Becker, 1964; Martin, 1975).

(2) 바움린드의 양육행동

바움린드(Baumrind, 1966, 1967)는 통제성을 제한적, 처벌적, 강압적 태도가 아니

D. Baumrind

라, 규칙을 준수하도록 요구하는 데 있어서의 엄격한 훈육으로 정의(Baumrind, 1973, p. 6)한 후, 가정 안에서 이루어지는 부모와 자녀 간 상호작용을 직접 관찰한 결과를 토대로 부모의 통제 형태에 따라 양육행동을 독재적 양육행동(authoritarian parenting), 권위적 양육행동(authoritative parenting), 허용적 양육행동(permissive parenting)으로 유형화하였다.

- 독재적 양육행동: 절대적 규칙에 따라 자녀를 통제한다. 자녀는 규칙을 왜 따라야 하는지 모르지만 부모의 지시와 명령을 거역할 수 없다. 부모는 체벌을 선호하고, 자녀와 이야기하는 것을 좋아하지 않을 뿐 아니라 때로 자녀와의 대화를 거부하기도 한다.
- 권위적 양육행동: 자녀와의 상호작용에서 정서적으로 애정적이나 규칙 준수 요구에 있어 일관적이다. 한편, 부모가 요구한 규칙 준수를 자녀가 따르지 않았을 경우 엄격한 통제 방식을 사용한다. 때로 체벌을 사용하기도 한다. 부모는 자녀의 사회, 인지 능력에 맞는 행동을 요구하되 자녀가 책임감 있고 예의바른 것과 같은 성숙한 행동을 하도록 요구한다. 부모의 지시나 명령에 왜 따라야 하는지를 자녀에게 충분히 설명한다. 자녀의 의견에 귀 기울이며, 자녀의 의견에 따라 부모의 행동을 바꾸기도 한다.
- 허용적 양육행동: 자녀의 충동적 행동에 대해 수용적일 뿐 아니라, 통제나 처벌을 거의 하지 않는다. 자녀에게 성숙한 행동을 할 것을 거의 요구하지 않으며 자녀 스스로 자신의 행동을 조절하도록 한다.

한편, 허용적 양육행동에는 방종적 양육행동과 방임적 양육행동이 포함된다. 방종적 양육행동은 수용적이나 통제적이지 않다. 그들은 자녀에게 지켜야 할 규칙을 설명하고 자녀의 자율성을 격려하지만 자녀를 감독하거나 통제하지 않는다. 즉, 지켜야 할 규칙을 설명해 주지만 규칙 준수를 요구하지 않음으로써 자녀로 하여금 방

표 3-1 부모의 양육행동 유형과 자녀의 발달특성

부모의 양육행동 유형	자녀의 발달특성
권위적 양육행동 • 규칙 준수를 단호하게 요구함 • 자녀의 떼쓰는 행동을 수용하지 않음 • 순종적이지 않은 자녀에 대해 단호하게 대처함 • 자녀의 옳지 않은 행동에 대해 불쾌한 감정을 분명히 표현함 • 자녀의 바람직한 행동에 대해 기쁨을 보임 • 규율에 대한 의사소통을 분명히 함 • 자녀의 희망과 의견을 고려함 • 자녀의 요구에 대해 애정적으로 반응함 • 자녀의 연령에 적합한 성숙되고 독립적인 행동을 기대함 • 자녀와 상호작용할 수 있는 공동활동을 계획함	• 열성적이며 다정다감함 • 자기 힘으로 문제를 해결하고자 함 • 자기 통제적임 • 또래와 친근한 관계를 유지함 • 즐겁고 유쾌함 • 스트레스에 잘 대응함 • 새로운 상황에 관심과 호기심을 보임 • 어른들에게 협조적이며 온순함 • 목적이 분명하며 성취지향적임
독재적 양육행동 • 규칙을 엄격히 강요함 • 옳지 않은 행동에 대해 처벌함 • 분노와 불쾌감을 보임 • 규율이 분명히 설명되지 않음 • 자녀를 통제되지 않은 반사회적 충동에 의해 지배되는 존재로 봄 • 자녀의 욕구와 의견을 고려하지 않음 • 반대와 강압에 직면했을 때 규칙을 일방적으로 강요함 • 가혹하고 처벌적인 훈육을 행사함 • 온정적이지 않음 • 자녀와 상호작용할 수 있는 공동 활동을 계획하지 않음	• 갈등을 많이 일으키고 화를 잘 냄 • 두려움이 많음 • 기분 변화가 심하고 불행하다고 느낌 • 수동적, 적대적이며 스트레스를 받기 쉬움 • 공격적 행동과 수줍어 하는 행동을 번갈아 함 • 목적이 없음

(계속)

부모의 양육행동 유형	자녀의 발달특성
허용적 양육행동	
• 규칙이 강요되지 않음 • 규칙이 분명히 의사소통되지 않음 • 자녀의 울음, 떼씀, 강압에 순응함 • 일관되지 않은 훈육태도 보임 • 성숙된 행동에 대한 요구나 기대가 거의 없음 • 잘못된 행동을 간과하거나 허용함 • 그저 그런 정도의 온유함을 보임 • 절제되지 않은 충동과 욕구 표현을 수용함	• 충동적-공격적임 • 어른에게 반항적이고 불순종함 • 낮은 자기 의존도 • 낮은 성취지향 • 자기 통제 결여 • 공격적 • 쉽게 화냈다가 금방 좋아지는 등 기분 변화의 폭이 큼 • 충동적 • 목적이 없거나 목표 수준을 낮게 잡고 행동함 • 지배적

종하도록 한다.

방임적 양육행동은 수용적이지도 않으며 통제적이지도 않다. '네가 무엇을 하든 나는 상관하지 않는다.'를 표방하며 자녀에 대한 훈육을 포기한다. 방임적 양육행동을 취하는 부모를 연구한 맥코비와 마틴(Maccoby & Martin, 1983)에 의하면 이들은 비참여 부모라 할 수 있다. 이들 부모는 자녀의 발달에는 거의 관심이 없는 듯하며 자녀를 보살피고 사회화하는 데 최소한의 노력만 기울이는 경향이 있기 때문이다. 또한 음식이나 잠자리와 같이 자녀의 생리적 요구에 대해서는 반응하나 자녀의 사회적 또는 정서적 요구에 대해서는 무관심하거나 주의를 기울이지 않는다.

바움린드는 취학 전 유아를 대상으로 한 연구(Baumrind, 1973)에서, 부모가 권위적인 양육행동을 했을 때 유아는 친절하고 행복하고 독립적이며 자신감 있고 자기를 통제하고 책임감 있고 또래 유아와 잘 어울리는 등 사회적으로 유능한 모습을 보인다고 보고했다. 반면, 양육행동에서 독재적인 부모 또는 허용적인 부모의 유아는 자신감이 부족하고 미성숙하고 공격적인 특성을 보였다고 보고했다. 이는 부모의 양육행동이 자녀의 사회적 행동 등 자녀의 성장과 발달에 영향을 미치는 중요한 매개물임을 시사하는 것이다.

3) 부모의 언어통제 유형

B. Bernstein

부모의 양육행동은 언어를 통해 전달되므로 양육행동에서 부모의 언어통제 형태는 중요한 위치를 차지하고 있다고 볼 수 있다. 번스타인(Bernstein)은 언어사회화 이론을 기초로 부모의 언어통제 유형을 구분하였다.

(1) 언어사회화 이론

언어사회화란 하위문화의 독특한 사회관계 유형이 언어를 매개로 한 상호작용을 통하여 아동의 실제 경험으로 구축되는 과정을 말한다. 사회화 과정에서 언어의 역할과 기능을 강조하고 있다. 언어사회화 이론은 언어와 사고 간에는 관계가 있다는 사피어-워프(Sapir-Whorf)의 가설과 아동의 사회화는 부모와의 언어적 상호작용을 통하여 이루어진다는 미드(Mead)의 상징적 상호작용이론의 기본 가정에 나온 것이다.

워프(Whorf)에 따르면 언어의 차이는 지각 과정은 물론 지각의 차이를 유도한다. 언어가 인간의 사고를 상당한 정도로 조직하고 대상 세계에 대한 지각방식을 결정짓는다는 것이다. 비고츠키(Vygotsky, 1978)도 사회적 상호작용에서 사용된 중재적 수단, 특히 언어가 아동에게 내면화됨으로써 발달이 이루어진다고 지적하였다. 아동은 타인과 상호작용하기 위해 언어를 구사할 수 있는 능력을 가지며 타자와의 상호작용을 통해, 비사회적 자아에서 사회적 자아로 성숙하고 결국 일반화된 타자의 역할을 획득함으로써 사회 구성원이 된다고 하였다.

이런 가설에 입각하여 사회학자이면서 언어학자인 번스타인(Bernstein, 1973)은 개인과 개인의 행동을 중재하는 가장 중요한 변인을 언어라고 보았다. 언어의 형태가 개인의 행동을 방향지워 주고 그 행동의 방향이 다시 그 언어를 강화시킨다고 본 것이다. 아동은 언어를 매개로 사회적 상황을 규제하고 사회적, 지적, 정의적 특성에 대한 방향성을 설정하므로, 아동에 대한 부모의 언어통제 행동은 아동의 사회적 지각과 범주를 결정하는 토대가 된다고 가정하였다. 그리고 이러한 가정을 기초로 어머니와 아동 간에 이루어지는 상호작용을 '정교한 어법(elaborated linguistic code)'과 '제한된 어법(restricted linguistic code)'으로 나누어 설명하였다.

- 정교한 어법: 말을 할 때 광범위한 구문에서 언어를 선택하며 정확한 문법적 어순과 구문을 사용하는 어법을 말한다. 개인의 감정이 문장의 내적 구조나 문장 사이의 관계에 명백히 드러나서 어떤 특수한 상황이나 인물, 주제에 대해 구체적으로 설명하는 것이 가능하고 개인의 태도를 분명하게 전달할 수 있는 특징을 지닌다.
  정교한 어법은 문장 구성의 선택범위가 넓고, 의사를 분명히 표현하기 위하여 형용사나 부사를 많이 사용하며, 인과관계를 논리적이며 정연하게 기술하기 때문에 언어의 내용이 명백히 표현되므로 이해하기 쉽다.
- 제한된 어법: 문장의 형태가 짧고 단순하며, 문법적으로 불완전하고, 언급하려는 주제를 문장 안에서 명백히 표현하지 못하는 어법을 말한다. 제한된 어법은 문장 구성의 선택범위가 좁고, 논리적이기보다는 감정적인 표현에 의존하는 경우가 많다. 문장 길이도 비교적 짧고, 문법적으로 간단하며, 솔직하고 명백하게 자기 의도를 표현하지 못하므로 예견하기 어려운 점이 있다.

한편, 번스타인은 사회적 관계 안에서의 대인관계가 구성원들의 사회적 지위에서 비롯되는 지위지향적(position-oriented) 체계와 개인의 심리적 영역(욕구, 의도, 동기 등)에 의존하는 인성지향적(person-oriented) 체계로 이루어졌다는 사실에 기초해, 어머니가 아동에게 사용하는 통제와 양육방식 역시 지위지향적인 면과 인성지향적인 면으로 구분하였다. 그리고 이를 토대로 가족의 유형을 지위지향적 가족(position-oriented family)과 인성지향적 가족(person-oriented family)으로 구분하였다.

- 지위지향적 가족: 연령, 성, 세대 등 지위에 따라 역할과 책임 영역이 엄격히 구분되어 있는 가족이다. 아동에게 부여하는 역할의 선택범위가 매우 제한적이며 언어표현도 지위와 규칙에 의해 이루어진다. 이러한 특성 때문에 가족 안에

서 긴밀한 상호작용이 일어나기 어렵다. 따라서 아동의 사회화가 일방적인 방향으로 이루어지며 개인의 의도나 동기에 대한 언어적 탐색이 허용되거나 장려되지 못한다.

- 인성지향적 가족: 가족 구성원들의 특성이나 상황에 따른 다양성을 허용하면서 융통성 있는 사회적 관계를 가지는 가족이다. 아동의 관점, 특성, 의도를 중요시하는 정교한 어법을 사용하기 때문에 부모와 긴밀한 상호 의존적 관계를 형성하기 쉽다. 인성지향적 가족의 부모는 아동들 각각의 성격에 민감하게 반응하면서 아동의 사회화를 도울 뿐 아니라 아동 역시 부모를 사회화시킬 수 있는 관계를 형성한다.

(2) 부모의 언어통제 유형

언어사회학적 이론을 토대로 번스타인(1973)은 사회계층에 따라 사용하는 어법에 차이가 있다고 가정하였다. 특히 어머니가 아동의 행동을 통제할 때 사용하는 언어통제에 차이가 있다고 보았다. 어머니의 언어통제란 아동의 행동을 통제할 때 아동에게 제시하는 언어적 통제로 자녀에 대한 부모의 양육태도 및 양육행동을 구체적으로 드러낸 지표라 할 수 있다. 이러한 어머니의 언어통제는 어머니의 언어표현에서 아동에게 역할재량권을 얼마나 주는가에 따라 명령적(아동의 역할재량권 무시, 신체적, 언어적 강제나 명령만을 사용), 지위지향적(성/연령 등 아동의 지위에 근거한 규범에 따라 통제), 인성적(아동의 특성에 따라 역할재량권 부여, 개인의 특성, 의도, 동기를 중요시함) 통제유형으로 구분된다.

- 명령적 통제유형: 역할재량권을 아동에게 거의 주지 않으며 제한된 어법을 주로 사용한다. 아동의 행동을 체벌이나 위협 등으로 관리하려 하며 부모의 지시에 대한 복종과 수용만을 허용한다.
- 지위지향적 통제유형: 사회의 특수한 보편적 지위에 내재한 규범에 따라 아동의 행동을 통제한다. 여기에서 행동 통제의 준거는 부모나 아동의 심리적 특성이 아니라 가족 또는 사회의 규범이나 아동의 지위규범이다.

- 인성적 통제유형: 아동의 사회적 지위보다는 개인의 동기, 의도, 성향 등의 심리적 특성을 고려하여 행동을 통제하는 방식이다. 부모는 아동에게 행동 선택에 대한 재량권을 부여한다. 부모의 지시에 대해 아동이 의문을 제기할 경우 그에 관련된 부가적 설명을 새롭게 해 준다. 이러한 과정 때문에 아동은 스스로 자신의 행동에 대한 결과를 인지할 수 있으며, 행동에 대해 판단하고 책임질 수 있다.

검페즈(Gumperz, 1973)는 번스타인의 이론을 토대로 자녀 통제를 위해 영국 내 사회계층에서 사용하고 있는 언어자료를 다음과 같이 정리하였다.

표 3-2 언어통제 유형과 언어자료의 실례

언어통제 유형	통제 방법 및 준거	언어자료의 실례
명령적 통제	• 체벌 • 언어적 벌 • 명령	"너 엄마한테 혼날 줄 알아." "자꾸 그러면 때려 줄 거야." "남의 물건 훔치지 마." "가서 자."
지위지향적 통제	• 지위규범(연령/성) • 사회 및 보편 규범 (가족/사회 규칙)	"너만한 애가 누가 그런 행동을 하니?" "남자애들은 인형을 가지고 노는 게 아니야." "동생이 형한테 대들면 되겠니?" "우리 집안에서는 그런 짓을 못하게 되어 있어." "남의 물건을 훔치는 것은 나쁜 짓이다."
인성적 통제	• 부모 중심(인지, 정의, 권위강화) • 제3자 중심 • 아동 중심(인지, 정의)	"그런 행동을 하면 엄마가 너보고 착하다고 하겠니?" "네가 자꾸 그러면 아빠가 싫어하실 거야." "아빠의 입장에서는 너의 행동이 옳다고 하지 않으실 거야." "학교에 가지 않으면 성적이 떨어질 텐데." "학교에 가지 않고 친구들을 많이 사귈 수 있겠니?" "너의 뜻은 잘 알겠지만…."

읽어 보기

• 명령적 통제유형 예

"아휴, 저 더러운 손! 빨리 씻고 와."

"어서 가서 자."

"꾀 부리지 말고 유치원에 가."

• 지위지향적 통제유형 예

"식사 전에 손을 씻어야지."

"일찍 자고 일찍 일어나야지."

"결석하는 것은 나쁜 행동이야."

• 인성적 통제유형 예

"손이 더러우면 네 손에 있는 더러운 균도 같이 먹게 될 텐데."

"늦게 자면 내일 아침 못 일어나서 유치원에 늦을 텐데."

"네가 결석하면 선생님이 무척 보고 싶어 하실 텐데."

제 4 장

부모교육의 구성요소

부모교육은 부모가 자녀를 건강하게 양육하는 데 도움이 될 수 있는 부모로서의 바람직한 태도 형성과 다양한 지식, 기술 전달을 목표로 한다. 이 장에서는 이러한 부모교육의 목표를 달성하기 위해서 부모교육에 포함되어야 하는 주요 요소들을 살펴보기로 한다.

1. 아동에 대한 태도 형성

자녀를 양육하는 방식은 부모마다 다르다. 부모마다의 양육방식이 형성되는 요인은 여러 가지인데 그중에서 가장 근본적이라 할 수 있는 것이 아동에 대한 태도다. 부모가 아동을 어떤 존재로 보며 어떠한 방식으로 대하는 것을 바람직하게 여기는가 하는 문제인데 이것은 아동에 대한 부모의 양육행동에 영향을 미치며 아동 발달의 심리적 환경으로 작용하게 된다. 예를 들어, 아동을 긍정적인 방향으로 발달해 갈 수 있는 잠재력을 지닌 존재로 믿는 부모와 그렇지 않은 부모는 자녀를 대하는 방식이 다를 수밖에 없다. 놀이에 몰입하다 보면 집안을 난장판으로 만들곤 하는 어린 자녀의 잠재력을 믿는 부모는 아동의 욕구를 존중하면서 마음의 여유를 가지고 아동이 스스로 발전할 수 있는 시간을 부여할 수 있을 것이다. 반면에, 아동의 긍정적인 잠재력을 믿지 못하는 부모는 아동의 자연스런 발달과정을 존중하며 지켜보기보다는 비난과 일방적인 통제를 행사하며 자신이 원하는 방향으로 아동을 바꾸려고 하고 불필요한 개입을 하게 될 것이다.

아동이 어떤 행동을 했을 때 부모가 행동의 원인을 어떻게 해석하는가도 부모가 지니고 있는 아동에 대한 태도로서 중요하다. 예를 들어, 아동이 부정적 행동을 했을 때 그 원인을 타고난 것으로 믿는 부모는 자녀의 행동에 대해 잘못 길렀다는 죄책감을 느끼지는 않을 것이며, 부모가 자녀의 행동을 변화시킬 수 있는 가능성이 거의 없다고 보고 그러한 노력을 하지 않게 될 것이다. 아동 행동의 원인은 유전, 양육, 상황의 3가지 요인이 작용한 것으로 볼 수 있는데, 부모가 이 중 어느 한 가지 요인에만 원인을 돌리며 탓하기보다는 자녀의 행동과 아동발달에 대해 현실성 있는 믿음을 갖는 것이 효율적인 부모역할에 도움이 된다. 자녀의 학교 성적이 부진한 경우를 예로 들자면, 교사가 능력이 없어서 아이 성적이 나쁘다고 탓하거나 아이가 수학에 소질이 없다고 타고난 것을 탓할 수도 있는데 이런 식의 해석은 부모가 아이를 위해 노력할 것이 없게 만든다. 그렇다고 해서 아이의 성적이 전적으로 부모의 탓만도 아니다. 따라서 부모는 아이의 특성, 부모의 양육행동, 학교 환경 등 유전, 양육, 상황을 모두 고려하여 어떤 부분이 부족한지를 이해하고 그것을 보완해 주고자 하는 현실감 있는 태도를 지닐 수 있어야 한다.

이상에서와 같이 아동을 보는 시각과 아동의 행동 원인에 대한 믿음은 부모가 아동을 대하는 방식과 아동의 행동에 대한 부모의 반응방식에 영향을 미치게 된다. 따라서 부모교육에서는 부모들이 긍정적인 아동관을 가지고 아동을 존중하는 태도를 형성하며 아동의 행동 원인에 대해 현실적인 믿음을 지니는 데 도움이 되는 내용을 다루어야 한다.

2. 부모역할 수행에 필요한 지식 제공

부모가 자녀에게 부적절한 양육행동을 한다면 그것은 자녀를 사랑하는 마음이 없어서라기보다는 아동발달이나 부모-자녀관계에 대해 지식이 부족하거나, 잘못된 지식을 가지고 있거나, 자기 아이의 특성에 맞지 않는 양육방식을 사용하기 때문일 것이다. 따라서 부모교육은 바람직한 부모역할 수행에 기초가 되는 올바른 지식을 반드시 제공해야 한다.

1) 아동발달에 관한 지식

부모가 바람직한 양육행동을 할 수 있으려면 아동발달 원리와 아동의 발달특성에 대해 정확한 지식을 지니고 있어야 한다. 아동발달에 대한 정확한 지식이 부족하여 부적절한 양육행동을 하게 된 예를 살펴보자. 어떤 어머니는 첫 아이를 기르며 아이의 요구에 민감하게 반응해 주었더니 아이의 언어발달이 늦어졌다고 믿게 됨에 따라 둘째 아이를 기를 때는 언어발달을 촉진하려고 의도적으로 아이의 요구에 신속하게 반응하지 않았다고 했다. 그런데 초등학교에 다니고 있는 둘째 아이가 요즘 여러 가지 문제행동을 보이고 있다는 것이다.

아동발달에 관한 정확한 지식을 지니는 것이 바람직한 양육행동을 전적으로 결정짓는 요소는 아니지만, 양육행동의 기본적인 바탕이 되는 것으로서 중요성을 지닌다. 부모교육에서 과학적으로 검증된 정확한 지식을 전달하는 것은 부모들이 자신의 양육행동을 점검할 수 있는 기회를 갖게 함으로써 아동의 발달적 요구와 개인적 특성에 적합한 양육을 하는 데 도움이 될 것이다. 아동발달에 대해 정확한 지식을 제공하는 것은 발달적으로 준비되지 않은 자녀에게 조기교육을 과도하게 시키며 비현실적인 수준의 성취를 기대하거나 자녀를 이상화된 특정한 모습으로 만들려고 하는 부모들이 양육행동을 개선하는 시작점이 될 수 있다.

최근에는 아동발달에 관한 지식이 부족한 것보다는 지나치게 많은 것이 더 큰 문제로 보인다. 부모가 많은 정보를 무비판적으로 받아들여 자녀양육에 잘못 활용하게 될 가능성이 있기 때문이다. 요즘은 다양한 대중매체를 통해 아동발달에 관한 정보가 쏟아져 나오고 있으므로 조금만 관심을 가지면 엄청난 양의 지식을 어렵지 않게 습득할 수 있다. 그러나 대중매체를 통해 지식이 전달될 때 단편적인 해석으로 인해 의미가 왜곡되거나 어떤 현상의 여러 측면이 충분히 고려되지 않은 채 지나치게 단순화되는 경우가 있으며, 상업적인 목적으로 과장되기도 한다. 이런 상황에서 부모교육은 아동발달의 기본원리에 대한 지식을 제공하여 부모들이 선택적으로 정보를 받아들일 수 있고 상업적인 목적으로 제공되는 정보에 휘둘리지 않을 수 있도록 도와주어야 한다.

2) 부모의 양육행동이 아동에게 미치는 영향에 관한 지식

부모는 대체로 자녀에게 긍정적인 영향을 미치려고 노력한다. 자녀를 대하는 자신의 방식이 자녀의 건강한 발달에 도움이 될 것이라고 믿고 행동한다. 하지만 부모의 양육행동이 본래의 의도대로만 자녀에게 영향을 미치는 것은 아니다. 양육행동이 자녀에게 미치는 영향에 대해 잘못 알고 있거나 같은 양육행동도 아동의 발달단계나 아동 개인의 특성에 따라 다르게 작용할 수 있음을 제대로 이해하지 못하고 부모역할을 하는 경우가 있다. 자녀를 바르게 기르려면 엄격하게 양육해야 한다고 믿고 그대로 실천하는 부모 밑에서 성장한 자녀가 반항적인 성향이 커지며 규칙이나 규범에서 벗어나는 문제행동을 일으키게 될 수 있다. 새로운 환경에 적응하는 데 시간이 오래 걸리고 또래들에 비해 행동 속도가 뒤처지는 느린 기질의 자녀에게 적응력을 길러 주려는 의도로 낯선 환경을 자주 접하게 한 양육행동이 자녀를 더욱 위축되게 만들 수 있다. 아무리 좋은 의도로 행하는 양육행동이라도 자녀의 발달상황이나 자녀의 기질에 적합하지 않다면 오히려 부정적인 결과를 낳을 수 있음을 이해시키는 내용이 부모교육에 포함되어야 한다.

3) 양육행동에 영향을 미치는 요인에 관한 지식

부모의 양육행동은 부모, 자녀, 부모가 처한 상황 요인들에 의해 영향받는다. 부모 요인으로는 부모의 성격과 심리적 특성을, 자녀 요인으로는 성과 기질을, 상황 요인으로는 배우자와의 관계, 직업적 상황, 심리적 지지체계 등을 꼽을 수 있다(Belsky, 1984). 부모가 이러한 요인들이 자신의 양육행동과 어떤 관계가 있는지 아는 것은 양육행동 개선에 도움이 된다.

(1) 부모 요인

심리적 성숙, 따뜻함, 공감 능력, 인내심, 민감성, 자존감 등 부모의 개인적 특성은 부모역할과 관련이 있다. 부모가 자신의 심리적 욕구보다는 자녀의 욕구에 우선순위를 둘 수 있어야 자녀의 입장에서 이해하고 공감할 수 있으며, 인내심이 있어야 매일 계속되는 자녀양육 과정에서 발생하는 스트레스를 견딜 수 있고 적절한 부모역할을 할 수 있으며, 민감성이 있어야 자녀의 요구에 신속히 반응할 수 있다.

자존감도 부모역할에 영향을 미친다. 자존감이 높은 부모는 자녀에게 따뜻하고 수용적인 태도로 대하며 부모역할을 하면서 더 큰 만족감을 느끼는 경향이 있다. 자녀와의 의사소통도 보다 효과적으로 할 수 있으며 자녀와 갈등이 발생했을 때 더 잘 해결해 나갈 수 있다. 반면에 자존감이 낮은 부모는 자녀에게 덜 반응적이고, 신경질적이며 아동의 행동에 대해 더 처벌적으로 반응하는 경향이 있다.

심리적, 정서적으로 어려움을 겪는 부모는 자녀양육에서도 어려움을 겪을 수 있다. 만성적 우울이나 불안증상이 있는 성인은 친밀한 관계를 맺고 유지하기 위해서 각별한 노력이 필요하며 이러한 어려움이 부모역할을 하는 데도 영향을 미친다. 우울증상이 있는 부모는 아동에게 지나치게 비판적일 수 있으며 아동의 요구에 둔감하고 정서적으로 풍부한 환경을 제공하기 어렵다.

스트레스는 누구나 피할 수 없는 것인데 부모는 자신의 욕구나 필요를 뒤로 미루고 자녀를 우선 돌봐야 하기 때문에 부모의 스트레스는 양육행동에 영향을 미치게 된다. 가족의 경제적 문제, 직장생활에서 겪는 어려움, 부부관계 등이 스트레스 요인이 될 수 있으며 자녀를 양육하면서 경험하게 되는 자녀양육 스트레스도 있다. 스트레스가 심한 부모는 자녀의 요구나 행동에 관심을 잘 기울이지 못하며 장기간 심한 스트레스를 경험하게 되면 심리적, 신체적 건강에 문제가 생길 수 있고 자존감도 낮아지며 결국 적절한 부모역할 수행이 어려워질 수도 있다.

부모의 개인적인 특성은 이렇게 자녀양육행동에 영향을 미칠 수 있다. 부모교육에서 이러한 내용을 다루어 주는 것은 부모들이 자신의 문제가 자녀를 대하는 데 부정적으로 작용할 수 있음을 인식하고 거기에 적절히 대처할 수 있는 기회를 가질 수 있게 한다는 점에서 의의가 있다.

(2) 자녀 요인

부모는 자녀의 개인적 특성에 따라서도 다른 양육행동을 하게 된다. 까다로운 기질의 고집 세고 반응이 강한 자녀에게는 순한 기질의 자녀에게 하는 것보다 관심을 더 기울이게 되며 사회화하려는 노력을 더 많이 기울이게 될 것이다. 또한 부정적인 감정표현에 있어서는 여아보다는 남아에게 감정 억제 요구를 더 하는 경향이 있다.

자녀의 출생순위도 부모의 양육행동에 영향을 미치는 자녀 요인이다. 부모들은 대체로 다른 자녀보다는 첫째 자녀에게 더욱 성숙하고 책임감 있는 행동을 기대하며, 동생이 있는 경우에는 동생에 대한 양육적 행동도 기대하는 경향이 있다.

자녀의 연령도 부모의 양육행동에 영향을 미친다. 자녀가 어릴수록 부모는 직접적으로 보호하고 돌보는 양육행동을 많이 하며 차차 자녀의 독립적인 행동을 기대하게 된다.

자녀의 특성에 따라 부모 자신의 행동이 어떻게 달리 나타나는지를 이해하는 것도 자녀에게 보다 적절한 양육행동을 하는 데 기초가 되는 부모교육의 중요한 내용이 된다.

(3) 상황 요인

배우자와의 관계는 부모의 양육행동에 영향을 미친다. 남편과의 관계가 원만한 어머니는 자녀의 욕구에 더 민감하고 반응적이며 아버지가 직접적인 양육자 역할을 많이 하지는 않는다고 하더라도 어머니에게 심리적인 지지자 역할을 함으로써 간접적으로 자녀의 발달에 영향을 미치게 된다.

부모의 심리적 지지체계도 자녀양육행동에 영향을 미칠 수 있는 요인이다. 부모, 친구, 이웃으로부터 지지를 받을 수 있는 어머니는 심리적 지지체계가 약한 어머니보다 자녀에게 애정적으로 대하고 자녀의 요구에 민감하게 반응할 수 있다고 한다. 특히 여러 가지 이유로 양육에 어려움을 겪고 있는 부모에게는 자녀양육의 어려움을 완화시켜 줄 수 있는 심리적 지지체계가 더욱 필요하다.

부모가 직장에서 어떤 경험을 하는지도 자녀에 대한 양육행동에 영향을 미치는 요인이다. 직장에서 심한 스트레스를 겪게 되면 자녀양육에 소홀해지기 쉬우며 자녀를 우선으로 하는 양육이 어려울 수 있다.

3. 상호작용 기술과 양육 기술 훈련

적절한 부모역할을 수행하기 위해서는 아동발달과 양육행동이 아동에게 미치는 영향에 대한 지식을 갖추는 것만으로는 부족하며 그런 지식을 실제 상황에서 적용할 수 있는 기술을 익히는 것도 필요하다. 물론 교육을 통해 이런 기술을 익히지 않고도 바람직한 부모역할을 하고 있는 부모도 많지만, 기술을 배우고 훈련함으로써 부모로서의 기술을 다듬어 갈 수 있다. 또한 자녀에 대한 사랑은 크지만 기술이 부족하여 자녀와의 관계에 어려움이 있거나 부모역할을 효과적으로 수행하지 못하는 부모에게는 기술 훈련이 반드시 필요하다.

1) 감정 다루기

부모-자녀관계는 다른 어떤 유형의 관계보다도 긍정적, 부정적 감정이 다양하고 강하게 경험될 수 있는 친밀한 관계인데 그러한 감정이 경험되는 만큼 표현되기는 어려운 관계이기도 하다. 감정이 제대로 표현되지 못하고 해결되지 못한 상태가 지속되는 것은 건강한 부모-자녀관계 유지에 걸림돌이 되기도 하며 그러한 상태에서 부모는 자녀에게 사회화 주체로서 효과적으로 작용하기 어렵게 된다. 따라서 부모-자녀가 서로에 대한 감정을 적절히 표현할 수 있는 기술을 갖출 수 있도록 돕는 것은 부모역할의 효율성을 높이는 기초가 되는 것으로서 부모교육에 반드시 포함되어야 할 내용이다.

자녀의 감정을 다루는 방식도 부모교육에 포함되어야 할 내용이다. 자녀와의 관계를 친밀하게 유지하기 위해서는 자녀에 대한 이해가 바탕이 되어야 하는데 이때 필요한 것이 자녀의 감정을 다루는 기술이다. 부모가 자녀의 감정에 관심을 가지고 수용적인 태도로 공감해 줄 때 자녀는 부모에게 이해받는다고 느끼고 부모에게 마음을 열 수 있다(Gottman & Declaire, 1997). 그런데 특히 자녀가 부정적인 감정을 나타낼 때는 수용하기보다는 억제하게 하거나 부적절한 행동으로 여기며 꾸짖게 되기 쉽다. 부모가 자녀의 감정에 대해 이러한 반응을 보이게 되면 자녀는 부모로부터 거부당한 것이라고 느낄 수 있고 이런 경험이 누적되는 것은 부모-자녀관계에 부정적으로 작용하며 부모역할의 효율성을 감소시킬 수 있다.

2) 의사소통 기술

같은 내용의 메시지를 전달하더라도 전달방법에 따라서 받는 사람은 전혀 다르게 느낄 수 있다. 의사소통은 관계를 유지하는 데 필수적인 요소인데 효과적인 방법을 배우고 연습함으로써 기술을 향상시킬 수 있다. 자녀의 발달 상황에 맞추어 효과적으로 의사소통하는 기술을 익혀서 부모가 자녀의 인생 초기부터 원만한 관계를 맺어 가는 것은 부모역할의 어려움을 완화시킬 수 있는 바람직한 방법이다.

3) 훈육 기술

훈육도 방법에 따라서 효과에 많은 차이가 있을 수 있다. 잘못된 방법을 사용하면 부모에 대한 분노나 저항감을 유발할 수 있으며 자녀와의 원만한 관계 유지에 방해

요인이 될 수 있다. 따라서 부모교육은 자녀의 발달 상황과 개인적인 특성을 고려하여 효과적인 훈육 기술을 익힐 수 있도록 구성해야 한다. 부모들이 기술을 연습하고 숙달하여 자녀와의 실제 상황에서 자연스럽게 적용할 수 있도록 해 주어야 한다.

4. 부모의 자기이해 및 통찰

부모역할을 수행하는 데 영향을 미치는 요인 중 부모 요인에 대해서 앞서 살펴본 바 있는데, 부모가 자신의 모습을 객관적인 시각으로 바라보고 이해하며 자신의 문제가 자녀와의 관계나 부모역할을 수행하는 데 미치는 영향을 의식하고 있는 것이 중요하다. 이러한 의식이 있다면 자녀양육행동을 개선할 수 있는 준비가 되어 있다고 할 수 있다.

1) 부모로서 자기 이해

부모가 자신이 어떤 부모인지를 정확히 인식하고 한계를 인정할 수 있어야 한다. 이런 작업은 부모의 노력 여하에 따라서 스스로 해 나갈 수도 있지만 그것이 쉽지 않기 때문에 전문적인 도움을 받는 것이 좋다. 대부분의 부모는 자녀양육에 있어서 자신이 할 수 있는 최선의 노력을 다하고 있기 때문에 부모로서 자신이 지닌 한계를 아는 것은 쉽지 않으며 용기가 필요한 작업이다. 자신이 부모로서 안고 있는 문제를 이해하는 일은 부모역할을 좀 더 잘하기 위해서 외적인 도움이 필요한 것과 스스로 노력함으로써 해결할 수 있는 것을 구분하게 하므로 자신의 자녀양육행동을 효과적으로 개선해 나가는 데 도움이 될 것이다.

2) 개인으로서 자기 이해

부모로서 자신을 파악하고 정확하게 인식한 결과, 그로 인해 받아들이게 된 문제들은 한 인간으로서 자신이 어떤 존재인지에 대한 통찰로 이어져야 한다. 부모가 자녀와의 관계나 자녀양육 과정에서 경험하는 어려움은 결국 부모의 개인적인 문제에 근원을 두고 있는 경우가 많다. 자녀의 학업 성취에 극도로 민감한 어머니는 자신의 성취 수준에 대한 불만을 자녀를 통해 해소하고자 하는 것일 수 있다. 남편에 대한 분노를 남편과의 의사소통을 통해 해결하는 데 어려움을 느끼는 어머니는 자녀에게 지나치게 비판적일 수 있다. 부모가 개인으로서 자신의 문제를 인식하여 그것이 부모역할을 수행하는 데 부정적인 영향을 미치지 않도록 부모교육을 통한 도움이 필요하다.

3) 부모의 아동기 경험과 양육행동 간의 관계에 대한 이해

부모는 성인기 자녀의 부모역할에 있어서 주된 역할모델이다. 성장 과정에서 경험한 양육방식을 자신이 부모가 되어 그대로 반복하게 되는 것은 아니지만 자신의 부모로부터 받았던 양육경험으로 부모상을 형성하고 그것이 자신의 자녀를 양육할 때 무의식적으로 작용하는 경향이 있다. 따뜻하고 지지적인 부모 밑에서 자란 사람들은 부모역할을 하는 것이 기쁘고 만족을 주는 일이라는 것을 배우게 되고 자신이 부모가 되었을 때 자녀와의 상호작용을 보람 있는 일로 경험하게 될 가능성이 높다고 한다. 따라서 부모는 자신의 아동기 경험이 부모역할을 하는 데 어떻게 영향을 미치고 있는지를 이해하고 과거의 경험이 현재의 자녀양육에 부정적으로 작용하는 측면이 있는지를 탐색할 수 있는 기회를 가지는 것이 바람직하다.

제 5 장

영아기 부모역할

아이의 탄생은 부모의 생활방식 변화와 양육부담을 가중시키고, 부모의 정서 및 경제적 생활을 모든 면에서 바꾸어 놓는다. 갓 태어난 아이가 집에 있으면 하루에 24시간, 일 년에 365일 근무하면서 출근과 퇴근도 없는 직업을 갖는 것과 같다. 수면과 식사, 일하고 쉬는 습관이 바뀌고 직업을 포기하거나 오래된 친구와 멀어지기도 하며 같은 또래 아기가 있는 새로운 친구를 사귀기도 한다. 이처럼 아이의 탄생은 부모에게 그 이전과는 차원이 다른 부모라는 새로운 삶의 서막을 여는 것이다.

영아기는 아기가 출생 후 언어를 말하게 되는 2년까지의 기간이다. 영아기를 나타내는 infant의 라틴어 어원을 살펴보면 '*in fans*'는 말을 못하는 사람이라는 뜻을 갖고 있다. 출생 후 영아는 자기 힘으로 아무것도 할 수 없으므로 양육자에게 전적으로 의존하게 되며 부모의 양육책임은 이 시기 동안 가장 크다. 부모와의 상호작용도 영아기에 가장 빈번하여 아동기의 두 배 이상의 시간을 영아와 함께 보낸다. 영아기의 경험은 일생의 중요한 사회적 적응력 및 지적 능력의 기초를 형성하는 데 영향을 미치므로 부모는 효과적으로 영아의 초기 경험을 결정하고 지원할 책임이 있다.

1. 영아기 발달특성

1) 신체 영역

영아기는 급격한 신체적 발달이 이루어지는 시기다. 대한소아과학회의 전국통계에 따르면, 한국 신생아의 출생 시 신장 평균치는 남아 50.8cm, 여아 50.1cm이며, 생후 12개월에는 남아 77.8cm, 여아 76.9cm로 출생 시 키의 반만큼 성장한다. 출생 시 체중은 남아 3.4kg, 여아는 3.3kg이며, 생후 12개월에는 남아 10.42kg, 여아 10.01kg으로 출생 시 체중의 약 3배가 된다. 사춘기가 제2의 성장 급등기라고 하면 영아기는 제1의 신체적 성장 급등기라 할 수 있다.

신체적 변화는 근육 기술의 발달과 병행한다. 영아는 자신의 다리로 움직일 수 없는 미성숙한 개체에서 기고, 걷고, 잡기와 같은 근육운동의 조합이 가능해진다. 영아는 4개월경에 목을 가누게 된 후, 6개월경에는 자리에 앉게 되고 일어서며 12개월경에는 걸을 수 있게 된다. 기고 걷는 이동성의 획득으로 인해 영아는 주변을 탐색하고 새로운 환경에 대한 경험의 폭을 넓혀가게 된다. 반면, 이동성이 증가함에 따라 안전사고의 위험도 증가한다.

이러한 운동성의 발달은 부모의 기대 및 양육훈련과 관련이 있다. 부모가 영아에게 일찍 앉거나 걷기를 기대하면 이에 대한 연습을 시키게 되고, 상대적으로 운동능력이 발달한다. 반대의 경우도 있다. 미국의 인디언인 호피(hopi)족은 영아 요람을 일찍부터 사용하는데 이는 상대적인 운동능력의 지체를 가져오기도 한다(Dennis & Dennis, 1940).

2) 심리사회 영역

영아는 출생 직후부터 어머니의 소리와 냄새를 알아차리고 선호하며(Bornstein & Arterberry, 1999), 생애 첫해에 부모와 일생 동안 갖게 될 깊은 애착을 형성하고 사회적 관계의 기초를 형성하게 된다. 프로이트(1949)의 성격발달이론에 의하면 영아기는 구강기와 항문기에 해당된다. 생후 1년까지의 구강기는 리비도(libido)라는 성적 본능의 에너지가 입, 혀, 입술 등 구강에 집중된다. 아기는 구강을 통해 유두를 빨아먹음으로써 성적 욕구를 충족시키며, 이러한 자신의 욕구를 충족시켜 주는 어머니에게 애착을 형성한다. 어머니가 수유시간을 지나치게 통제하여 구강기에 충분한 만족을 얻지 못하면 욕구불만이 일어나게 되어 다음 단계로 이행하지 못하고 이 단계에 고착하게 된다. 생후 2～3세경인 항문기에는 성적 에너지가 항문으로 이동하여 배뇨·배변의 보유와 방출로 쾌감을 얻는다. 이 시기에 부모가 너무 조급하거나 억압적인 태도로 대소변가리기 훈련을 하게 되면, 아이가 성인이 되어서도 항문기에 고착된 성격특성을 갖게 된다. 각 단계에서 영아의 경험과 욕구충족이 이후 성격발달에 매우 중요하며 부모는 욕구충족에 중요한 역할을 한다.

에릭슨(1950)은 구강기를 기본적 신뢰감 대 불신감의 단계로 구분하였다. 이 시기 영아는 자기를 주로 돌봐주는 양육자와 사회적 관계를 맺게 되는데, 인생의 초기단계에서 처음으로 맺어지는 사회적 관계가 이후에 맺어지는 사회적 관계의 기초가 된다고 보았다. 항문기에 해당되는 자율감 대 수치감의 단계에서는 여러 상반되는 충동에서 스스로 선택하려 하고, 이러한 과정에서 자신의 의지를 나타내고자 하는 자율성을 키우게 된다. 이런 자율성이 형성·발달되어 가는 시기에 부모는 영아가 자신의 의지대로 하는 것을 그대로 허용하는 것이 아니라 사회적으로 적합한 행동을 하도록 훈련시키게 된다. 이로써 영아는 사회의 기대나 압력을 배운다. 프로이트와 에릭슨 모두 영아의 심리사회적 발달에 미치는 부모의 영향을 강조하고 있다.

반사회적인 신생아와 달리 생후 6개월 이후가 되면 영아는 매우 사회적이 된다. 속삭임, 시선, 미소, 울음, 빨기와 같은 상호 주고받기를 통해 영아는 부모와 공유된 경험의 감각을 발달시켜 나간다. 영아가 대상 영속성과 특정 인물을 구분하는 능력이 생기면 그 사람과의 상호작용을 선호하게 되고 지속적으로 관계를 맺은 성인과 애착을 형성하게 된다. 부모와 정서적 관계의 발달을 통해 사회적인 발달의 중요한 면을 구성하게 되어, 영아-어머니의 상호작용은 이후 사회적 관계에 영향을 미치는 "사회적 이해의 요람" (Rochat & Striano, 1999)으로 작용하게 된다.

부모와 자녀의 상호작용의 질은 자녀의 기질에 따라 영향을 받는다. 영아의 9가지의 요인—활동성, 규칙성, 접근/회피, 적응성, 반응강도, 반응역치, 기분, 주의산만성, 지구력—에 따라서 기질은 세 가지로 분류된다. 순한 기질은 주의집중을 잘하고 정서를 잘 조절할 수 있으며 부모와 공동 주의집중을 더 많이 한다(Raver, 1996). 까다로운 기질은 수면과 식사 시간이 일정하지 않고, 수면량과 식사량도 불규칙적이다. 부정적인 기분, 정서표현의 격렬함이 정서적인 특성이며, 낯선 것에 대한 위축이 심해서 새로운 사람이나 상황에 적응하는 데에 많은 시간이 필요하다. 자신의 선호가 뚜렷하며 원하는 상태가 될 때까지 끊임없이 요구한다. 그 결과, 행동을 예측하기가 어렵고 양육자에게 육체적 피로와 좌절감을 주기도 한다. 느린 기질은 활동성이 떨어지고 다소 성미가 까다로우며, 환경반응에 대한 반응수준이 낮고 새로운 상황에 적응하는 데 시간이 오래 걸린다. 성미가 까다로운 점이 까다로운 기질의 아동과 유사하나, 다른 점은 생소한 환경에 대한 부정적인 반응양식이 공격적이라기보다는 다소 부드럽다는 점이다. 부모-영아 간 관계의 질은 타고난 영아 기질 그 자체보다는 기질 양식과 부모가 사용하는 자녀양육 방식과의 조화의 적합성이 중요하다. 까다로운 기질의 영아도 부모가 서두르지 않고 아이가 생소함에 익숙할 때까지 기다려 주고 너그러움과 이해심 속에서 자기 주도적인 선택을 하도록 허용한다면 아이는 덜 까다롭고 보다 적응적이 될 수 있다. 반면, 쉬운 기질을 가진 아이라도 차갑고 둔감한 부모 밑에서 과도하고 부적절한 요구를 받으며 자라면 문제행동을 일으킬 수 있다. 따라서 상호작용의 질을 결정하는 것은 기질 자체라기보다는 영아의 기질과 부모 사이의 적합성이라 할 수 있다.

3) 언어 및 인지 영역

생애 초기부터 영아는 울음이나 옹알이로 필요와 요구, 정서를 표현하며 의사소통을 한다. 초기의 울음은 아기가 왜 우는지 이유를 구분할 수 없는 미분화된 울음이지만, 점차 배고프거나 졸리거나 아플 때 우는 울음의 패턴이나 강도 및 고저가 달라진다. 부모나 주양육자는 영아의 울음소리만 들어도 요구가 무엇인지 알 수 있게 된다. 4~5개월경에 나타나는 옹알이의 경우 처음에는 그 자체가 영아에게 기쁨을 주는 놀이의 기능을 하지만 옹알이에 대한 부모의 반응과 강화를 통해 모국어를 습득하는 주요 기제가 된다. 영아가 내는 옹알이는 매우 다양해서, 인간이 내는 소리를 거의 모두 낼 수 있을 정도다. 그러나 영아는 자신이 내는 소리 중에서 모국어의 음소와 유사한 것만 강화를 받게 되어, 외국어의 음소는 탈락시키고 모국어와 유사한 음만 효과적으로 습득하게 된다.

출생 후 1년쯤 되면 영아는 분명하게 이해할 수 있는 한 단어를 사용하게 된다. 그 한 단어는 영아의 생각을 표현하는 수단이 된다. 예를 들어, '엄마' 라는 한 단어를 통해 영아는 '엄마 배고파요, 엄마 놀아 주세요, 엄마 이것 주세요.' 등 여러 가지 의미를 표현하며 상호작용을 하게 된다. 이후 두 단어 시기에도 영아는 불완전한 문장으로 의사소통을 시도한다. 이때 부모는 영아와 눈 맞추기, 같은 곳 바라보기를 통해 영아가 무엇을 말하는지에 대한 중요한 단서를 포착하고 상황적 맥락에 따라 적절하게 반응해 주어야 한다. 이와 같은 부모와 영아의 '공동주의'는 언어 습득의 기초적인 틀을 제공(Bornstein, 1985; Moore & Dunham, 1995)하며 부모와의 사회적 상호작용을 통해 영아가 언어를 습득하고자 하는 동기가 증가하여 언어발달에 도움을 주게 된다.

영아는 세상의 사물을 이해하는 감각과 사고를 발달시키고 다양한 방법으로 실행해 본다. 영아는 출생 직후에도 태내에서 경험한 어머니의 목소리를 분별하며 그 냄새를 맡는 능력이 있다(Steiner, 1979). 모방 능력은 영아가 정보를 습득하는 데 중요한 기능을 한다. 태어난 직후에도 간단한 모방이 가능하며, 부모의 행동을 관찰하고 모방한다. 영아는 점차 표상적 사고 능력이 나타난다. 장난감 전화기로 전화를 하거나 빈 컵으로 물을 마시는 가장(假裝) 상황에서의 상징놀이가 증가한다. 부모는 자녀의 극적인 첫 번째 경험을 옆에서 지켜주므로 이러한 발달적인 다양성들은 부모와 긴밀한 관계가 있다.

2. 영아기 부모의 역할

1) 영아기 이전의 부모역할

아기의 탄생과 동시에 모든 사람이 부모역할을 자연스럽게 받아들이고 거기에 익숙해지는 것은 아니다. 아기의 존재는 부모의 삶에 많은 변화를 가져오므로 임신 시기부터 부모됨에 대한 준비를 하는 것이 필요하다. 따라서 여기에서는 영아기 이전의 부모역할로서 임신 중의 태교와 출산방법에 대해 먼저 다루어 보려 한다.

(1) 태교

태교란 임신 이전부터 출산 전까지 이루어지는 모든 교육을 말하는 것으로, 태아에게만 이루어지는 일방적인 교육이 아니라 부모와 태아 모두에게 행해지는 교육을 말한다(정영숙 · 김영희 · 박범혁, 2001). 우리나라의 전통 태교와 현대에 이루어지고 있는 태교에 대해 살펴보도록 하겠다.

① 우리나라의 전통 태교

예로부터 우리 조상들은 태아를 하나의 인격체로 여겨 태어남과 동시에 한 살이라는 나이를 부여하였다. 이렇게 태아를 생명체로서 존중하는 관점은 건강한 심신의 발달을 위해 태중에서부터 태아를 교육하는 태교로 이어졌다. 우리 조상들은 태교를 임신 중에 한시적으로 이루어지는 것이 아니라, 임신 전 배우자의 선택에서부터 시작하여 심신을 건강히 하고 부모로서 자격을 갖추어, 어머니와 아버지가 함께 교육적 노력을 하는 것으로 여겼다.

이러한 전통사회의 태교는 여러 문헌을 통해 기록되어 보급되었다. 고려시대 말에 정몽주의 모친 이씨가 쓴 것으로 전해지는 『태중문훈』과 조선시대에 허준이 쓴 『동의보감』, 여성교육의 교양도서인 『성학집요』 등에서 태교와 관련된 내용이 부분적으로 기록되어 전해지고 있다. 또한 조선후기에 실학사상이 대두되면서 빙허

각 이씨가 여성생활에 대해 쓴 책인 『규합총서』 중 「병 다스리기 편」에 태교에 대한 내용이 기록되어 있으며, 사주당 이씨(1803)는 『태교신기』라는 태교 지침서를 집필하였다.

이 중에서 총 10장으로 구성된 『태교신기』는 당시 단편적으로 취급되었던 태교에 관한 내용을 종합적이고 체계적으로 서술하고 있으며, 어머니의 태중교육 10개월이 출생 후 스승에게 배운 10년보다 중요하다(박성연 등, 2003)는 태교의 중요성에 대해 언급하고 있다. 『태교신기』의 내용을 살펴보면 부모로서 태교를 실천해야 한다는 태교의 이치에 대해 밝히고 있으며, 태교를 실천해야 하는 이유와 실천하지 않았을 때 입게 되는 손해에 대해 이야기하고 있다. 이와 더불어 어머니뿐 아니라 아버지의 태교를 강조하며 그 효과에 대한 내용이 언급되어 있다. 또한 언어 및 행동 등 어머니의 심신관리에 대한 내용과 여러 가지 태교의 방법 및 내용, 임신 시 언어 · 행동 · 정서관리 · 섭생 · 약물 등에서의 금기사항, 가정에서 집안 식구들이 유의하고 협조해야 할 일 그리고 조상들의 태교 사례를 제시하고 있다.

『태교신기』에 언급된 태교방법을 살펴보면 오늘날에도 실천되고 있는 내용이 많다. 이에 대해 간단히 살펴보면, 임산부는 너무 오래 자지 않고 가볍게 운동을 해야 하며, 찬 곳이나 더러운 곳, 위험한 곳은 피하고 약을 함부로 먹지 않는 등 행동을 조심하여 태아에게 좋은 환경을 제공하라는 내용이 나와 있다. 또한 사람을 속이지 않고 귓속말을 하지 않으며, 화가 나도 모진 소리를 하지 않고 동물을 야단치지 않으며, 천천히 움직이는 등 말과 걸음걸이를 조심히 하고, 잠자리를 바로 하라고 언급되어 있다. 그리고 나쁜 것은 보지도 말고, 듣지도 말아야 하며, 먹지도 말 것을 강조하고 있고, 임산부가 있는 곳에서 걱정이 될 만한 말이나 두려워할 말을 하지 않고 놀라거나 화가 나는 일을 만들지 않는 등 온 집안이 태교에 힘써야 한다고 나와 있다.

이렇게 문헌에 언급된 태교와 더불어 우리나라 전통 태교에는 서민들 사이에서 구전되어 전해지는 구전태교가 있다. 구전태교는 문헌에 기록되지 않는 내용까지 갖추고 있어 우리나라 전통사회가 얼마나 태교를 강조해 왔는지 알 수 있다(류점숙 · 국주영, 2000). 그중 남도지방에서 전해 내려오고 있는 삼태도(三台道)와 칠태도

(七台道)가 있다. 이 중 칠태도는 사회적으로 명예와 돈이 있는 가정에서 지켜졌으며, 그러지 못한 가정에서는 삼태도만을 지켰다고 한다. 삼태도와 칠태도가 수록된 『한국인의 조건』(이규태, 1978)에서 그 중심 내용을 간단하게 살펴보면, 제1도에는 임산부는 높은 곳에 올라서거나 술을 마시면 안 된다는 등 다섯 가지의 금기사항을 지켜야 한다고 나와 있다. 제2도에는 임산부는 말을 많이 하거나 웃고, 놀라고, 겁먹고, 울어서는 안 된다는 내용이 있으며, 제3도에는 태아에게 해를 끼치는 장소를 피해야 한다고 언급되어 있다. 또한 제4도에는 나쁜 것을 피하고 아름다운 것만을 접하라는 내용이, 제5도에는 기대거나 가로 눕지 않는 등 행동을 조심히 해야 한다고 나와 있다. 제6도에는 기품 있는 것을 가까이 하는 등 좋은 환경을 마련해야 한다고 하였으며, 제7도에는 임신 중에 금욕해야 한다고 나와 있다.

이와 같이 과거 우리 조상들은 태내에 있는 태아에게 좋은 환경을 마련해 주고 마음과 몸가짐을 바르게 하는 등 태교를 매우 중시하였다. 위의 내용을 종합하여 전통 태교의 특징을 간단히 살펴보면(류점숙 · 국주영, 2000), 첫째, 임신하기 이전 부모의 건강이 태아의 건강을 좌우한다고 생각하여 임신 이전 부부의 신체적 건강관리가 강조되었다. 둘째, 마음을 정결하게 하여 합방하는 것을 중시하고, 임신 중 생각과 말, 행동 등을 조심하는 등 심리적 건강관리 또한 강조되었다. 셋째, 모성태교와 더불어 임신 시 아버지가 주의해야 할 점과 임신 후 아버지가 주의할 점에 대해 언급하면서 부성태교가 강조되었다.

② 현대사회의 태교

태내기에 관한 많은 연구에서 자궁 내 환경이 태아의 신체적, 정서적, 사회적 발달에 중요한 영향을 미친다는 사실이 밝혀짐에 따라 조상들로부터 물려받은 태교에 대한 관심이 증가하고 있다. 특히 태아의 두뇌발달에 태교가 미치는 영향이 크다는 것이 알려지면서 태교가 더욱 강조되고 있다. 이러한 태교는 태아의 발달 뿐 아니라 임산부와 태아가 건강하게 생활하도록 돕고, 태아에게 보다 안전하고 편안한 태내 환경을 제공해 준다는 데에 그 의미가 있다.

현대에 많이 이루어지고 있는 태교에는 크게 청각태교, 시각태교, 운동태교 등이 있다(정영숙 등, 2001). 청각태교는 임신 4~5개월경이 되면 청각이 성인과 비슷해지는 태아의 발달특성을 이용한 태교로서, 음악태교와 태담태교 등이 있다. 음악태교는 음악을 이용한 태교방법으로, 임산부는 음악을 통해 편안한 신체적, 정서적 상태를 형성하고 감성을 풍부하게 하여 태아의 정서발달뿐 아니라 감성을 키울 수 있도록 도울 수 있다. 또한 태아의 뇌발달에 청각이 미치는 영향이 지대하므로 음악을 통해 태아의 청각을 자극하여 두뇌발달에도 큰 도움을 준다. 좋은 태교음악으로는 보편적으로 클래식 음악이 좋다고 알려져 있으나 임산부의 심신을 편안하게 이완시킬 수 있는 음악이면 장르의 구분 없이 좋다. 이와 더불어 물소리, 새소리, 풀벌레 소리 등 자연의 소리도 몸과 마음을 이완시키는 데 도움을 준다(정영숙 등, 2001).

태담태교는 뱃속에 있는 태아와 대화를 나누는 태교방법으로, 간단하고 자연스럽게 일상에서 실천할 수 있다. 태담을 통해 태아와 부모는 정서적인 교류를 할 수 있어 정서적 유대감뿐만 아니라 친밀감을 형성할 수 있으며, 임산부와 태아의 정서적 안정을 도울 수 있다. 또한 지속적인 부모와의 대화를 통해 태아는 감성이 풍부해지며 두뇌도 발달하게 된다. 특히 태아는 저음인 아버지의 목소리를 더 잘 들을 수 있기 때문에 태아의 발달을 위해 아버지의 태담이 중요하다. 아버지는 태아가 있는 배에 손을 올려놓거나 배를 어루만지면서 자연스럽게 이야기를 하면 된다.

시각태교는 아름다운 풍경이나 명화 등 좋은 것을 봄으로써 태아의 감성과 두뇌를 자극하는 태교방법으로, 미술태교가 대표적이다. 미술태교는 아름다운 그림이나 작품을 감상하는 것뿐만 아니라 직접 그림을 그리거나 다양한 재료로 만들기, 종이접기, 십자수, 손뜨개, 퀼트 만들기 등을 통해 할 수 있다. 미술태교는 임산부의 스트레스를 감소시켜 정서적 안정을 도우며 태아의 심신의 안정을 돕는다. 또한 태아의 집중력을 길러 주어 두뇌발달을 도우며, 감수성과 창의력 개발에도 긍정적인 영향을 준다.

운동태교는 적당한 운동을 통해 임산부뿐 아니라 태아의 건강과 신체발달을 돕는 태교방법이다. 운동태교는 임산부의 몸무게 증가를 방지하여 출산 시 진통을 감소시켜 주고 순조로운 출산과정을 돕는다. 또한 임산부의 스트레스를 경감시켜 태아의 정서적 안정을 도모하며, 산소공급을 원활하게 하여 태아의 두뇌발달을 돕는다. 임산부는 가볍게 산책하는 것부터 체조나 수영 등을 통해 운동태교를 할 수 있다.

그 밖에 아로마태교, 뇌호흡태교, 스세딕태교 등이 있다. 아로마태교는 향기로운 향을 통해 후각을 자극하는 태교방법으로, 임산부의 정서 안정을 돕고 태아의 후각을 자극하여 두뇌의 발달을 도모한다. 이때 강하고 자극적인 향은 피하고 안정적인 느낌을 주는 향을 이용한다. 뇌호흡태교는 두뇌에 깨끗한 산소를 공급하여 임산부와 태아의 두뇌를 활성화시키는 태교로서, 명상이나 산책 등을 통해 이루어진다. 이 방법은 임산부의 마음을 정화시켜 심리적 안정을 도우며, 태아와 정서적 교감이 이루어져 태아에게 안정감을 줄 수 있다. 또한 산소가 원활히 공급되어 태아의 두뇌발달을 도우며, 임산부의 산후우울증을 예방할 수 있다. 스세딕태교는 네 명의 자녀를 IQ 160 이상의 천재로 만든 스세딕 부부의 태교방법으로, 태아에게 끊임없이 이야기를 들려 주는 자궁대화법과 카드로 숫자와 글자를 인지시키는 카드 학습법으로 이루어진다.

현대사회에 들어와서 다양한 태교방법이 소개되고 조기교육의 열풍으로 태교와 지능발달을 강조하는 태교법도 관심을 끌고 있다. 그러나 태교는 실천방법의 세부적인 절차보다는 임산부의 심신의 안정과 부모됨의 준비를 통해 건강한 아기를 출산한다는 기본 정신을 유념하고 실천하는 것이 무엇보다 중요하다.

(2) 출산

① 우리나라의 전통적 분만

오늘날과 같은 의료시설이 없었던 옛날, 우리 조상들은 가정에서 아이를 낳았다. 이때 분만하는 방의 천장이나 대들보에 놓는 '삼줄'이라는 특별한 도구가 임산부의 분만을 도왔다. 임산부가 이 '삼줄'을 붙잡고 힘을 주면, 자연스럽게 상체가 일으켜 세워지면서 앉는 자세를 취하게 되었다. 이러한 앉는 자세는 임산부의 골반이 잘 벌어지도록 돕고 임산부가 쉽게 힘을 줄 수 있도록 하여 좀 더 수월하게 분만할 수 있도록 하였다. 이는 오늘날 상체를 세우고 앉는 자세로 분만을 하는 좌식분만에 해당된다.

1945년 해방 전까지의 우리나라 전통 분만체위에 관한 연구를 한 이경혜와 노춘희(1989)의 논문을 살펴보면, 얼마 전까지만 해도 이러한 자세가 매우 일반적이었다는 사실을 알 수 있다.

② 일반적 분만

가장 일반적이고 자연스럽게 행해지는 분만법이 자연 분만이다. 자연 분만은 임산부와 태아의 건강상태에 이상이 없고 출산과정이 순조로울 때 시행된다. 보통 침대 위에 누운 자세로 분만을 하며 태아가 쉽게 산도를 빠져나올 수 있도록 임산부의 회음부를 절개한다. 출산 시의 고통이 크다는 단점이 있지만 제왕절개에 비해 출혈과 산욕기 감염률이 적고, 비용이 저렴한 편이며 몸의 회복이 빠르다.

요즘 많이 시행되는 제왕절개 분만은 임산부의 복부와 자궁을 절개하여 아기를 꺼내는 분만법이다. 태아가 너무 커서 산도를 지나갈 수 없거나 탯줄이 태아를 감고 있는 경우, 다리나 둔부가 먼저 나오는 둔위전진인 경우, 분만 전에 태반이 떨어져 나가는 태반 조기 박리나 태반이 산도를 박고 있는 전치 태반의 경우 그리고 임산부가 임신중독증에 걸려 있는 경우 등 임산부와 태아의 건강이 위험할 때 시행된다. 이러한 제왕절개 분만은 산후 회복이 느리고 통증이 심하고, 염증 등의 수술 후유증이 있을 수 있으며, 출산 횟수에 제한을 받을 수 있다. 그러므로 불가피한 이유가 아닌 단지 출산의 고통을 조금 경감하기 위해 제왕절개 분만법을 택하는 것은 다시 한 번 생각해 볼 문제다.

③ 대안적 분만

요즘에는 출산과정을 순조롭게 하여 출산 시의 고통을 줄이고 태아에게 편안하고 안전한 환경을 마련해 주기 위한 다양한 분만방법이 개발·시행되고 있다.

- 라마즈 분만법: 러시아의 의사들에 의해 처음 고안되어 프랑스 의사인 라마즈(Lamaze) 박사에 의해 소개된 방법으로, 연상법, 이완법, 호흡법으로 진통을 완

화시키는 분만법이다. 연상법은 행복하고 즐거운 상황을 머릿속에 떠올림으로써 엔돌핀의 분비를 증가시켜 고통을 경감시키는 방법이다. 이완법은 전신의 힘을 빼는 것으로, 통증으로 경직된 근육을 의식적으로 이완시켜 출산의 피로와 통증을 줄이고 자궁구가 쉽게 열리도록 하여 분만을 수월하도록 돕는다. 호흡법은 분만 중 불규칙해진 호흡을 조절하여 임산부와 태아에게 산소 공급을 원활하게 하고, 진통에 집중되었던 관심을 호흡으로 분산시켜 통증을 줄이는 방법이다. 라마즈 분만법은 코치로서 남편이 출산의 과정에 적극적으로 참여할 수 있다는 특징이 있다. 이러한 남편의 참여는 아버지로서의 책임감을 일으키며, 임산부의 안정을 돕고 아기에 대한 아버지의 애착에 긍정적인 영향을 준다.

- 수중분만: 양수와 같은 농도와 온도의 소독된 물속에서 앉은 자세로 분만하는 방법이다. 좌식 분만이기 때문에 골반이 잘 벌어지고 쉽게 힘을 줄 수 있으며, 물이 지닌 진통억제효과로 통증을 경감시키며 분만시간을 단축시킬 수 있다. 아기 또한 출생 시 받는 자극이 적어 환경 변화에 따른 충격이 적다. 그러나 물이 깨끗하지 못하거나 출산 시 배출되는 분비물로 물이 오염되어 태아와 임산부가 세균에 감염될 우려가 있으며, 임산부의 몸 상태를 관찰하기가 어려워 분만 시 출혈량을 확인하기가 어렵다.
- 가족 분만: LDR이라는 특수한 침대가 놓인 가족분만실에서 진통, 분만, 분만 후의 회복 등 출산의 전 과정에 임산부와 함께 가족들이 참여하는 분만법이다. 가족 분만은 출산의 전 과정이 한 공간에서 진행되고 임산부의 고통을 분담하기 위해 가족들이 함께 출산에 참여하므로 임산부는 심리적 안정을 느낄 수 있으며, 가족 간의 유대감이 강화된다. 반면, 일련의 출산과정이 한 공간에서 진행되므로 넓은 장소가 필요하다는 단점이 있다.
- 그네 분만: 임산부가 원하는 자세를 자유롭게 취할 수 있도록 고안된 그네를 이용하여 분만하는 방법이다. 그네 분만에 사용되는 분만대는 충격을 완충시키는 굵은 고리 모양의 철봉에 그네처럼 매달려 있으며(랜덤하우스코리아, 2003), 임산부에 자세에 따라 자유롭게 모양이 바뀐다. 바로 선 자세나 앉은 자세 등 다양한 자세를 취할 수 있어 임산부의 진통이 경감되고 분만시간을 단축시킬

수 있다. 그러나 아직 우리나라에 시행되는 곳이 적으며, 장단점에 대한 연구가 이루어지지 않아 출산 시 위험요소에 대한 대비를 할 수 없다는 단점이 있다.

- 소프롤로지 분만: 프랑스 산부인과 의사인 잔느 크레프(Jeanne Creff)가 분만에 서양의 근육이완법과 동양의 불교적 요소, 요가를 통합해 고안한 명상법인 소프롤로지를 적용하여 발달시킨 분만법이다. 소프롤로지 분만은 영상훈련과 복식호흡, 산전체조로 이루어지는 훈련을 통해 임산부의 심신을 안정시켜 분만의 고통을 경감시켜 준다. 영상훈련은 잠들기 직전의 상태로 의식을 가라앉혀 출산의 과정에서 일어날 수 있는 일을 떠올려 적응하는 방법이며, 산전체조는 명상상태에서 근육을 자유롭게 긴장하거나 이완시켜 분만 시 고통에 대비하도록 한다. 이 분만법은 임산부와 태아에게 원활한 산소공급이 이루어지도록 하며 임산부의 몸이 이완되어 출혈이 적고, 회음부 절개가 필요하지 않다는 장점이 있다.
- 르봐이예 분만: 출산과정에서 아이가 받을 수 있는 스트레스를 경감시키기 위해 마련된 환경에서 분만하도록 하는 아기를 위한 분만방법이다. 프랑스 산부인과 의사인 르봐이예(Laboyer)에 의해 고안된 방법으로, 엄마 뱃속과 같은 어둡고 따뜻한 분만실에서 조용하게 분만을 진행시킨다. 분만 후 아기를 아주 부드럽게 받은 뒤, 바로 탯줄을 자르지 않고 아기를 엄마 배 위에 5분 정도 두었다가 탯줄의 박동이 그친 뒤 자르며, 엄마와 아빠가 아기를 목욕시킴으로써 아기가 새로운 환경에 적응할 수 있도록 한다. 편안한 분위기에서 출산할 수 있어 임산부와 태아의 심신이 안정되지만, 밝지 않은 조명으로 출산과정에서 생길 수 있는 위험요소를 놓칠 수 있는 단점이 있다(랜덤하우스코리아, 2003).

2) 영아기의 부모역할

영아는 미숙한 존재이므로, 이 시기 부모는 영아의 발달을 위한 직접적 또는 간접적 역할을 하게 된다. 부모는 유전적 영향을 주고 영아의 환경을 구성한다. 여기서는 영아기 부모의 역할을 네 가지로 정리해 보고자 한다.

(1) 양육적 돌봄

태어나자마자 네 발로 일어서고 스스로 먹이를 찾아다니는 동물과는 달리 인간은 출생 직후 너무나도 무력한 존재다. 하루 중 대부분의 시간을 잠을 자며 보내며, 부모의 돌봄 없이는 살아갈 수 없다. 영아기의 가장 기본적인 부모의 역할은 양육자의 역할이라고 할 수 있는데 이는 영아의 신체적 요구와 관련된다. 부모는 영아의 수면과 수유 및 배설 등 모든 것을 보살핀다. 어린 영아들의 생김새가 비슷할지라도 그들의 신체적 리듬과 요구는 제각기 다르다. 어떤 영아는 적은 양을 자주 먹는가 하면 어떤 영아는 많은 양을 한 번에 먹기를 원한다. 또 어떤 영아는 기저귀에 소변이 몇 방울만 묻어도 불편해서 칭얼거리는가 하면 어떤 영아는 밤새 기저귀가 넘쳐도 잠에서 깨어나지 않는다. 부모는 영아의 수유와 수면시간 등에서 고유한 기질과 선호가 있음을 인식하고 이러한 요구에 민감하게 반응해 주는 것이 필요하다.

모유는 면역성분이 함유되어 있어 영아의 질병을 예방하고, 성장 시기와 어머니가 섭취한 음식물에 따라 성분과 맛이 달라지므로 영아의 성장발달에 가장 적합한 영양원이다. 세계보건기구(WHO)와 유엔아동기금(UNICEF)에서도 전 세계적으로 모유 수유를 권장하는 운동을 전개하여 출생 후 4~6개월까지 모유를 먹일 것을 권장하고 있다. 그러나 모유 수유는 이러한 영양적 측면뿐 아니라 어머니와 영아의 친밀한 관계형성과 영아의 심리적 건강을 돕는다는 장점이 있다. 모유를 먹는 동안 영아는 자연스럽게 어머니와 신체적 접촉과 눈맞춤을 하게 되어 어머니와 강한 정서적 유대를 형성하게 된다. 또한 영아는 어머니의 품에 안겨 어머니의 심장소리를 들으며 심리적 안정감을 느끼게 된다. 이와 같은 과정에서 영아는 사람에 대한 기본적인 신뢰감을 형성하게 되고, 나아가 건강한 정서적 · 사회적 발달을 하게 된다.

영아는 잦은 수유와 기질 차이로 수면 방식에 개인 차이가 있으나 깨어 있는 동안 상호작용을 통해 몸을 활발하게 움직일 수 있도록 하거나 저녁 수면시간 직전에 목욕을 시켜서 밤에 길게 자고 낮에 깨어 있도록 수면 리듬을 자연스럽게 조절하도록 한다. 그러나 영아기 수면과 관련하여 주의해야 할 것 중 하나는 생후 2~4개월 사이에 자다가 급작스럽게 죽는 수면장애인 영아돌연사증후군(Sudden Infant Death Syndrome: SIDS)이다. 이의 원인은 명확하게 잘 알려져 있지 않으나 푹신한 바닥에서 엎드려 재운 경우 발생하는 것으로 보아 호흡기 계통과 관련 있는 것으로 보고 있다.

읽어보기

임신 중 운동하면 영아 돌연사 위험 낮아진다

호흡 관장하는 신경계 발달시켜

임신 중 엄마가 운동하면 뱃속 아기의 건강도 좋아지고, 영아돌연사 위험도 낮아진다는 연구결과가 나왔다. 영아돌연사증후군(SIDS)은 생후 1년이 안 된 아기가 특별한 이유 없이 갑자기 숨지는 것으로, 영아 사망의 주요 원인 중 하나다.

미국 캔자스시티대 린다 메이 교수 팀은 20~35세의 36~38주 임산부 26명을 두 그룹으로 나눠, 한 그룹은 조깅, 실내 자전거 타기, 러닝머신 등의 과격하지 않은 유산소 운동을 주 3회 30분 이상 하게 하면서, 운동을 하지 않은 대조군과 비교했다. 그 결과, 엄마가 운동을 한 태아는 신경계가 더 잘 발달하고, 호흡이 순조로웠다. 엄마의 운동이 태아의 심박수를 낮추고 호흡을 고르게 한 것이었다.

영아 돌연사 증후군의 주요 원인으로 지적되는 것은 신경계통의 문제다. 아이들이 깨어나지 못해 숨을 못 쉬어 사망한다는 해석이다. 연구진은 "엄마의 운동으로 태아의 신경계통이 잘 발달돼 영아 돌연사가 줄어드는 것으로 보인다."고 밝혔다.

메이 교수는 "임신 중 운동을 한 엄마의 아기는 동갑내기 아기들보다 신경계가 더 잘 발달돼 있음을 확인했다."고 말했다.

이 연구 결과는 미국 뉴올리언스에서 18일 열릴 '2009 실험생물학회 학술대회(Experimental Biology conference)' 에서 발표될 예정이며, 영국 일간지 텔레그래프, 영국 BBC 방송 온라인판 등이 17일 보도했다.

출처: '건강을 위한 정직한 지식' 코메디닷컴(http://www.kormedi.com) / 2009. 4. 18. / 김나현

(2) 사회적 돌봄

부모가 자녀와 상호관계를 맺으며 시각적, 청각적 애정과 신체적 행동을 주고받는 것이다. 자녀 양육기간 중 부모가 자녀에게 따뜻하고 애정적인 행동을 많이 표현하는 것은 영아기 때일 것이다. 영아들은 넓고 큰 눈, 작고 납작한 코, 과장된 둥근 얼굴, 작은 턱 등 부모의 양육반응을 이끌어 내는 귀여운 외모를 갖고 있다(Lorenz, 1935, 1970). 또한 영아의 울음은 성인이 다가와 달래주는 것을 유발하고 웃음은 성인이 가까이에 있도록 하는 유발자극이 된다.

부모는 영아와 놀이 및 대화를 함께하면서 안정적인 애착을 형성하며 사회화에 중요한 도움을 준다. 부모가 상호작용을 통해 즉각적으로 적절하게 영아의 신호에 반응하게 되면 영아는 부모를 신뢰하고 자신을 조절하게 된다. 배고플 때 울면 엄마가 먹을 것을 준다는 믿음을 갖고 있으면 영아는 자신의 욕구를 참고 조절할 줄 알게 된다. 반면에 부모와의 상호작용에서 자신의 신호가 무시되거나 적절한 반응과 보살핌을 받지 못하면 영아는 자신이 경험한 고통과 좌절 때문에 자주 울고 더 자주 화를 낸다. 영아기에 부모와 형성한 안정적 애착은 이후 생애 전반에 걸쳐서 사회적 관계를 맺는 데 중요한 기초가 된다.

(3) 가르치는 돌봄

영아가 외부와 상호작용하고 환경을 이해할 수 있는 다양한 전략을 사용하도록 부모는 외부세계를 소개하고 중재한다. 영아가 주변 환경에서 발생하는 사건이나 대상, 소유물에 관심을 집중할 수 있도록 하며 언어적으로 설명해 주는 것이다. 영아의 언어발달이 미숙하기 때문에 부모의 언어를 이해하지 못할 것이라 생각하는 경우가 있다. 그러나 영아의 수용언어는 표현 언어의 세 배 이상에 달하며, 비록 정확한 단어의 뜻은 알지 못할지라도 부모가 표현하는 언어의 억양과 표정을 통해서 상황을 충분히 이해할 수 있다. 따라서 자녀의 능력에 대한 신뢰를 갖고 대화하는 부모의 태도가 중요하다.

부모는 영아가 오감을 이용해서 외부와 상호작용할 수 있는 기회를 제공해 준다.

이 시기는 감각기관을 이용해서 세상을 이해하므로 한두 가지 감각에만 편중하거나 문자교육에 너무 일찍 노출시키는 것은 오히려 더 많은 기회를 제한하는 것일 수 있다.

영아기 때부터 부모는 영아에게 관찰과 제한을 통해 배울 수 있는 기회를 제공한다. 예를 들어, 식당에서 다른 아이들이 돌아다니지 않고 얌전히 식사하는 모습을 관찰하게 되면 영아는 한자리에 앉아 식사하는 것을 배우게 된다. 이러한 가르치는 돌봄은 영아기 이후 계속 증가하는 부모역할의 유형이다.

(4) 물리적인 돌봄

부모가 영아의 물리적인 환경을 준비하고 구성하는 것으로, 영아가 다양한 감각경험을 할 수 있도록 자료를 제공해 주거나 여러 가지 장난감과 책을 마련해 주는 것이다. 이때 부모는 많은 양을 제공하기보다는 발달특성과 영아의 선호를 고려하여 환경을 제공하는 것이 필요하다. 장난감의 경우 한 번에 모든 장난감을 꺼내 놓으면 곧 싫증을 내고 가지고 놀지 않게 된다. 갖고 있는 장난감의 반 정도는 눈에 보이지 않는 곳에 보관했다가 수개월에 한 번씩 바꾸어 주면 다시 새 장난감처럼 흥미를 갖는 모습을 볼 수 있다. 그림책의 경우는 책장에 반듯하게 깨끗이 정리해 놓기보다는 영아의 손이 쉽게 닿는 곳에 놓아두도록 한다. 영아가 책장에서 직접 책을 빼는 것이 쉽지 않으므로 집안 곳곳에 책 바구니를 두어 책을 손쉽게 접하도록 한다.

영아의 안전을 위한 환경 구성도 고려해야 한다. 아기가 기기 시작하면 집안의 어느 곳이라도 갈 수 있다. 굴러 떨어지지 않도록 계단 앞에 안전문을 설치한다거나 삼킬 수 있는 작은 물건 등은 바닥에서 치우도록 하고 가구 모서리에 안전장치를 설치한다. 잡고 서거나 걷게 되면 추락사고를 방지하기 위해 난간 주변에 물건을 치우는 등 안전한 환경에 주의한다.

이와 같이 부모가 환경을 구성하는 방법은 다음의 네 가지로 요약될 수 있다. 첫째, 기존의 '환경에 더해 주기'는 환경을 풍요롭게 하고 확대하는 것이다. 정원에 흙장난 할 수 있는 공간을 마련해 준다거나 엄마가 요리하는 동안 아이들이 가지고 놀 수 있도록 실제 음식 재료나 냄비를 제공해 주는 것이 풍요롭기의 예라 할 수 있다. 그리고 공원이나 야외 공간, 체육관이나 도서관 등에 데리고 나가는 것은 확대하기의 예라 할 수 있다.

둘째, '환경을 정돈해 주기'는 환경을 축소하기와 제한하기가 있다. 낮잠 자는 시간에 TV와 오디오 등을 끄거나 소리를 줄이는 것, 잠자기 직전에는 영아가 흥분할 만한 동적인 활동을 삼가는 것이 축소하기의 예다. 제한하기는 벽의 일정한 부분이나 화이트보드에 낙서할 공간을 지정해 준다거나 유아용 놀이터, 장난감 바구니 등 허용구역을 정하는 것이다.

셋째, '환경을 바꿔 주기'는 단순화하기와 재배열하기가 있다. 영아가 볼 수 있는 높이의 깨지지 않는 거울이나 세면대에 닿을 수 있는 안전 발판이 단순화하기의 예이며, 위험한 전기 콘센트를 덮는 덮개, 플라스틱 컵, 문의 충격완화장치 등은 재배열하기의 예다.

넷째, 주어진 '환경을 계획하기'다. 영아를 돌보는 반복된 일상에서도 청소와 목욕 일정을 세우고 주말의 여가 계획, 영아와 함께하는 나들이 계획을 세우는 것이다.

3) 영아기 부모의 자신 돌보기

영아기 부모는 양육에 많은 시간과 에너지를 쏟기 때문에 자기 자신을 돌볼 시간이나 마음의 여유를 찾기가 어렵다. 초보 어머니가 갖는 문제에는 피곤과 탈진, 수면부족(특히 첫 두 달 동안), 남편의 욕구를 무시하게 되는 문제, 어머니로서의 부적절감, 거의 불가능한 가사활동 유지, 속박되었다는 느낌(Brooks, 2001) 등을 들 수 있다. 특히 이러한 느낌과 어려움이 계속되면 산후우울증을 유발하게 된다.

힘들고 고통스러운 출산의 과정을 경험한 산모들은 분만 뒤 수일 사이에 화가 나고 슬프고 불안해지는 등의 감정을 경험하게 된다. 대개 가벼운 정도의 우울증인 산모 우울(maternity blues)은 1～2주일 정도면 지나가는 반면, 산모의 10% 이상은 빨리 회복되지 못하고 몇 개월 동안 지속되는 산후우울증(postpartum depression)이라 불리는 심각한 우울 반응을 경험한다(송길연 · 김수정 · 이지연 · 양돈규 역, 2000).

읽어보기

산후우울증, 아이 성격 · 지적 발달에 영향

산모의 출산 후 우울증이 아이에게는 어떤 영향을 미칠까

한양대학교 대학원 교육학과 오의숙 박사과정 대학원생(소아과전문의)은 최근 대한소아과학지 최신호에서 "산후우울증을 앓는 어머니는 양육에 대한 중압감 · 분노 · 상실감 · 죄의식 · 비합리적 사고 등이 가득해 아이 돌보는 데 부주의하고 무관심하다"고 밝혔다. 무표정하고 기계처럼, 혹은 거칠게 아이를 다루며, 아파도 약을 제대로 챙겨주지 않고, 안전띠 매는 일도 소홀하다는 것이다.

산후우울증 자가진단
① 기분이 울적하다.
② 모든 일에 기쁨이나 흥미를 못 느낀다.
③ 수면장애가 있다(잠들기 힘들고 잠들어도 숙면을 취하지 못한다.).
④ 밥 먹는 게 귀찮고, 식욕이 떨어진다.
⑤ 기력이 떨어져 곧잘 하던 일도 힘들다.
⑥ 머리 회전이 잘 안 되고, 판단력, 기억력이 눈에 띄게 떨어진다.
⑦ 자신이 보잘것없다고 생각한다.
⑧ 모든 일에 내가 잘못해서 안 풀린다고 생각한다.
⑨ 일을 해도 집중할 수가 없다.
⑩ '이렇게 사느니 죽는 게 낫지 않을까' 란 생각을 한다.
* 1번 혹은 2번 항목을 포함해 다섯 가지 이상이 거의 매일 2주 이상 지속되면 산후우울증으로 진단

이러한 산모의 태도는 직접적으로 아이에게 영향을 미친다. 오 교수는 "이런 환경에서 자란 아이들은 항상 짜증나고 화난 표정을 지으며 울고 보챈다."고 설명했다. 잠투정도 많고 달래기 힘들며, 사고와 질병도 증가한다. 눈맞춤, 옹알이 등 귀여운 짓도 잘 안 하고 항상 풀 죽은 모습이다. 오 교수는 인지능력과 학습능력도 떨어진다고 강조했다. 수학능력은 어머니가 우울증을 앓은 기간이 길 경우, 사회 경제적 수준이 낮을 경우 떨어졌고, 언어능력(국어 · 외국어)은 어머니의 우울증 정도가 심할수록 낮은 것으로 나타났다. 우울증에 걸린 엄마는 아이에게 말을 걸지 않고, 어쩌다 말을 해도 아이의 감정과 무관한 말투로 매사 부정적인 언어를 사용하기 때문

이다. 아이의 학습에 대한 관심도도 차이가 났다. 정상적인 어머니 밑에서 자란 아이들은 그림을 보여 주면 높은 관심을 보이지만, 어머니가 산후우울증일 땐 관심이 없거나 무심히 본다는 것이다. 더욱 심각한 것은 이런 아이들이 8~10세가 되면 주의력결핍 과잉행동장애, 청소년기엔 행동장애로 이행할 가능성이 증가한다는 것이다. 자존감이 없거나 우울증에 걸릴 수도 있다. 산후우울증은 출산 여성 10~20%가 겪는 흔한 병이다. 출산 4주 전후로 발병해 5개월 이상 지속하는데 출산으로 인한 급속한 호르몬 변화가 가장 큰 원인이다. 분당 서울대병원 정신과 하규섭 교수는 "아이의 지적 · 정서적 발달을 위해서라도 산후우울증은 발견 즉시 치료를 받아야 한다."며 "항우울제 등 약물치료를 6개월 정도 받으면 우울증에서 탈출할 수 있다."고 조언했다. 병적인 산후우울증과는 달리 정서적으로 울적한 상태인 산후우울감은 1주일 정도 지나면 저절로 좋아진다. 우울감은 출산 2~3일 뒤 일시적인 허탈감, 양육에 대한 부담감 등으로 50% 이상의 산모에게서 나타난다.

출처 : 중앙일보 / 2005. 8. 8. / 황세희

산후우울증은 그 문제를 겪고 있는 당사자인 엄마뿐 아니라 신생아에게도 부정적인 영향을 미치기 때문에 큰 문제가 되고 있다. 엄마가 만성적으로 우울하고 위축되고 무반응적이 될 때, 엄마와 영아 간에 발달하는 애착은 불안전할 가능성이 크다. 영아들도 우울 증상과 행동문제를 일으킬 수 있다. 따라서 산후에 생기는 우울을 보다 쉽게 극복할 수 있도록 남편과 가족들이 애정을 가지고 위로와 격려를 해주는 것이 필요하다. 어머니 자신도 산후우울증을 예방하고 극복하기 위한 노력을 해야 한다. 육아나 가사로 인해 생기는 스트레스를 긍정적인 방법을 통해 풀 수 있는 취미생활을 하거나 가벼운 산책, 친구 만나기로 기분전환을 하는 것이 좋다. 그러나 영아를 돌보는 경우 따로 시간을 내서 친구를 방문한다든가 자신만의 시간을 갖기가 어려울 수 있다. 이때에는 명상을 통해서 부모로서의 자기 효능감과 부모-자녀관계를 다시 생각해 보는 것도 좋은 방법이다. 다음에서 부모-자녀관계 회복을 도와주는 명상 프로그램의 예를 소개한다.

▶ 부모 자녀 관계 회복을 도와주는 명상 프로그램

활 동 명	즐거운 기억
명상 음악 앨범 : 사랑의 노래(Love Song: track 01, Sun Dancing)	
1. 당신이 어린 시절에 부모와 함께했던 즐거운 기억을 떠올려 보고, 아래에 적어 보도록 합니다.	
2. 당신의 자녀와 함께했던 즐거운 기억을 떠올려 보고 아래에 적어 보도록 합니다.	
3. 부모와 자녀가 함께하고 싶은 활동 세 가지를 적어 보세요.	

활 동 명	부모의 장점 찾기

명상 음악 앨범 : 세상에서 아름다운 것들(track 03, 세상에서 아름다운 것들)

좋은 부모가 될 수 있는 자신의 장점을 찾아봅시다.

명상 속으로 깊이 들어갈수록 단점이 사라지게 됩니다. 명상이 꽃을 활짝 피우는 바로 그 순간, 단점은 그 어디에서도 찾을 수 없습니다. 붓다는 이렇게 말해 왔습니다. "이 순간을 살아라! 단지 지금 이 순간을 사는 것, 그것이 곧 명상이다!"

1	
2	
3	
4	
5	
6	
7	
8	
9	
10	

3. 영아기 부모역할 적응 사례연습

1) 영아기 문제행동 상황연습

다음의 사례를 읽고 영아의 요구와 부모로서 취해야 할 행동에 대해서 논의해 보자.

① 15개월 된 채원이는 식탁에 가족과 함께 앉아 있다. 식탁에는 빨간 김치와 초록색 나물 등 알록달록한 여러 가지 음식이 있다. 김이 모락모락 나는 밥과 국도 있다. 채원이는 이 모든 것이 재미있는지 손을 뻗어 음식들을 집어 보고 조물락조물락거리고 있다.

② 20개월 된 태환이는 엄마의 화장대에 다가간다. 의자에 기어올라 화장대 위에 놓여 있는 여러 가지 물건을 만져 본다. 무엇인가를 눌렀더니 물이 나온다. 뚜껑을 돌려 통을 여니 크림이 나와서 손가락으로 만져 보고 얼굴에도 발라 본다.

질문: 위 상황에서 부모인 당신이 느끼는 감정은 무엇인가?
아이가 이와 같은 행동을 한 이유는 무엇인가?
당신은 아이에게 어떻게 행동하겠는가?

2) 부모와 영아가 함께하는 놀이

부모와 영아는 놀이를 통해서 자연스럽게 눈을 맞추고 접촉하면서 서로를 이해하게 된다. 먹이고 돌보는 양육행동에서 부모는 즐거움보다는 의무감과 책임감을 더 많이 느낀다. 그러나 함께 놀이를 하면 부모도 즐거운 분위기에서 아이를 더 잘 이해하게 되고 민감하게 반응할 수 있게 된다. 영아와 부모가 함께 할 수 있는 몇 가지 놀이를 소개하면 다음과 같다.

[손 발 그리기]

목표	아동이 자신의 신체를 인식하고 긍정적인 자기 이미지를 형성한다.
준비물	8절 도화지, 색연필
활동방법	① 아이의 발을 깨끗이 닦아 준 후 아이의 발을 8절지 도화지에 올려 놓는다. ② 색연필로 아이의 발 모양을 따라 선을 그려 나간다. ③ 윤곽을 모두 그린 후, 도화지 위에 그려진 아이의 발 모양을 보며 함께 이야기를 나눈다. ④ 부모의 발을 아이의 발그림 옆에 대어 보면서 두 발의 모양의 차이에 대해 이야기 한다.
응용활동	위와 같은 방법으로 손 그리기, 신체 그리기를 해 볼 수 있다.
유의사항	발그림을 그릴 때에 아이가 색연필이 지나가는 느낌을 느낄 수 있도록 부드럽고 천천히 진행한다.

[솜공 불기]

목표	놀이를 통해 자연스럽게 눈맞춤을 함으로써 상호관계를 촉진한다.
준비물	수건 또는 보자기, 면솜
활동방법	① 면솜을 탁구공 만하게 뜯어 공처럼 둥글게 만들어 놓는다. ② 수건이나 보자기를 사이에 두고 부모와 아동이 마주 앉는다. ③ 타월 한쪽 끝에 준비한 솜공을 올리고 '후' 하고 불어서 아이에게 전달한다. ④ 아이는 솜공을 받으면 같은 방법으로 부모에게 솜공을 전달한다. ⑤ 왼쪽 눈을 깜박일 경우, 양쪽 눈을 모두 깜박일 경우 등 특별한 신호를 만들어 정해진 눈 신호가 있을 때만 상대에게 솜공을 불어 주도록 하여 위의 활동을 반복한다.
응용활동	보자기 위에 솜공을 올리고 부모와 아이가 보자기를 맞잡고 펄럭이며 솜공을 쳐올리는 활동을 할 수 있다.
유의사항	솜공을 여러 번 불어서 전달하도록 한다.

[핸드 페인팅]

목표	감각적인 경험을 통해 친밀감을 형성하고 긍정적인 자기 신체 인식을 도와주며 사회적 상호작용을 촉진한다.
준비물	물감 로션(무색무취의 베이비 로션에 그림물감을 소량 섞어 3~4가지의 색을 만들어 놓음), 물수건, 벽걸이용 거울, 종이컵, 신문지
활동방법	① 아이의 손을 물수건으로 깨끗하게 닦아 준 뒤, 미리 깔아 둔 신문지 위로 간다. ② 아이를 앉히고 손등, 손바닥에 다양한 색 로션으로 아이가 원하는 그림을 그려 준다. 그림을 그릴 때에는 그림 중 어디를 표현하고 있는지 말하면서 그리는 것이 좋다. ③ 그림이 완성되면, 벽거울에 비추어 아이의 손그림을 함께 본다.
응용활동	엄마와 아이의 손에 동물그림을 그려 역할놀이를 해 볼 수 있다. 손 말고, 발등이나 발바닥에 그려서 같은 방법으로 할 수도 있다.
유의사항	로션을 너무 묽게 만들어서 흘러내리지 않도록 한다.

[비누거품]

목표	부정적인 감정을 해소할 수 있으며 신체조절 능력을 증진한다. 긍정적 신체 이미지를 형성하며 상호작용을 촉진한다.
준비물	큰 대야, 비눗물, 빨대, 벽걸이용 거울, 물수건
활동방법	① 벽에 거울을 걸고, 그 앞에 비눗물이 든 큰 대야를 준비한다. ② 아이에게 빨대를 준 후, 부모와 함께 비누거품을 만든다. ③ 만들어진 거품으로 아이의 머리에 왕관도 만들어 주고 손에 장갑도 끼워 주는 등 다양한 표현활동을 한다. ④ 표현이 끝나면 입으로 크게 바람을 불어 비누거품 날리기를 해 본다. ⑤ 표현활동이 끝나면, 물수건으로 아이의 얼굴과 머리, 손에 묻어 있는 비눗물을 닦아 준다.
응용활동	부모가 비눗방울을 불어 주면 아이가 비눗방울을 쫓아가거나 이를 터뜨려 보는 활동을 할 수 있다. 비눗방울을 가지고 쳐서 테니스 놀이를 할 수도 있다.
유의사항	비눗물이 있는 바닥에서 미끄러지지 않도록 유의한다.

제 6 장

유아기 부모역할

유아기(乳兒期, 幼兒期)에 대한 명확한 시기를 언제로 하는가에 대해서는 다양한 의견이 존재한다. 하루가 다르게 성장해 가는 아동에게 어느 시점을 기준으로 영아기를 벗어난 유아기의 시작으로 규정할 수 있는가 하는 것은 쉽지 않다. 이는 연속적이고 누적적인 인간발달의 속성상 당연한 것일지도 모른다.

아동학에서는 발달단계이론에 기초해 만 2세(24개월) 또는 만 3세(36개월)를 영아기(infancy)를 벗어난 유아기의 시작으로 보며, 나름대로 아동의 발달특성을 구분지을 수 있는 유의미한 시점으로 간주하고 있다(Keller, 2007).[1] 이 장에서는 아동의 월령에 따른 발달과정과 그에 따른 부모역할 수행의 이해를 돕기 위해 보편적으로 사용되는 영아기 이후부터 학동기 이전의 아동기 초기까지를 '유아기'(幼兒期, early childhood)라 지칭하여, 만 2세 이후부터 만 5세까지의 시기에 대해 알아보고자 한다.

유아기는 사회정서적 · 인지적 발달의 기초가 마련되는 시기로, 이 기간 동안은

1) 서구에서는 영아기(infanthood)-걸음마기(toddlerhood)-아동 초기(early childhood)로 구분하기도 한다.

신체발달이 급속히 이루어지므로 유아의 활동 범위가 크게 확대된다. 단계이론에 기초하여 개략적인 발달특성을 알아보고, 유아기의 발달특성에 요구되는 부모의 역할이 어떤 것인지 알아보자.

1. 유아기 발달특성

1) 신체 영역

(1) 신체비율의 변화

신체 성장은 생후 첫 2년, 즉 영아기 동안에 가장 빠른 속도로 일어난다. 전반적인 성장 속도면에서 영아기만큼 빠르지는 않으나, 유아기 역시 신체비율과 활동성에 있어 영아기 못지않은 가파른 성장곡선을 보인다. 영아기와 달리 유아기의 아동은 매우 활발한 활동성과 운동 능력을 보여 주는데, 이는 두뇌가 크고 팔다리가 짧은 영아기의 신체비율에서 벗어나 점차 상·하반신이 길어지고 근력이 증가함에 따른 것이다. 신장과 체중의 지속적인 증가와 신체 각 부분의 각기 다른 성장속도는 유아의 신체비율이 영아의 모습에서 벗어나 점차 팔다리가 길고 가늘어지는 아동의 모습으로 변화하게 한다.머리가 신체에서 차지하는 비율이 줄어듦에 따라 체중의 중심이 배꼽 아래로 내려간다. 대체적으로 이 시기에 일어나는 팔다리의 성장과 골격의 발달이 남아보다 여아에게 다소 빠른 것으로 나타나, 신체적 성장패턴에 성차가 존재함을 알 수 있다. 영아기에 비해 상대적으로 체중 및 신장의 성장속도가 저하되며, 식욕 또한 대체로 저하되는 경향이 있으나 섭생과 식욕 면에서도 개인차가 크게 나타난다.

(2) 운동 능력의 증가

유아기 아동은 걸음걸이가 능숙해지고 뛰고 차오르고 건너뛰는 신체활동이 활발해지며, 전반적 활동성에 있어 높은 에너지 수준을 보인다. 다양한 신체적 움직임을 시도하고 경험하는 과정을 통해 대근육 · 소근육의 운동량이 늘어난다. 유아기의 건전한 신체발달과 운동성의 증가는 대개 자연스러운 놀이활동을 통해 이루어진다. 아동은 놀이를 통해 점차적으로 다양한 운동근육을 사용하고 촉진시키는 법을 습득하며 결과적으로 손과 발, 팔과 다리 근육의 사용과 움직임이 정교하고 세련되게 협응되어 간다.

구체적으로 대근육 운동 기술은 걷기에서 시작하여 달리기, 뛰기, 높이뛰기, 올라가기 등으로 발달해 가며, 점차적으로 그 활동성이 눈에 띄게 커져서 공 던지기, 자전거 타기, 놀이기구 타기, 물놀이 등을 할 수 있다.

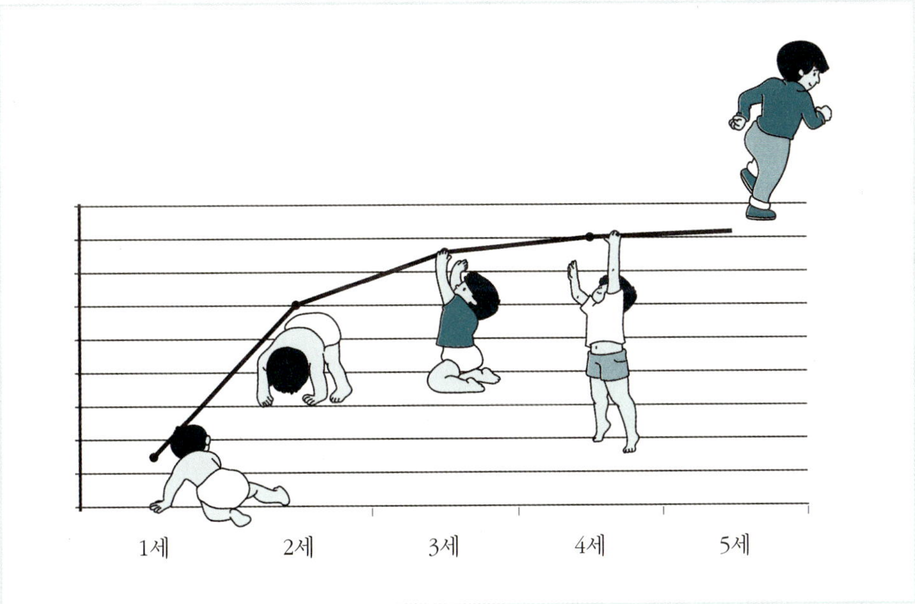

그림 6-1 유아기 대근육 운동의 발달

소근육 운동 기술도 정교해져 도구를 이용하여 만들기를 하고, 블록을 쌓으며, 그림을 그리고, 글씨를 쓰기 위해 연필을 잡는 등 섬세한 활동을 하게 된다. 소근육 운동 기능의 발달로 퍼즐 맞추기, 은물, 가베, 적목, 조립형의 장남감을 가지고 노는 것이 가능해지며 시간이 지날수록 복잡하고 어려운 공작놀이도 해낼 수 있게 된다. 정교한 운동 기능의 발달로 일상생활에서 유아 스스로 옷을 입고, 단추를 채우며, 양말과 신발을 신는 등의 기본 생활 능력도 키울 수 있게 된다. 대근육활동은 여아에 비해 남아가 왕성한 편이고, 소근육활동은 여아가 보다 정교한 편이나, 개인차가 존재한다.

양손 사용에 있어 주로 선호하는 손을 사용하게 됨으로써 오른손잡이 또는 왼손잡이로 자리 잡게 된다. 이렇게 신체발달과 운동 능력의 향상과 함께 유아의 식생활, 생활습관, 행동양식이 함께 학습되고 주요 기호와 습관이 형성되는 중요한 시기이므로, 부모는 유아의 신체발달에 맞는 다양한 놀이환경을 조성하고 자극을 제공할 뿐만 아니라 올바른 신체활동과 행동습관이 함께 습득될 수 있도록 훈육하는 것이 요구된다. 유아기 신체발달은 운동 능력과 밀접한 연관이 있으며, 유아의 운동성과 활동성은 또래관계 형성, 사회성, 정서발달에 주요한 영향을 미친다.

(3) 뇌의 발달

태어나는 순간 400g에 불과한 태아의 뇌는 약 12세가 되면 3~4배까지 증가한다. 이 사이 두뇌영역 기능이 부위별로 형성되고 뇌세포 간 연결망인 시냅스(synapse)[2)]는 엄청난 속도로 확장된다. 인간의 뇌는 약 1조 개의 신경세포(뉴런)로 이루어져 있으며, 연결고리인 시냅스는 1000조 개에 달하고, 그 신경망은 외부의 자극이 계속되는 한 멈추지 않고 끊임없이 진화한다. 아동기 뇌의 발달이란 뇌세포 간의 연결이 지속적으로 확대되고 증가하는 것을 의미한다.

태아의 뇌는 엄마의 뱃속에서 성장에 필요한 신경세포를 필요한 것보다 많이 만들어 내는데, 연결이 되지 않는 뇌세포는 자동적으로 소멸된다. 시냅스와 뇌세포가 연결되는 과정이 가장 빠르게 일어나는 시기는 만 2세경이고, 이후 만 11세 정도까지의 뇌의 발달상태가 이후 발달에 지속적으로 유지된다. 출생 후 아기의 뇌세포는 자극을 받아 활발히 신호를 전달하며 연결된다. 이로 인해 새로운 연결이 증가되

2) 시냅스(synapse)란 뇌세포 뉴런의 끝자락으로 구체적으로 한 뉴런의 축색돌기 말단과 다음 뉴런의 수상돌기 사이의 연결부위를 가리킨다.

고, 아동의 감각경험은 뇌세포의 연결을 보다 정교하게 하여 자극과 정보처리 능력을 높인다.

유아기 뇌의 발달은 자극과 경험의 산물로서, 다양한 놀이와 신체활동, 인지적 자극과 정서적 교류의 양과 질에 의해 결정된다. 유아에게 주어지는 환경적 자극이 제한되고 애정이 결핍되면 아동의 사회, 정서, 인지, 언어 등 전반적인 발달수준과 함께 유아의 뇌발달이 위축되고 제한적이게 된다. 대뇌피질의 뇌세포는 다양한 경험이 자극이 되어 영유아기 동안 빠르게 연결되므로, 영유아기의 다양한 감각경험이 중요하다. 오감을 통해 뇌세포에 투입되는 자극과 정보, 감각적 경험들은 뇌의 각 부분에 축적이 되어 영역발달로 이어진다.

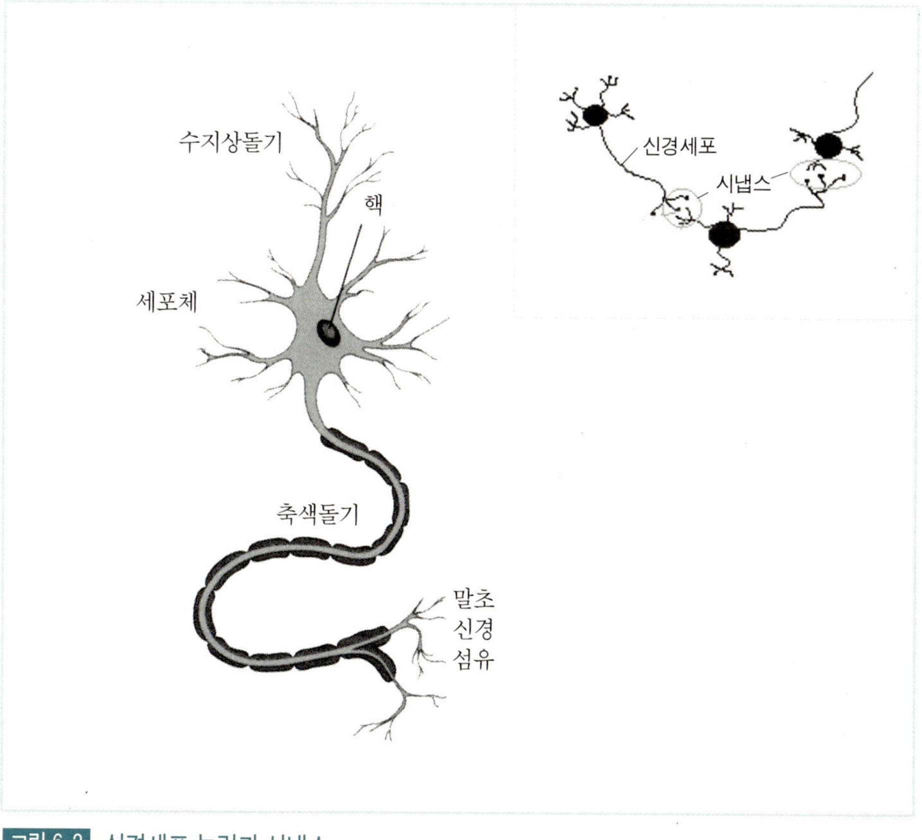

그림 6-2 신경세포 뉴런과 시냅스

생각 해보기

"뇌가 가장 싫어하는 건 뭘까 — 무자극은 뇌를 퇴화시킨다"

우리의 뇌는 기본적으로 외부의 자극에 의해 발달된다. 태아일 때부터 끊임없는 외부자극을 받으며 뇌는 복잡한 신경회로를 만들어 내기 시작한다. 세상 밖으로 나온 이후 외부자극은 더욱 커진다. 그 자극만큼 발달속도가 빨라지게 된다.

▲ 뇌는 쓸수록 신경회로가 치밀해진다(그림 출처: 브레인 미디어 www.brainmedia.co.kr).

방바닥을 기어 다니거나 아장아장 걷는 아기의 걸음마는 두뇌 운동영역을 발달시키고, 소리를 내어 책을 읽으며 말을 배우는 동안에는 언어영역이 개발된다. 잡히는 것이 무엇이든 만지작거리는 동작들은 손의 다양한 감각을 발달시킬 뿐만 아니라, 뇌의 발달로 이어진다. 그 무엇 하나 뇌와 연결되지 않은 것이 없기 때문에, 몸의 어느 부분이든 단련하게 되면 해당 뇌의 영역이 동시에 발달한다. 즉, 뇌의 발달은 자극과 움직임의 산물이다.

뇌가 가장 싫어하는 것은 자극이 없는 것이다. 신경망에 변화가 생기지 않기 때문이다. 흰 벽으로 둘러싸인 방 안에 사람을 가두어 놓은 뒤 며칠이 지나면, 어떠한 변화가 생길까? 우리의 뇌는 자극을 원하기 때문에 자극이 없으면 스스로 만들어 내기도 하는데, 일례로 환각이나 환청을 겪게 된다. 정보의 차단이 뇌에 주는 고통은 상당하다. 그렇기 때문에 혼자 노래를 부르기도 하고 환청을 듣기도 한다. 외부의 자극이 전혀 없는 상태를 견디기 힘들어하기 때문에 일종의 방어기제 같은 작용을 하는 셈이다. 1999년 굴드 외 일련의 학자들은 과학 잡지 『사이언스(Science)』에 색다른 논문을 발표하였다. 원숭이에 어떤 자극을 가했을 때 해마 부위에 있는 신경세포의 개수가 증가한다는 내용이었다. 신경세포는 한 번 가지고 태어나면 더 이상 그 수가 증가하지 않는다는 기존 가설을 뒤엎는 연구결과였다(Gould, Reeves, Graziano, & Gross, 1999).

또 다른 연구는, 먹이와 물만 있는 단조로운 환경과 다양한 놀이 환경을 갖춘 곳에서 생활한 생쥐를 실험한 결과, 후자의 해마가 크다는 결과가 나왔다. 그리고 아무것도 없는 환경에 있는 쥐를 자극적인 곳으로 옮기면 며칠 만에 해마의 신경세포가 늘어난다. 변화 없는 삶이 뇌에 어떤 영향을 주는지 보여 주는 단적인 사례다.

언제나 반짝이는 눈으로 바라보는 어린아이들처럼 그렇게 세상을 바라보아야 한다. 언제나 같은 눈으로 세상을 바라보고, 가슴을 설레게 만드는 무언가가 없는 삶이라고 뇌가 인식할 때, 바로 그 순간 뇌세포는 소멸되어 가고 우리의 뇌기능은 약해진다. 지구보다 큰 네트워크를 우리의 뇌 속에 담고 있는 셈이다. 뇌를 활용하며 살아가야 하는 것은 이러한 뇌가 가진 무한한 가능성에 대한 최소한의 예의가 아닐는지.

참조: 오마이뉴스(장래혁, 2006. 11. 14.) 뇌 연재기사 중 일부 발췌

2) 심리사회 영역

(1) 또래 환경의 확대 및 사회성 발달

유아기에 접어들면서 아동의 인식과 조망의 범위가 자신, 타인, 사물들로 점차 확대되어 간다. 신체적 활동이 왕성해짐에 따라 또래와 활발히 노는 시간이 늘어나 또래관계의 경험이 시작되고 확대되며, 보육환경과 유아교육기관 및 다양한 매체에의 노출 등을 통해 왕성한 사회화의 과정 안에 놓이게 된다. 이를 통해 다양한 사회적 관계를 경험하고 확대해 가며, 적절한 성역할 행동체계를 내면화하고 규칙에의 순응과 도덕적 가치의 형성을 경험하게 된다. 활발한 놀이활동을 통해 사회성이 증진되며, 친사회적 행동을 발달시키고, 창의적인 활동을 수행할 수 있다. 직접 경험하고 만들어가는 활동성이 증대됨에 따라 다양한 배움의 기회가 수반되어 자연스럽게 인지적 능력의 발달로 이어진다.

프뢰벨은 아동이 유아기에 접어들면 필요한 교육과 적절한 자극을 부모 홀로 가정에서 제공하기 어렵기 때문에 가족 영역 밖에서 또래 친구와 이웃, 교사와 연결하여 제공해야 한다고 했다. 유아들은 자유스럽게 자신의 놀이를 선택하고 또래와 집중하여 열심히 놀 줄 알기 때문에, 유아기에는 자발성과 친사회성을 기르게 된다. 유아기에 이르러 '놀이'활동이 다양하고 빈번해지며 집단을 이루는 경향이

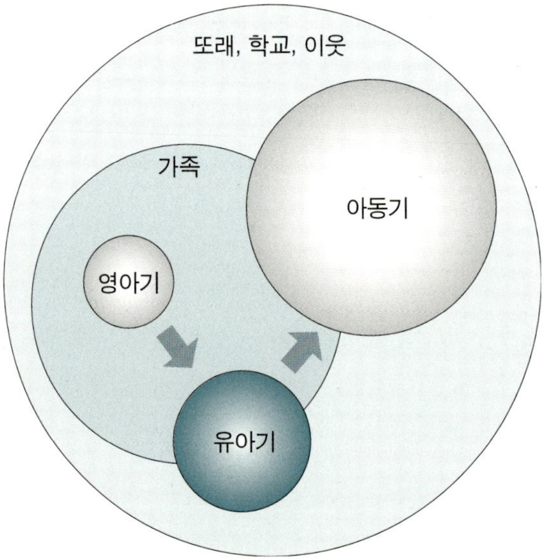

그림 6-3 외부환경의 경험 증가

생겨, 3~4세가 되면 또래와의 놀이에 적극적으로 참여하고자 한다.그러므로 유아의 적응에 무리가 없다면 유아기에 양질의 보육과 유아교육 프로그램을 통해 긍정적인 집단생활과 학습의 경험을 할 필요가 있다.

(2) 자아의 성장

만 2～3세경에는 주위에서 도움을 주려 해도 자신의 방식으로만 하려 하며, 자신의 세계를 스스로 조절하기 시작한다. 일의 순서나 일과에 민감하여 타인을 조절하고 명령하기 좋아한다. 언어로 자신의 기분을 표현하여 "싫어, 내 거야, 줘" 등의 말을 많이 하고, 원하는 대로 되지 않을 경우 쉽게 좌절하며 공격성을 보이기도 한다.

만 3세경이 되면 '나' '내 것'이라는 표현을 더 자주 사용하며 강한 소유욕을 보인다. 소유욕의 일환으로 요구하기, 조절하기, 주저함, 심술, 공격적인 행위, 놀리기 등의 행동이 자주 혹은 극단적인 형태로 나타나기도 한다. 그러나 동시에 사회적 규준에 일치하고 순응하는 법도 학습해 자신을 적절히 표현하고 주변 환경이나 또래와 사이좋게 지내는 방법도 알아간다. 또한 여자다움 혹은 남자다움에 관한 성 정체성을 형성하기 시작한다. 동성 부모와의 동일시가 증가하며, 자신의 성을 인지하고, 놀이활동에서 성역할이 나타나기 시작해 동성끼리 구분지어 노는 경향을 보인다.

만 3～5세가 되면 자기중심성의 경향이 줄어들고, 점차 자아에 대한 인식과 자율성의 확보로 자기 조절력을 습득해 나가며, 타인과의 관계 속에서 독립성과 자기주도성도 경험하게 된다. 또래들과 함께 배우고 대화하며 놀이하기를 즐기며, 차례 지키기 등 사회적 규준의 학습도 증가하고 집단활동과 협동놀이를 시작한다.

3) 언어 및 인지 영역

(1) 인지발달

부모-자녀 상호작용에 의한 인지발달

유아기의 인지적 성장과 언어능력의 발달은 매우 두드러진다. 앞서 살펴본 유아기 뇌의 성장은 뇌신경세포의 활발한 연계과정을 통해 비약적인 인지 · 언어능력의 발달로 이어진다. 상상력이 풍부해지고, 정보의 습득과 처리 능력이 성장한다. 피아제의 인지발달단계에 의하면 유아는 전조작적[3] 사고 단계에 머물러 자기중심적 성향을 보이고, 논리적 · 추론적 사고보다는 직관적이고 지각 위주의 반응적 사고를 하게 된다. 자기중심적 사고로, 유아가 타인의 관점을 이해하고 고려하지 못해 자신이

3) 전조작기는 2개의 하위 단계로 나뉘는데, 2～4세 기간을 전개념적 사고기(preconceptual period), 4～6, 7세 기간을 직관적 사고기(intuitive period)라 부른다.

좋아하고 생각하는 대로 다른 사람들도 느끼고 생각한다고 여긴다. 물활론적 사고를 통해 생명이 없는 물건에 생각과 감정을 부여해 대화를 하기도 하며 실제 현상과 실제가 아닌 환상의 차이를 구분하지 못하기도 한다. 어떤 사물이나 사건 한 가지에 유독 집중하여 주변의 다른 사물과 맥락을 함께 고려하는 능력이 아직 발달하지 못한다. 이러한 직관적 사고의 특성으로 인과관계와 전체-부분의 관계 파악이 어려우며, 구체적으로 서열화, 유목개념, 보존개념에 관한 이해와 개념 습득이 이 시기 유아에게는 어렵다.

만 2세 이후 유아기에 접어들면서 영아기처럼 영아 자신의 감각과 움직임에만 의존하는 것이 아니라 상대방과 대상에 대한 인지를 일관되게 지속시킬 수 있다. 즉, 대상 영속성(object permanence)의 개념을 발전시켜 상징적 사고를 하게 된다. 이러한 인지적 성장을 통해 유아는 눈앞에 보이지 않는 대상이나 상황을 표상하여 기억해 내고 인지하며 언어적으로 일관되게 표현할 수 있게 된다. 따라서, 상징화와 개념화의 능력을 갖추게 되어 가상놀이를 할 수 있게 된다(Leslie, 1987).

(2) 언어발달

언어에 있어서는 어휘력과 기억력의 향상이 두드러지며, 매우 빠른 어휘습득과 문법의 숙달로 의사소통 능력이 성장하게 된다. 2세경이 되면 두 단어 조합을 하게 되며, 이를 통해 문장의 구조와 문법의 체계를 학습해 간다. 만 2~3세경에는 대략 200~300개의 어휘를 사용할 수 있다. 두 단어 조합 후에 세 단어 조합으로 확대된다기보다는, 특정 시점(대략 4세부터)이 되면 다양한 문장의 형태로 구사하게 되어, 3~8개의 단어를 사용한 문장구조에 기본적인 문법규칙을 적용한다(Pinker & Bloom, 1990).

사고의 자기중심성 때문에 유아기에 급속히 성장하는 어휘력과 문법의 습득이 타인과의 균형잡힌 의사소통으로 발전되는데 시간이 걸리지만, 점차 자기위주의 사고와 대화에서 벗어나 사회화된 언어의 사용과 타인과 교류하는 대화 능력이 향상되어 간다.

2. 유아기 부모의 역할

프로이트의 심리성적 발달단계에 의하면 유아기(만 2~5세)는 항문기에서 남근기를 거쳐 잠복기로 넘어가는 시기이며, 에릭슨의 심리사회적 발달단계에 의하면 자율감에서 자발성을 거쳐 근면성으로 이어지는 시기에 해당한다. 아동의 생애 초기 경험이 이후 발달 전반에 미치는 결정적 영향력과 누적성을 고려할 때, 취학 전 유아기에 요구되는 구체적 발달과제는 매우 중요하며 다양하다. 여기에서는 그중에서도 현대사회의 요구와 특성이 반영된 유아기의 주요 발달과제로 (1) 자아개념의 형성, (2) 성역할의 인식, (3) 자기조절과 순응, (4) 문제행동의 출현, (5) 보육 및 유아교육의 경험으로 요약하여, 이에 알맞는 부모의 역할을 알아보고자 한다.

표 6-1 이론별 유아기 발달특성

프로이트의 심리사회적 정신분석	연 령	에릭슨의 심리사회적 발달과제
항문기	1세~3세	자율감 대 수치심
남근기	3세~5, 6세	자발성 대 죄책감
잠복기	5, 6세~11, 12세	근면성 · 성취감 대 열등감 · 부적절감

1) 자아개념의 형성

이 시기의 유아는 자신을 인식하고 긍정적으로 생각하는 자아개념을 기르게 된다. 정신분석학자 말러(Mahler)는 신생아를 자신과 주위환경을 구별할 필요 없는 '알 속의 병아리'로 비유하였다(Mahler, Pine, & Bergman, 1975). 이는 어린 아기의 경우 어떤 욕구가 생기면 늘 곁에서 누군가 충족시켜 주므로 유아는 다만 그곳에 존재할 뿐, 자신에 대한 개별화된 의식을 가질 필요가 없는 상태라는 의미다. 피아제 역시 신생아들이 자기인식 없이 태어남에는 동의하나, 유아가 정확히 언제부터 자기인식을 명확히 하는지에 대해서는 확실하지 않다고 보았다. 생후 4~6개월경에 비로소 아기는 자신이 엄마와 분리되어 있음을 인식하기 시작한다는 주장이 많으나, 일부 학자들은 생후 1~2개월 이전부터 신생아 자신도 타인과 독립적으로 존재하고 있음을 인식하는 놀라운 지각적 변별력을 가지고 있다고 주장하기도 한다. 보다 확실한 것은 유아가 걸음마기인 15~18개월에 이르러 거울에 비치는 자기 모습을 분명하게 인식할 수 있으며, 자기 모습을 보고 '나'라고 말할 수 있다는 점이다.

(1) 인지적 측면

18개월 즈음이 되면 유아는 사진처럼 정지된 자신의 표상을 인식하게 되며, 2세가 되면 상대방과 자기를 명확히 구분하고, 언어적으로 '나' '내 것'이라는 인칭대명사를 사용한다(Lewis & Brooks-Gunn, 1979). 이때가 되면, 유아에게 자신의 것과 자기 몸에 대한 경계선이 분명해지기 때문에 자신의 영역을 침범하는 용인되지 않은 외부 대상에 대해 강한 경계심과 분노감을 드러낸다. 이 시기에 부모는 다른 사람과 함께 나누는 협동(sharing)에 대해 지속적으로 훈육하나, 유아는 자아개념의 형성기 동안 함께 나누고 공유하는 것에 대해 쉽게 받아들이지 못한다.

이러한 자기인식의 언어와 자기본위의 행동을 통해 유아가 '자아개념', 즉 자신이 분리된 물리적 실체로서 특정 행동과 언어구사, 생각과 감정의 소유자임을 인식하는 자아개념을 형성한 것으로 이해한다. 만 3세 이후의 취학 전 유아기로 접어들면 자기존재의 연속성과 자신의 생활에 대한 자전적 기억, 자신이 어떤 특징을 갖는지에 대해 구술할 수 있는 능력을 가진다(Povinelli & Simon, 1998).[4] 자신에 대해 이야기해 보라고 하면, 취학 전 아동은 신체적 특징, 소유물, 대인관계 그리고 할 수 있는 행동들을 통해 표현하나, 심리에 대한 구체적인 기술은 드물다. 만 4~5세

4) 자아개념의 형성과정과 정의에 대해서는 다양한 견해가 존재하나, 대개 자아개념이란 자신을 객관적인 대상으로 보았을 때 갖게 되는 판단과 감정들의 총체라고 할 수 있다. 유사한 하위 범주로 자아신뢰감(self-confidence), 자아효능감(self-efficacy), 자아결정체(self-crystalization), 자아존중감(self-esteem) 등이 다루어진다. 자아신뢰감은 자신의 노력을 통해 목표를 달성하고 성취하며, 자신의 의지대로 행동할 수 있다는 느낌을 일컫는다.

경의 취학 전 유아의 자아개념이 활동수행 능력에 근거한 물리적 개념이라면, 만 6세경 학령기에 이르러서야 아동들은 자신의 본성이 외부로 드러난 행동과 구분될 수 있는 내재적이고 심리적인 것이라는 점을 인식하게 된다.

인지이론에서 말하는 자신에 대한 범주적 인식의 시작, 즉 자아개념의 형성은 유아의 반성적인 자기평가를 가능하게 하고, 부모의 훈육과 요청에 따를지 아닐지에 관해 유아 스스로 개인적인 판단을 하고 행동할 수 있다. 예를 들어, 만 2세가 되어 어머니에게 배운 대로 장난감 놀이(예: 형태 맞추어 껴보기, 완구 망치질하기 등)를 할 수 있게 됨에 따라 성취를 한 자신에 대해 자랑스러운 반응을 보이며, 어머니를 부르고 주의를 끌어 어머니로부터의 자신의 성취에 대해 긍정적 피드백을 유도한다.

이러한 자기인식의 시작과 반성적 자기평가의 가능은 아동이 사회화의 과정에 들어섰음을 의미한다. 유아는 부모의 양육과정을 통해 부모가 지지하는 사회문화적 가치를 인식하고 배우게 된다. 부모의 인정과 부정은 유아들로 하여금 자신의 어떤 행동이 자신과 타인을 기쁘게 해 줄 수 있는지 행동규준에 대해 알게 하고, 유아 자신이 어떠한 존재인지에 대해 알게 해 준다. 부모의 양육을 통한 유아의 사회화는 유아의 부모에 대한 절대적인 의존성에서부터 시작되므로, 유아는 그들에게 주어진 칭찬과 훈육, 꾸지람들, 즉 그때 사용된 언어와 태도, 표출된 감정들의 형태를 내면화하게 된다. 따라서 자녀의 성취에 대해 자주 칭찬해 주는 어머니를 둔 유아는 자존감을 더 많이 보이는 경향이 있었고, 간섭하고 통제하는 어머니를 둔 유아는 상대적으로 덜 반응적이며 실패의 경험을 내면화시키는 경향이 있었다고 보고된다(Belsky, Domitrovich, & Crnic, 1997).

(2) 애착형성의 측면

애착이론에 의하면, 유아는 실제 경험한 양육환경의 질에 따라 질적으로 다른 부모-자녀 간 애착관계를 형성하게 된다. 그런데 이 과정에서 유아 자신과 타인은 물론 외부세계 전반에 대해, 과연 세상이 그리고 나 자신과 다른 사람들이 의미 있고 가치 있으며 기여할 만한 존재인가에 관한 전반적인 인식과 표상을 갖게 된다. 인지 능력이 발달하고 외부 양육환경이 일관되게 수렴됨에 따라 유아기 초기에 형성한 세상과 자신에 대한 전반적인 존재감들은 보다 고차원적인 방향으로 견고해져 간다. 이는 유아의 자아개념이 생애 초기 접하는 양육방식과 양육의 질에 의해 형성되는 애착과 관련되어 있음을 나타낸다.

대략 생후 15~18개월 사이에 애착이 안정적으로 형성되면, 자아 및 다른 대상에 대한 개념과 인식이 쉽게 변하거나 수정되지 않는 일관된 표상의 수준으로 발전된다. 만 2~5세의 유아기는 초기 형성된 자신에 대한 인지모델이 조직, 재조직의 과정을 통해 보다 공고해지는 과정으로, 이후 학령기에 이르렀을 때의 긍정적인 자아관과 자아존중감 확립에 중요한 발달적 전조가 된다.

애착이론에 의하면 유아의 이러한 자아개념 형성은 애착과 마찬가지로 생후 경험한 양육환경의 질에 의해 좌우되는 것으로, 유아의 요구와 욕구에 일관되게 반응하고 민감하게 이해하는 부모에 의해 양육된 경우에 유아가 형성하는 자아개념은 자신을 존중받을 만한 가치가 있는 중요한 존재로 인식하게 하여 자아존중감을 발달시킨다. 그러나 유아의 바람과 욕구에 일관되게 반응하지 못하고 부모의 양육태도에 기복이 심하거나 온정과 민감성이 떨어지는 부모에 의해 양육된 경우, 유아는 자신이 보호받고 존중받을 만한 가치가 없고 자신이 세상에 대해 능동적으로 할 수 있는 일은 없다는 자기무력감과 낮은 자아존중감을 형성하게 된다고 한다(Thompson, 1999).

(3) 부모의 역할

부모는 자녀에게 온정적이며 그들의 욕구와 바람에 민감하게 반응하고 들어줌으로써, 자녀가 힘들 때나 즐거울 때나 언제고 돌아가 의지할 수 있는 든든한 안전기지로 유아 곁에 머무는 것이 중요하다. 유아의 행동과 성취에 대해 지속적으로 일관된 피드백을 주고, 부모가 자녀 곁에서 언제고 함께하리라는 믿음을 주는 경험적인 상호작용들이 유아의 자아존중감 형성에 중요하다. 또한 개념적으로 '나'라는 객관적 실체와 '내 것'이라는 소유관념, '내가 좋아하는 것' 등에 대해 표현하게 함으로써 자아와 타자의 범주를 알아가게 하는 것도 필요하다.

생각해보기

엄격하고 통제적인 양육환경에서 자란 아이들이 커 가면서 자신에 대한 주체적인 자아존중감보다는 타인의 평가에 매우 민감하며 의존적인 삶의 모습을 갖게 된다는 연구보고가 있다. 반면, 생애 초기 유아의 올바른 생활습관 형성을 위해서는 훈육중심의 통제적 양육방식이 필요하다는 주장도 있다. 온정적이고 허용적인 양육환경과 엄격하고 통제적인 양육환경이 아동의 자아개념 형성과 행동양식 전반에 어떠한 영향을 미칠지에 대해 생각해 보자.

2) 성정체성의 인식

자기인식의 연장선상에서 성별은 아동이 민감하게 인식하고 반응하는 또 다른 범주다. 성정체성의 형성은 앞서 살펴본 범주적 자아개념 형성의 중요한 하위 측면이다. 여기서 정체성이란 내가 내 스스로에 대해 갖는 일관된 지각과 인지로, 유아 자신이 변하지 않는, 그러나 구분되는 하나의 성(性) 유형에 속함을 아는 것이라 하겠다.

(1) 성정체성의 발달

12개월 미만의 유아도 여성에게 좀 더 미소짓는 경향이 있으며, 만 2~3세경부터 유아는 성역할에 대한 인식을 형성하기 시작하여 자신과 타인의 사진들을 보고 성 구분을 할 줄 알게 된다. 엄마, 아빠, 여자아이, 남자아이과 같은 성 명칭을 통해 성 유형화를 할 수 있다(Schaffer, 2002).

유아기 초반에는 아직 항상성 있는 성 구분이 아니어서 시간경과에 따라 성별이 변할 수도 있다고 생각하는 성항상성의 미형성 단계다. 2세 이전의 성관련 인지구조는 잘 짜여진 논리적 구조는 아니지만, 다양한 원천을 통해 습득된 남자다움과 여자다움에 관한 개념의 조각들이 조직화되어 가는 것이다. 여아의 경우 만 2세 이후가 되면, 그리고 남아의 경우 만 3세 이상이 되면, 동성의 친구를 놀이상대로 하는 경우가 늘어나게 된다. 만 3세 무렵이 되면, 아동은 성인의 직업과 과제, 일상생활

속 역할분담에 대해, 그리고 유아 자신의 장난감과 놀이 선택에 있어 성역할의 차이를 인식하게 된다. 2단계인 만 3～4세에 이르면 유아는 자신의 변하지 않는 유형화된 성정체성을 형성한다.

성관련 인지구조가 견고해져 학교에 입학할 만 5~7세 무렵의 3단계에는 자신이 변함없이 항상 여아이거나 남아임을 알게 될 뿐만 아니라, 많은 성 고정관념적 사고와 행동까지 학습하고 체화하게 된다(Kohlberg, 1966). 남근기를 거쳐 잠복기로 접어들게 되는 이 시기에, 유아들은 TV를 보고 책을 읽고 주변을 관찰함으로써, 성역할 지식과 고정관념을 형성하며, 사회가 어떠한 특질들을 선호하고 혹은 배척하는지에 대해서도 선별적으로 알아가게 된다. 그리하여 여아는 여아다운, 남아는 남아다운 성 유형화된 사고와 행동의 선호체계를 습득하여 여성성 또는 남성성이 발달한다. 그러나 3세 이전부터 성항상성의 개념을 형성한다는 견해가 있어 성정체성의 연령별 발달단계는 유동적이다.

(2) 성정체성 형성의 기제

이러한 성역할 사회화는 어떻게 시작되는 걸까? 첫째, 프로이트에 의하면 남근기의 남녀간 서로 다른 경험에 의해 여아는 일렉트라 컴플렉스를 남아는 오이디푸스 컴플렉스를 갖게 되는데, 이를 해결하기 위해 동성의 부모를 동일시하는 과정에서 성역할 동일시가 이루어진다고 한다. 둘째, 사회학습이론에서는 부모의 양육행동을 통해 여아다운 것과 남아다운 것에 대해 알려 주고, 자녀의 부적절한 성역할 구분 및 언어구사에 대해 강화와 벌 등을 통해 훈육하게 된다. 그러나 셋째, 인지이론에서는 유아가 놀이상대로서 동성 친구를 선호하고 성 동일시를 하게 되는 것은 부모의 사회적 강화에 의한 것이 아니라, 유아 스스로의 성별 자아개념 형성과 이와 관련된 인지적 사고과정에 의한 것이라고 주장한다(Kohlberg, 1966; Mccoby, 1990).

성 유형화의 대표적 예로 유아의 성별 분리현상은 가정에서보다는 학교에서의 놀이상황에서 같은 연령대끼리 모여 있을 때 더 두드러진다. 이러한 분리현상은 성인의 강화에 의해 형성된 것이라기보다 오히려 성인이 존재할 때 성별 분리가 누그러지는데, 가령 어린이집에서 교사가 책을 읽어 주는 경우, 유아는 성 구별 없이 함께 선생님 주변으로 모여 앉는 것으로 나타나기도 했다. 그러나 전반적으로 유아의 성역할 인식과 성 유형화 행동은 칭찬이나 꾸지람과 같은 직접적인 강화요법에 의한 것보다는, 활동과 환경구성을 할 때 여아와 남아를 구분지어 배치하는 성인의 암묵적이지만 강력한 성역할 사회화와 문화적 가치전수를 통해 간접적으로 형성된다고 볼 수 있다.

(3) 부모의 역할

유아기 성(性) 인식의 시작과 관련하여 부모의 역할은 현대사회가 필요로 하는 균형 잡힌 성역할 인식과 행동양식을 유아가 자연스럽게 습득해 가도록 하는 것이다. 앞으로의 생활상과 미래지향적인 생존전략을 고려할 때, 여아와 남아를 구분지어 활동 영역을 제한하고 환경을 차별하여 구성하는 성별 분리를 지향할 타당한 근거는 없다. 오히려 전통적 성역할 사회화보다는 남성성과 여성성 공존의 양성성(androgyny)으로의 사회화가 더 기능적이라는 주장(Bem, 1974), 남성성-여성성은 서로 상반되고 분리된 차원이 아니라 한 유기체 내 공존 가능한 단일차원으로 보는 입장(Constantinople, 1973), 그리고 사회변화에 따라 여성성과 남성성의 특질 자체가 현저하게 바뀌었다는 견해(Deaux, 1987) 등이 있다.

그러므로 유아기 동성 또래집단 내의 놀이활동에 대한 지지뿐만 아니라, 성별로 혼합된 집단활동을 통해 사회성은 물론 인지발달과 균형 잡힌 성역할 인지를 할 수 있도록 하는 것이 좋다. 어린 유아의 특정 행동양식과 인지발달은 동성끼리의 집단활동을 통해, 즉 여아는 여아끼리, 남아는 남아끼리 어울려 교류하는 동안 더욱 발달하고 관계친밀도가 큰 측면이 있다. 그러므로 동성 또래친구와의 밀접한 단짝관계와 이성 또래친구들과의 다양한 활동과 학습경험이 균형 있게 조화를 이룰 수 있도록 가정 양육환경은 물론 유치원과 보육시설에서도 다양한 집단활동을 제공할 필요가 있다.

생각해보기

1. 성(性)은 자연스러운 생물학적 차이의 발로이지만, 사회적으로 키워지고 길러진 오래된 차별과 개입의 역사를 갖고 있기도 하다. 양성평등사회를 지향하는 요즘의 성역할 변화를 고려할 때, 부모는 딸과 아들을 어떻게 다르게 혹은 다름없이 키워야 하겠는가? '여아는 여아답게, 남아는 남아답게' 라는 부모교육 지침에 대해서 어떻게 생각하는가?
2. 선정적인 매체에 노출되는 기회가 많아진 어린 유아들의 성 인식과 행동에 대해 어떻게 훈육해야 하는지 고민해 봐야 한다. 부모가 통제하고 제한하는 것만으로 아이들의 매체에의 노출을 관리할 수 없는 한계를 가지는 다변화된 양육환경을 고려할 때, 어린 아동들의 건강한 성 개념 형성을 위해 가정에서 부모가 자녀들에게 어떻게 훈육해야 하는가?

3) 자기조절과 순응

(1) 자기조절(self-regulation)

이 시기의 유아는 건강한 자아개념의 형성과 함께 자기를 조절할 수 있는 힘을 기르게 된다. 유아가 부모의 말을 듣지 않는 부모 훈육에의 저항과 부정주의(negativism)에 대한 연구 결과, 게절(Gesell & Ilg, 1943)은 만 2세아를 '끔직한 두돌(terrible two)'로 명명, 만 2세를 기점으로 반항적이고 거부하는 부정적 행동이 절정에 이른다고 하였다. 그러나 만 2세 이후 만 4세경에 이르면서는 반항과 거부의 행동이 점진적으로 줄어들어, 가정 혹은 사회에서 요구하는 적절하고 바람직한 행동에 대한 규준을 학습할 수 있게 된다.

신체 능력 증진에 따른 유아의 탐색활동과 운동성의 증가에 비례하여, 유아를 각종 물리적 위험으로부터 보호하기 위해 유아의 행동을 규제하고 행동상의 많은 제한을 두게 된다. 또한 정리정돈과 위생상태, 자기물건 간수 및 정리, 인사하고 공손히 대답하기, 예의범절 지키기, 긍정적 정서의 표현 등 일상적인 생활규범과 만족지연, 그리고 적절한 정서적 표현을 가르치기 위해 부모는 많은 지시적 명령과 훈계를 하게 되며, 준수해야 할 다양한 규칙을 만들어 한계 설정을 하게 된다.

어린 유아는 증가하는 규범과 한계 설정 속에서 정서적 억제와 자기통제 같은 조절 능력을 키워 나가는 것이 요구된다. 새로운 과제를 접했을 때나 낯선 환경, 갈등 상황, 강한 강도의 기쁨 또는 슬픔, 분노, 좌절과 같은 부정적 정서를 느낄 때 어린 아동이 자신을 어떻게 표현하고 조절하는가가 중요하다.

(2) 순응

순응(compliance)은 유아가 부모의 요구에 일치하는 행동을 하게끔 하는 자기조절 능력 또는 자기통제력의 초기형태로, 이 시기 아동이 습득해야 할 주요한 사회적 기술이다. 협동과 순응에 대한 어머니의 요구가 증가함에 따라, 유아기 아동의 순응도 지속적으로 증가하는 양상을 보인다. 비록 남아가 여아에 비해 상대적으로 덜 순응적이고 부상과 사고에 노출되는 위험행동을 더 많이 하며, 여아는 엄마의 지시와 명령에 보다 협응적이고 반응적이며 책임감 있게 행동하는 등의 성차가 보고되기는 하나, '순응'은 유아기 아동 모두에게 주요한 발달과제다. 이는 부모의 훈육과 사회화 과정을 통해 유아의 자기조절력과 통제력이 발달하며, 그리고 부모와 사회가 규정한 규칙에 순응하고 일상생활 규범을 준수하는 생활습관이 형성되어 감을 보여 주는 것이다.

유아는 부모의 외적인 통제에 의해 순응행동을 하다, 점차적으로 연령 증가에 따라 내적 규준에 의해 순응을 하게 된다. 만일 놀이상황에 있는 유아에게 부모가 현재 유아의 행동을 저지시키는 이유에 대해 명료하게 설명하고, 뒤따르는 유아의 순응행동에 대해 즉각적이고 긍정적인 피드백을 준다면, 대부분의 유아는 그러한 순응의 과정을 통해 자기 지배력의 기쁨과 부모의 말에 자신의 행동으로 정확하게 반응해 내었다는 성취감을 느끼게 된다. 따라서, 이후 유사한 상황에서 기꺼이 어른의 지시과 요구에 순응하고자 하는 준비도가 증가한다고 설명한다. 즉, 유아는 연령이 증가할수록 자신이 충분히 이해한 요구와 제재에 대해서는 순응하나, 이해할 수 없는 요구에 대해서는 순응하지 않는다(Kaler & Kopp, 1990).

부모가 요구하는 다양한 상황에서의 요구들에 대해 유아의 순응도를 연령별로 조사한 결과, 실제 유아는 매우 다양한 부모의 요구 목록에 맞춰야하는 것으로 나타났다. 부모의 다양한 요구, 유아의 연령, 그리고 유아의 순응도 간의 관계가 단순하지 않다(Schneider-Rosen & Wenx-Gross, 1990). 이는 유아기의 인지적 발달특성상, 만 2세 이후의 유아기 초기에는 유아의 행동이 부모의 통제와 모니터링에 의해 순조롭게 통제되었다 할지라도, 만 3세 이후가 되면서 유아 행동의 통제소재가 부모의 지시와 같은 외부로부터가 아니라 유아 자신의 내적인 통제체계와 증대된 자율성에 의해 조율된다. 따라서 부모는 유아의 내적 통제과정에 의해 이해되는 순응을 요구해야 한다.

유아가 보이는 비순응행동과 거부전략도 연령이 증가함에 따라 다르게 나타난다. 따라서 수동적이고 소극적인 비순응인지, 적극적이고 직접적인 반항과 거부인지에 따라, 또한 유아의 연령과 발달수준에 따라 다른 전략으로 자녀와 의사소통해야 한다. 어머니의 단순한 주의 환기, 직접 보여주고 손으로 이끄는 등의 신체적 안내가 어린 유아의 비순응에 유효하다면, 학령기에 가까운 취학 전 유아 또는 언어능력이 일찍 발달한 유아의 경우라면 언어적 제언과 추론, 그리고 협상의 과정을 통해 충분히 설득하는 과정이 필요하다(Kuczynski & Kochanska, 1995).

지나치게 잘 울고 짜증을 내며 화를 다스리지 못하는 경우는 유아의 타고난 까다로운 기질이 반영된 저항적 비순응으로 간주된다. 이는 유아가 독립과 의존성의 두 욕구 사이에서 갈등하는 내적 불안정을 드러내는 것으로, 부모가 잠시 뒤로 물러서 유아 스스로 자기통제력을 회복하여 스스로 정서조절을 할 수 있도록 도와줘야 한다. 부모는 유아의 선천적 기질(예: 까다로움, 유순함)을 고려하여 훈육하는 전략이 필요하다.

(3) 부모의 역할

유아가 모유 수유를 끊고 이유하면서 엄마의 품을 벗어나게 됨에 따라, 엄마에 대한 의존성을 가족생활에 대한 참여와 순응의 증가로 대치시키고자 하는 노력을 하게 된다. 유아에게 심부름과 간단한 가사일을 부여함으로써 보다 자기주도적이며 자기조절과 통제가 가능한 가족 구성원으로 성장하도록 돕게 된다. 반대로 유아가 다른 사람에게 방해가 되고 화를 돋우는 바람직하지 못한 행동을 할 경우에는 부모가 적절한 방법으로 그러한 행동을 저지시키거나 잠시 격리시키는 제재를 하게 된다. 유아가 부모의 요구와 훈육에 대해 순응하거나 거부하는 반응에 대해 부모가 자녀의 연령과 발달수준, 내적 통제시스템, 아동의 타고난 기질적 특성에 적합한 의사소통 전략을 사용하여 유아의 순응과 이해를 이끌어 내는 것이 중요하다. 이는 부모의 통제력 회복 차원이 아니라 아동 자신의 자기통제와 성취감, 무엇보다 정서 조절을 통한 자기조절력의 습득에 중요하다. 부모의 구체적 양육 기술과 민주적이고 온정적인 소통의 방식, 그리고 부모의 양육지식과 자녀의 기질에 대한 이해가 유아의 자기조절력 형성에 주요한 요건이다.

생각해보기

말 안 듣고 떼쓰는 아이들, 어떻게 해야 하나?

'우리 아이가 달라졌어요' 라는 TV 프로그램을 보면, 부모의 훈육에 순응하지 않고 자신이 원하는 것을 관철시키기 위해 떼를 쓰는 수준을 넘어 부모에게 공격적인 언행을 하는 아이들을 보게 된다. 비단 매체에 등장하는 극단적인 사례들을 차치하더라도, 주위에서 말 안 듣고 통제가 어려워 부모가 어찌할 바를 모르는 아이들의 경우를 볼 수 있다. 예를 들어, 부모와 마트에 장을 보러 가거나 백화점에 쇼핑을 가서 자신이 원하는 물건을 사줄 때까지 부모에게 떼를 쓰고 분노를 표출하는 행동이 반복적으로 나타나는 경우를 보자. 이럴 때 부모는 과연 어떻게 행동하고 대처하며, 그 인과관계에 대해 어떻게 판단하고 접근해야 할까? 아이들은 왜 그러한 행동을 하게 되는 것인지 생각해 보자.

4) 문제행동의 출현

(1) 아동 행동의 이해

유아는 영아기를 벗어나 신체적 · 사회적으로 성장해 감에 따라, 동시에 다양한 환경에 노출됨으로써 많은 자극과 스트레스, 그리고 그로 인한 삶의 긴장감들을 경험하게 된다. 현대사회처럼 과도한 조기 학업 성취와 경쟁우위가 주입되는 환경 속에서 어린 유아들은 스스로 조절하기 어려운 많은 스트레스와 압박감에 노출되고 있다. 보육시설과 유치원이라는 집단생활을 일찍 경험하고 다양한 또래환경에 노출됨에 따라 아동은 보다 많은 자극과 스트레스, 긴장과 욕구불만의 복잡한 상황을 경험하게 된다. 그리고 가정에서 홀로 있을 때 드러나던 혹은 드러나지 않던 다양한 행동의 레퍼토리를 보이게 된다.

유아기 아동은 아직 사회적으로 형성되어 있는 도덕적 규준에 대한 이해가 어렵고 인지적으로도 자기중심성이 강한 전조작적 사고 수준에 머무르며, 어릴수록 원초적 자아(id)에 의해 행동하고 감정과 공격성을 표현할 가능성이 크다. 이러한 경우 부모가 생활규준들을 이해시키고 훈육하는 일관된 양육방식과 온정적 의사소통의 상호과정은 매우 중요하다.

(2) 문제행동의 종류

생애 초기 발달의 민감성, 적기성, 누적성과 무엇보다 결정력을 고려할 때, 유아기에 발견되고 진단되는 아동의 발달상의 취약점과 문제행동도 중요하지만, 일상생활을 통해 익히는 매일의 생활습관 또한 중요하다.

① 임상적 문제행동

반복되는 행동양상이 과도하게 폭력적이거나(외현적 문제행동) 혹은 지나치게 겁먹고 위축되는 경우(내현적 문제행동), 이러한 행동양상이 성장과정 중에 일시적으로 보여지는 것인지, 타고난 기질 특성의 반영으로 정상적 범주에 속하는지 아니면 관찰과 치료가 요구되는 임상범주에 속하는 것인지, 문제행동에 대한 이해가 필요하다. 만일 진단과 개입이 필요한 문제행동이라면 조기 발견을 통해 아동의 이후 발달경로와 학교생활에 문제가 없도록 적극적으로 예방해야 할 것이다. 또한 선천적인 요인에 의한 문제행동인지, 혹은 양육환경에 의해 형성된 후천적인 행동인지 구분함으로써, 원인 인자 규명을 통해 보다 효율적인 치료와 초기중재의 과정을 마련할 수 있을 것이다.

선천적 요인에 의한 대표적인 문제행동 증상이 주의력결핍 과잉행동장애(Attention Deficit and Hyperactivity Disorder: ADHD)라면, 전적으로 후천적 요인에 의한 것으로 알려진 대표적인 질환은 반응성 애착장애다. 실제로 폭력성과 공격성이 강한 유아의 경우, 주의력결핍 과잉행동장애로 진단되거나 그 외 학습장애, 읽기장애 및 언어문제 또는 소아우울증 등의 다른 발달적 취약점으로 드러나는 경우가 적지 않다. 그러므로, 유아 문제행동의 원인을 근원적으로 탐색하는 부모역할이 요구된다고 하겠다.

② 비임상적 과도기 행동 및 생활습관의 형성

그 밖에 임상적인 영역이 아닌 정상적인 발달과정상에 일시적으로 일어날 수 있는 일상생활 속 행동을 살펴보고자 한다. 유아기에는 생활습관 영역에 해당하는 취침시간 및 수면습관, 배변훈련, 식습관과 같이 유아 자신의 신변 처리와 관련된 훈육과 생활습관 형성이 필요하다. 이는 비임상적 일상 영역에서 부모들이 접하게 되는 주요한 양육과제로, 자주 어려움을 호소하는 영역이다.

첫째, 식습관에 관련하여 정해진 시간에 식사를 하지 않거나 편식, 과식 혹은 아예 안 먹으려 드는 문제행동들이 있다. 둘째, 준비가 안 된 유아에게 배변훈련을 서두르다 훈련과정이 제대로 진행되지 않아 어려움을 겪는 경우가 있다. 아이의 발달특성에 맞추어 조급하게 서두르지 않는 것이 필요하다. 셋째, 수면습관의 형성을 위해 대체로 정해진 일정한 시간에 잠자리에 들도록 환경 조성을 해 줘야 하며, 잠자리에서 자장가를 불러 주거나 이야기 책을 읽어 주는 등의 즐겁고 편안한 잠자리 들기가 되도록 해 주는 게 좋다.

생각해보기

아동의 문제행동에 대처하는 우리들의 모습

미국 출신의 세계적인 수영선수 펠프스는 어린 시절 주의력결핍 과잉행동장애(ADHD)로 주의집중력에 문제가 생겨 운동을 시작하게 되었다고 한다. 호주 출신의 유명한 피아니스트 쉐인의 경우도 정신분열증을 앓고 있는 환자였으나, 세계적인 연주자로서의 삶을 영위할 수 있었다. 그러나 다른 한편에서는, 어려서 불우한 가정환경으로 인해 생긴 크고 작은 문제행동들이 제대로 조망되고 훈육받을 기회를 갖지 못하고 방치되다가 반사회적인 인격장애나 치유할 수 없는 문제행동으로 발전된 불행한 사례들도 종종 접하게 된다. 우리 사회와 부모들은 아이들이 일상생활 내에서 드러내는 크고 작은 바람직하지 못한 행동들에 대해 어떻게 접근해야 하는지 고민해 볼 필요가 있다.

5) 보육 및 유아교육의 경험

(1) 보육 및 유아교육의 증가

유아기 이전 영아기부터 엄마가 아닌 다른 양육자에 의해 양육되는 비모성 보육의 비율이 눈에 띄게 증가하고 있다. 가정 밖에서 타인과 보내는 물리적 시간과 공간의 확대라는 양육환경의 변화 그리고 교육의 시작과 지속이 취학 여부와 상관없이 영유아기부터 요구됨에 따라, 만 2~5세에 해당되는 대부분의 취학 전 유아들에게 보육 및 유아교육환경에서의 적응은 중요한 발달과제다.

보육 및 유아교육기관에서의 경험이 이후 아동의 발달에 미치는 영향은 가정환경 및 부모의 결정적 영향력 못지않게 중요하다는 것이 많은 연구를 통해 보고되었다(NICHD Early Child Care Research Network, 2003). 유아기 보육과 유아교육의 효과는 생애 지속적이며 누적적이고 또한 결정적인 것으로 보고되고 있다. 특히 불우한 가정환경 때문에 적절한 돌봄을 받지 못하고 있는 유아는 양질의 보육경험을 통해 이전의 결핍된 양육경험이 전 생애에 걸쳐 유의미하게 보상될 수 있다(Schweinhart, Barnes, & Weikart, 1993). 저소득층을 대상으로 한 보육과 유아교육의 경험이 유아의 언어 및 학업준비도와 같은 인지발달뿐만 아니라 또래관계와 사회성의 발달에도 유의미하게 긍정적 효과를 보이는 것으로 보고되어 왔다(예: 헤드스타트 프로그램). 역으로 원가정에서 부모에 의한 양질의 돌봄을 받은 유아일지라도, 유아기에 부적절한 혹은 질적으로 미비한 보육을 지속적으로 경험하는 경우, 사회정서적 발달에 유의한 부적 결과를 가져올 수 있다.

(2) 부모의 역할

부모는 유아의 월령과 개인 특성, 발달적 요구에 맞춰 최적의 보육환경을 탐색, 선택해야 한다. 유아에게 알맞은 양질의 프로그램을 선정하고 유아의 적응 과정을 살피는 모니터링과 슈퍼비전의 역할이 부모에게 요구된다. 유아가 변화된 집 밖의 보육환경에 잘 적응해 가도록, 그리고 주양육자인 어머니의 품을 떠나 또래가 많은 낯선 환경에 친숙해질 수 있도록 시간적으로 여유를 두고 배려하는 초기 적응 프로그램이 고려되어야 할 것이다. 순조롭게 적응한 후에도 시시각각 변하는 유아의 발달상황과 또래환경의 변화로 인해, 지속적으로 유아의 발달상황에 관심을 가져야 할 것이며, 담당교사와도 긴밀한 대화와 의사소통이 필요하다. 기본적으로 요구되는 부모의 역할은, 학교행사에 적극적으로 참여하고, 교사와의 의사소통에 개방되어 있으며, 부모참여활동을 통해 자녀의 보육환경에서 짧은 시간이라도 직접 참여하는 것이다.

보다 근본적인 부모역할로는 가정에서 부모-자녀 간의 애착관계가 안정적으로 건강하게 형성될 수 있도록 지속적으로 관심을 가지고 자녀와 대화하며 자녀의 이야기를 경청하는 양육태도일 것이다. 매일 자녀의 일상적 경험이 어떠했는지를 잠자리 들기 전 5분을 통해, 혹은 머리맡에서 읽어 주는 책을 통해 그리고 무엇보다 가족이 함께 모여 식사하는 시간을 통해 서로의 이야기를 들어 주고 유아의 마음속 느낌과 경험들을 표현하도록 하는 시간을 주기적으로 갖는 것이 필요하다. 가정에서 부모와 애착관계형성이 안정적으로 잘된 유아가 어린이집과 유치원에서 교사와의 관계형성 및 또래관계가 더 안정적이며 원만하다고 보고된다.

유아기에 시작하는 집단생활과 또래와의 집단활동이 발달의 자연스런 경로이자 학습의 기회임과 동시에, 유아에 따라 갈등과 어려움, 스트레스를 유발하는 부담이 되기도 한다. 하루 일과를 마치고 돌아오는 유아가 가시적인 문제점을 보이지 않더라도, 가정에 돌아와 부모와 지내는 시간, 그리고 가족과 나누는 온정과 지지를 통해 자연스럽게 하루의 피로와 긴장이 이완되고 회복될 수 있도록, 부모가 자주 안아 주고 애정을 표현하는 게 필요하다. 또한 유아의 연령이 만 3세 미만으로 어리다면, 함께 데리고 자면서 유아를 좀 더 가까이 지켜보고 부모와 함께 있는 시간을 보완해 주는 것도 좋은 방법이다.

생각해보기

유아교육, 더 빨리, 더 많이, 더 멀리?

김연아 선수, 박태환 선수, 신지애 선수 등의 눈부신 활약과 성취를 통해 온 국민이 함께 열광하고 기뻐하는 한편, 그러한 성취를 일궈 낸 부모의 집중적인 투자와 헌신, 무엇보다 어린 시기에 자녀의 진로를 결정하고 매진한 양육환경 조성에 대한 관심이 뜨겁다. 직업에서의 성공적인 삶의 궤적이 어린 나이에 시작할수록 좋으며, 그 성공여부가 유아기의 매우 통제된 학습환경과 부모의 아낌없는 지원와 헌신에 의한 것이라는 인식이 중론이다. 그렇다 보니 스포츠나 예능이 아닌 일반 학업과 외국어 습득에 있어서도 조기교육의 효과에 대한 높은 기대감을 갖게 되고 이는 수많은 조기교육과 사교육을 낳고 있다. 이와 같은 조기 사교육에의 몰입에 대해 부모됨의 가치와 양육지침을 어떻게 가져야 하겠는가? 아동발달과 부모교육을 공부하는 입장에서 함께 고민하고 토론해 보도록 하자.

6) 유아기 부모역할에 대한 제언

유아기는 발달기제상, 부모의 사회화 요구에 순응하여 학습하고 적응할 준비를 해나가는 시기다. 유아는 부모에 대한 전적인 의존에서 서서히 벗어나 자율성과 독립성을 확보하게 되고, 그럼으로써 가정 밖 외부세계에 적응할 힘을 키우게 된다. 이러한 유아의 발달적 요구에 부응하기 위해서 부모는 자녀가 영아기를 벗어나는 시점에서 학교에 입학하기 전까지의 유아기 동안, 다양한 사회화 전략과 가치체계, 양육태도로 자녀의 적응과 자기조절력의 습득을 도와야 할 것이다. 그러기 위해서는 유아기 자녀의 발달수준에 맞는 개별화된 전략과 의사소통의 방식이 요구된다. 개별 아동의 욕구와 발달특성을 가장 잘 파악하고 있는 부모가 자신의 자녀의 특성에 맞는 환경과 활동, 의사소통의 유형, 양육태도 등을 끊임없이 찾아 적용하는, 진화하는 상호작용과정으로서의 부모됨이 요구된다 하겠다(Bronfenbrenner & Ceci, 1994).

유아 스스로의 건강한 자아개념과 자기조절, 그리고 바람직한 생활습관과 행동양식, 균형잡힌 성 정체성 형성을 돕기 위해서는 민감하고 온정적인 아동 중심의 양육방식이 중요하다. 이는 잘 알려진 바움린드(Baumrind, 1971)의 『양육패러다임』 중 '권위 있는' 양육방식(authoritative parenting)에 해당된다. 또한 다양한 놀이와 또래와의 상호작용, 대근육 · 소근육 활동의 기회들을 제공함으로써 경험을 통해 유아 스스로 발달해 나갈 수 있도록 하는 것이 필요하다. 즉 환경조성 및 제공자로서의 부모의 역할이 요구된다.

표 6-2 유아기 자녀를 위한 양육의 원칙(Sailor, 2004)

1. 항상 일관성 있는 양육행동을 보인다.
2. 긍정적인 어투와 태도로 말한다.
3. 바람직한 행동은 칭찬한다.
4. 조건 없이 사랑한다.
5. 나무랄 때, 자녀의 특성이나 인성, 인격에 대해 평가하지 말고 잘못된 행동에 대해서만 구체적으로 언급한다.
6. 행동의 한계를 설정해 준다.
7. 유아가 자신의 행동을 스스로 조절할 수 있도록 도와주고 기다려 준다.
8. 의사소통은 개방적으로 자유롭게 그러나 분명하게 한다.
9. 자녀가 하는 말과 표현에 주의를 기울여 현재 필요로 하는 게 뭔지, 어려운 점이 뭔지 유심히 관찰하고, 또 그러기 위해 아이들과 함께하는 시간을 가능한 한 많이 갖도록 한다.
10. 일방적 지시보다는 아이들이 스스로 터득해 갈 수 있는 환경을 구성하여 제공한다.

제 7 장

학령기 · 청소년기 부모역할

학령기는 학교생활과 또래관계에 적응하면서 사회생활 영역을 넓혀 가고 학업에서 요구하는 과제를 해내야 하는 시기다. 아동이 자신의 성취 결과를 또래나 외적 기준과 비교하는 기회도 많아지면서 여러 영역에서 자신의 능력에 대해 걱정하고 자신의 능력이 기대에 미치지 못하는 경우에는 수치감과 부적절감을 느낀다. 학령기 아동의 이러한 특성을 알고 부모는 이에 따라 부모역할을 해 나가야 한다.

1. 학령기 발달특성

1) 신체 영역

학령기의 신체발달은 유아기에 비해서 속도가 다소 둔화되지만 키, 체중, 근력에 있어서 현저한 발달이 이루어진다(Lightfoot, Cole, & Cole, 2008). 또한 하체가 상대적으로 많이 발달하게 되면서 신체에서 머리가 차지하는 비율이 줄어들게 되고 근육과 지방조직에서 남아와 여아 간에 차이가 나타나기 시작한다. 유아기에 비해 자신의 신체를 통제하는 능력이 크게 향상되어 다양한 신체 움직임을 유연하게 할 수 있으며 근력과 지구력이 증가하므로 여러 가지 운동을 익혀서 잘할 수 있게 된다.

2) 인지 영역

학령기는 구체적 조작기로서 유아기에 비해 보다 논리적인 사고가 가능해진다. 자신의 지각에만 초점을 맞추던 데에서 벗어나고 자신이 관찰한 것의 객관적 특성에 좀 더 관심을 둘 수 있게 된다. 사물의 여러 측면을 함께 고려하여 결론을 낼 수도 있으며 조망 수용 능력이 발달됨으로써 타인을 이해하는 능력이 향상된다. 보존개념을 획득하게 되며 유목화와 서열화가 유아기보다 복잡한 과제에서도 가능해진다. 그러나 유아기보다 높은 수준의 이러한 사고 능력은 아직은 구체적인 것, 자신이 직접 경험한 세계에 한정되며, 추상적이고 가설적인 개념은 아직 이해하기 어렵다.

학령기 아동은 이전보다 과제를 보다 독립적으로 조직화할 수 있다. 자신의 행동과 사고과정을 관찰할 수 있고 자신의 목표를 설정하고 달성하려는 능력도 나타난다. 학령기에는 조직적인 학습 환경인 학교에서 지식을 습득하면서 자신의 수행을 스스로 평가하고 타인에 의해서도 평가받게 된다.

3) 심리사회 영역

(1) 정서발달

학령기 아동은 자신의 감정을 이해하는 능력이 발달해서 감정을 유발한 사건의 원인과 사건에 대한 해석에 따라 다를 수 있음을 깨닫는다(Stipek & DeCotis, 1988). 예를 들면, 자신이 한 일이 운이 좋아서가 아니라 노력했기 때문에 잘 됐다고 판단할 때만 자랑스러움을 느낀다. 학령기 아동은 타인의 감정에 대해 인식하는 능력이 증가되면서 고통을 받고 있는 사람의 상황을 바꾸는 데 도움을 줄 수 있는 능력이 향상되는데 물질적인 도움에서 더 나아가 심리적인 도움도 줄 수 있게 된다(McCoy

& Masters, 1985). 유아기에 흔히 느끼던 동물이나 어두움 등에 대한 공포는 학령기가 되면서 감소한다. 학령기 아동은 외로움이나 우울감도 경험할 수 있으며 아동이 창피하게 느끼는 상황에서의 심리적 고통은 부모가 상상하는 것 이상이다. 아동들은 대체로 학교를 좋아하지만 학교생활은 성적이나 실수에 대한 걱정을 일으키므로 불안, 좌절, 불행감을 유발하기도 한다.

(2) 자아개념 발달

자아개념은 신체적 특징, 성격, 가치관, 희망, 역할, 사회적 신분 등을 포함한 나에 대한 개념으로서, 개인의 행복에 영향을 미치는 중요한 심리적 변인이며 정신건강과도 직결된다. 학령기 아동은 자신의 긍정적 측면과 부정적 측면을 모두 고려하여 균형 잡힌 자아개념을 형성할 수 있다(Harter, 1998).

자신을 소중하게 여기는 것은 두 가지 요인과 관련된다(Harter, 1990). 자신이 중요하게 여기는 영역에서 스스로 유능하다고 느끼는 경험과 타인으로부터 받는 사회적 지지이다. 즉, 자신을 전반적으로 소중하다고 느끼는 아동들은 자신이 중요하다고 여기는 것들을 잘하는 능력을 지니고 있으며 다른 사람들로부터 지지받고 수용받는다고 느낀다. 학령기는 학교생활을 하면서 다양한 영역에서 성취해야 할 과업이 주어짐으로써 자신의 능력을 시험하게 되고 또래와 교사로부터 자신에 대한 평가를 받는 기회가 많으므로 아동이 긍정적인 자아개념을 지닐 수 있도록 하는 부모의 도움이 중요하다.

(3) 또래집단

초등학교를 다니는 동안 아동은 또래들과 더 많이 접촉하게 되고 부모의 감독을 벗어나 가정 밖에서 시간을 더 많이 보내게 된다. 학령기 아동도 유아기 아동처럼 자신과 관심사가 비슷한 또래와 친하게 지내게 된다(Rubin, Bukowski, & Parker, 1998). 학령기 아동은 자신의 생각과 감정을 분명히 표현할 수 있게 되므로 또래관계가 성숙되며 자신의 사회적 행동을 또래와 비교하기 시작한다(Rubin, Bukowski, & Parker, 1998). 또래 사이에서 인기 있고 많은 또래들이 친구가 되고 싶어 하는 아동들이 있는데, 이런 아동들은 사회적 기술이 좋아서 다른 아이들에게 방해되지 않게 새로운 활동이나 친구관계를 시작하며 친절하고 협조적이고 다른 아이들이 원하는 것에 대해 민감하고 다른 아이들을 잘 도와준다. 학령기 아동이 또래와 관계를 형성하고 유지하는 경험은 사회적 관계 전반에 대한 기본적인 능력을 발달시킨다는 의미에서도 중요하며 심리적 지지체계를 갖게 된다는 측면에서도 중요하다.

2. 학령기 부모의 역할

학령기 자녀를 둔 부모는 자녀가 학업에서 성취감을 느낄 수 있도록 실제적, 심리적 지원을 아끼지 않아야 한다. 또한 자녀의 능력에 맞는 과제를 제시하여 성공하는 경험을 할 수 있는 환경을 조성해 주고 다른 아동과 비교하지 않으며 자녀가 잘하는 것에 관심을 가져줌으로써 자녀가 긍정적인 자아개념을 형성하고 학교생활과 또래관계에 적응하도록 돕는 것이 학령기 자녀를 위한 부모역할로서 중요하다.

1) 근면성 발달 돕기

아동은 주어진 일을 해내고 성공하는 경험을 통해 근면성을 발달시키며 자신감을 갖게 된다. 실패를 계속 경험하면 열등감이 생기고 위축되며 부정적인 자아개념을 형성하게 된다. 열등감을 지닌 아동은 어떤 일을 시작할 때도 잘할 수 없을 것이라는 비관적 생각을 해서 의욕을 잃을 수 있다. 따라서 부모는 학령기 자녀에게 성공하는 경험을 할 수 있는 기회를 마련해 주어야 한다. 학업 성취를 위해 최선을 다하도록 격려하고 부모가 아동의 학습과정에서 조력자의 역할을 해야 한다. 또한 부모의 신념과 행동에 따라 가정의 정서적 환경이 조성되고 이것이 아동의 성취에 영향을 미치므로 아동과 안정적 애착을 형성하고 자녀의 독립성을 길러 주면서 적절히 감독하고 부모 자신이 바람직한 학습자 모델이 되어야 하며 자녀의 학습동기를 높여 주어야 한다.

학업 이외에도 아동에게 해야 할 일을 줄 때는 아동의 흥미나 능력을 고려하는 것이 중요하다. 흥미나 능력에 맞는 적절한 과업을 줌으로써 아동이 과업을 완수할 가능성이 높아지므로 노력한 결과로 성취하는 경험을 할 수 있게 된다. 또한 친구나 형제자매와의 비교를 삼가고 다른 아이들과의 경쟁에 이겨 앞서가라는 압력을 가하기보다는 아동이 적성을 찾도록 도와줌으로써 자신의 장점을 인식하고 재능으로 승화시킬 수 있도록 도와주어야 한다.

2) 정서조절 돕기

최근 들어 심리적인 문제를 지닌 아동이 점차 증가하고 있는 상황에서 자녀의 정서에 대한 부모의 역할은 더욱 중요하게 여겨진다. 여러 가지 정서 중 특히 분노와 좌절감은 학교생활에서 흔히 경험되는 것인데 반드시 조절되어야 하는 것으로서 부모가 이에 대해 도움을 줄 필요가 있다(Brooks, 2008).

머피와 오벌린(Murphy & Oberlin, 2001)에 따르면 아동의 분노는 몇 가지 중요한 특징을 지닌다고 한다. 화가 난 아동은 슬픔, 실망, 좌절과 분노를 구분하지 않으며 모든 부정적 경험을 분노로 만들어 버리는 경향이 있다. 이런 아동은 자신이 겪고 있는 어려움이 누군가의 의도적인 행동에 기인하는 것으로 보는데 대체로 어머니 탓이라고 믿으며, 부정적인 사고를 하고, 문제해결 능력이 부족하며, 분노를 파워나 자아존중감과 같은 것으로 여기는 특징을 보인다. 그런데 분노의 의미는 가족의 상호작용 유형과 어느 정도 관계가 있으며 분노 수준이 높은 가족에서 분노는 파워를 상징하기도 한다. 따라서 부모가 건강한 태도로 긍정적인 부모역할을 하는 것이 자녀가 분노의 감정을 키우지 않도록 하는 데 도움이 된다. 그러기 위해서는 부모가 과업 달성 과정을 결과보다 강조하고, 아동의 관점에서 자녀를 이해하고 공감할 수 있어야 하며, 자녀에 대한 비판의 말을 자제하고, 문제상황에서 유머를 사용할 수 있는 여유를 가지고, 자녀가 표현하는 감정에 관심을 기울여 주는 노력이 있어야 한다.

새로운 친구를 사귀고 학교라는 공적 장소에서 학습하며 또래와 비교되는 경험을 하게 되는 학령기에는 좌절감을 느끼기 쉽다. 좌절감은 특히 조심스럽고 자신감이 부족한 아동이 더 쉽게 느끼게 된다. 부모는 아동이 경험하고 있는 문제를 새롭게 해석해 줄 수 있으며 해결책을 찾아보고 성취하려는 노력을 하도록 격려해 줄 수 있다. 아동이 겪는 대부분의 문제는 노력을 통해 어느 정도 해결될 수 있기 때문에 부모의 이런 노력은 효과가 있다. 좌절감을 경험하는 아동에게 부모가 비난의 말을 하는 것은 아동의 자신감을 더욱 떨어뜨리게 되므로 절대 주의해야 한다.

3) 긍정적 자아개념 형성 돕기

자아개념 형성 과정에서는 주변 사람들의 반응이 매우 중요하다. 높은 학업 성취만을 강조하고 부모의 기대에 미치지 못한 성적에 대해 비난하는 것은 아동의 성취에 자극이 되기보다는 학업에 대한 내적 동기를 잃게 하고 부정적인 자아개념을 형성하게 만든다.

아동의 행동에 대한 부모의 반응이 아동의 자아개념 형성에 영향을 미치는 중요한 요인이므로 아동이 실패한 일에 대해서도 그 노력을 인정해 주는 등 긍정적인 반응을 보여 주는 것이 바람직하다. 또한 아동이 혼자 해결하기 어려운 과제를 시도하고 있는 경우에는 적절한 도움을 주어 성공할 수 있게 지원해 주며 실패에 대해 지나치게 비난하는 일은 자제하도록 한다.

아동은 재미를 느끼는 일, 자신의 재능에 맞는 일을 할 때 좋은 결과를 얻을 수 있으므로 아동의 자아개념이 긍정적으로 형성되도록 도와주려면 우선 부모가 아동의 관심사와 재능을 파악하고 그에 따라 아동이 할 수 있는 활동을 제시해 주는 세심함이 요구된다. 아동은 자신이 잘할 수 있는 영역에서 능력을 발휘하며 자신에 대해 긍정적으로 평가하면서 자아개념을 긍정적으로 형성해 갈 수 있게 된다.

4) 또래관계 돕기

또래와의 원만한 관계는 아동의 사회성 발달에 중요하다. 부모는 아동의 친구들에 대해 알고 있어야 하며 또래와 잘 어울리지 못하는 어려움이 있다면 그러한 문제가 나타나게 된 원인에 따라 적절히 지원해 주어야 한다.

수줍음이 많은 아동은 다른 아이들에게 접근하는 것을 망설이며 무슨 말을 해야 할지, 또래집단에 어떻게 참여해야 할지를 모르는 경우가 많다. 이런 아동들은 거부에 대한 두려움을 지니고 있으므로 자아존중감, 자신감, 외향적인 행동을 증진시키는 것이 필요하다. 수줍음이 많은 아동의 부모는 아동에게 표현력을 증가시키고 타인과의 상호작용을 늘리고 사회적 접촉 기회를 증가시키도록 지원해 주어야 한다(Zimbardo & Radl, 1982). 따라서 부모가 또래집단을 구성하여 함께 어울릴 수 있는 기회를 마련해 주고 필요하다면 사회성 증진 훈련 프로그램에 참여하게 하는 것도 도움이 된다.

또래들을 괴롭히며 또래들이 하는 활동을 방해하는 등 공격적인 행동 때문에 또래관계가 원만하지 못한 아동에게는 긍정적인 사회적 기술을 발달시키도록 돕는 것이 주된 지원방법이다. 또래와 협동하기, 또래 도와주기, 요청이나 제안을 하는 언어 기술, 분노 조절 능력 등을 높이고 효과적인 의사소통 방법을 익히게 하며 다른 사람들의 관점을 이해할 수 있는 능력을 길러 주어야 한다. 이렇게 긍정적인 사회적 기술을 길러 주기 위해서 부모는 직접적인 노력을 하면서 전문가에 대한 정보를 탐색하여 자녀를 지원해 줄 수 있는 방법을 모색해야 한다.

5) 학교생활 적응 돕기

학령기 아동이 학교생활에 잘 적응할 수 있게 하려면 부모의 협조가 필요하다. 특히 초등학교 저학년 시기에는 아직 독립적으로 학교에서 요구하는 사항들을 관리하기 어렵기 때문에 부모의 지도와 감독이 필요하다. 이런 과정에서 부모가 학교나 교사에 대해 나타내는 태도가 중요하다. 부모가 학교에 대해 긍정적인 태도를 가지고 협력적인 역할을 할 것을 강조한다면 아동도 학교에 대해 긍정적인 생각을 가지고 학교생활을 충실히 하려고 노력할 것이다. 반면에 학교나 교사에 대해 부모가 거부하는 태도를 보이면 자녀가 학교생활에서 어려움을 겪게 되었을 때 적응하기가 더욱 힘들 수 있다. 따라서 부모는 학교와 아동을 위한 협력관계를 맺고 협조하는 입장에서 최선을 다해야 한다.

아동들은 숙제를 잊어버리거나 하기 싫어하는 경우가 있을 수 있지만 대체로 학교 적응이나 학업 성취에 크게 지장을 초래하지는 않는 정도다. 그러나 아동이 학교에서 겪는 어려움이 매우 커서 학습과 학교 적응에 장애를 일으키기도 한다. 이런 경우에는 부모와 교사의 적극적인 대처가 요구된다. 해야 할 숙제를 매일 잊어버리는 것은 부주의, 과잉활동, 충동성을 주요 증상으로 하는 주의력결핍 과잉행동장애(ADHD)로 인한 것일 수 있다. 학습장애로 인해 읽기, 쓰기, 주어진 순서에 따라 해야 할 일 하기를 못하는 것일 수도 있다. 따라서 학교생활과 학업의 문제가 적응 과정에서 일시적으로 나타나는 것이 아니며 장기간 지속되어 학습에 실패하고 학교에서의 수행에 심각한 문제를 일으킨다면, 부모는 아동이 정확한 진단을 받고 가능한 한 빨리 전문적인 도움을 받을 수 있도록 조치를 취해야 할 것이다(Brooks, 2008).

학업 성취에 대한 기대는 반드시 아동의 능력에 맞추어 설정되어야 한다. 아동의 학업 성취도가 낮음에도 불구하고 일반적인 또래와 같은 수준의 수행을 기대한다면 아동은 더 큰 좌절을 겪으며 학업을 거부할 수 있다. 따라서 아동에게 맞는 수준의 학습을 하면서 학습하고자 하는 동기를 높이는 것이 가장 먼저 필요하며, 아동의 학습이 진전되면서 점차 수준을 높여 가도록 계획해야 한다. 이런 상황에서 부모는 아동과 매일 무엇을 공부할 것인지를 약속하고 그대로 이행되었을 때 적절한 보상을 주는 방법을 활용할 수 있다.

극심한 불안이나 우울 같은 정서적 문제도 학업 성취에 방해가 되는 요인이므로 학령기 자녀가 낮은 학업 성취도를 보인다면 그러한 정서적 원인이 작용하는 것은 아닌지 면밀히 탐색해 볼 필요가 있다. 또한 정서적 어려움을 유발할 문제가 있다면 자녀가 그 문제에 대처할 수 있도록 도움을 주어야 한다. 자녀가 지닌 강점을 찾아보고 그 강점을 활용하여 즐거움과 만족감을 경험할 수 있는 기회를 마련해 준다면 자녀가 문제에 대처하는 데 힘이 될 것이다. 운동을 잘하는 아동은 운동을 통해서, 창의적인 아동은 예술 활동을 통해서 자신감을 얻으며 부정적인 정서에서 벗어나는 데 도움을 받을 수 있다.

가족이 함께 매일 즐거운 시간을 보내는 것도 도움이 될 수 있다. 잠시라도 가족과 보내는 즐거운 시간은 긴장을 늦춰 주며 긍정적인 정서를 증가시켜 학업동기를 높일 수 있다. 학교 적응문제는 아동과 부모 모두에게 대처하기 쉽지 않은 문제이지만 해결책에 초점을 맞추고 아동과 협력하는 노력을 통해 개선될 가능성이 높아진다.

3. 청소년기 발달특성

청소년기는 급격한 신체 성장과 이차성징발달이 일어나며 인지적, 심리적, 사회적으로도 성인의 면모를 갖추어 가는 시기다. 자율성을 길러 가면서 그 과정에서 부모와의 갈등이 증가될 수 있으며 또래관계가 더욱 중요해지고 이성교제가 시작되기도 하며 다양한 문제행동이 나타날 수도 있다. 또한 부모의 권위에 대해 의문을 갖게 되고 자신의 입장을 강하게 주장할 수 있게 된다. 이런 다양한 변화에 자녀와 부모 모두 적응할 필요가 있다.

1) 신체 영역

(1) 성장 급등과 성적 성숙

청소년기는 신체적 변화와 함께 시작된다. 키와 체중이 급격히 성장하는 성장 급등이 나타나며 남아와 여아의 근육과 지방 분포가 달라지면서 성별 신체 특징이 성숙된다. 남자는 어깨가 넓어지고 근육이 발달하여 남성의 체형을 지니게 된다. 여자는 골반이 넓어지고 피하지방이 증가하여 여성의 체형을 갖추게 된다. 또한 호르몬의 변화에 따라 1차 성징과 2차 성징이 발달해 성적 성숙이 이루어진다.

청소년기의 신체적 변화는 나타나는 시기에 따라 청소년의 적응에 미치는 영향이 다를 수 있다(Brooks-Gunn & Reiter, 1990). 신체변화를 또래보다 이른 시기에 경험하는 여아들은 부모가 준비되기 전에 더 많은 자율성을 원하거나 또래들과 관심사가 다른 데서 오는 갈등을 겪으며 적응 과정이 더욱 힘들다. 반면에 신체변화를 일찍 겪는 남아들은 남성에게 바람직하게 여겨지는 특성인 큰 체격과 강한 근력을 그만큼 먼저 지니게 되므로 대체로 잘 적응하는 경향이 있다.

(2) 두뇌발달

청소년기에는 두뇌에 재조직화가 일어난다(Huttenlocher, 2002). 두뇌의 구조와 신경전달물질에서 발생하는 모든 변화가 밝혀진 것은 아니지만 청소년기의 두뇌가 성인기의 두뇌와 다른 점들이 발견되고 있다. 아동기까지 활발히 이루어졌던 신경세포들의 연결이 감소되고 잘 사용되지 않는 연결은 사라지면서 적은 수의 연결이 두뇌의 효율적인 기능에 도움이 된다. 또한 두뇌의 영역별 기능이 보다 특정화되는 것을 볼 수 있다. 이러한 두뇌의 발달은 추론, 계획, 문제해결 능력의 향상으로 나타나지만, 두뇌가 많은 변화를 겪고 있는 중이므로 청소년의 행동은 부모가 보기에 일관성과 체계성이 없고 구조화되어 있지 않은 것으로 보일 수 있다. 따라서 부모는 청소년 자녀의 생각과 감정을 경청하고 문제해결 활동을 격려해 주며 청소년기에 나타나는 생리적 변화를 숙지하여 인내심을 가지고 자녀를 대할 수 있어야 한다.

(3) 신체발달에 따른 심리적 반응

신체적 특징은 사람들이 자신에 대해 평가하는 데 중요한 요소다. 청소년들이 자신에 대해 가장 마음에 들지 않는 점으로 꼽은 것들 중에서도 신체적 특징이 가장 많았다(Harter, 1990). 그런데 청소년 초기는 급격한 신체변화가 일어나기 때문에 자신의 신체에 대한 불만족이 가장 심한 시기이며 시간이 가면서 신체에 대한 불만족은 점차 완화된다. 청소년기의 신체변화는 청소년 자신의 자아개념에 영향을 미칠 뿐 아니라 주위 사람들의 인식도 달라지게 하며 호르몬 변화는 정서적인 변화도 일으키므로 부모와의 갈등을 증가시킬 수 있다(Steinberg, 2005).

2) 인지 영역

(1) 형식적 조작 사고

청소년은 형식적 조작기에 도달하게 되므로 성인처럼 사고할 수 있는 능력을 갖추어 간다. 이전보다 추상적으로 사고할 수 있는 능력이 발달되어 실제 사물이나 사람이 없어도 사고만으로 문제를 분석할 수 있게 된다. 또한 가설적 사고를 할 수 있게 되어 실제 일어난 사건과 일어나지는 않았지만 가능한 일까지 상상하여 모든 대안들을 비교할 수 있게 된다. 조합적 사고 능력도 발달하여 문제해결에 있어서 아동기의 시행착오적인 방식에서 벗어나 사전에 계획을 세우고 체계적으로 가능한 조건들을 조합하면서 해결책을 찾을 수 있게 된다. 경험해 보지 않은 상황에 대한 상상력이 발달하여 이상주의적 사고를 많이 하는 것도 청소년의 인지적 특성이다. 이런 특성 때문에 청소년은 자신과 다른 사람들의 이상적인 모습에 대해 생각하며 현실을 불만스럽게 여기게 되기도 한다.

(2) 자기중심성

청소년기에는 타인의 사고에 대한 이해 능력이 발달되지만 자신에게 나타나는 변화로 인해 자신에게 몰두하기 때문에 타인도 자기에게 많은 관심을 갖는다고 생각하는 자기중심성이 나타난다(정옥분, 2005). 자기중심성은 상상적 관중과 개인적 우화로 나타난다. 즉, 청소년은 자신이 무대에 서 있고 다른 사람들은 자신을 주목하고 있는 것처럼 믿으므로 다른 사람들을 과도하게 의식하고 외모에 신경을 많이 쓴다. 또한 자신의 감정과 사고는 너무 특별하기 때문에 다른 사람들은 아무도 이해할 수 없을 것이라고 여기는 경향이 있다. 청소년기의 자기중심성은 사고가 성숙되어 가고 다른 사람들과의 사회적 경험이 증가하면서 점차 사라지게 된다.

3) 심리사회 영역

(1) 정서발달

학령기 아동은 두 가지의 다른 감정을 동시에 느끼는 경우가 매우 드물며 미래에 대한 걱정보다는 현재의 경험에 집중하는 특성을 보이는데(Larson & Ham, 1993) 청소년기에는 아동기에 비하여 강렬하고 복잡한 정서적 경험을 하게 된다. 청소년의 전반적인 기분은 부모와 유사하지만 부모보다 감정 기복이 더 큰 경향이 있다(Larson & Richards, 1994). 감정 기복이 큰 이유 중의 하나로 타인을 지나치게 의식하며 타인에게 자신이 어떻게 보일지를 신경 쓰는 청소년의 인지적 특성을 꼽을 수 있다. 청소년은 끊임없이 상상의 관중을 만들어 내고 거기에 반응한다고 볼 수 있다(Elkind, 1974).

청소년기 초기에는 우울감과 부정적인 기분 경험이 증가하기도 하는데(Peterson et al., 1993) 여아가 남아보다 우울감을 더 많이 보고하는 경향이 있으며 여아 중에서도 또래보다 사춘기 신체변화를 일찍 경험하는 경우에 더욱 그렇다. 긍정적인 경험은 스트레스의 영향을 완화하는 작용을 할 수 있다. 따라서 청소년들이 스트레스에서 벗어나 편안하게 느낄 수 있는 영역이 필요한데 대부분의 청소년은 친밀한 가족관계와 친구관계로부터 편암함을 느낀다고 보고하였다(Levitt, Guacci-France, & Levitt, 1993; Simmons et al., 1987).

(2) 자아정체감 발달

에릭슨의 심리사회적 발달이론에 따르면 청소년기는 자아정체감 위기를 겪는 시기다. 자아정체감 형성은 일생을 통해 이루어가야 하는 과업이지만 청소년기에는 급격한 신체변화, 아동에서 성인으로 발달해 가는 과정의 중간적 입장, 진학이나 전공 선택 등 인생의 중요한 선택, 과거와 미래까지 연속적으로 바라볼 수 있는 시간 개념의 확장 등 신체적, 인지적, 사회적 발달로 인해 자신에 대해 좀 더 진지하게 생각해야 하고 그렇게 할 수 있는 능력도 생기므로 자아정체감이 발달과업으로 떠오르게 된다.

청소년은 자신이 누구이며, 자신의 신념은 무엇이며, 자신이 원하는 것은 무엇인지를 탐색하기 시작하는데 이것이 자아정체감을 형성하는 과정이다(Erikson, 1963). 자아정체감은 수년에 걸쳐 서서히 형성되는데 청소년은 이 과정에서 새로운 경험과 생각을 탐색하고 새로운 친구관계를 맺으며 자신의 가치, 목표, 행동을 형성해 간다. 자아정체감 형성은 인생에서 중요한 선택을 하는 것이므로 그 과정에서 갈등과 위기를 겪게 되는데 이러한 힘든 과정 없이 전통적인 가치를 그대로 받아들이는 청소년도 있고, 방향성 없이 혼란에 빠져 있으면서 아무런 선택도 할 수 없는 상태에 놓인 청소년도 있다. 자신이 원하는 것이 무엇인지에 대한 심각한 고민과 갈등 없이 인생에서 중요한 문제에 대해 결정하는 것은 개인의 가능성을 너무 일찍 포기하는 것이며(Marcia, 1980), 혼란 상태에서 자신이 누구이며 어떻게 살아가야 하는지를 결정하지 못하는 것은 발달이 정체되어 있는 것이므로 부모는 자녀가 충분한 탐색을 거쳐 자아정체감을 형성해 갈 수 있도록 이해하고 지원해 주어야 한다.

(3) 자율성 발달

청소년기에는 부모에 대한 정서적 의존에서 점진적으로 독립하며 자신의 일에 대해 스스로 판단하고 행동에 대해 결정을 내릴 수 있도록 자율성을 길러 나가야 한다. 그러나 자율성 발달이 부모와의 유대감이나 애착의 단절을 뜻하는 것은 아니며 부모는 여전히 자녀가 중요한 사항에 대해 결정할 때 주된 의논 상대가 될 수 있다. 단지 청소년기 이후에는 부모 이외의 애착대상이 생기면서 부모에 대한 의존 정도가 상대적으로 감소하는 것이다.

또한 자율성 발달이 다른 사람들의 의견이나 조언 없이 모든 것을 혼자 결정하고 행동한다는 것을 의미하는 것도 아니다. 상황에 따라서 다른 사람에게 조언을 구하기도 하고 자신의 판단과 다른 사람들의 조언을 종합하여 어떻게 행동하는 것이 바람직한지 독립적인 결정을 내릴 수 있는 능력을 갖게 되는 것을 의미한다(Steinberg, 2005).

(4) 또래관계 중요성의 증가

청소년기에는 학령기에 비하여 친한 친구의 수가 감소하는 경향이 있지만 친구들로부터 얻게 되는 지원은 더 크다(Rubin, Bukowski, & Parker, 1998). 친구관계는 서로 동등한 입장에서 이루어지며 친구는 부모들이 이해하지 못하는 것을 이해해 줄 수도 있다. 특히 몇 명의 친구들로 이루어진 친구집단은 청소년들이 또래와 함께 여러 가지 활동을 할 수 있는 장이 되는데 이를 통하여 사회성과 소속감을 경험할 수 있고 자아 탐색과 성취가 촉진되며 배우고 가르치는 기회를 갖기도 한다. 친구들과 같이 시간을 보내고, 대화하며, 여가활동을 함께하는 것은 심리적 성장에 도움이 되며 자아정체감을 형성하는 데 필요한 경험이기도 하다.

청소년기에는 또래로부터 많은 영향을 받기도 한다. 청소년기 초기와 중기는 또래압력이 특히 강하며 이에 동조하는 경향도 강하다. 또래동조는 청소년들이 부모로부터 심리적인 독립을 시작하였으나 아직 완전히 독립하지는 못하였으므로 또래의 기준이 판단의 준거로 중요하게 작용하는 데서 기인한다. 청소년기는 자신을 탐색하며 자아정체감을 형성하기 시작하고 개인의 독특성을 발견하고자 노력하는 시기이지만 아직은 발달과정에 있기 때문에 또래압력을 크게 느끼며 동조하기 쉬운 것으로 보인다.

부모들은 청소년 자녀가 친구의 조언에 의지하는 것을 걱정한다. 그러나 청소년들은 대체로 자신과 유사성이 많은 또래와 친구가 되며 친구 선택 과정에는 자연히 부모의 가치도 반영되는 경향이 있다. 청소년기에는 또래집단과 친구의 영향력이 증가하지만 가치관, 인생의 목표, 진로 등 중요한 문제를 결정하는 데 있어서는 부모가 여전히 가장 큰 영향력을 미친다(Holmbeck, Paikoff, & Brooks-Gunn, 1995).

(5) 부모-자녀관계

청소년기에는 대체로 부모와의 갈등이 증가하는데 부모-자녀 갈등 증가는 부모가 인식하는 것 이상으로 청소년에게 스트레스가 된다. 부모와 자녀 사이에서 있었던 일들을 부모와 자녀가 다르게 느끼는 경향이 있어서 가족은 다수의 현실이 만나게 되는 곳이라고 표현되기도 한다(Larson & Richards, 1994). 부모와 자녀가 서로의 다른 현실을 이해하지 못하고 대처하지 못하는 데서 문제가 생겨난다고 볼 수 있다.

갈등이 가장 빈번하게 발생되는 주제는 일상생활에서 흔히 경험하는 문제다. 학업과 성적, 일상생활 습관과 관련된 말다툼이 청소년기에 나타나는 부모-자녀 갈등의 가장 일반적인 형태다. 청소년기에 이런 형태의 부모-자녀 갈등이 증가하는 원인은 여러 가지인데 우선 같은 문제를 청소년과 부모가 다르게 정의하는 것을 꼽을 수 있다. 같은 주제를 놓고 부모와 자녀가 토론하도록 한 연구의 결과에 따르면, 청소년기 부모-자녀 갈등이 증가하는 원인은 같은 문제에 대해 부모는 관습적인 것으로, 자녀는 개인적인 것으로 보기 때문이었다(Smetana & Daddis, 2002). 예를 들면, 청소년 자녀의 옷차림이 마음에 들지 않는 엄마는 "어떻게 그런 옷을 입고 나가니?"라고 하고 딸은 "엄마는 이렇게 하고 못 나가도 나는 이게 좋으니까 이렇게 입는 거야."라고 말하는 경우다. 즉, 부모는 관습의 문제로 생각하는 일을 청소년 자녀는 개인적인 선택의 문제로 보기 때문에 청소년은 부모의 생각에 동의할 수 없고 부모는 자녀의 관점이 다름을 알지만 수용할 수 없는 것이다.

청소년은 사고의 발달에 따라 가족 내 의사결정에서 좀 더 큰 영향력을 행사할 수 있는 능력을 갖게 된다. 그런데 청소년기에 접어든 자녀가 영향력을 더 많이 행사할 수 있으려면 부모가 자녀의 변화를 인식하고 자녀와의 관계가 달라져야 함을 인정해야 한다. 즉, 청소년기 자녀가 의사결정에 영향을 미칠 수 있는 능력이 생기고 자기 주장을 할 수 있게 되었을 때 부모가 그에 따라 적응해야 하는 것이다. 이 과정에서 부모가 자녀의 변화를 제대로 인식하지 못하거나 부모로서의 권력과 통제력을 이전과 동일하게 유지하려 한다면 갈등이 발생할 수 있으며 자녀가 또래에게 지나치게 의존하게 될 수 있다(Fuligni & Eccles, 1993).

청소년기의 자녀는 가족이나 부모가 정해 놓은 규칙에 대한 관점이 변화하기도 한다. 아동기까지는 옳고 그름에 대한 부모의 관점을 그대로 받아들이다가 청소년기가 되면서 부모가 정해 놓은 규칙 중 어떤 것은 개인의 선택에 따라 달라질 수도 있다고 생각하게 된다. 하지만 대체로 부모는 자녀가 부모 말을 잘 들어야 한다는 기대를 가지고 있으므로 자녀가 부모의 규칙에 이의를 제기하거나 이로 인해 말다

툼을 하게 되면 심리적으로 타격을 받는 경향이 있다. 이런 상황에서 부모가 자녀의 변화를 받아들이고 거기에 맞춰 부모로서 적응하는 것이 갈등에 대한 적절한 대응이 될 것이다.

청소년기에는 자녀와 부모가 서로에게 갖는 기대가 변화하며 이런 기대가 깨어지기도 쉽다. 청소년기에 대한 기대를 예로 들면, 자녀는 청소년기가 되면 부모가 많은 자유를 줄 것이라고 기대하지만 부모는 청소년기가 되면 그만큼 문제행동의 가능성이 커지며 부모가 직접 감독할 수 있는 기회가 적기 때문에 자녀에 대해 더 많이 통제하고자 노력해야 한다고 믿는다. 이렇게 서로에 대한 기대가 어긋나게 되는 것도 청소년기 자녀와 부모 사이에 갈등이 증가하게 하는 원인으로 작용할 수 있다.

4. 청소년기 부모의 역할

청소년기는 수많은 변화를 겪으며 적응해 가는 과정에서 문제행동이 발생할 가능성도 높은 시기이므로 청소년 자녀를 둔 부모의 역할은 더욱 중요하다. 자녀의 변화를 인식하고 수용하며 성장하는 자녀에게 맞추어 부모역할을 적절히 변화시킬 수 있어야 하고 자녀가 적응하는 과정에서 지원자 역할을 해야 한다. 자녀와 부모가 함께 보내는 시간이 줄어들고 자녀가 스스로 알아서 하는 일이 많아지면서 부모가 자녀를 감독하기 어려워질 수 있다. 하지만 부모는 자녀에게 계속적인 관심을 보여 주며 자녀를 많이 알고 이해하고자 노력해야 한다.

1) 발달에 따른 변화에 대한 적응 돕기

청소년기는 급격한 신체발달이 이루어지는 시기이며 이차성징이 발달되면서 성인과 같은 신체를 갖추게 되는 시기다. 신체적 특징은 자아개념 형성에 직접적인 영향을 미치는 요소로서 짧은 기간 동안 양적, 질적으로 다양한 신체변화를 경험하게 되는 청소년기에는 자신의 신체적 변화를 이해하고 수용하며 적응할 수 있도록 도울 필요가 있다.

성적 성숙이 일어나는 과정에서 겪게 되는 신체변화는 청소년들에게 걱정이나 불안을 일으킬 수 있다. 그런데 신체변화에 대해 사전 지식이 많고 심리적으로 준비가 되어 있을수록 그에 따르는 걱정이나 불안을 적게 경험하게 되므로 자녀가 성적 성숙에 대해 심리적 준비를 할 수 있도록 하는 부모역할이 중요하다. 부모가 사춘기의 신체변화에 대해 정확한 지식을 갖고 자신의 경험을 살려 심리적 지원자의 역할을 한다면 신체변화에 수반되는 자녀의 스트레스를 완화시키는 데 도움이 될 것이다. 문제는 이때 부모가 자녀와 성적 성숙을 주제로 대화하는 것을 불편하게 여기는 것이 일반적이라는 사실이다(Brooks, 2008). 자녀의 사춘기 이전부터 원만한 부모-자녀관계를 위해 노력을 해 둔다면 청소년기에도 자녀와 대화를 하는 데 도움이 된다.

청소년기 신체변화 중 체중이 증가하는 것은 날씬한 몸매를 이상적으로 여기는 현대사회에서 자신의 신체에 대해 불만족하게 되는 원인이 된다. 신체에 대한 불만족은 체중에 대한 집착과 과도한 체중조절 시도, 더 나아가 거식증이나 폭식증 같은 식이장애로 이어질 수 있다. 이에 대해 부모는 자녀가 자신의 신체변화를 긍정적으로 지각할 수 있도록 지원해 주어야 한다. 체중 증가에 대해 지나치게 관심을 두거나 언급하지 말고 건강한 식생활을 할 수 있게 지도하며 부모 자신이 자녀에게 신체상과 식생활의 건전한 모델이 되어야 한다.

청소년 자녀를 둔 부모가 생각해 봐야 할 것으로 청소년기에 대한 고정관념의 문제가 있다. 즉, 청소년기가 본질적으로 누구에게나 힘든 시기일 수밖에 없다는 믿음에 관한 문제다. 홀(Hall)이 100여 년 전에 청소년기를 질풍노도의 시기라고 표현했고 아직도 이 표현이 청소년기를 묘사하는 데 사용되며 청소년기는 누구에게나 혼란스럽고 문제가 많은 힘든 시기라는 부정적 고정관념이 시작되었다. 때로는 문제행동을 보이는 청소년을 대할 때 청소년들은 원래 그렇다는 관점에서 문제행동이 정당화되기도 한다. 그러나 청소년에 대한 부정적 고정관념은 재고의 여지가 있다. 청소년에 대해 과학적 연구가 많이 이루어졌고 그 결과에 따르면, 청소년기는 변화의 시기이기는 하지만 모든 청소년이 본질적으로 질풍노도를 겪게 되는 것은 아니라는 것이다. 부모들은 청소년기에 대해 정확한 지식을 가지고 있어야 하며 자녀가 문제행동을 보일 때 적절히 대처해 줄 수 있어야 한다.

2) 자녀와의 관계변화에 적응하기

청소년기 자녀를 둔 부모는 자녀와의 관계가 아동기 때와는 다르다는 점을 인식하고 청소년기 자녀의 특성에 따라 관계를 정비해야 한다. 청소년 자녀에게는 직접적인 통제를 가하기 어려워지며 훈육도 쉽지 않다. 더구나 형식적 조작 사고가 발달한 청소년 자녀는 부모가 정한 규칙에서 문제점을 발견하거나 의문을 제기하고 비판하기도 한다. 이때 부모의 권위는 도전을 받게 되고 이에 대해 부모는 충격을 받을 수 있다. 이런 현상에 대해 부모는 자녀의 발달에 따른 자연스런 변화로 이해하고 부모로서 자신의 역할과 부모-자녀관계에서 이루어지는 상호작용 방식도 변화시켜 나가며 적응하도록 해야 한다. 자녀가 청소년이 되면 아동기에 비해 더 많은 자유와 통제력을 지니게 되므로 이 시기의 부모역할을 "상호 의존 단계"라고 칭한다(Pollack, 1998). 자녀는 이제 어린아이가 아니며 신체적으로, 성적으로 성숙하다. 하지만 심리적으로는 미성숙하므로 부모의 지도가 여전히 필요하다. 부모는 자녀가 독립적인 성인이 될 때까지 이런 상황에 맞게 부모로서의 역할을 조정해 나가야 한다. 자녀의 성장에 필요한 도움은 주되 자녀를 독립된 개체로 존중해 줌으로써 부모는 자녀와 적절히 분리되고 부모-자녀관계는 새로운 모습으로 발달해 가게 된다.

3) 의사소통하지 않으려는 자녀와 의사소통하기

청소년 자녀와의 관계에서 부모가 가장 흔히 경험하는 문제는 자녀가 부모와 의사소통을 하지 않으려 한다는 것이다. 부모는 사춘기 자녀가 집에 오면 자기 방으로 들어가 문을 닫아 버린다고 불만스러워한다. 같이 식사할 때도 말을 거의 하지 않으며 묻는 말에만 한두 마디로 대답한다. 무엇을 하고 있고, 무슨 생각을 하고 있으며, 무엇을 느끼는지에 대해서는 말하지 않는다. 부모는 자녀에 대해 알 수 없다고 느끼게 되며 친구와는 몇 시간씩 전화로 이야기하지만 부모와는 이야기하지 않으려는 자녀로 인해 섭섭한 감정을 갖게 된다.

부모는 자녀와 대화할 수 있도록 하는 상호작용을 시도해 볼 수 있다. 딩크마이어와 맥케이(Dinkmeyer & McKay, 1983)는 세 가지 전략을 제안하는데 비언어적 행동에 대해 코멘트하기, 코멘트 요청하기, 대화의 모델이 되기다. 예를 들면, 표정이나 몸짓으로부터 알 수 있는 자녀의 상태에 대해 코멘트를 하는 것이다. "오늘 기분 좋아 보인다." "오늘 학교에서 좋은 일 있었나 보다."와 같은 것이다. 자녀는 이런 말을 듣고 반응이 없을 수 있지만 어쨌든 부모는 노력을 한 것이다. 자녀에게 코멘트 요청하기의 예를 들면, "오늘 학교에서 어떻게 지냈니?" "오늘 친구 만나면 뭘 할 거니?"와 같은 질문이다. 자녀가 한두 마디로 대답하고 말면, 부모는 대화를 그만 두고 다음 기회를 기다리는 것이 좋다. 그러나 부모는 자신에게 있었던 일, 친구, 무엇을 하려고 하는지 등에 대해 이야기함으로써 의사소통의 좋은 모델이 될 수 있다.

자녀가 말하기 시작하면 부모는 경청하고 자녀가 말한 것에 대한 자신의 느낌을 전할 수 있다. 부모가 비판하거나 판단, 비난, 냉소적인 반응을 보이는 것은 자녀가 부모와 대화하기를 꺼리게 만든다. 자녀의 감정을 반영해 주는 것이 자녀가 계속 말하게 하는 데 도움이 되며 자녀가 해결하려고 애쓰고 있는 문제에 대해 이야기하고자 할 때는 부모는 개방형 질문을 하면서 자녀의 말을 경청해 주어야 한다.

자녀와의 의사소통을 촉진하기 위해서 부모가 하지 말아야 할 것들이 있다. 자녀에게 감정을 표현하라고 압박해서는 안 된다. 자녀가 말을 일단 시작했으면 자녀에게 조언하지 말아야 한다. 해결책을 찾으려고 서둘러서는 안 된다. 자녀의 질문에 서둘러 답하기보다는 잠시 생각한 후 답하는 것이 도움이 될 수 있다. 페이버와 매즐리시(Faber & Mazlish, 1980)는 청소년 자녀가 낙심하고 좌절했던 일에 대해 말할 때는 "그런 건 정말 힘들지." "그래 쉽지 않은 일이지."와 같은 말로 자녀의 어려움에 대해 존중하고 있음을 표현한 후 "바쁠 때는 가장 중요한 걸 선택해서 거기에만 집중하는 게 좋더라." 하는 식으로 정보를 제공하는 것이 유용하다고 한다. 부모가 주는 정보를 활용하는 것은 자녀가 결정할 문제이므로 부모가 정보를 제공할 때는 조언처럼 들리지 않도록 주의해야 한다.

청소년은 통제에 대해 매우 민감하기 때문에 부모는 "안 돼."라고 말하는 것을 대신할 수 있는 방법을 찾아 자녀가 계속 말을 할 수 있는 분위기를 조성해 주어야 한다. 부모가 해 줄 수 없는 것을 도와달라고 요청하는 경우에 안 된다고 대답하는 대신, 부모의 상황에 대해 설명하는 것이 의사소통을 계속하는 데 효과적일 수 있다(Faber & Mazlish, 1980). 예를 들어, 자녀가 비싼 옷을 사 달라고 할 때 부모는 안 된다고 하기보다는 "이번 달은 생활비에 여유가 전혀 없다."라고 부모의 상황에 대해 정보를 제공하는 것이다. 그리고 자녀가 원하는 것을 해 줄 수 있는 가능성이 있다면 그것을 알려 주는 것이 좋다. "다음 달 말 네 생일에 선물로 사 줄 수는 있어." 같은 식이다.

의사소통을 잘 하지 않으려고 하는 청소년 자녀와 의사소통을 하려면 자녀의 긍정적인 면에 초점을 맞춤으로써 자아존중감과 자율성을 높여 주는 것이 바람직하다. 청소년은 자신에 대해 긍정적으로 느낄 수 있을 때 말을 더 많이 하게 되는 경향이 있다. 자녀의 자아존중감을 높여주려면 부모의 격려가 필요하다(Dinkmeyer & McKay, 1983). 격려는 노력, 발전, 관심에 대해 주어져야 한다. "정말 열심히 했구나." "전보다 많이 나아졌다." "네가 정말 도움이 많이 됐다."와 같은 말로써 자녀를 격려하는 것이 자녀의 자아존중감을 향상시킬 수 있다.

청소년 자녀와 의사소통을 하기 위해 부모가 활용해 볼 수 있는 방법들은 이처럼 여러 가지이지만 이런 방법들을 사용한다고 해서 자녀와 의사소통이 쉽게 이루어지는 것은 아니다. 하지만 자녀와 의사소통을 할 수 있는 가능성을 높일 수는 있으므로 부모의 노력이 필요하다.

4) 자녀와의 갈등 해결하기

자녀가 청소년기에 이르면 아동기까지와는 달리 부모가 정한 규칙에 이의를 제기하기도 하고 의사 표현 능력이 발달됨에 따라 아동기와는 다른 행동을 나타낼 수 있는데 이에 대해 부모는 당황할 수도 있다. 이러한 청소년기 특성은 부모와의 갈등을 증가시키는 요인이기도 하다. 부모-자녀 갈등은 특히 자녀가 사춘기 초기일 때 가장 증가하는 경향을 보이는데 부모와 십대 자녀 간의 갈등은 대부분 학교 성적, 친구, 공부시간, 용돈 사용, 청결, 정리정돈, 형제자매관계 등 일상적인 것에 관한 것이다.

청소년기 자녀와 부모 간의 갈등은 자녀의 독립 욕구 증가와 부모의 사회화 주체로서의 역할 행사 노력 간의 충돌로 어느 정도는 불가피하다. 즉, 청소년기에는 자신의 고유성, 독특성을 찾아 나가며 자아에 대한 규정을 공고히 해나가고자 하는 시기이며 그런 과정에서 자신의 의지와 판단에 따라서 결정하고 행동하려는 욕구가 증대된다. 그러나 부모는 자녀가 사회의 일원으로서 순조롭게 적응할 수 있도록 하기 위하여 사회적 규범이나 규칙을 전달하고 자녀가 그것을 따르기를 기대하는 모습을 보인다. 부모와 자녀는 이처럼 각기 발달적인 욕구가 다른 시기에 있으므로 충돌이 발생하기 쉽다. 그러나 청소년기 자녀는 아직은 독립적인 생활을 할 수 있을 만큼 완전히 성숙한 것은 아니므로 부모에게 여전히 의존하고 있는 상태다. 이 시기의 부모는 자녀의 발달특성을 이해하며 부모의 적절한 감독하에서 자율성을 길러 갈 수 있도록 도와주어야 한다.

부모와의 관계에서 갈등이 발생했을 때는 이를 효과적으로 해결하기 위해서 청소년을 의사결정에 참여시키고 의견을 존중해 주고 합리적이고 일관성 있는 규율을 적용하고 자녀가 하는 일에 관심을 갖고 지원해 주는 것이 중요하다. 자녀의 변화에 적응하지 못하고 여전히 아동기 자녀 모습을 기대하면서 부모가 자녀를 전적으로 통제하려는 시도는 자녀에게 반발심을 갖게 하여 부모와의 갈등을 심화시키게 된다. 따라서 부모는 자녀가 발달해 가는 모습을 지켜보고 수용하면서 부모-자녀관계를 이전보다는 수평적인 관계로 변화시켜 갈 수 있어야 한다.

5) 자아정체감 형성 돕기

청소년기의 중요한 발달과업인 자아정체감 형성은 장기간 많은 노력이 필요한 작업이다. 자신이 어떤 사람이며 앞으로 어떻게 살아가야 하는지 자신의 인생에서 중요한 것은 무엇인지를 찾아가며 삶의 방향을 잡아 나가는 일이다. 이런 과정에서 필요한 것은 다양한 체험을 하며 자신을 시험해 볼 수 있는 기회를 갖는 것이다. 여러 가지 환경에 처해 보는 것은 자신이 미처 깨닫지 못했던 자신의 모습을 발견할 수 있게 해 주기 때문이다. 자녀가 정체감을 형성해 가는 과정에서 부모가 해 줄 수 있는 일은 자녀가 이러한 기회를 가질 수 있도록 환경을 마련해 주거나 자녀가 다양한 경험을 하려고 할 때 그것을 제한하지 않고 격려해 주는 것이다. 간혹 자녀의 안전이나 건강에 대한 걱정 때문에 자녀가 하려고 하는 다양한 시도를 금지하는 경우가 있는데 이것은 자녀가 스스로 탐색하고 여러 가지 정체를 경험해 보며 자신을 이해해 나가는 데 지장을 초래한다.

자녀가 원하는 것이 무엇인지를 알아보려고 하지 않고 자녀의 정체를 부모가 원하는 대로 정해 주는 것도 정체감 형성을 방해한다. 부모가 자녀에게 정해 주는 정체는 물론 자녀가 행복하게 살아갈 수 있게 하기 위한 것이겠지만 어디까지나 부모가 원하는 것이다. 자녀에게 진정한 행복을 가져다줄 수 있는 삶은 자녀 스스로 자신이 원하는 것을 찾았을 때 가능한 것이다. 따라서 자녀의 자아정체감 형성에 도움이 되는 부모의 역할은 자녀가 자신이 원하는 것이 무엇인지를 발견할 수 있도록 탐색할 수 있는 자유를 주고 그러한 과정에서 심리적 지지를 보내 주는 것이다. 자녀가 원하는 것이 부모로서 자녀에게 기대했던 것과 다르더라도 포용할 수 있는 마음의 여유를 갖는 것도 청소년기 부모의 역할이라 할 수 있다.

6) 자율성 발달 돕기

청소년기는 자율성을 발달시켜야 하는 시기다. 심리적으로는 부모에 대한 의존에서 적절히 벗어날 수 있어야 하며 자신의 가치관을 형성해 나가고 스스로 판단하고 결정하며 행동할 수 있는 능력을 길러야 한다. 자율성 발달이 순조롭지 못하면 또래의 압력에 취약하여 또래 영향을 많이 받을 수도 있고 나이에 맞지 않게 부모의 영향을 많이 받게 되기도 한다.

자율적인 청소년의 부모는 온정적이고 통제가 지나치지 않은 특성이 있다. 즉,

자녀에게 관심과 애정이 많지만 자녀를 독립적인 존재로 인정하고 개성을 존중해 줌으로써 자녀가 자신의 고유성을 발견해 갈 수 있도록 격려한다.

또래 지향적이며 또래의 영향을 많이 받는 청소년들의 부모는 온정적이지 않고 통제가 지나치게 엄격하거나 방임하는 경우가 많다. 이런 청소년들은 가정에서 스스로 의사결정할 기회를 거의 갖지 못하고 부모가 정해 놓거나 제시해 주는 대로 따라야 하거나 판단이나 행동의 기준이 전혀 없는 상태에 있다. 자율성에 대한 욕구가 증가되는 시기에 부모가 자율성을 지나치게 제한하면 거기에서 벗어나고자 하는 청소년 자녀들은 부모로부터 멀어져 또래에 대한 의존이 심화될 수 있다. 또한 아직 완전히 성숙되지 않은 상태의 자녀에게 적절한 감독이나 지도를 하지 않고 방임하는 부모의 자녀는 행동에 대한 규칙이나 기준이 없어 또래에게 의존하게 될 수 있다.

청소년기 자녀의 자율성 발달을 위해서 부모는 자신의 현재 행동을 우선 면밀히 분석하고 자녀의 발달수준에 맞는 통제와 감독은 어느 정도인지를 판단하는 것이 필요하다. 이런 작업은 부모가 방향을 정할 수 있지만 자녀와의 대화를 통해서 좀 더 정확하게 정할 수 있을 것이다. 즉, 자녀가 생활에서 원하는 것이 무엇이며 부모에게 기대하는 것은 무엇인지를 부모에게 솔직히 전달하고 부모는 자녀가 원하는 것이 어느 정도 가능하다고 생각하는지, 자녀가 부모에게 기대하는 것 중에서 부모에게 어려움을 초래하는 것은 무엇인지 등에 대해 자녀에게 표현해 줄 수 있다. 이런 과정에서 부모와 청소년기 자녀는 서로에 대한 이해를 증진시키고 자녀의 자율성 발달을 위해 적절한 부모의 역할을 찾아 나갈 수 있을 것이다.

제 8 장

부모교육의 이론

부모가 되고 자녀를 양육함은 인류의 시작과 함께 시작된 고유 기능이지만, 현대적 의미의 부모교육은 근대 이후에 형성되어 비교적 최근에 과학적으로 구체화된 개념이라 할 수 있다. 1960년대 이후 근대 심리학의 발전에 기인한 다양한 이론적 토대들이 부모교육 내용의 근간이 되었다.

부모교육의 이론에는 많은 사회심리학적 이론이 기저를 이루고 있지만, 이 장에서는 구체적인 부모교육 모델의 적용과 이해를 돕는 관점에서 논의될 실제 부모교육 프로그램 내용의 근간이 되는 이론을 중심으로 알아보고자 한다.

이 장에서는 자기이해 프로그램과 애착증진 프로그램의 근간이 되는 프로이트 이론과 애착이론, 행동수정 프로그램과 의사소통 향상 프로그램의 근간이 되는 학습이론의 행동주의와 상호작용론을 이론적 배경으로 살펴보고자 한다.

1. 정신분석이론

1) 프로이트의 정신분석이론

S. Freud

프로이트의 정신분석학은 20세기 사회과학 전반에 인간의 성장 발달과 존재원리에 대한 근원적인 질문을 정신의 구조와 정신역동의 관점에서 던진 이론이다. 1890년대에 오스트리아 신경정신과 의사인 지그문트 프로이트(Sigmund Freud, 1856~1939)는 히스테리 정신병을 앓고 있는 환자들을 면담 · 치료하는 과정에서, 그들이 겉으로 드러난 뚜렷한 병인이 없음에도 불구하고 정신병적 증상에 시달리는 것에 유의하였고, 인간은 그들이 뚜렷이 지각하는 의식 너머에 '무의식'의 세계에 지속적으로 영향을 받음을 발견하였다.

(1) 프로이트 정신분석이론의 주요 내용

① 리비도

정신분석학에서는 모든 행동이 인간 내면에 존재하는 강력한 내부동인에 의해 동기화된다고 가정한다. 인간에게는 자신의 생물학적 보존본능에 기인하는 내재된 공격성과 성충동 욕구가 있는데, 이러한 욕구 에너지를 리비도(libido)라 칭하였다. 리비도는 성본능에 의한 것이지만, 협의의 성욕에 국한되는 것이 아니라 대상을 통해 감각적 만족과 쾌감을 추구하는 에로스적인 생의 본능으로 인간의 종족보존 및 생존을 위한 것으로 이해할 수 있다.

이러한 성본능은 생애를 통해서 그 대상들을 옮겨가며 새로운 대상들에 부착되고 여러 형태의 동기화된 행동들을 통해 표현된다. 따라서 정신분석론에서 이야기하는 인간발달의 과정은 리비도가 충족되는 방식과 대상에 따라 다양하게 표출되는데, 이를 출생 후 인간(또는 대상)관계 속에서 어떻게 이것이 충족되는가를 단계별로 나누어 제시한 것이 그의 발달이론이다.

구강기(oral phase)와 항문기(anal phase)는 입과 항문의 신체활동을 통해 리비도 욕구의 만족을 추구하는 시기로, 유아는 대개 어머니와의 일대일의 2자관계 안에서 매우 친밀한 정서적 유대를 형성함으로써 리비도 욕구를 충족시킨다. 영아는 어머니의 수유과정을 통해 구순점막의 감각적 충족을 가지지만, 점차 이유(離乳)를 하고 요도와 항문의 근육이 발달함에 따라 저장과 배설의 기능조절을 통해 쾌감을 갖게 된다.

남근기(phallic phase)에 이르게 되면 어머니 외 아버지의 존재를 인식하게 되고, 이러한 어머니-아버지-유아로의 확대된 3자관계를 통해 다양한 심적 긴장과 갈등을 경험하게 된다. 프로이트에 따르면 유아는 이성의 부모에 대해서는 성적 애착을 가지는 반면 동성의 부모에게는 질투와 라이벌 의식을 가지는데, 그 대상이 성숙한 성인이라서 어린 유아가 대적할 수 없으므로 거세불안과 죄책감 같은 심적 긴장을 갖게 된다고 하였다. 그리스 신화에 등장하는 신화인물에 비유하여, 남아가 어머니 옆에 건재한 아버지에게 갖는 심적 갈등과 긴장의 복합체를 '오이디푸스 콤플렉스'라 하고, 여아가 아버지 옆의 자신의 어머니에게 갖는 복합적 심리구조의 총체를 '일렉트라 콤플렉스'라 부른다. 이렇듯 유아 스스로는 해결할 수 없는 갈등과 긴장의 콤플렉스를 해소하기 위해 동성의 부모를 동일시하게 되며, 이 과정을 통해 유아는 부모의 가치관과 양심, 가치체계를 학습하여 유아 자신의 초자아를 형성해 간다.

유아의 리비도 충족이 유아 자신과 어머니에서 아버지 등의 가족관계로, 나아가 점차 또래를 포함한 주변환경으로 확대되며, 주된 관심사 역시 배움의 과정과 친구들과의 놀이, 다양한 관계맺음 등의 비 성적인 영역으로 변모하는 과정을 잠복기(latency phase)라 부른다. 이후 잠재되었던 성적 욕구와 충동이 이차성징의 신체변화와 함께 재출현하는 성기기 또는 생식기(genital phase)에 접어들게 된다. 프로이트는 이렇듯 성욕의 발달과정으로 인간의 성장을 설명했기 때문에 신체적 · 성적으로 성숙해지는 청년기 초기에 인간의 발달이 이론적으로 완료되는 것으로 보았다.

② 성격의 발달

정신구조의 역동성, 즉 에너지의 흐름에 따라 단계를 거쳐 성격(personality)이 형성된다. 프로이트는 오이디푸스 콤플렉스가 해소되는 5~6세경에 성격형성이 완성된다고 보았다. 이후 에릭슨(Erik H. Erikson, 1902~1994)의 8단계 심리사회성 발달이론은 발달과업을 정신분석이론에 근거하여 성인기를 포함한 전생애에 걸쳐 단계별로 달성해야 할 발달과업과 달성하지 못했을 경우의 위기 개념 양극으로 제시하였다.

표 8-1 정신분석이론과 심리사회적 발달이론의 단계

프로이트	시 기	에릭슨
구강기	출생~약 1세	기본적 신뢰감 대 불신감(trust vs. mistrust)
항문기	1세 이후~3세	자율감 대 수치심(autonomy vs. shame and doubt)
남근기	3세 이후~5, 6세	자발성 대 죄책감(initiative vs. guilt)
잠복기	5, 6세~11, 12세	성취감 대 열등감(competence vs. inferiority)
생식기	12세 이후 사춘기	자아정체감 대 정체감 혼미[주)](identyty vs. role confusion)
	성인기	친밀감 대 고립감(intimacy vs. isolation)
	중년기	생산성 대 침체감(generativity vs. stagnation)
	노년기	통합성 대 절망감(ego identity vs. despair)

주) 에릭슨에 의하면 12세 이후 청소년기 · 청년기는 자아성장의 결정적 시기이자 청년의 자기실험기간임.

③ 인간의 정신구조

프로이트는 인간의 마음이 원초적 자아(id, 이드), 자아(ego, 에고), 초자아(superego, 슈퍼에고)의 세 요소로 이루어져 있다고 본다. 이 세 부분은 유기적으로 밀접히 연관되어 있어 인간의 마음과 성격의 구조를 이루나, 각각 나름대로의 고유한 특성원리를 가지고 작용한다. 세 요소들의 상호작용 결과로 인간의 생각, 감정, 행동이 생기며, 또한 마음의 여러 힘들이 충돌한 결과로 불안과 우울 같은 심리적 증상이 나타난다.

- 원초적 자아: 생후부터 존재하는 원형 그대로의 생물학적 정신에너지의 보고이며, 가장 깊은 핵심을 이룬다. 무의식 세계에 존재하며, 생명활동의 근원적인

욕구를 충족시키기 위해 작용한다. 배고프고, 춥고, 고통스럽고, 만족을 느끼는 일차적인 수준의 근원적인 욕구을 관장하며, 이러한 욕구의 직접적인 충족과 긴장해소를 추구한다. 이성적 · 논리적 판단과정에 의한 만족의 지연과 같은 고차원적 정신과정을 허락하지 않으며, 즉각적인 충족만을 좇고 고통은 회피하는 쾌락원리에 의해 움직인다. 아동이 성장해 감에 따라 원형 그대로의 자아 본능은 사회환경의 영향과 경험을 통해 자아와 초자아로 순차적으로 분화되어 간다.

- 자아: 쾌락보다는 전반적인 생명현상의 안전을 도모하는 현실적인 안전원리에 의해 움직이며, 다분히 논리적이다. 환상이나 이미지를 통해서가 아니라 현실세계에서 욕구가 충족되도록 최적의 욕구충족 대상과 긴장해소 여건을 탐색한다. 즉, 원초적 자아의 충동과 현실에서의 안전한 충족 사이를 조정하는 중재자로서의 기능을 충실히 해내는데, 이를 위해 적절한 환경여건이 조성될 때까지 합리적 사고를 하고, 만족의 지연을 지시하는 등 고등정신작용(지각, 판단, 사고)을 행하게 된다.
- 초자아: 원초적 자아가 직접적인 쾌락을 추구하고 자아가 현실을 검증한다면, 초자아는 완전함과 이상을 지향한다. 초자아적 표상은 부모나 주변환경을 통해 아동에게 투사(projection)되는 옳고 그름에 대한 가르침이 아동에게 내면화된 결과다. 주로 아동기에 부모와 아동 사이의 상호작용, 즉 보상과 처벌 같은 학습과정과 사회화 과정을 통해 자아이상(ego-ideal)와 양심(conscience)으로 형성된다. 자기통제의 형식으로 내면화하여 부모의 규범체계를 자녀가 그대로 동일시하게 된다. 초자

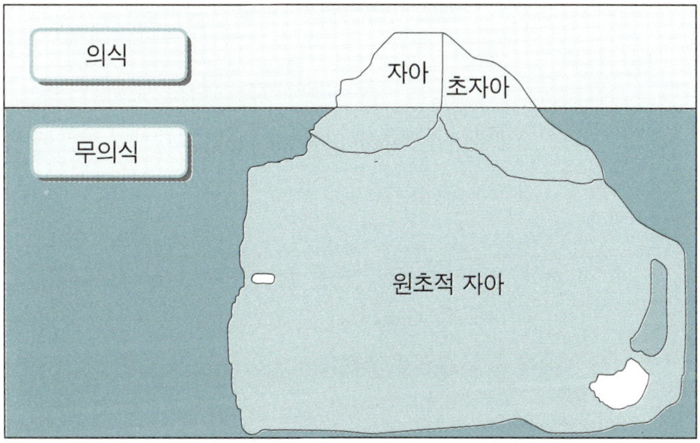

그림 8-1 인간의 정신구조

아는 인간으로 하여금 사회의 도덕적 · 윤리적 기준에 완전하게 부합하도록 행동하게 하며, 이를 판단하게 한다.

이들 세 가지 요소의 작용에 의한 정신구조는 상이한 목적과 기능을 추구하나 대개 원활한 조정을 통해 상호 조화를 유지한다. 그러나 간혹 세 요소가 충돌을 일으키는 경우가 있다. 이러한 경우, 강력한 자아(에고)가 원초적 자아(이드)의 욕구충족을 지연시키고 초자아(수퍼에고)의 지나친 이상추구와 규제를 풀어 줌으로써 상충상태를 해결한다. 하지만 자아의 기능이 약해서 그 조절 기능이 지속적으로 실패하는 경우, 누적된 갈등과 중재의 실패는 정상범주에서 벗어난 과도한 분노표출과 임상적인 신경증과 장애로 나타날 수 있다.

읽어 보기

방어기제

정신세계의 구성요소(원초적 자아, 자아, 초자아) 간의 충돌은 갈등을 유발하며, 프로이트의 정신역동은 충동의 변환과정을 다룬다. 충동과 욕구는 직접 방출되고자 하나, 그 표현이 변환되어 다른 대상에게 혹은 다른 모습으로 나타나기도 한다. 인간은 야기된 갈등이 가져오는 불안과 고통을 상쇄하기 위한 적응기제를 작동시킨다.

- 갈등과 불안 – 갈등은 원초적 자아–자아–초자아 사이의 끊임없는 충돌에서 생긴다. 아동은 사회적으로 학습된 금기와 양육자 부모의 가르침을 통해 내면화한 가치로 통합해 가나, 그 과정에 갈등이 존재할 수밖에 없으며 이 갈등의 경험은 고통을 느끼게 하고 불안을 낳는다.
- 방어기제 – 불안은 긴장을 초래하여 고통스럽기 때문에, 불안과 갈등의 조정자로서 자기방어기제—억압(repression), 반사(projection), 반동형성(reaction formation), 합리화(rationalization), 승화(sublimation) 등—를 사용하여 생존을 돕는다.

④ 정신분석학에서 바라보는 인간의 이상행동

리비도의 자유로운 발로가 유년기부터 사회적으로 금기시됨으로써, 유아기의 억압된 성적 에너지가 외현적 행동으로 의식의 수면 위에 제대로 표출되지 못한 채 인간 정신체계에 해소되지 못한 '갈등'으로 잔존한다. 이것은 이후의 성장과정에 하나의 원인기제가 되어 지속적으로 영향을 미친다고 정신분석학에서는 설명한다. 갈등, 긴장, 불안, 죄의식, 욕구 좌절, 우울과 같은 심리적 현상은 무의식에 갇힌 억압된 성적 본능과 공격성의 표출로 이해할 수 있으며, 이는 대개 의식세계의 행동으로 외현적으로 드러나기보다는, 꿈이나 신경증적 행동과 같은 억제된 형태로 표출된다고 하였다. 프로이트는 인간은 누구나 의식의 세계에 드러내지 못한 욕구들로 인해 내적 갈등을 겪지만, 그 억압과 갈등이 지나치게 강해서 스스로 다스릴 수 없는 경우에 신경증적 병리현상으로 외현화된다고 하였다.

읽어 보기

정신분석의 관점에서 본다면, 자살과 같은 행위도 리비도 에너지가 역동적으로 움직여 일순간 극단적 형태로 외부로 발산되어 나타나는 결과로 해석할 수 있다. 나르시즘과 같은 자기애 역시 심리역동적 관점에서 리비도가 외부로 적절히 발산되지 못하고 내부로 향하면서 나타나는 것으로 이해된다.

따라서 정신분석이론은 자녀가 부모에게 보이는 과도한 반항과 공격성, 이상행동이 아동의 유년기 성장배경과 부모-자녀관계, 특히 억압적인 부모의 양육방식에서 기인한다고 본다. 과거 양육환경이 과도하게 억눌린 감정과 갈등, 묻혀진 기억을 아동의 무의식에 형성시켰는지 아닌지를 알아냄으로써 아동의 이상행동과 신경증적 증상의 기저를 파악하고 치료할 수 있다고 본다. 이러한 치료를 위해 프로이트는 꿈의 분석과 자유연상기법을 활용, 억눌린 무의식이 저항 없이 표출되도록 시도하였다. 구체적인 사건에 근거하지 않은 단순한 환상의 표출일지라도 무의식을 통해 아동의 발달에 영향을 줄 수 있으므로 무의식세계의 영향력이 유의미하다고 주장하였다. 이후 그의 이론은 혹독한 비판과 함께 열렬한 추종을 받으며 알프레드 아들러(Alfred Adler), 칼 융(Carl Jung)과 더불어 정신분석학파를 형성해 지속적으로 수정, 발전해 나아갔다.

2) 후기 프로이트 이론

프로이트의 고전적 정신분석이론이 '자아'가 어떻게 충동적인 본능을 외적인 현실세계에 안전하게 연결시키느냐 하는 자아의 내적 심리 기능에 초점을 두었다면, 신프로이트 학파(예: E. Jung, E. Fromm, E. Erickson 등), 즉 후기 정신분석이론은 대상과의 관계추구를 통해 욕구를 충족시켜 가는 사회적 환경과의 상호작용을 중요하게 고려하였다. 후기 프로이트 학파는 개체의 성격발달에서 고전적 정신분석론에서 이야기하는 리비도 추동의 중요성을 인식하나, 존재란 타인의 존재를 통해 오롯이 유의미하게 인지될 수 있다는 전제하에 아동 자신의 내적 심리역동 너머의 타대상과의 관계가 중요하다고 보는 신진 학자들이었다. 즉, 후기 프로이트 이론은 정신분석이론과 대상관계론의 통합으로 이해될 수 있으며, 이후의 애착이론에 기반이 되었다.

프로이트 부녀

먼저 안나 프로이트(Anna Freud, 1985～1982)는 정신분석의 창시자 지그문트 프로이트의 막딸로 아버지의 이론을 명확히 개념화하고 체계화한 학문적 후계자였다. 정신분석이론을 아동에게 구체적으로 적용하는 것을 시도한 아동분석의 창시자이기도 하며, 그 과정에서 억압과 퇴행, 반동형성, 격리, 투사, 승화 등의 다양한 '방어기제' 행동들을 개념화하고 설명하였다.

멜라니 클라인(Melanie Klein, 1882～1960)은 아이들의 행동을 직접 자연 관찰함으로써, 아동은 성적 욕구를 표출하거나 통제하기보다는 사회적 대인관계 구축에 더 많은 에너지를 투입함을 발견하였다. 그녀는 영국이 낳은 정신분석가로 대상관계론의 성립에 기여한 바가 크다. 프로이트의 정신분석 개념을 확장, 완성시켰으며, 정신분석의 임상에의 적용을 한 단계 진일보시켰다는 평가도 받는다. 클라인은 정신분석학도로서 리비도의 추동 활동에 대해 많은 연구들을 발전시켜 나가며, 그러한 일련의 과정을 통해 고전적 프로이트 개념을 정교하게 발전시켜 나갔다.

Melanie Klein

특히 클라인은 '놀이'가 아동의 심리발달에 핵심 기능을 담당하며, 아동의 가장 깊은 심리 밑바닥에 있는 무의식과 공포, 갈등을 표현한다고 생각했다. 그녀는 놀이과정에서 아동들에게 일정한 역할을 부여하고, 그 역할수행 과정을 관찰 · 해석함으로써 아동이 타자와 갖는 다양한 갈등과 잘못된 동일시를 벗어날 수 있게 치료할 수 있다고 주장하여, 놀이치료의 시초를 제공하였다.

그 후 영국의 페어반(Fairbairn), 위니코트(Winnicott), 보울비(Bowlby), 미국의 말러(Mahler), 컨버그(Kernberg), 코헛(Kohut) 등의 대상관계이론가들에 의해 후기 프로이트 이론이 구축되어 갔다. 대상관계이론은 구체적 내용면에서 학자별로 뚜렷한 개성을 가지고 견해 차이를 보인다. 그러나 공통적으로 한때 프로이트 학파에 몸담고 정신분석이론에 심취했었던 학자군에 해당되며, 아동의 발달과 성장의 주요 기제로 '대인관계' 경험을 꼽는다. 대상관계이론(object-relations theory)에 따르면 유아의 기본적인 욕구는 대상추구(object seeking)에 있으며, 그 이유는 대상추구과 대상과의 관계맺음을 통해 자신에 대한 이미지와 표상을 설정하고 수렴된 자아를 유지, 발전, 통합시켜 나갈 수 있기 때문이다. 아동의 성 본능 추구가 아동의 성장에 요구되는 엄연한 발달적 사실이라 할지라도 그것이 궁극적으로 아동의 자아 성장과 발달이라는 사회적 성숙으로 귀결되기 위해서는 자기 너머의 의미 있는 타 대상과의 상호작용이 전제되어야 한다는 것이다.

생각 해보기

대상상실(Object loss)

대상관계론에 의하면 아동은 대상상실의 체험들을 통해 외로움, 슬픔과 같은 우울 반응을 경험하고, 그 과정을 통해서 새로운 대상관계를 정립하고 확대시켜 가는 성숙의 여정에 접어들게 된다. 특히 아동이 성인으로 이행하는 청소년기에는 부모-자녀관계나 교우관계에 있어서 자신의 목표, 이상과 같은 대상의 측면에서 (낮은 강도의) 대상상실이 몇 번이고 반복되어 일어나게 마련이다. 예컨대, 유아가 성장함에 따라 자신과 부모의 관계를 조망하고 재조명 · 통합하는 인지 능력이 생기는데, 아동이 자신의 인식의 성숙과 걸맞는 부모상을 볼 수 없는 경우, 아동은 장래에 지향해야 할 이상적 자아상을 잃는 내적 대상의 상실을 경험하게 된다. 즉, 물리적으로 부모와 한 집에 산다고 해도 자아이상(ego-ideal)으로서의 상징성을 상실한 부모인 경우, 그때까지의 부모상에 사로잡힌 착각에 눈을 뜨고 이상적 부모의 모습을 찾지 못한 자녀의 입장에서 부모라는 대상에 대해 일시적으로 환멸을 느끼기도 한다.

대상관계론에 의하면 이러한 과정 또한 자연스러운 성장의 과정으로 새로운 대상을 건전하게 형성해 가는 계기가 되어 대상의 상실과 획득의 반복 속에서 어린 아동이 내적으로 형성된 허상의 허물을 끊임없이 벗겨가며 성장해 가는 것으로 이해할 수 있다. 그것이 바로 다른 사람들-새로운 대상과의 관계형성 과정이며, 그러한 대상관계의 확장 속에서 점진적으로 아동 자신의 모습과 인성이 형성되는 것이다. 그러나 그러한 대상상실의 경험이 심각하거나 급작스러운 경우(예: 부모의 사망, 이혼), 자신에게 착각을 하게 한 대상에 대해서 좌절, 적개심, 한을 품게 되어 분노와 공격성, 또는 우울로 발전하는 경우도 있다.

3) 정신분석이론의 부모교육에의 시사점

생애 초기 유아의 행동 상당 부분은 원초적 자아(id)의 충동에 의해 나타나는데, 부모의 양육경험을 통하여 원초적 자아가 적절히 조절되고 억제되며 행동양식을 배우고 아동 자신의 인격을 형성하게 된다. 부모가 과도한 억압과 통제지향적인 양육방식을 택할 경우 아동의 자연스럽고 건강한 에너지가 미처 채워지지 않은 욕구와 해소되지 못한 갈등의 상처로 남아 있게 된다. 이러한 생애 초기 경험의 영향력이 이후 아동의 성격발달에 지속적으로 영향을 미치며 결정적이게 된다. 따라서 어린 아동에게 해소되지 못한 내적 상처가 남아 있지 않도록 다양한 행동표출과 감정의 발로, 의견의 소통을 지향하는 민주적, 개방적, 소통적 양육방식이 이루어져야 함을 시사한다.

부모는 자녀가 환상이 아닌 세상에 있는 실제 사물과 사람을 통해 두려움과 갈등, 환상을 해결하도록 도와주어야 한다. 부모는 자녀의 두려움과 불안, 갈등상황이 어떠한지, 자녀의 성격이 어떻게 형성되고 있는지 깊이 조망하고 이해하며 갈등해소와 극복을 위해 노력해야 한다. 또한 성적욕구와 공격적 성향의 표출 자체를 문제시할 것이 아니라, 그것이 어떠한 과거 경험의 산물인지 혹은 자녀의 개인적 환상의 결과인지 심도 깊게 이해해야 하며, 그러한 욕구의 표출이 다른 형태의 건강한 성취욕구과 신체 에너지로 발산, 승화될 수 있도록 도와주어야 한다. 구체적으로 자유연상법에 의한 그림 그리기나 글짓기, 역할놀이, 예능활동 그리고 다양한 신체활동을 통해 욕구를 표출하여 내적 균형을 조율할 수 있도록 돕는 것이 필요하다.

2. 애착이론

애착관계는 인간관계 형성의 원형으로, 생애 초기 애착의 형성이 이후 아동이 형성하는 인간관계에 지속적으로 영향을 미친다. 애착(attachment)이란 아동이 친밀한 특정 대상에게 갖는 강한 정서적 유대감으로, 보울비(1969)는 위기상황에 대처하기 위해 "특정 인물 및 대상과의 근접성을 추구하고 긴밀한 유대감을 유지하려고 하는 경향"이라고 정의하였다. 영국의 아동 정신분석학자 보울비는 안나 프로이트와 멜라니 클라인에게 감화를 받아, 모자관계에 대한 연구를 일관되게 수행하여 애착이론의 시초를 구성하였다. 후에 합류한 메리 에인즈워스(Mary Ainsworth, 1913~1999)와 함께 유아의 애착발달에 관한 구체적인 실증연구들을 이어갔다.

1) 애착이론의 배경 및 발전

애착이론은 동물행동학에서 출발하여, 인공지능 · 정보처리론, 발달심리, 정신분석이론 및 대상관계이론에 기반한 것이다. 애착이론의 창시자 존 보울비(John Bowlby, 1907~1990)는 영국의 정신분석연구소(후에 Tavistock Clinic)에서 멜라니 클라인 밑에서 근무하던 정신분석학도였다. 프로이트가 환자들과의 면담과정에서 그들의 과거 유년시절에의 억압과 해결되지 못한 리비도 충돌의 환상들을 발견했다면, 보울비는 내담 환자들의 치료과정에서 그들이 과거 유년시절의 양육환경에서 공통적으로 어머니와의 분리(separation)를 경험했으며 구체적으로 어머니와의 관계형성이 일관되게 결핍(모의 민감성 가설: hypothesis of maternal deprivation)되어 있다는 점을 발견하였다.

John Bowlby

(1) 동물행동학

동물행동학자 로렌즈(Lorenz, 1952)는 1973년 노벨 의학, 생리학상을 수상한 오스트리아 동물학자로, 동물의 종마다 고유한 행동형성의 메커니즘을 연구하며 각인현상(imprinting)의 개념을 제창하였다. 그는 거위가 부화하여 처음으로 눈에 띄는 움직이는 대상—대개 어미거위—을 따라다니는 습성을 통해 조류의 행동발달에는 각인현상이라는 생득적 학습 메커니즘이 있음을 세시하였다. 각인현상은 특정 민감기(critical period)의 한정된 시기에만 보이고, 부모를 따르는 어린 아동의 행동이나 배우자의 선택과정에서 보이는 비가역적 행동이다.

로렌즈와 거위들

동물행동학자들은 병아리들이 부화한 후 일정 기간 동안 주위에서 움직이는 물체에 반응을 보이면 그 반응행동이 거의 영구화됨을 발견하였는데, 인간의 유아기에도 이러한 현상이 일어나는 것을 발견하였다. 동물행동학(ethology)의 기본 전제는 모든 개체의 행동양식이 진화의 산물이며, 종 특유의 특정 행동들은 오랜 시간 최적의 생존을 위해 습득해 온 적응기제가 프로그램화된 것이고, 모든 동물들은 그러한 행동체계를 생물학적으로 가지고 태어난다는 것이다.

(2) 후기 정신분석학

후기 정신분석학(post-freudian)에서는 아동의 정서적 문제들이 리비도 욕구 간의 내적 갈등으로부터 파생된 환상들(fantasies) 때문이라고 이해하였으며, 이는 고전적 정신분석이론의 연장선상에 있다. 그러나 이들은 개인 내적인 심리역동 욕구들로부터 시작된 정신분석이론을 '나'를 넘어선 다른 대상과의 사회적 관계와 상호작용으로 확장시켜, 관계맺음(relatedness)과 상호교류의 지향 또한 매우 주요한 생득본능이라 주장하였다. 이를 발전시킨 것이 대상관계이론(object-relations theory)이다(Ainsworth, 1968). 자신의 존재는 나 이외의 주요 대상으로서의 타자를 통해 투영되며, 그것이 사람이든 물건이든 그 관계들을 통해 형성된 자신에 대한 내적 표상들이 자아를 형성하고 생존해 가는 데 중요한 기제라고 하였다. 즉, 인간은 타자와의 관계형성을 통해 살아간다는 것이다.

(3) 안정성 개념

애착이론에서는 애착이 형성되었느냐 아니냐를 판단할 때, 애착안정성(attachment security)이라는 개념을 사용한다. 이때의 안정성 개념은 윌리엄 블라츠(William Blatz, 1940)의 연구에서 어린 유아와 아동들은 친숙하지 못한 상황에 뛰어들기 전에 부모에 대한 안정된 의존성(secure dependence)을 형성해 놓아야 한다는 주장에 착안한 것이다. 에인즈워스(1940)는 가족에의 안정성(familial security)을 의존적/비의존적 안정성으로 구분하여 사용하였다. 이는 후에 안전기지(secure base) 개념으로 발전하였다.

Mary Ainsworth

(4) 애착이론의 발전

보울비가 아동의 제1양육자에 대한 애착형성의 이론적 기반을 동물행동학과 정신분석학으로부터 분리, 발전시켜 새로운 개념으로 집약했다면, 에인즈워스는 보울비의 개념과 아이디어를 실제 실험관찰을 통해 측정할 수 있는 구체화된 유형들로 구분하여 애착이론의 방법론적, 경험적 기반 구축에 공헌하였다. 애착이론 하면 에인즈워스의 낯선 상황 실험과 ABC유형이 자유연상될 정도로 애착이론의 측정과 실제 적용이라는 경험적 구축에 지대한 공헌을 했다고 할 수 있다. 뿐만 아니라, 이후 보울비와 에인즈워스는 애착이론의 중요 개념을 정립하고 이론의 발전 및 실제 양육환경에의 적용에도 공헌하였다.

보울비와 에인즈워스 이후의 2세대라 할 만한 미네소타 그룹(예: Alan Sroufe, Mary Main 등)과 스토니 브룩 그룹(예: Everett Waters 등)을 위시한 애착연구자들은 보다 정교한 애착개념의 적용과 확장, 구체적 실제와의 연관성을 연구하여 전 생애와 세대 간 연속성을 아우르는 통시적, 다변적 개념으로서의 애착이론 발전에 기여하였다.

2) 애착이론의 주요 내용

(1) 애착의 특성

보울비는 다음과 같이 애착의 특성 4가지를 제시하였다.

- 근접성 추구(proximity maintenance): 애착대상과 인물에 가까이 있고자 하는 열망을 나타낸다.
- 안식처(safe haven): 무언가 두려움과 위협을 느끼고 힘들어 뒤로 물러서 위로가 필요할 때 애착인물이 그 안식처의 역할을 해 준다.
- 안전기지(secure base): 미지의 바깥 세상을 탐색하고 도전하고자 할 때, 애착대상은 그 추진력에 근간이 되는 안전기지의 역할을 한다.
- 분리불안(separation anxiety): 애착대상의 부재나 분리 시에 느끼는 불안감을

일컫는다.

(2) 애착이론의 측정 및 유형

애착의 측정에 다양한 척도가 개발되어 있으나, 타당도가 높은 것으로 간주되는 것은 에인즈워스가 고안한 낯선 상황 실험(strange situation)이다. 영유아기 아동을 대상으로 한 총 8가지의 에피소드로 이루어지는 이 실험은, 실험실 상황에서 어린 유아에게 어머니와의 분리를 경험하게 하는 중간수준의 스트레스 상황을 제시한다. 어머니와 분리되어 낯선 상황에 홀로 남겨져 있다가 어머니를 재회했을 때의 아동의 어머니에 대한 반응을 ① 안정형, ② 불안정-회피형, ③ 불안정-저항형의 세 가지 타입을 기본유형으로 구분짓는다.

- 안정 애착(securely attached): 어머니와 분리되었을 때 어느 정도의 불안을 보이지만, 어머니의 부재 시 능동적인 방법으로 대처하고 주변을 탐색하며 안정을 찾고자 한다. 특히 어머니가 돌아왔을 때, 거리낌 없이 엄마 곁으로 다가가 안기고 반가워하며, 어머니가 달래 주면 금새 평정을 되찾고 본래의 자기 모습으로 되돌아가 하던 놀이를 지속한다. 대개 전체 아동의 2/3수준이 이에 해당하며, B형이라고 불린다.
- 불안정-회피 애착(insecurely attached-avoidant): 어머니가 곁에 있거나 떠나도 반응을 별로 보이지 않는다. 어머니가 낯선 이와 함께 남겨 두고 방을 떠나도 울지 않고, 어머니가 돌아와도 반기지 않으며 어머니의 달램을 회피한다. 전체 아동의 약 20%가 이에 해당하며, A형이라고 불린다.
- 불안정-저항 애착(insecurely attached-resistant): 어머니가 옆에 있어도 불안함을 보이며, 어머니 옆에 붙어 있는 경향이 있어 주변 환경을 탐색하거나 장난감 놀이에 크게 관심을 두지 않는다. 어머니가 방을 나서면 분리불안을 보이다가도 어머니가 돌아오면 반기기보다는 안정감을 얻지 못하고 거부하거나 분노를 보이게 된다. 분노를 보이는 와중에 어머니가 다소 거리를 두려고 하면 다시금 떨어지지 않으려 분리불안 행동을 보이는 등, 양가적인 행동 양상을 보여

불안정 양가(ambivalent) 애착이라고도 불린다. 대개 전체 아동의 10~15%가 이에 해당하며, C형으로 불린다.

- 혼란 애착(disorganized attachment)과 분류불가(unclassified) 유형: 오랜 시간 다양한 관찰 결과의 축적으로 ABC 세 가지 범주에 들지 않는 새로운 유형이 있음을 발견하였다. 그것은 ABC의 애착유형이 안정형이든 불안정형이든 일관된 행동양식을 보이고 추론 가능한 애착반응을 보인다면, 분류 자체가 불가능하거나(U형-unclassifiable type) 조직화된 행동양식을 찾아볼 수 없을 정도의 와해된 행동양식을 보이는 경우(D형-Disorganized)다. 이를 발견하여 애착유형 분류에 추가시켰다. 특히 D형은 학대가정이거나, 어머니가 우울증이 있는 경우처럼 병리적인 수준의 결핍된 양육환경에서 자란 아동에게 나타나는 애착유형인 것으로 보고되고 있다.

(3) 애착의 주요 기제

- 모의 민감성과 양육의 질: 아동의 어머니에 대한 애착형성의 결정인자는 모의 민감성과 양육환경의 질로 요약된다. 따라서 반응성 애착장애와 같은 병리적 경우에도 원인인자인 불우한 양육환경을 보완하여 양질의 환경으로 바꿀 경우, 치료와 애착관계의 회복이 가능하다.
- 애착의 생애효과: 안정 애착을 형성한 아동의 경우, 이후 또래관계나 사회성 발달에서 유의한 차이를 보이는 것으로 나타났으며, 인지적 과제와 학업수행에 있어서도 영향을 미치는 것으로 보고되었다(Sroufe, 1999; Meins, 1997). 또한 생애론적 관점에서 이후 모든 관계에 주요한 내적작동모델로 작용, 생애 초기 어머니와 형성한 애착의 유형이 이후의 교우관계는 물론이고, 낭만적 이성관계와 부부관계에까지 유의한 연관성을 갖는다. 어린 아동은 애착을 형성하는 과정을 통해, 자아개념을 형성해 가며 살아가는 방법을 학습하게 된다. 최근에는 성인기의 애착유형을 구분하는 심층면접법(AAI: Adult Attachment Index)이 개발되어, 유아기 애착유형과 성인기 애착유형 사이의 유의한 연관성에 관한 연구가 보고되었다.

3) 애착이론의 부모교육에의 시사점

애착이론에 의하면 부모가 과거 어린 시절 형성한 애착관계의 경험이 현재 부모-자녀관계에도 유의한 연관성이 있으며, 자녀의 애착형성에 가장 영향력 있는 요인은 아동이 경험한 양육환경의 질이다. 따라서 주양육자인 부모의 민감성과 온정성이 가장 중요하다. 부모가 어린 자녀를 양육할 때, 아이가 보이는 엄마와의 분리불안과 밀착된 애착행동은 본능적이고 자연스러운 행동으로, 어린 시절 아동의 요구와 울음에 일관되고 민감한 보살핌으로 반응하는 것이 아동의 생애 동안 타인과의 관계형성에 중요한 기초가 된다.

또한 이른 보육경험을 하는 경우라도, 어머니와의 안정된 애착형성을 기반으로 하여, 보육교사 및 유아교사, 조부모 및 기타 대리양육자와도 안정된 애착관계를 형성하도록 충분히 배려하는 것이 아동의 건강한 사회성 발달과 신뢰감 형성, 자아개념 형성에 중요한 요소가 된다. 따라서 부모교육, 아동의 보육 및 유아교육 프로그램에서도 애착관계를 고려한 교육과정으로 구성할 필요성이 제기된다.

어머니의 우울증과 불우한 가정형편으로 애착관계가 불안정하게 형성되었다 할지라도, 또는 한부모가족이거나 조부모에 의해 부모와의 애착형성에 어려움이 있었을지라도 다른 의미 있는 타자나 가족 구성원과의 애착관계 형성을 통해 보상될 수 있음을 애착이론은 알려 주었다. 불안정 애착 역시 환경의 변화에 따라 변화할 수 있다. 예를 들어, 부모교육 증진 프로그램을 통해 아동의 요구에 대한 경청과 따뜻한 대화, 일관된 양육환경의 질이 확보된다면 안정 애착으로 변화, 발전 가능함을 애착연구들은 보여 주었다.

3. 학습이론

1) 학습이론의 배경

심리학이 과학적 학문으로서 성립된 시초를 분트(Wundt)가 실험실을 개설한

1879년으로 본다면, 왓슨(Watson)에 의해 창시되고 스키너(Skinner)에 의해 확립된 행동주의(behaviorism)는 심리학이 과학으로 발전하는 데 큰 기여를 한 기폭제가 되었다. 이들은 관찰 가능한 행동만이 연구대상이 되어야 한다고 보았으며, 의식과 정신, 태도 등 눈으로 볼 수 없는 것은 심리학의 연구대상에서 배제시켰다. 왓슨은 모든 행동이 조건화의 결과라고 생각하여, 객관적으로 관찰 가능한 자극과 반응의 관계를 연구하는 것을 목적으로 하였다.

'학습(learning)'이란 경험에 의하여 행동이 비교적 영속적으로 변화한 것으로, 생득적이지 않고 후천적으로 습득된 것이다. 학습이론은 아동이 '학습'의 경험을 통해 환경과 자신의 행동을 재구성하고, 발달 · 성장해 가는 것이라고 주장한다. 인간은 반사나 본능과 같은 생득적 본능행동체계를 가지고 있으나, 이보다는 적응과 생존을 위해 얻은 후천적인 경험에 의해 기제(機制, mechanism)화된 학습에 의존하여 살아남아 왔다. 출생 직후부터 커다란 대뇌(피질)을 가지고 후천적 경험에 의한 학습을 흡수해 간다. 학습이론가들은 학습을 사람들의 관찰 가능한 행동에서의 변화로 정의하고, 사고나 정서와 같은 것은 눈에 보이지 않기 때문에 학습이라 할 수 없다고 정의한다. 이런 의미에서 행동주의는 학습이론의 또 다른 이름이다.

대부분의 행동주의자들은 실험실에서 동물행동의 관찰을 통해 발견한 원리를 인간행동에 적용, 일반화된 인간의 행동변화와 학습에 대해 설명하고자 하였다. 이와 같은 대표적인 행동주의 관점이라 하면, 고전적 조건화와 조작적 조건화라 할 수 있다. 파블로프(Pavlov), 왓슨(Watson), 스키너(Skinner)의 조건형성이론과 이후 신행동주의[1)]인 반두라(Bandura)의 인지적 사회학습이론까지 포함한다. 행동주의를 견지하는 학습이론은 인간발달에서 단계를 설정하지 않는다. 학습의 기본원리인 자극과 반응의 조건형성에 관심을 둘 뿐이다.

1) 신(新)행동주의란 관찰 가능한 또는 학습 및 통제 가능한 행동과 쉽게 드러나지 않는 내적인 과정, 양자 모두에서의 변화를 강조하는 학습이론이다.

2) 조건화 이론

(1) 파블로프의 고전적 조건화

Ivan Pavlov

파블로프(Ivan Pavlov, 1849~1936)는 러시아 과학원에서 생리학 연구에 전념하던 러시아 의사로, 1904년 소화생리학을 연구한 공로로 노벨상을 수상하였다. 파블로프는 특별히 학습에 관심을 가졌던 심리학자가 아니었으나, 소화생리 연구와 관련하여 연합적 학습(associative learning)의 기본원리를 발견하게 된다. 그것은 고전적 조건반사와 고전적 조건형성(classical conditioning)이다.

피험동물인 개의 소화과정을 실험하는 과정에서, 보통 개가 음식이 혀에 닿으면 침을 분비하는 타고난 반사를 기대하였으나, 파블로프는 개가 입 안에 음식이 들어오기도 전에 침을 분비한다는 사실을 발견하였다. 개는 음식이 가까이 오는 것을 보거나 가까이 오는 발소리를 들었을 때에도 침을 분비하였다. 이러한 우연한 발견을 통해, 이것이 이전에는 반응을 일으키지 못했던 새로운 자극에 대해 반사가 조건형성된 것임을 이해하였다. 개가 음식 맛과 소리를 연합시키는 것을 발견함으로써, 실험은 반응을 일으키는 무조건자극(unconditioned stimulus)과 조건자극(conditioned stimulus)을 반복적으로 짝지움으로써 조건자극과 반응 사이에 새로운 연합의 형성을 증명하였다. 개에게 먹이를 주기 전에 반복적으로 종을 울렸더니, 나중에는 종소리만 듣고서도 침을 흘리는 개를 목격하였다. 그 자체만으로는 개로 하여금 타액을 분비하게끔 할 수 없는 중립적 자극이 학습되어 타액분비반응을 유발하는 것을 '조건반사(conditioned reflexes)'라고 부르며, 이러한 학습의 과정을 '고전적 조건형성(classical conditioning)'이라고 하였다(Pavlov, 1927). 고전적 조건화를 특징짓는 몇

그림 8-2 파블로프의 개를 이용한 조건반사 행동 실험

가지 법칙으로는 습득(習得, acquisition), 강화(强化, reinforcement), 소거(消去, extinction), 일반화(一般化, generalization), 분화(分化, differentiation) 등이 있다.

읽어 보기

무조건반사

음식 냄새를 맡거나 보았을 때 타액이 분비되는 것처럼, 사전학습이나 경험 없이도 학습되지 않은 반응을 자연스럽게 유도하는 자극체를 무조건자극(unconditional stimulus)이라고 하며, 무릎반사와 같이 자율신경계의 통제를 받는 반사행동을 무조건반응(unconditioned response)이라고 한다.

(2) 스키너의 조작적 조건화

또 다른 학습의 형태로 조작적 조건화(操作的 條件化, operant conditioning)가 있다. 조작적 조건화는 고전적 조건화의 경우처럼 수동적으로 조건화된 것이 아니라 능동적으로 이루어진 것으로, 개체의 자발적인 반응과 행동의 조직화에 의해 학습이 이루어진다.

조작적 조건화를 통한 학습의 경우, 앞서 언급한 강화, 형성, 소거, 자극일반화 및 자극변별 등이 있는데, 일반적으로 학습이 일어나는 경우 위의 과정들이 통합적으로 섞여 전체적으로 작용한다.

스키너(B. F. Skinner, 1904~1990)는 미국의 심리학자로, '스키너 상자'를 사용한 조작행동의 연구로 유명하다. 그는 행동의 매개과정으로서의 학습을 인정하기보다는 자발적 행동과 구체적 반응으로서의 학습을 제시하였다. 대표적인 예로 스키너의 상자실험에서 발판을 누를 때만 먹이가 나오는 경우가 해당된다. 고전적 조건화에서 강화가 반응을 유발했다면 조작적 조건화에서 강화는 반응의 산물이다.

읽어 보기

정적 강화와 부적 강화

강화는 반응을 강화하는 정적 강화(positive reinforcement)와 반응이 제거되는 부적 강화(negative reinforcement)의 두 가지가 있는데, 보상(reward)이 정적 강화의, 처벌(punishment)은 부적 강화의 대표적 예가 될 수 있다.

예를 들어, '일반화'는 강화되고 학습된 행동이 유사한 다른 상황하에서도 일어나는 것으로, 여기서는 교육의 궁극적 목표 중 하나인 학습을 통한 일반화 원리의 적용을 상정할 수 있다. 일반화는 변별(discrimination)과 차별강화(differential reinforcement)에 의해 달성된다. 예를 들어, 유아가 적절한 행동을 보였을 때 차별화된 정적 강화를 하고, 부적절한 행동을 한 때에는 아무런 강화반응을 보이지 않을 경우, 이러한 차별화된 반응들을 보고 아동은 변별할 줄 알게 됨으로써 적절한 행동을 습득하게 된다.

읽어 보기

학습된 무기력감(learned helplessness)

특정 행동의 경험이 아무런 변화나 의미도 가지지 못했기 때문에 결과적으로 행동하지 않는 것을 학습했다고 보는 것이다. 예를 들어, 학업 첫날, 피할 수 없는 전기충격을 경험한 집단의 학업성적이 극단적으로 나빴다면, 그 원인을 아동 개인의 기존 특성에서 찾지 않고 학습된 상황인자—불쾌했던 전기충격의 경험—에서 찾는 것이다. 인간이 각각의 고유한 실패경험의 원인을 무엇에 귀인하는가 하는 관점에 따라, 보통 이상의 학습능력을 가지고 있는 아동임에도 어떤 요인에 의해 학습능력에 걸맞는 학력이나 학업 성취를 보이지 못하는 경우에는 학습된 무기력감으로 이해할 수 있다. 도저히 벗어날 수 없는 불우한 환경이 지속될 경우, 학습된 우울감(learned depression)으로 나타나기도 한다.

(3) 반두라의 사회학습이론

고전적 · 조작적 조건화를 통한 학습의 유형이 피험 아동이 실제로 어떤 행동을 경험적으로 행함으로써 학습되는 것이라면, 사회적 학습이란 실제로 직접 경험하지 않고 타인의 행동을 보거나 관찰하는 것만으로 학습이 성립된다고 보는 신행동주의 견해다. 대표적인 학자가 반두라(A. Bandura, 1925~)이다.

반두라는 직접 경험에 의한 전통적인 학습이론의 구조와 형태를 확대하여 간접 경험에 의한 관찰학습을 중요하게 간주하였다. 이러한 유형의 학습을 '모방(modeling)'에 의한 학습이라고 설명하였고, 행동의 변화를 가져오는 학습의 인자를 포괄적으로 파악하기 위해 '자아효능감(self-efficacy)'이라는 내적 강화 개념을 사용하였다(Bandura, 1977). 즉, 인지적 측면을 강조한 학습이론으로, 조건형성과 인지이론을 통합하여 사회학습이론을 제시하였다.

인간은 자신의 경험에서뿐만 아니라 다른 사람의 행위에 대한 관찰을 통해 학습해 간다. 특히 어린 아동의 경우, 새로운 환경에 적응하고 어떤 특정 문제를 해결하고자 할 때, 그들 자신의 반응을 바로 수행하기보다 다른 사람의 수행을 관찰함으로써 보다 빨리 효율적으로 학습한다. 타인에 대한 관찰을 통해 더욱 주의집중하게 되고 관찰학습을 용이하게 해 주는 것을 '대리적 강화(vicarious reinforcement)'라 하는데, 이는 관찰된 지식을 변화된 행동으로 이끄는 중요한 역할을 한다. 대리적 강화는 누군가가 강화받는 것을 보고 그 누군가의 행동을 모방하려는 경향에 대해 이야기하는 것이다.

A. Bandura

반두라는 모든 학습(현상)이 직접적인 경험의 결과는 아니며, 많은 경우 다른 사람들의 행동과 그 결과를 관찰함으로써 관찰자는 모델이 행한 행동을 실제적으로 수행하지 않고도 반응을 획득할 수 있다고 하였다. 자신이 직접 강화를 받지 않더라도 반응을 학습하는 이른바 '대리학습(vicarious learning)'에 의한 학습과 행동수정 및 행동형성의 가능성을 시사하였다. 이는 아동의 보편적 학습행동뿐만 아니라 아동의 공격성 및 임상적인 문제행동에 대한 치료와 수정에 대해서도 중요한 시사점을 제공하였다. 또한 모든 학습이 반드시 행동의 변화로 나타나지 않음을 설명하였다.

3) 학습이론의 부모교육에의 시사점

학습이론에 의하면, 유아기 자녀의 행동은 부모의 양육환경과 훈육방식의 산물이다. 왓슨에 의하면 인간의 모든 행동이 자극과 반응에 의해 학습된 것이다. 학습이론에 근거하여 유아기 자녀양육에의 시사점을 살펴보면 다음과 같다.

첫째, 부모는 양육과정에서 아동의 발달수준에 적합하고 일관된 정적 · 부적 강화 계획을 제공함으로써 유아 스스로 유사한 경험들을 통해 분별하며 학습할 수 있는 조건(condition)과 환경(context)을 조성하는 것이 필요하다.

학습이론에서 제시하는 조건화와 일반화의 학습원리를 살펴보면, 반복적으로 체벌과 혼냄을 통한 학습과정에 노출됨으로써 그러한 선행조건이 아동의 행동습득에

생각해보기

훈육과정에서 체벌은 필요한 것인가?

'꽃으로라도 때리지 말라' 는 말이 있다.

특정 행동을 억제하기 위해 신체적 체벌과 같은 부적 강화와 소거원리의 적용이 당장에 가시적으로는 효과적일 수 있다. 그러나 이는 학습이론에서 말하는 '학습의 연합(association) 원리' 에 의해, 처벌하는 부모와 유사 상황에 대해 아동이 또 다른 부적 조건화를 형성할 가능성도 함께 높아진다. 예를 들어, 부모에 대한 두려움이나 친밀감의 상실, 자신이 부모의 기대에 못 미쳤을 때 부모로부터 혼이 날 것이라는 부정적 인지가 이후 수행과정에서 위축되고 불안한 부정적 반응의 학습과 연관될 가능성이 크다. 따라서 매우 예외적이고 일회적으로 제한된 경우를 제외하고는 일상적 훈육 과정에서 부적 강화인 벌과 체벌의 사용은 바람직하지 못하다는 게 다름 아닌 학습이론의 견해이기도 하다. 따라서 유아기 아동의 자존감 형성에 상처를 주고 자발적 인식과정을 통한 행동의 변화가 아닌, 불안감과 공포적 억압에 의해 형성되는 행동수정은 지양해야 할 것이다.

필요한 선행인자로 일반화되고 조건화된다. 즉, 이후 아동의 배움과 학습의 기제가 체벌과 혼냄이라는 유사한 조건화 과정을 통해서 성취될 가능성이 증가하게 된다. 따라서 어린 자녀에게 처벌과 같은 부정적 억제에 의한 학습과정을 조건화시키기보다는, 아동이 잘해 낸 성취에 대해 긍정적 강화(칭찬, 보상)를 차별적으로 더 많이 제공함으로써 아동 스스로 성취에 대한 차별화된 조건화를 긍정적으로 형성할 수 있도록 돕는 것이 필요하다.

둘째, 반두라의 사회학습이론에 의하면, 직접 경험을 통한 학습 외에도 실제로 관찰과 모방을 통한 대리학습과 모방이 유아교육과 아동의 사회화 과정에 빈번한 학습형태가 된다. 따라서 유아기 자녀가 다양한 매체와 교육환경에 노출되고 관찰을 통한 간접경험을 함으로써 모델링할 수 있는 기회를 제공하는 것이 좋다. 구체적으로 또래와의 다양한 경험, 책 읽기를 통한 함께 생각해 보기, 보육 및 유아교육환경에서의 교육과정의 경험, 가정 내 부모와의 대화 및 온 가족이 함께 식사하기, 함께하는 놀이 및 신체적 활동기회 제공 등을 들 수 있다.

셋째, 학습된 무기력감의 개념을 통해 설명했듯이, 실제 인지 능력에는 부족함이 없으나 반복된 좌절과 초기의 실패경험이 조건화되어 유사한 상황에서 제대로 학습하거나 능력을 발휘하지 못하는 연합반응이 일어날 수 있다. 유아기 자녀가 낯선 환경에서 새로운 적응과제와 도전에 임할 때, 초기 경험이 긍정적 피드백으로 이어질 수 있도록 부모의 세심한 주의와 도움이 요구된다. 만일 초기 경험에 부정적인 측면이 있었다 할지라도 그러한 어려운 환경에 대처하는 아동의 문제해결 능력을 북돋아 주는 긍정적 강화와 초기 실패의 원인을 아동 자신의 능력부재로 귀인시키지 않도록 아동의 인지과정에의 부모의 개입이 요구된다. 다양한 학습경험과 이에 대한 피드백을 통해 아동이 긍정적인 자아효능감을 형성해야 비로소 학습이 바람직한 행동변화와 결과물로 이어지게 된다.

4. 상호작용론

인간의 상호작용을 다루고 설명하는 이론은 여러 가지가 있다. 다음에서는 비교적 최근의 이론과 관점으로, 브론펜브레너(Bronfenbrenner)의 생태체계론에서의 상호작용에 관한 설명과 번(Berne)의 현대적인 교류분석론에 대해 알아보고자 한다.

1) 브론펜브레너의 생태체계론에서의 상호작용

브론펜브레너의 생태체계론은 인간의 생존과 발달과정을 설명하는 기본 기제와 작동원리를 생물학과 체계론의 입장에서 파악하는 일종의 관점이자 분석 틀(framework)이라 할 수 있다. 브론펜브레너의 생태체계론에 의하면 유기체 개인은 복합적인 환경체계들과 지속적으로 상호작용하는 '근접과정들(proximal processes)'을 통해 살아가고 적응해 간다. 그가 기존에 제시했던 겹구조의 원심형 환경체계도식을(Bronfenbrenner, 1979), 후에 '생물학적 생태체계론(Bio-ecological model)'으로 새로 명명하여 애초에 그가 설명하고자 의도했던 상호작용과정으로서의 생태체계론을 재차 강조하였다(Bronfenbrenner & Ceci, 1994; Bronfenbrenner & Morris, 1998). 이러한 이론의 발전은 1979년 제시한 원심형 겹구조의 환경체계에 관한 도식화된 그림이 인간발달의 작동원리를 개인 대 환경 요인으로 구분짓는 정체된 이분법적 관점에 머무르는 데 대한 우려에서 비롯되었다. 그는 생물학적 관점의 도입으로 유기체인 아동과 환경 간의 지속적인 교류과정과 상호작용의 구성에 대해 보다 깊이 이해하고 강조하고자 하였다.

(1) 맥락 내 인간을 고려한 연구설계: 연구모형의 변화

인간은 (분석적으로라도) 분리해 낼 수 없는 환경 안에 매몰되어 존재하는 것이며 환경 대 인간의 2자로 구분될 수 없다(person in context). 인간은 사회적 · 물리적 환경과 끊임없이 상호작용하는 개방체계로, 맥락과 관계를 맺고 지속적으로 상호작용하는 과정 안에 머무른다. 따라서 그는 이러한 과정적 요소를 반영하지 않은 연구설계에 대해 우려를 표했다.

구체적인 그의 이론 변화는 첫째, '유기체-상호작용과정-맥락(PPC: Person-Process-Context)의 모형'에서 '유기체-지속적인 근접 상호작용과정-맥락-시간변이(PPCT: Person-Proximal Process-Context-Time) 모형'으로 발전되었다.[2] 미시-중간-외-거시 체계의 겹구조 그림이 브론펜브레너의 생태체계론의 전형적인 표현으로 인식되는 것을 더 이상 달가워하지 않는다. 환경이 유기체에 미치는 일방적인 영향력이 강조되거나, 환경 대 개인의 정체된 구조적 관점으로서 생태체계론이 이해되는 오류를 방지하기 위해, 지속적인 근접 상호작용의 과정(proximal process)이 강조된 모형으로 제시하였다. 그리하여 시간추이와 환경변화에 따른 변이를 '시간체계(chronosystem)'로서 추가 반영하였고, 상호작용의 과정을 구체적으로 시간의 흐름과 함께 지속적으로 일어나는 '근접과정(proxomal process)'이라 칭하며 생태적 인간발달에 중요한 발달 동력으로 설명하였다. 예를 들어, 기존에 결혼(marriage) 또는 이혼(divorce)이라고 표현했던 현상을 결혼하게 되는 과정(getting married) 또는 이혼에 이르는 과정(getting divorced)으로 표현함으로써 시간체계를 고려한 지속적 과정으로서 인간발달 현상을 바라보게끔 유도한다.

이로써 환경의 영향력이 유기체보다 더 강조되어 아동의 발달결과물이 환경의 영향에 의해 수동적으로 귀결되는 것으로 설계되고 보고되는 아동연구가, 또한 유기체와 동떨어진 개념으로서의 환경에 대한 연구가 지양되기를 권고하고 있다. 그는 아동의 발달결과 지향적인 구조적 연구보다, 쉽게 드러나지 않는 잠재적 구조와 환경의 실체를 파악하고 아동 자신이 주체로서 주변 환경을 창조하고 변형시켜 가는 과정에 대한 탐색을 지향하는 연구를 지지한다.

---

2) $D_2\ f\ PPCT_1$ — '아동의 현재 발달상황(development)은 유기체 아동(person)과 지속된 근접 상호작용(proximal processes), 맥락(context) 그리고 과거 시점(time)의 함수'라는 도식으로 제시되기도 한다.

(2) 생물학적 생태체계론의 기본 명제

브론펜브레너는 생물학적 생태체계론(bio-ecological theory)을 설명하는 명제들을 다음과 같이 제시했다(Bronfenbrenner & Ceci, 1994; Bronfenbrenner & Morris, 1998).

첫째, 인간의 발달이란 적극적으로 활동하고 진화해 가는 생물학적 주체인 인간과 다른 사람들, 대상들, 그리고 무수히 많은 상징들 간에 지속적으로 정교해지고 복잡해지는 상호작용을 통해 일어나는 전 생애적 과정이다. 그것은 바로 우리가 인접한 외부환경 내에서 이루어진다. 이에 대한 부연설명으로 아동발달의 동력은 강한 정서적 유대와 애착을 형성하고 있는 유기체들 간에 이루어질 때 가장 눈에 띄게 증진된다고 하였다.

둘째, 인간의 발달에 영향을 미치는 근접과정(proximal process)은 진화 발전하는 인간과 근접과정이 일어나는 환경, 발달결과의 특성, 사회의 연속성과 변화, 이 모든 것의 복합 함수다.

셋째, 지속적인 근접상호작용과정(proximal process)을 인간발달의 가장 주요한 동력(engine)으로 본다. 근접과정이란, 시간이 지날수록 정교해지고 복잡해지는 모든 활동을 포함하는 것으로, 가령 엄마가 모유 수유를 한다든가, 영아를 달랜다든가, 어린아이와 잘 논다든가, 아동의 또래 간 활동들, 집단 혹은 개인적으로 행하는 일상활동(놀이, 독서, 학습 등)들을 모두 일컫는다.

2) 번의 상호교류분석이론

(1) 교류분석이론의 배경

상호교류분석 이전에도 인간행동에 대해 설명한 이론들은 많았다. 대표적으로 프로이트는 인간의 마음 또는 성격은 '다면적으로(multi-faceted)' 구성되어 있으며, 원초적 자아-자아-초자아의 세 구성요소들이 함께 작용함으로써 우리의 복잡한 행동들을 나타낸다고 하였다. 이에 대해 번(Eric Berne, 1910~1970)은 프로이트의 마음 구조가 '개념'이지 '현상적 실제'가 아니라고 생각했다. 현대 교류분석이론은

Eric Berne

인성에 관한 이론이자 의사소통에 관한 모형이며, 우리 행동의 반복되는 패턴에 대한 연구라 할 수 있다.

번은 애초에 프로이트 학파에 속해 그가 주창한 정신분석 이론에 근거하여 환자들을 치료하였으나, 이론과 달리 실제 환자들에 대한 치료가 더디고 비능률적이며 치료효과가 잘 나타나지 않는 점을 느끼게 된다. 환자들을 보다 빠르고 효과적으로 치료하고자 하는 목적에서 1964년 『인간의 게임(*Games people play*)』이라는 책을 쓰면서 교류분석이론을 개발하게 되었다. 이는 실제 사람들이 행하는 상호 교류와 의사소통의 행동양식을 고려하여 스스로 자각하도록 돕는 것이다.

번의 교류분석에 영향을 준 또 다른 학자는 캐나다의 뇌전문 외과의사 펜필드(Penfield)로, 뇌 신경(temporal cortex)에 자극을 주면 환자의 과거 기억들이 되살아나는데, 지나간 영상의 기억뿐만 아니라 당시의 느낌과 감정들까지도 떠오른다는 것이다. 펜필드는 수년간 유사한 실험을 반복적으로 수행함으로써, 후에 번의 교류분석에 영향을 주는 다음과 같은 주요 결론에 도달하게 된다.

- 경험된 사건과 감정이 함께 엮여 뇌 속에 저장되며, 양자에 대한 기억이 분리되어 되살아나거나 인출될 수는 없다. 즉, "나는 내가 느낀 것을 기억할 뿐만 아니라, 지금 이 순간 그 똑같은 걸 느끼고 있다." (Harris, 1967)
- 개인들은 두 가지의 상태 안에 동시에 존재할 수 있다. 과거 경험한 사건에 연관된 감정들을 경험함과 동시에, 그에 대해 객관적으로 진술할 수 있다.

(2) 교류분석이론의 내용

"사회적 상호작용의 단위를 교류라 부른다. 둘 또는 그 이상의 사람들이 서로 만나면 곧 누군가 말하기 시작하거나, 또는 다른 사람들의 존재를 인정하는 표시를 제공한다. 이것은 교류적 자극(transactional stimulus)이라 불린다. 또 다

> 른 사람이 말을 하거나 그 자극과 연관된 행동을 하게 되는데, 이것은 교류적 반응(transactional response)이다."(Berne, 1964)

'교류분석(Transactional Analysis: TA)'은 사람들 간의 상호작용을 연구하는 방법이다. '교류(transaction)'는 사회적 교류의 기본 단위다. 사회적 교류와 행동의 기본 단위를 규명하고 표준화함으로써 이론의 발전이 용이했다. 심리치료자들은 번의 이론을 읽고 그들 나름대로 현장에 적용하고 검사를 할 수 있었다(Harris, 1967).

프로이트의 접근과 다른 점이라면, 프로이트를 비롯한 심리치료자들은 환자들에게 자신들에 대하여 이야기하도록 하였다면, 번은 치료에 대안적 과정을 적용하여 교류 안에 무엇이 의사소통되고 있는지(예: 말, 신체언어, 얼굴표정) 관찰함으로써 문제가 무엇인지 알 수 있다고 생각하였다. 따라서 단순히 환자들에게 질문하는 것 대신, 그는 자주 집단환경에서의 환자와 다른 사람들 간에 일어나는 모든 교류들을 기록하고 관찰하였다.

교류분석이론에 의하면, 자아 상태(ego states)는 "일관된 행동양식과 직접적으로 연관된 감정과 경험"이다(Berne, 1961). 번은 많은 환자들을 접하면서 대부분의 사람들이 대화 중에 변화하며, 또 변할 수 있음에 주목하였다. 여기서 말하는 변화란, 반드시 언어적일 필요는 없으며 얼굴표정이라든가 체온 등 여타의 많은 비언어적 단서들에 의한 것을 포함한다.

35세의 남자 변호사를 치료하던 중 그 남자가 자신을 변호사가 아니라 그저 어린애 같다고 토로하는 것에 착안하여, 한 개인이 두 가지 이상의 존재 상태를 표현함을 발견하였다. 후에 그는 세 번째 자아 상태를 발견해서 최종적으로 세 가지의 자아 상태, 즉 부모, 성인, 아동을 규정하였다.

부모 자아 상태는 부모나 부모역할의 인물을 모방한 행동과 사고, 감정들을 나타낸다. 부모는 생후 첫 5년간에 경험되고 지각된 외현적 사건들에 대해 뇌 속에 기록된 대용량 기억을 나타낸다. 예를 들면, "모르는 사람과 말하지 말아라." "항상 입을 다물고 씹어라." "길을 건너기 전에 양쪽 길을 다 보아라." 등이다. 이러한 사건들이 뇌 속에 저장될 때 어린 아동은 아무런 여과장치 없이 질문이나 분석없이 그대

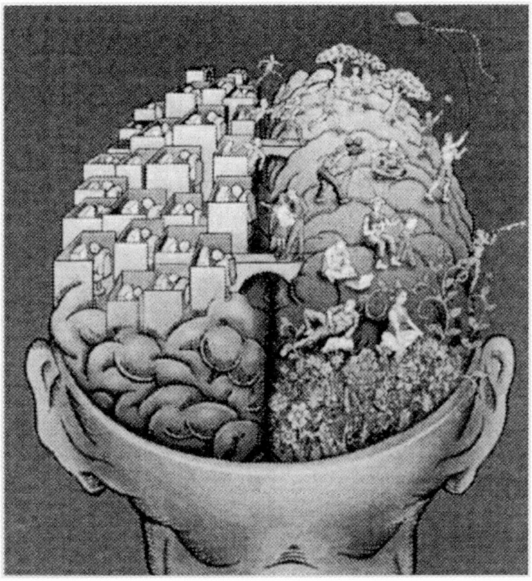

세 가지 자아 상태 간 교류(www.OkCupid.com)

로 담는다. 즉, 부모는 가르쳐진 것에 대한 기억이다. 아동 자아 상태는 아동기로부터 재가동되는 행동과 사고, 느낌들을 가리킨다. 부모와 대조적으로, 아동 자아 상태는 아동이 지각하는 외현적 사건들에 연관된 내적 사건과 반응들에 대한 뇌 속의 기록들로, 외적 사건들에 수반된 감정과 느낌들을 나타낸다. 예를 들어, "내가 괴물 얼굴을 봤을 때, 나 정말 무서웠어." "생일파티에서의 어릿광대 정말 재밌었어!" 등을 들 수 있다. 아동은 느낀 것에 대한 기억이다. 끝으로 성인 자아 상태는 지금 여기에서 직접적으로 반응하는 행동, 사고, 감정들을 나타낸다. 성인 자아 상태는 어린 아동이 아동과 부모 자료를 평가하고 확인하는 것을 가능하게 하는 것이다. 성인은 자극들을 주로 작은 정보조각들로 변형시키고, 과거 경험에 근거하여 그 정보들을 처리하고 저장한다. 즉, 부모, 아동 그리고 성인이 모은 자료 등의 세 가지 정보들을 통합계산한 후 의사결정을 내리는 컴퓨터에 비유할 수 있다(Harris, 1967). 성인의 주요 기능은 부모 자료에 대한 타당성 검토로, 예를 들어 뜨거운 난로를 만지지 말라는 부모의 훈계에 대해 누군가 화상을 입는 것을 본 후, 정말 그렇구나 하고 느끼고 확인하여 부모의 자료가 정확히 맞았다는 결론에 도달하는 자아의 상태를 일컫는다. 성인은 학습한 바에 대한 기억이다.

우리가 의사소통할 때, 우리는 우리의 자아 상태를 바꾸어 가며 상호작용할 수 있으며, 당시 상황의 느낌들이 우리가 무엇을 사용할지 결정하게끔 한다. 각각의 자아 상태가 상황에 따라 다르게 인간의 행동을 지배한다.

(3) 교류분석의 실제 적용

간단한 교류분석은 어떤 자아 상태가 자극을 지시하고 주도하는지, 그리고 어떤 다른 자아 상태가 반응을 보이는지 규명하는 데에서부터 시작된다. 번에 의하면, 가장 간단한 교류는 성인 자아 상태 간의 것으로, 예를 들어 수술 중 외과의사의 성인 자아 상태가 간호사에게 손을 내밀어 교류자극을 제공할 경우, 간호사의 성인 자아 상태는 의사의 손을 보고 과거 경험들에 근거하여 수술 메스가 필요한 것이라는 결론에 도달하여 의사의 손에 메스를 올려놓는 교류다.

성인 사이의 교류 외 다른 자아 상태 간의 교류도 가능한데, 부모-자녀 간 교류의 예로 열이 나는 아동이 물 마시고 싶다는 자극을 제공하고, 이에 돌봐주는 엄마는 성인으로서 그것을 가져다주는 반응을 취하는 것을 들 수 있다. 이는 교류의 한 형태로 보완적 교류에 해당한다. 여기서 반응은 자극을 받은 자아 상태로부터 반응을 보내는 자아 상태로 되돌아가야 한다. 번에 의하면 이러한 보완적 교류들이 건강하고 정상적인 인간의 상호작용을 나타낸다. 또한 의사소통은 교류가 상호보완적일 때에만 지속된다고 하였다(Berne, 1964).

교류분석에서 유의할 점은, 말로 표현되는 것 너머의 것을 봐야 한다는 점이다. 말이 어떻게 전달되고 표현되는지 특정 단어의 액센트, 음조와 음성크기의 변화 등과 신체언어와 얼굴표정에 동반되는 비언어적 단서들을 봐야 한다.

비언어적 단서의 중요성은 의사소통 내 비언어적 단서의 중요성을 계량적으로 증명한 것에 의해 강조되었다. 누군가와 이야기할 때, 듣는 사람은 의사소통의 세 가지 유형(실제 말-7%, 말이 전달되는 방식(어조, 특정 단어들의 억양 · 액센트)-38%, 얼굴표정-55%)에 집중한다. 여기서 비율(%)은 중요도를 나타내며 의사소통에서 어떤 단어가 소통되는가보다는 어떤 얼굴표정인가가 더 중요한 역할을 함을 알 수 있다(Berne, 1972).

교류분석은 언어 안의 언어가 효과적으로 존재함에 착안한다. 그 언어는 진정한 의미와 느낌, 동기에 관한 언어이다. 교류분석은 모든 상황에서 (1) 무엇이 진행되고 있는지 분명하게 이해함으로써, 그리고 (2) 이러한 지식과 정보에 의해 우리는 어떠한 자아 상태를 선택할지, 어떠한 신호를 어디로 보낼지에 관해 우리 자신이 선택하게끔 한다. 이는 모든 의사소통이 결과적으로 보다 나은 관계를 창출하고 발전시키며 유지할 수 있도록 해 준다.

3) 상호작용론의 부모교육에의 시사점

상호작용론의 관점이 부모교육에 시사하는 바는 다음과 같다.

첫째, 교류분석은 어린 시절의 경험들이 어떻게 이후 생애의 우리의 행동에 영향을 주는지에 관해 구체화된 언어적 상호작용의 실례를 보여 주며 설명한다. 교류분석의 핵심은 효과적인 교류, 즉 성공적인 의사소통과 상호작용이 무엇인가 구체적으로 규명하는 점이다. 교류분석이론이 제시하는 규칙은 상호보완적인 교류로, 받은 자아 상태로부터 애초에 제시한 자아 상태로 반드시 되돌아가야 한다는 것이다. 만일 이것이 뒤바뀌면 보낸 사람과 받은 사람 간에 문제가 생긴다. 이렇게 뒤틀린 교류는 비효과적인 의사소통을 낳고, 당사자 중 한쪽이 화가 나게 되면 상황은 더욱 나빠진다. 관계가 지속적으로 원만하게 이어지기 위해서는 두 사람이 상호보완적인 교류로 전환할 수 있어야 한다. 부모-자녀 간 대화와 상호작용이 어떠해야 하는지 시사하는 바가 있다.

둘째, 브론펜브레너의 상호작용에 대한 생물학적 관점으로의 전환을 통해, 아동의 발달과 부모됨의 역할이 복합적이며 지속적인 역동과정임을 알게 해 준다. 일정 시점의 결과물이 중요한 것이 아니라 연속적인 과정으로서 아동의 성장과 발달 경로가 더 중요하다는 과정중심의 관점 전환을 시사한다. 따라서 부모는 자녀의 발달결과에 주의를 기울이기보다는, 아동이 처한 환경에서 어떻게 대처해 왔는가 하는 상호작용의 '과정'에 더 유의해야 한다.

생각해보기

좋은 부모란 어떤 부모인가?

가령 부모가 도덕적으로 훌륭하고 객관적으로 흠이 없는 명망 있는 인물임에도 불구하고, 자녀는 문제아로 부모의 지도를 완강히 거부하고 반항하여 부모의 근심이 깊은 경우가 종종 있다. 이러한 경우, 부모교육의 이론으로 설명해 본다면 어떤 해석들이 가능한가?

〈해석 예시〉

- 정신분석이론에 의하면, 가족이란 갈등과 대립의 모순된 모습으로 서로의 그림자를 비추며 바람직한 것과 바람직하지 못한 것 사이에서, 혹은 좋은 이미지와 그렇지 못한 나쁜 모습 간의 공존을 통해 균형을 이루어 가는 것이다(Jung, 1934). 즉, 의식과 무의식의 충돌, 질투와 동일시의 공존, 억압된 욕구의 승화 등을 통해 긴장을 해소하고 조절하는 과정이 생(生)의 과정이라면, 가족의 모습 안에서 긍정 · 부정의 양가적 공존은 조절의 문제이지 그 자체가 문제일 수 없다는 견해를 시사한다.

  위와 같은 경우 고전적 정신분석의 측면에서 보면, 부모의 높은 초자아의 발달로 인해 도덕성에의 요구수준이 높아 그들의 자녀에 대한 훈육과정과 가치체계가 지나치게 엄격하고 완벽주의와 결벽적인 성향이 있을 수 있다. 이에 적응하지 못하고 받아들여지지 못한 자녀의 열등의식과 죄책감, 그리고 그러한 적절히 해소되지 못한 무의식의 감정이 지속적으로 억압되는 상황에서, 아동은 대상관계에 대한 욕구불만 및 누적된 분노와 좌절을 공격성과 기행의 형태로 표출하여 자신이 해리되고 분열되는 것으로부터 방어하는 것이라 생각할 수 있다.

- 학습이론의 측면에서는, (1) 어린 자녀가 잘 해낸 것에 대해 지속적으로 일관성 있게 칭찬해 주고 긍정적으로 보상해 주는 정적 강화보다 잘 해내지 못한 과오와 실수에 대해 지나치게 비판적이며 혼을 내는 부적 강화 위주의 훈육방식을 선택했을 수 있다. 어린 자녀가 미처 건강하고 원만한 자아와 초자아, 원초적 자아의 균형과 통합을 이루기 전에, 자기 스스로에 대한 열등의식과 좌절, 무기력을 조건화하고 학습하게 될 수 있다. 내재된 무기력과 위축이 과도한 경우, 어려운 과제에 직면했을 때 도전하고 맞딱뜨리기보다는 부적 강화를 모면하기 위한 행동양식으로 도피성 일탈과 방종, 또는 분노와 거부, 공격성을 표출할 수 있다.

  동일한 학습이론의 측면에서, (2) 부모가 어린 자녀의 바람직하지 못한 행동에 대해 적절한 부적 강화(여기서 부적 강화란 체벌과 같은 훈육방식과 동의어가 아니다. 부적 강화의 의미는 어떤 특정행동을 소거시키는 의미의 부적 강화다)와 차별화된 강화 전략이 전적으로 부재한 경우, 아동은 어떠한 행동체계도 괜찮다는 방종의 조건화를 습득하게 될 수 있다. 아동기에 경험하게 되는 문제상황에서 부모가 아동의 잘못된 점을 받아들이고 인정하여 올바로 훈육하여 바로잡는 근본적 노력보다 자신의 아이에게는 문제가 없다는 식의 덮고 넘어가기에 급급한 반응을 반복적으로 보였을 경우, 아동은 자신의 잘못된 행동에 책임의식과 도덕적 판단을 학습할 기회를 갖지 못해 제대로 된 사회화와 학습의 과정을 놓치게 되는 결과를 낳는다.

혹은 부모의 사회적 지위가 높고 명망을 갖춘 사회인이라 하여도 가정 내 부모됨에 관해서는 부모로서 자녀에게 헌신적이고 배려하기보다 소홀한 부모였을 수 있다. 오히려 직업적·사회적 성공을 위해 자녀양육에 소홀했을 가능성이 있는 것이다. 이러한 경우, 아동은 부모에 대한 반항과 관심을 끌기 위한 방법으로 비행과 부적응 행동을 표출할 수 있다.

• 애착이론의 측면에서, 어린 시절 유아가 부모를 필요로 하고 원할 때 부모는 적절히 반응하고 응대해 주어야 하지만, 양육 스트레스나 산후우울증 등으로 인해 방임하거나 양육과 방임의 양가성이 일관되지 못했을 경우, 혹은 정서적 또는 신체적으로 학대적인 양육태도를 취한 경우, 어린 유아는 부모가 자신이 어렵고 힘들 때 의지할 수 있는 안전기지가 되지 못함을 인지모델로 형성하게 된다. 그리하여 스트레스가 과도한 어려운 상황에서도 부모를 찾거나 의지하지 않으며, 대신 부모가 보여 왔던 방임과 무시의 부정적 상황을 맞딱뜨리지 않기 위해 무표정·무감각한 상태로 부모를 피하거나(불안정 회피 애착 유형), 또는 매우 흥분된 감정적 상태로 분노를 표현하거나 거부하기도 하며, 부모로 하여금 이러지도 저러지도 못하게 하는 매우 까다롭고 상반된 행동양상을 보이게 된다(불안정 저항/양가 애착 유형).

• 상호작용론에 의하면, 어린 시절 부모의 양육행동에 의해 경험하고 습득된 부모 자아 상태와 성인 자아 상태가 이후의 행동양식과 타인과의 관계형성, 상호작용에 지속적으로 영향을 미친다. 따라서 어린 시절 부모-자녀 간의 의사소통과 상호작용이 양자 간에 적절한 자극과 응대로 이루어지고, 그것이 균형 잡히고 바람직한 성인 자아 상태의 관점으로 수렴된 상호보완적인 교류로 기억되는 경우, 아동은 적절한 자아 상태와 언어적 표현을 의사소통 중에 적용할 수 있게 된다. 그러나 그러한 바람직한 자극과 응대의 의사소통을 경험하지 못한 경우, 응대해야 할 때에 응대하지 않고, 응대하지 말아야 할 때 부적절한 자아 상태로 응대하거나 단절되는 교류를 보이게 된다.

제 9 장

부모교육 프로그램의 유형 및 실행

부모교육이 현대사회에서 부모의 역할을 제대로 수행하는 데 도움이 되려면 부모교육을 필요로 하는 대상의 특성과 요구에 맞는 부모교육 프로그램이 실시되어야 한다. 이 장에서는 부모교육의 시기 및 대상, 부모교육의 장 등에 따른 부모교육 프로그램의 다양한 유형을 살펴보고, 부모교육 프로그램을 계획, 실시, 평가하는 과정에 대해 알아보기로 한다. 또한 부모교육 운영의 실제로서 영유아교육기관에서의 부모교육 프로그램 운영을 제시하고자 한다.

1. 부모교육 프로그램의 유형

1) 부모교육 시기 및 대상

부모교육의 시기 및 대상에 따라 부모교육 프로그램의 유형은 예방적 입장의 부모교육과 치료적 입장의 부모교육 두 가지로 구분된다. 전자는 주로 아직 부모가 되지 않은 청소년이나 미혼남녀, 신혼부부 등을 대상으로 부모가 될 준비를 하게 하는 것이며 후자는 주로 부모가 된 사람을 대상으로 실시하는 것이다.

(1) 예방적 부모교육 프로그램: 예비부모교육

아직 부모가 되지 않은 청소년, 미혼남녀, 신혼부부 등을 대상으로 결혼 전이나 출산 전에 부모교육을 받을 수 있도록 하여 영유아의 심리 및 발달에 대한 지식을 습득하게 하고 부모역할을 수행하는 데 필요한 심리적 준비를 갖추게 하는 것이 필요하다. 예비부모교육에 대한 실태와 동향을 살펴보면 외국의 경우 1970년대부터 미혼모 등의 사회문제로 인해 중·고등학교 중심으로 예비부모교육이 시작되었으며, 현재는 점차 대상 연령이 낮아지고 있다(김정미, 2004). 우리나라의 경우 1980년대부터 예비부모교육에 대한 관심이 시작되어 부모됨의 동기, 임신과 출산, 자녀양육, 부모역할 등에 대한 내용을 중심으로 이루어졌으며(채정현, 2005), 주로 대학교의 교양과목이나 지역사회단체에서 이루어지는 일회적 프로그램이 주를 이루고 있다. 그러나 효과적인 예비부모교육의 실시를 위해서 대학뿐만 아니라 고등학교에서도 가르칠 필요가 있다. 고등학교의 경우 청소년의 98% 이상이 진학하기 때문에 부모가 될 모든 국민들을 대상으로 예비부모교육을 할 수 있는 좋은 시기라 할 수 있다(채정현, 2005).

출산을 앞둔 예비부모들의 경우 부모가 되기 위한 정서적 준비, 바람직한 양육태도, 태아발달 및 발달이상, 신생아기의 발달특성, 아이가 보내는 신호에 대한 민감성, 아버지 역할의 중요성, 부부관계가 자녀발달에 미치는 영향 등에 대한 지식을 통합적으로 포괄하는 프로그램이 필요하다(한세영·김연화·김기원·김주연·김지윤·안수희, 2008). 그러나 예비부모교육에 대한 심도 깊고 실천적인 프로그램의 개발 및 실행은 여전히 부족한 실정이다(김정미, 2004; 채정현, 2005).

(2) 사후처방적 부모교육 프로그램

사후처방적 부모교육은 부모가 된 사람들이 부모역할을 수행하는 과정에서 발생하는 어려움과 이에 대한 문제해결방안에 초점을 두는 프로그램이다. 대부분의 부모들이 부모됨에 대한 준비가 부족하고, 부모역할을 하면서 예상하지 못했던 다양한 문제상황에 직면하거나, 바람직한 부모역할을 배우고자 하는 동기를 가지게 되면서 부모교육의 필요성을 느끼게 된다. 또한 위기상황에 있는 아동들과 그 부모들을 위한 치료적 관점의 부모교육 프로그램이 운영되기도 한다(박현선 · 이상균, 1998). 이러한 부모교육 프로그램들은 부모가 된 이후, 즉 부모역할로 인한 문제상황이 발생한 이후에 실시되는 교육이라는 측면에서 사후처방적 부모교육 프로그램이라고 할 수 있다.

대부분의 부모교육 프로그램이 어머니를 대상으로 실시되고 있으나 최근에는 아버지의 양육참여가 자녀의 건강한 성장발달에 긍정적인 영향을 준다는 연구결과가 축적되면서 아버지를 대상으로 하는 부모교육 프로그램들이 개발되어 실시되고 있다. 유아교육기관에서도 아버지 참여수업 등 아버지의 참여를 이끌어 내는 프로그램들이 실시되고 있다

현대사회의 가족구조가 한부모가족, 조손가족, 대리양육가족 등 다양한 구조로 변화함에 따라 교육대상의 확대가 필요하며, 교육대상에 맞는 교육 프로그램이 개발되어야 한다. 특히 최근 조부모에게 양육되는 아동들이 증가함에 따라 조부모의 양육을 지원할 수 있는 부모교육도 필요한 실정이다. 프로그램 수혜자의 특징과 요구에 가장 부합되는 프로그램을 제공하는 것이 프로그램의 효과를 극대화할 수 있는 가장 중요한 요인이라 할 수 있다(정계숙, 1996).

2) 부모교육의 장

(1) 가정중심 부모교육 프로그램

가정중심 부모교육 프로그램(home-based parent education program)은 가정방문자가 제시하는 교육내용을 부모가 습득함으로써 부모 자신의 지식습득과 양육태도 변화는 물론, 궁극적으로는 그 영향이 유아의 발달에 미치도록 하는 것이다(정계숙, 1996). 주로 교육기관이나 지역사회에서 운영하는 부모교육 프로그램에 참여하기 어려운 어린 연령의 자녀를 둔 가정, 저소득가정, 장애아동가정 등을 대상으로 가

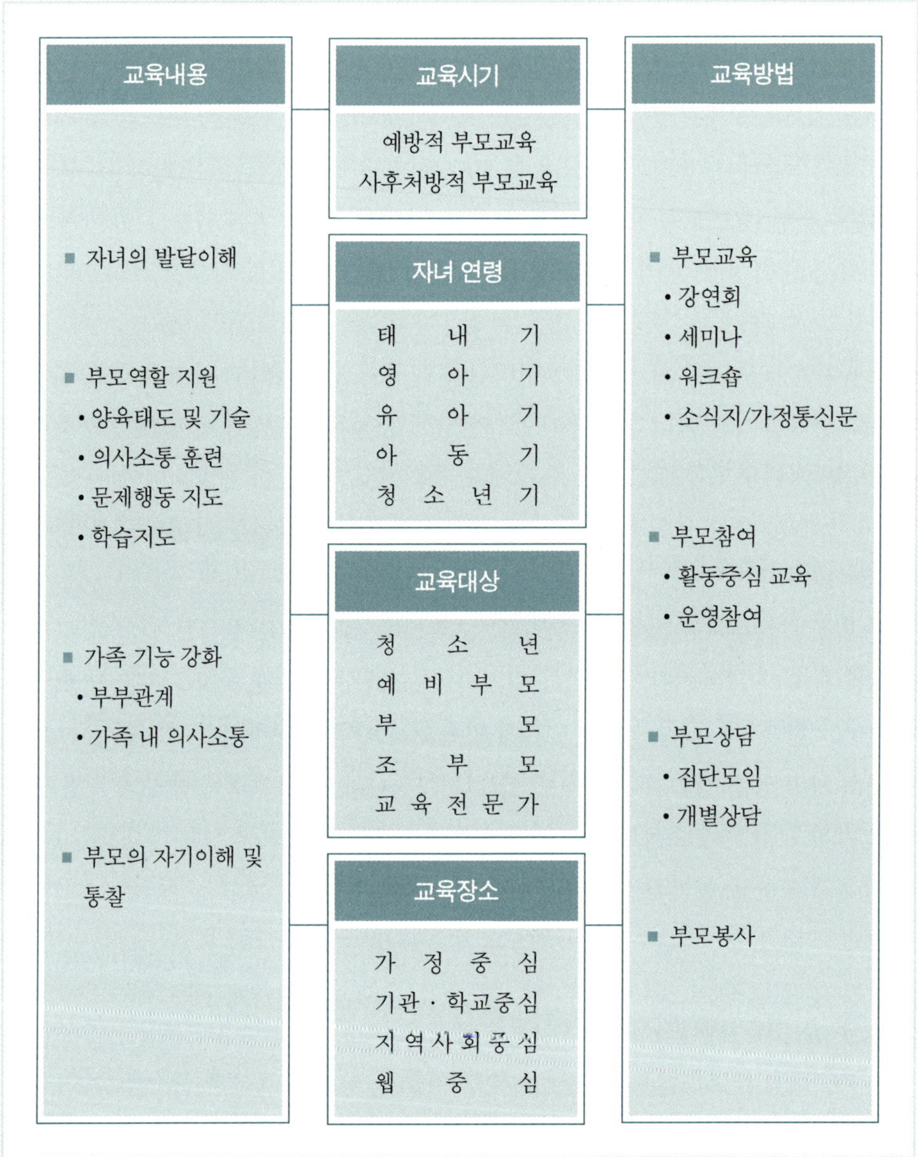

그림 9-1 교육내용 · 교육시기 · 교육방법에 따른 부모교육 유형

정중심 부모교육 프로그램이 운영된다.

1960년대 이후 미국에서는 자녀가 갓 태어났을 때부터 부모역할이 제대로 수행될 수 있도록 가정방문 프로그램을 다양하게 개발하였다. 헤드 스타트(head start)의 효과를 지속하기 위해 저소득층 가정을 직접 방문하여 부모교육을 실시한 홈 스타트(home-start) 프로그램, 오지에 사는 가정에 교육기회를 주기 위한 HOPE(Home Oriented Preschool Education) 프로그램, 자녀가 학교에 다닐 수 없는 가정을 위해 실시한 부모-자녀 장난감 도서관 프로그램, 지역주민의 생활방식을 존중하여 이웃간 가정방문을 통해 이루어진 이스라엘의 HIPPY(Home Instruction Program for Preschool Youngsters) 프로그램, 장애 영유아 및 부모를 위한 포테이지(potage) 프로그램 등이 그 예다. 외국에서 가정중심 부모교육 프로그램이 활성화된 것과는 달리 우리나라에서는 가정중심의 부모교육이 활성화되지 못하였다. 우리나라에서 실시된 가정방문 부모교육 프로그램에 대한 효과검증 연구결과, 아버지와 어머니의 교육수준이 낮을수록 가정방문 부모교육 프로그램을 통해 어머니의 부모역할 수행에 대한 인식과 수행에 있어서 더 큰 변화가 있었다(정계숙, 1996). 이는 일반적으로 교육수준이 낮은 부모들이 상대적으로 교육수준이 높은 부모들보다 양육에 관한 지식이 부족하며 지식습득을 위한 기회의 획득 면에서도 불리하기 때문에 취약계층을 대상으로 한 가정중심 부모교육 프로그램의 필요성을 보여 주는 것이다. 가정방문 프로그램이 프로그램을 보다 필요로 하는 사람들에게 더욱 충실히 전달될 수 있는 교육 프로그램 유형이라고 할 수 있다. 또한 부모교육 프로그램에서 습득한 지식이 태도변화로 전환되기 위해서는 보다 장기적인 프로그램의 실시가 필요하다(정계숙, 1996). 그러나 우리나라에서의 가정방문 교육 프로그램은 주로 상업적인 영유아 교육관련 기업에서 교재활용 및 교육과 관련하여 이루어지고 있어서 가정중심 부모교육 프로그램 개발 및 실시와 관한 연구 및 프로그램 개발이 필요한 실정이다.

(2) 기관중심 부모교육 프로그램

기관중심 부모교육 프로그램(school based parent education program)은 유치원, 어린이집, 학교 등 영유아교육기관과 학교 등에서 학부모를 대상으로 부모교육이 실시되는 것을 말한다. 기관 내 전문가가 부모를 대상으로 부모들 자신에 대한 이해를 향상시키고 자녀양육의 기술이나 자신감을 향상시키는 것을 목적으로 학부모 워크숍이나 세미나, 교육활동 참여 등의 프로그램(Swap, 1993)을 실시하는 것으로, 기관의 교육활동에 대한 정보를 제공하고 가정에서 자녀들을 어떻게 대할지에 대한 구체적인 방법까지 알려 주며 자녀를 위한 지역 내 자원에 대한 정보를 공유할 수 있다는 이점이 있다. 주로 자녀들의 교육기관을 기반으로 하는 부모교육은 가정의 교육기능 강화를 통한 아동의 문제예방에 보다 직접적이고 효과적인 개입형태로, 기관에서 수행하는 예방활동의 내용과 원리를 부모들이 습득하여 평상시 가정에서도 적용할 수 있도록 원조하는 프로그램이라고 할 수 있다.

교육기관이라는 장을 기반으로 부모들이 가지고 있는 다양성보다는 동질성을 최대한 반영하여 부모교육 프로그램을 운영할 수 있다는 장점이 있다. 즉, 동일한 학교, 동일한 발달단계, 동일한 지역사회라는 공통의 기반은 성원 간의 공감능력을 극대화할 수 있으며 이는 안전한 지지망과 자조집단으로 기능할 수 있다. 또한 부모교육 프로그램을 구성할 때 학생 대상의 프로그램이 서로 유기적으로 연결될 수 있도록 한다면, 프로그램 참여 자체가 프로그램에 참석한 부모들과 자녀 간에 동일한 관심사 및 공감대를 형성할 수 있다는 점에서 또 다른 의사소통의 매개체가 될 수 있다(박현선 · 이상균, 1998).

(3) 지역사회중심 부모교육 프로그램

지역사회중심 부모교육 프로그램(community based parent education program)은 사회교육 내지 평생교육의 특성을 띤 부모역할 및 자질향상 교육 프로그램으로, 주로 지역사회의 부모를 대상으로 실시된다. 부모교육 전문가를 양성하는 단체를 중심으로 이루어지는 지역사회중심의 부모훈련이 활발하게 이루어지고 있다. 부모교육을 실시하는 기관 중 비영리기관으로는 국가에서 운영하는 보육정보센터와 건강가정지원센터, 지방자치문화센터 그리고 몇몇 종교기관이 대표적이라고 할 수 있다. 영리목적 기관으로는 백화점 등에서 고객 서비스 차원에서 마련하는 문화센터 부모교육, 개인연구소에서 실시하는 부모교육 등이 있다.

표 9-1 건강가정지원센터에서 실시하는 지역사회중심 부모교육 프로그램 사례

구분	내용
예비부부 및 신혼부부 교육	• 부부갈등 및 가족문제를 예방하고 가족생활 적응력을 향상시키기 위해서 결혼에 대해서 생각하고 준비하기 • 자기이해 및 양성평등이 이루어지는 부부관계 이해하기 • 유익한 성 지식 솔직하게 이야기하기 • 건강한 의사소통 미리 알기 • 결혼과 새로운 가족에 대한 가치관 나누기
부부교육	• 양성평등한 부부생활 만들기 • 부부관계 증진시키기
부모자녀교육	• 영유아기 • 학령기 • 청소년기 • 부모자녀관계 향상하기
아버지교육	• 남성의 돌봄 노동 참여를 위한 아버지교육하기 • 아버지 참여를 통한 가족관계 향상하기
이혼 전 후 가족교육	• 이혼을 고민하는 사람들에게 재고할 수 있는 기회 제공하기 • 이혼을 한 사람들에게 해결해야 할 문제들에 대한 방안 제공하기 • 자존감 회복 및 갈등 다스리기 및 건강하고 능동적인 자세 가지기 • 배우자와의 관계, 자녀와의 관계 증진하기
한부모가족교육	• 건강한 자아를 확립하여 자립능력 증진하기 • 가족유대를 강화하고 자녀양육 지원하기 • 경제 및 법률 제대로 알기
결혼 이민자 가족교육	• 한글교육을 통하여 가족의 의사소통 원활하게 하기 • 시부모와의 관계, 부부관계, 자녀관계 증진하기
기타 생활교육	• 식생활 및 영양관리 교육 • 가정경제 교육 • 자원봉사자 교육

출처: 관악구건강가정지원센터(http://www.gfamily.or.kr/)

(4) 웹중심 부모교육 프로그램

웹중심 부모교육 프로그램(web based parent education program)을 통한 원격교육은 표준교육과정을 제공하는 전통적인 학교 환경에 적응하기 어려운 학습자나 직접적인 학습상황에 참여할 시간이 없는 학습자들을 위하여 전통적 기관 교육에 대한 대안으로 제시되고 있다. 최근 웹을 기반으로 이루어지는 각종 교육 및 훈련 프로그램의 개발이 활발하게 시도되고 있는 추세다(김정원, 2008). 영유아교육과 부모 및 가족과의 연계에 관한 다양한 연구들에서는 가족지원과 교육을 강화하기 위해서 인터넷과 멀티미디어 기술을 활용할 것이 제안되고 있다(Lorenza, 2002). 유아교육기관 및 보육시설에서는 부모의 요구에 맞는 다양한 유형의 부모교육 및 참여 방안을 준비할 필요가 있다. 또한 유아교육기관에서는 영유아의 부모와 가족을 지원하기 위한 지원네트워크 형성을 보다 적극적으로 시도해야 하는데 이러한 네트워크 형성의 한 가지 유형으로 가족의 경험을 교육현장과 통합시킬 수 있는 가족 참여 웹을 사용하는 방법이 추천되기도 한다(Coleman & Wallinga, 2000).

유아기 자녀를 둔 부모들을 대상으로 부모교육에 대한 요구도 조사결과에 따르면(김정원, 2008), 조사대상의 70%는 부모교육이 필요하다고 응답하였으나, 부모교육에 참여하겠냐는 질문에 대해서는 절반 이하의 부모들만이 참여하겠다고 하였다. 불참요인에 대한 질문에는 프로그램 내용에 대한 불만족을 가장 중요한 요인으로 꼽았고, 그 밖에 시간제약과 교통수단 등의 이유를 꼽았다. 이는 부모교육이 참여대상 부모의 흥미나 요구를 적절히 반영하지 못했기 때문인 것으로 볼 수 있다. 유아기 자녀를 둔 부모의 자녀양육을 지원하기 위하여 개발된 질 높은 웹중심 부모교육 프로그램은 시간적, 공간적으로 제한된 상황에 있는 현대사회 부모의 자녀양육에 실질적인 도움이 될 것이므로 웹을 기반으로 하는 부모교육 프로그램 개발과 적용을 활성화시키기 위한 방안이 사회적 차원에서 보다 적극적으로 모색되어야 할 것이다. 웹중심 프로그램은 주제내용 제시뿐만 아니라 토론방, 주제관련 활동, 게시판 등을 통해 교육자와 학습자 간, 학습자들 간의 상호작용이 가능하도록 구성하고 웹을 통해 받은 교육을 실제로 적용해 볼 수 있는 활동을 제시해야 웹중심 부모교육의 효율성 및 참여도를 높일 수 있다. 먼저 컴퓨터와 인터넷에 익숙하지 않은 부모들을 위한 컴퓨터 활용교육이 제공될 필요가 있으며, 컴퓨터의 접근이 제한되어 있는 사회경제적 배경의 부모 및 가족을 지원하기 위한 지원방안도 마련되어야 한다.

3) 자녀의 연령과 부모교육 프로그램의 내용

부모들은 공통적으로 부모교육 프로그램이 자녀의 발달이해, 양육 기술, 의사소통 훈련, 학습지도, 문제행동 지도 등과 같은 부모역할을 지원하는 교육, 가족 기능 및 관계 개선 등에 대한 내용을 다루어 줄 것을 요구한다. 그러나 자녀의 연령에 따라 부모교육의 내용에 대한 요구는 조금씩 달라진다. 자녀의 연령이 어릴수록 건강, 영양, 안전과 관련된 부모교육 내용에 대한 요구도가 높고 자녀의 연령이 많아질수록 자녀의 사회정서적 발달, 자녀와의 대화법 등에 대한 관심이 높다(김지신 · 김민정 · 김은혜 · 이유리 · 최정희, 2008; 도현심 · 박선영 · 이선희 · 오유리 · 최규리 · 김경미 · 강나현, 2009; 김상희 · 이희선 · 박보경 · 황은영 · 선우현정, 2008; 이사라 · 박지숙 · 이혜린 · 김은진 · 권정임 · 김수진, 2008). 또한 청소년기 자녀를 둔 부모들은 자녀 적성에 알맞은 진로선택, 바람직한 가치관 정립, 건전한 성의식 함양 및 건전한 이성교제 등에 대한 부모교육 프로그램을 요구하고 있다(김정옥 · 구향숙, 2006).

최근에는 영유아발달 지식이나 부모역할 지식에 대한 교육요구 못지않게 부모 자신의 인격적 성숙을 도모할 수 있는 성격검사를 활용한 자기이해프로그램에 대한 요구도 높아지고 있다(류왕호, 1997). 건강한 부모-자녀관계를 갖기 위해서는 가족 구성원 모두가 심리적으로 건강한 자아감과 긍정적인 대인관계를 맺을 수 있는 능력이 필요하기 때문에 앞으로 자기이해 프로그램이 부모교육 프로그램으로서의 활용 가능성이 높아질 것으로 기대된다(이원영 · 이태영 · 강정원, 2008).

4) 부모교육 방법

부모교육은 다양한 방법으로 이루어질 수 있으며, 부모들의 참여수준도 다양하게 제공될 수 있다. 부모교육 프로그램은 강연회, 세미나, 워크숍과 같은 전통적인 부모교육뿐만 아니라 자녀가 다니는 교육기관의 교육활동에 대한 관찰 및 참여, 의사결정자로서의 부모참여, 교육의 보조자로서의 부모봉사, 부모 자신 및 자녀에 대한 이해를 돕는 부모상담 등도 넓은 의미의 부모교육 프로그램이라고 할 수 있다. 프로그램 수혜자의 특징과 요구에 가장 부합되는 프로그램을 적절한 방법으로 제공함으로써 프로그램의 효과를 극대화할 수 있다. 구체적인 부모교육 방법에 대해서는 부모교육 프로그램의 운영 실제에서 살펴보기로 한다.

2. 부모교육 프로그램의 실행

1) 부모교육 프로그램의 개발

현대사회에서 부모의 역할을 제대로 수행하기 위해서는 부모교육을 필요로 하는 대상의 특성과 요구에 가장 적합한 부모교육 프로그램을 개발하는 것이 필요하며, 이에 적절한 부모교육 방법을 적합하게 사용하는 것이 중요하다. 우리나라의 부모교육 현황을 분석한 연구에서도 부모교육을 실시하는 대부분의 기관에서 부모들의 요구를 반영하지 않으며, 부모교육 프로그램 계획 시 부모 개개인의 상황을 고려하지 않으며, 부모교육 프로그램의 계획을 미리 세우지 않는 것이 우리나라 부모교육의 문제점으로 지적되었다(김정원 · 이기숙, 1999). 따라서 부모의 실질적인 요구를 반영한 부모교육의 필요성이 제기되고 있다. 또한 부모교육 운영 및 전달하는 방식이 개선될 필요와 함께 전문적인 부모교육 강사훈련이 요구되고 있다(최미경, 2008). 부모교육 프로그램을 개발할 경우 다음과 같은 점에 초점을 두어 구체적 목표 및 방향을 설정하도록 한다(김정옥 · 구향숙, 2006).

- 자녀양육관을 성과지향적(수단적 가치)이 아닌 과정지향적(목적적 가치)이 되도록 하여 자녀에 대한 부정적 고정관념에서 탈피하여 긍정적 자녀관을 가지도

록 함으로써 자녀의 자존감과 유능감을 향상시킨다.

• 문제의 초점을 자녀가 아닌 부모에 두도록 한다.
• 자녀 발달단계별 지식과 정보를 얻도록 한다.
• 의사소통 기술을 익힌다.
• 사례중심의 반복적 연습과 참여수업으로 실천력을 높인다.
• 관계향상을 통해 부모가 자녀의 멘토 역할을 하도록 부모리더십을 함양하는 데 궁극적 목표를 둔다.

부모교육 프로그램의 개발과정은 학습자의 욕구 및 흥미분석, 교육목표 설정, 교육방법 및 교육내용 조직의 순으로 이루어진다. 또한 부모교육 실시 후 반드시 평가를 실시하고 평가결과는 교육목표 설정 및 교육목표, 교육내용, 교육방법에 재반영하여 학습자의 욕구와 흥미에 더욱 부합된 교육이 이루어질 수 있도록 한다. 부모교육 프로그램 개발 및 구성모형은 [그림 9-2]와 같다.

2) 부모교육 프로그램의 교수학습체계

부모들의 프로그램 참여도는 프로그램의 효과를 좌우하는 가장 직접적인 요인이다. 프로그램에 대한 참여도는 프로그램의 특징과 개인특성 및 여건에 따라 차이가 있다. 특히 가정과 사회기관 또는 교육기관 간의 연계성(Powell, 1989)의 문제는 부모의 프로그램 참여도에 크게 영향을 줄 수 있는 요인으로 생각되는데, 가정과 자녀가 속한 교육기관의 프로그램 간의 그 내용과 철학, 방법론적 측면에서 심한 불연속성이 있을 때 부모의 프로그램에 대한 관심과 참여는 저조해진다.

대부분의 부모교육들이 프로그램의 주관기관이 설정한 교육목표, 교육내용, 교육방법에 따라 이루어지며, 부모들이 처한 상황에서 발생하는 부모교육에 대한 다양한 요구를 반영하기보다는 하나의 프로그램을 일률적으로 모든 부모들에게 동일한 방법으로 적용하는 표준화된 프로그램들로 운영되어 왔다(김정원 · 이기숙, 2000). 이는 부모들의 부모교육 참여가 저조하고 교육의 효과성이 떨어지는 것과

학습자 욕구 및 흥미 분석

- 학습자와의 면담, 그룹토의, 개방식 질문지
- 해당관련 분야의 문헌연구

교육목표

- 인지적, 정의적 영역
- 학습을 통한 문제해결 능력을 강조
- 상세한 교육목표 서술

교육방법

- 프로그램 운영 측면: 실시 시작 시기, 실시장소, 담당자, 실시기관, 홍보방안
- 교수학습 측면: 사례연구, 그룹토의, 상황연습, 역할놀이, 현장 프로젝트, 실험실훈련, 시범 보이기, 세미나, 청중참여발표, 기술훈련연습

교육내용 조직

- 학습자가 흥미와 관심이 있는 것
- 실생활과 관련된 것
- 제한된 학습시간 내에 학습할 수 있는 것
- 학습자의 학습능력에 적합한 것
- 교육내용 상호 간에 연관성이 있는 것
- 전체 내용체계에서 다양성을 유지할 수 있는 것

교육평가

- 측정도구를 통한 형식적 평가
- 프로그램 구성 평가
- 프로그램 실행과정 평가
- 관찰, 대화, 설문지 등의 비형식적 평가
- 프로그램 내용 평가

그림 9-2 부모교육 프로그램 개발 모형

관련된다. 어느 대상에게나 적용 가능한 만능 프로그램보다는 프로그램 참여 대상의 개인적, 가족적, 문화적 상황에 부합하는 프로그램을 개발하여 실시하는 것이 중요하다(Cowan, Powell, & Cowan, 2000). 부모교육 프로그램의 실시과정에서 가능한 부모의 직접적 참여가 가능하도록 구성하는 것이 프로그램의 실시 효과를 높일 수 있다.

첫째, 주제들에 대한 부모들의 생각이나 경험들을 알아보기 위하여 부모들의 구체적인 경험이나 생각들을 기술하도록 한 후 서로 자유롭게 이야기를 나누어 보는 시간을 갖는다. 이 과정을 통하여 부모들은 자신들이 가지고 있는 문제를 다른 부모들과 공유함으로써 현재 경험하고 있는 자신의 상황과 자녀문제를 다른 부모들도 유사하게 경험하고 있음을 알게 된다.

둘째, 주제에 대한 지식과 정보를 제공한다. 부모들이 관심을 가지고 있는 부모교육 주제와 관련된 이론적 기초, 최근 연구결과, 전문가의 조언 등을 제공한다.

셋째, 각 주제에 대한 지식과 정보를 바탕으로 자기 자녀 또는 자신에 대한 구체적인 경험담을 나누고 자녀문제 등에 대한 의문 나는 상황에 대해 질문을 하게 함으로써 부모교육자와 부모들이 함께 문제해결을 할 수 있는 기회를 갖는다.

넷째, 부모들에게 역할극 등을 통해 문제해결방안을 스스로 실행해 볼 수 있는 기회를 제공함으로써 가정에서 자녀들과 상호작용할 때 쉽게 적용할 수 있도록 한다. 또한 주제에 따라 워크숍 등을 제공하여 부모들이 다양한 경험을 가질 수 있는 기회를 제공한다.

다섯째, 프로그램에서 제공하는 전반적인 활동에 관하여 전문가가 피드백을 제공하거나 부모들의 바람직한 부모역할을 격려한다(김정원 · 이기숙, 1999).

3) 프로그램의 실시 기간 및 시간

부모교육 프로그램의 요구도 조사결과에 따르면 응답자들의 85% 이상이 주로 일회성 프로그램에 참여한 것으로 나타났으나, 원하는 교육기간은 절반 이상의 응답자가 6회기 정도의 교육을 희망하고 있는 것으로 나타났다(김지신 등, 2008; 도현심 등, 2009). 또한 대집단 교육보다는 10명 내외의 소규모 교육을 선호하였다. 또한 부모교육 프로그램에서 습득한 지식이 태도변화로 전환되기 위해서는 보다 장기적인 프로그램의 계획 및 실시가 필요하다(정계숙, 1996). 이러한 부모교육 요구도 조사결과는 부모들이 일회적보다는 지속적이고 체계적인 교육을, 일방적으로 이루어지는 강의식의 대집단 교육보다는 활동에 참여 가능한 워크숍이나 세미나 형태의 소집단 교육을 선호함을 보여 준다.

3. 영유아교육기관에서의 부모교육 프로그램 운영실제

1) 부모교육 프로그램의 운영목적

영유아교육에서 적극적인 부모의 참여는 반드시 필요하다. 영유아교육기관이 부모에게 필요한 영유아 발달 및 교육에 관한 전문지식과 기술을 교육하고, 나아가서 보다 적극적으로 영유아교육에 참여할 수 있는 기회를 부모에게 제공하는 일은 성공적인 교육 프로그램 운영의 기본이 된다. 영유아교육기관에서의 부모교육은 자녀의 성장 발달과 교육에 대하여 올바르게 이해시키고 이에 대한 부모의 역할을 인식하고 증진시켜, 부모들이 효과적인 부모역할을 하도록 돕는 데 그 목적이 있다. 또한 가족과 영유아교육기관이 영유아의 양육과 교육에서의 공통점과 차이점을 이해하고 상호 존중할 때 영유아는 안정감을 느끼고 부모는 기관과 교사를 더욱 신뢰하게 된다. 따라서 영유아교육기관에서는 시설을 개방하고, 영유아의 생활에 대해 부모와 의견을 교환하며, 부모 간 교류, 부모교육과 부모참여의 기회를 제공하는 것이 좋다.

영유아의 성장과 발달을 돕고 효과적인 부모역할 수행을 돕는다는 측면에서 영유아교육기관의 부모교육은 다음과 같은 세부적인 목적을 지닌다.

- 부모가 영유아기의 발달특성에 대해 알고 자녀를 이해하도록 돕는다.
- 부모가 시기와 상황에 맞는 적절한 자녀 지도방법을 습득하도록 돕는다.

• 부모의 올바른 부모역할을 통해 부모-자녀관계를 강화시키도록 돕는다.
• 가정과 영유아교육기관의 연계를 통하여 자녀의 영유아교육기관에서의 적응을 돕는다.
• 영유아의 발달수준과 개인차를 고려하는 놀이나 활동을 중심으로 이루어지는 영유아교육과정의 교육적 가치를 이해하도록 돕는다.
• 건전한 지역사회 환경의 조성을 지원하고, 영유아의 지역사회 적응력을 증진시키도록 돕는다.

2) 부모교육 프로그램 운영의 어려움

맞벌이 가정이 증가하면서 부모-교사회의 또는 여러 교육활동에 부모의 참여를 기대하는 것은 현실적으로 상당한 어려움이 따른다. 영유아기나 학령기 자녀를 둔 부모의 직장에서 부모들이 자녀의 교육기관 활동이나 부모회의에 참여할 수 있도록 시간을 배려하는 제도(Connors & Epstein, 1995)의 마련 및 정착이 중요하다. 사회적으로 일-가정 양립에 대한 지원제도가 없다면, 부모교육 및 부모참여의 중요성과 필요성이 아무리 강조된다 하여도 현실적으로 이루어지기 어렵다. 부모역할을 보다 효과적으로 하도록 교육이나 훈련을 통해 도와주는 부모교육과 가정과의 협력을 통하여 영유아의 최적의 성장, 발달을 이끌고자 하는 부모참여 활동에는 현실적으로 많은 어려움이 있다. 현실적으로 부모들의 자원봉사는 보편화되지 않은 경우가 많고, 부모회의나 부모교육의 참여도가 낮은 경우도 많다. 다음은 부모들이 부모교육 프로그램에 참여하기 어려워하는 경우의 다양한 예다.

• 영유아교육기관에 자녀를 맡긴 대부분의 부모들이 맞벌이 부모들로서, 시간적인 문제로 부모교육 프로그램에 참여할 수 없거나, 전업주부라 하더라도 다른 여러 가지 일로 시간적 여유를 가지기 어려워 부모교육 프로그램 참여를 어려워한다.
• 부모교육이나 참여 프로그램이 부모의 흥미와 요구, 시설의 목적이나 필요, 지

역사회의 실정 등을 충분히 반영하지 못한 경우 부모들의 부모교육 프로그램 참여에 대한 동기가 떨어진다. 영유아교육기관의 기관장은 부모의 입장을 충분히 고려하여 부모교육의 목적, 내용 및 운영방안을 계획, 실천해야 한다. 효과적인 부모교육을 위해서는 사전에 부모들의 의견을 조사하고 전문가의 자문을 얻어 지역사회에서 활용 가능한 자원을 탐색해야 한다.

- 부모가 부모교육이나 부모회 등 부모참여 프로그램에서 피동적인 역할이나 대우가 싫어 참여를 기피하는 경우다. 오늘날 부모들은 단지 듣기만 하는 소극적이고 일방적인 형태로 진행되는 부모교육 프로그램에 만족감을 느끼지 못한다.
- 교육은 교육기관과 교사의 책임이고 가정이나 부모의 책임이 아니라는 전통적인 관념 때문에, 부모 또는 교사가 부모참여에 대해 부정적인 생각을 가지는 경우다.
- 부모와 교사 모두가 서로 의사소통하는 것에 대해 부정적인 느낌을 가질 수가 있다. 부모는 교사와 면담을 하는 것이 자녀에게 문제가 있기 때문인가 하고 걱정할 수가 있고, 교사 역시 부모가 의견제시나 요구를 하면 방어적인 자세가 되는 경우다.

이러한 어려움은 부모의 요구와 필요성을 바탕으로 한 현실적인 부모교육 및 참여 프로그램을 계획하고자 하는 노력과, 교사들에게도 역시 부모교육 및 참여의 중요성을 일깨우는 노력이 필요하다.

3) 부모교육 프로그램 운영 시 유의점

영유아교육기관에서는 강연회, 세미나, 워크숍, 소식지, 가정통신문, 홈페이지 등을 활용한 전통적 의미의 부모교육뿐만 아니라 아버지참여수업, 수업참관 등의 교육활동 참여, 부모운영위원회 참여와 같은 운영참여를 포괄하는 부모참여, 개별상담이나 집단면담 형태의 부모상담, 급식봉사, 청소봉사, 교육활동 보조 등과 같은 부모봉사도 부모교육 프로그램으로 운영할 수 있다. 부모교육의 내용 및 운영형태를 선정할 때 부모교육의 목적 · 필요성과 대상 부모들의 관심 및 요구, 시설의 인적 · 물적 자원, 지역사회 여건 등을 종합적으로 고려하여 현실적으로 가능한 내용을 선택하도록 한다. 또한 부모교육 프로그램을 계획하고 실시할 때는 다음과 같은 사항에 유의한다.

- 부모교육 계획을 세울 때에는 부모들을 참여시켜서 그들의 요구와 필요를 충분히 반영하도록 한다. 기관의 운영자나 부모 모두 부모를 부모교육의 수동적 학습자가 아닌 동등한 협력관계로 인식하는 것이 중요하다.
- 영유아교육기관의 교육계획과 일관성을 갖도록 계획한다. 기관의 연간교육계획안 작성 시 부모참여 및 부모교육을 고려하여 구성한다. 예를 들면, 영유아의 프로젝트 발표회와 부모참여수업을 연계하는 방법 등도 고려할 수 있다.
- 부모교육을 위한 세부목표를 설정하고 그에 따라 체계적이고 일관성 있게 실천할 수 있도록 계획되어야 한다.
- 부모교육의 계획은 부모들의 직업, 학력, 생활수준, 시간적 여건 등의 특성을 고려하여 참여 부모들에게 적절한 교육이 될 수 있도록 한다. 또한 다양한 수준의 활동을 마련하여 부모가 자신의 형편에 따라 참여 가능한 수준을 선택할 수 있도록 한다. 특히 최근 다양해지고 있는 가족의 형태를 고려한다.
- 부모교육은 부모들이 자녀교육에 실제로 적용할 수 있는 내용이 되도록 계획한다.
- 효과적인 부모교육이 되기 위해서는 장기적이고 지속적인 교육이 되도록 계획해야 한다.
- 부모교육의 계획 및 진행에 부모회가 함께 참여해서 운영하여 기관과 부모들 간의 협력이 잘 이루어질 수 있도록 한다.
- 부모참여활동이나 봉사활동에서 지켜야 할 태도, 자녀들에 대한 공평한 대우, 유아교육기관의 교육방침 숙지 등에 대한 사전교육이 필요하다.
- 부모교육 프로그램이 끝나면 반드시 평가를 실시하여 향후 프로그램 계획 및

운영에 반영한다.

4) 부모교육 프로그램의 운영

가정에서 자녀의 학습을 지원하거나 가정통신, 부모회, 강연회, 워크숍, 행사참여, 참관 등의 소극적인 수준에서부터 영유아교육기관 운영에 의사결정자로서 참여하거나 부모가 자원봉사자로 교사를 도와 자녀의 교육활동에 참여하는 등의 좀 더 적극적 형태의 부모참여가 있다(안선희, 2004; Gestwicki, 2000). 〈표 9-2〉과 같이 부모교육 프로그램의 운영은 부모교육, 부모참여, 부모상담, 부모봉사의 4개 영역으로 크게 구분해 볼 수 있으며 각 영역별로 적극적 참여수준의 프로그램과 소극적 참여수준의 프로그램이 운영된다. 영유아교육기관에서는 영유아의 연간교육계획안 수립 시 부모교육 프로그램의 연간교육계획을 연계하여 계획, 실시함으로써 가정과 기관 간의 연계로 교육 효과를 높일 수 있다.

표 9-2 어린이집의 부모교육 프로그램 구성

<table>
<tr><th colspan="2">구분</th><th>횟수</th><th>실시방법</th></tr>
<tr><td colspan="2">부모교육</td><td>연간 6회</td><td>• 강연회, 워크숍, 토론회 등</td></tr>
<tr><td rowspan="4">부모참여</td><td>교육참여</td><td>연중 실시</td><td>• 자녀의 적응프로그램 참여
• 수업참관, 부모참여수업 등 교육활동 참여로 영유아의 교육활동 및 보육시설 생활에 대한 이해 도모</td></tr>
<tr><td>운영위원회
학급회의</td><td>필요시</td><td>• 어린이집의 운영 논의로 학부모의 주체적 참여 유도</td></tr>
<tr><td>감사위원회</td><td>학기당 1회</td><td>• 어린이집 회계 감사 참여로 운영의 투명성 제고</td></tr>
<tr><td>부모평가제</td><td>학기당 2회</td><td>• 부모의 보육 만족도를 조사하여 보육활동 계획 수립에 반영하여 부모의 보육만족도 향상 기대</td></tr>
<tr><td>부모상담
및
의사소통</td><td>의사소통</td><td>연중 실시</td><td>• 기관소식지, 가정통신문, 학급소식지
• 보육수첩, 보육일지, 전화
• 홈페이지</td></tr>
</table>

(계속)

부모상담 및 의사소통	개별면담	학기당 1회	• 1학기 아동발달기록부를 기초로 원아의 발달 및 원 생활에 대한 교사와 학부모와의 개별면담 실시
	집단면담	학기당 1회	• 교사의 보육철학 및 학급운영을 학부모들에게 설명하고, 학부모의 보육 요구 파악
	상담	연중 실시	• 상시
부모봉사	식당봉사	연중 실시	• 급간식 준비 및 주방 관리 참여로 급간식의 질 향상 유도
	청소봉사	연중 실시	• 보육실의 청결 유지
	보조교사	연중 실시	• 견학 등 행사 지원 일일 교사 • 특기를 활용한 특별활동지도 교사 • 일상활동 보조자원봉사, 특별행사 진행 자원봉사, 교재교구 제작 자원봉사

(1) 부모교육

① 강연회

강연회는 특정분야의 전문가를 초대하여 주제에 대해 강연을 듣는 형태다. 이 방법은 준비과정이 비교적 복잡하지 않고, 부모들이 참여에 대한 부담을 느끼지 않아 자주 활용되고 있으나 점차 줄어들고 있는 경향이다. 강연의 내용은 주로 아동발달, 부모의 역할, 영유아교육기관에 대한 이해 및 영유아교육기관의 프로그램 등에 관한 것이다. 일반적으로 강연회는 영유아교육기관에서 준비하여 진행되는데 강연회 주제 및 일정을 부모회에 일임하여 부모들에게 자치적으로 맡길 경우 참여도가 높아질 수 있다.

② 세미나 및 소규모 토론회

독서토론회, 소집단 연구모임, 영상물 감상 토론회 등 부모 소모임을 구성하고 그 구성원들이 관심 있는 주제를 선정하여 프로그램을 진행한다. 기관에서는 장소를 대여해 주거나 주제선정, 자료제공, 프로그램 진행 등 다양한 지원을 제공한다. 부모들은 자신들이 관심있는 주제에 선택적으로 참여하는 것인 만큼 프로그램 참여도나 프로그램의 교육 효과의 측면에서 긍정적이다. 그러나 많은 부모가 참여하기에는 제한적이며 프로그램의 운영 및 관리에 기관이나 교사의 도움이 필요하다는 점에서 어려움이 있다.

③ 워크숍

워크숍은 부모들이 직접 참여하여 특정 주제에 대해 함께 생각하고 경험을 나누고 부모역할을 실행해 보는 과정을 통해 부모의 전문적인 성장을 꾀하고 부모역할 수행 능력을 강화할 수 있다. 워크숍은 부모가 스스로 해 보면서 적극적으로 참여하여 교육의 실제를 익힐 수 있는 장점이 있으며 소집단 또는 중집단으로 운영되는 경우가 많아서 부모들 간 친교의 기회를 제공할 수 있다.

워크숍 형태로 진행되는 부모교육

- 영유아의 교육활동 관련 워크숍: 영유아의 놀이와 교육을 직접 경험해 봄으로써 자녀의 교육활동과 학습지도에 도움을 받을 수 있다. 유치원과 초등학교 1학년 아동의 수학적 능력에 어떠한 효과가 있는지 검증하는 연구에서 부모참여 프로그램을 통해 일상생활에서의 수학적 경험, 놀이 및 게임 등의 수학 학습방법을 소개함으로써 가정에서 아동의 학습을 활동중심 방법으로 지원할 수 있게

한 결과 긍정적인 효과가 있는 것으로 나타났다.

- 부모역할 수행 관련 워크숍: 문제행동지도, 의사소통훈련, 역할극 등을 통해 자녀와의 관계개선을 도울 수 있다.
- 자기이해 프로그램: MBTI, 에니어그램, 교류분석 등과 같은 성격유형 파악을 통해 자기이해, 타인이해, 인간관계 이해에 도움을 받을 수 있다.

④ 안내책자 및 도서대여

부모들에게 아동발달 및 자녀교육에 도움이 되는 도서들을 시설 내에 비치, 목록화하도록 한다. 이런 도서들을 부모들이 대여할 수 있도록 하여 부모교육의 일환으로 운영하도록 한다. 또한 자체적으로 자녀교육에 전반적인 도움을 줄 수 있는 내용 및 적합한 그림을 삽입한 부모교육용 안내책자를 제작하여 부모교육을 위하여 배포할 수 있다.

(2) 부모참여

영유아교육의 효과증진을 위해 영유아교육기관과 가정 간의 연계성 증진, 부모교육 및 부모참여의 중요성이 강조되면서 부모들의 교육활동 참여가 강화되었다(윤기영, 2005). 자녀교육에의 부모참여가 아동, 가족 그리고 교육기관에 긍정적인 효과를 미친다는 것은 많은 연구결과를 통해 입증되어 왔다(Connors & Epstein, 1995; Sanders, 1996). 이에 따라 유아교육기관에서도 교육에 파트너로서 부모참여를 유도하기 위한 많은 시도가 이루어지고 있다. 부모참여(parent involvement)는 다의성을 지니는 개념으로 부모를 보는 시각에 따라 그 의미가 다르게 받아들여진다(Coleman & Churchill, 1997). 20세기 전반기에는 많은 학자들이 부모가 지식이나 능력이 부족하여 바람직한 부모역할에 대해서 배워야 하는 존재로 간주하면서 부모교육(parent education)의 측면을 강조하였다(Powell & Diamond, 1995).

1960년대에 들어와서 부모를 바라보는 시각에 변화가 생겨 부모가 학교 프로그램의 중요한 의사결정자, 학급의 자원봉사자로 참여해야 한다는 움직임이 일면서(Powell & Diamond, 1995), 부모를 교육의 동반자로서 인정하는 견해가 강조되었다

(배지희, 2002).

부모참여의 수준은 자녀의 교육활동을 참관하는 것과 같은 소극적 참여수준에서부터 보육시설운영위원회에 참여하여 교육기관의 운영에 참여하는 것 같은 적극적 참여에 이르기까지 다양하다. 부모들에게 다양한 참여수준의 활동을 제공하여 부모들이 자신의 상황에 맞게 선택하여 참여할 수 있도록 한다(안선희, 2004; Gestwicki, 2000).

① 교육활동 참여

- 가정 내 교육활동을 통한 부모참여: 가정에서 유아교육기관 교육과정과 연계하여 교육활동을 할 수 있도록 도와준다. 부모가 직장생활을 하거나 여러 이유로 기관을 방문하기 어려운 가정에 적절하다. 아동의 학업 성취에 긍정적 효과가 있는 것으로 알려져 있으며 앞으로 좀 더 개발되어야 할 부분으로 평가된다(배지희, 2002). 예를 들면, 매일 집에서 부모가 아이와 함께할 수 있는 활동이 적힌 가족활동달력(family activity calendar)을 제공해 주고 유아교육기관에서 하는 활동과 연결해서 할 수 있는 활동의 예를 제시해 준다.
- 부모와 유아가 함께하는 활동참여: 부모와 유아가 함께하는 활동참여는 부모참여 프로그램 가운데 가족들에게 가장 인기 있는 형태다. 교사는 부모와 아이들이 함께할 수 있는 활동이 매우 인기가 있고 장점이 있지만 준비하는 데 시간이 많이 든다는 것을 어려움으로 지적하였다.
  - 사회적 상호작용 중심의 활동: 부모-유아, 가족-가족, 교사-부모 상호작용의 기회를 제공한다(예: 소풍, 등산대회, 운동회, 놀이 그룹 등의 모임).
  - 주제가 있는 활동: 유아와 부모가 함께하는 특정한 주제가 있는 활동이다(예: 함께 노래 부르기, 이야기책 만들어 읽어 보기, 종결활동 발표회 및 전시회).
  - 아버지참여수업: 아버지는 상대적으로 보육시설을 방문할 기회가 적으므로 따로 참여수업을 계획할 수 있다. 아버지참여수업도 자녀의 생활을 이해하도록 도와 시설과 가정과의 일관성 있는 교육을 하고자 하는 데 그 목적이 있다.

가족참여 활동으로 진행된 운동회

유아와 부모가 함께하는 교육활동

② 의사결정 참여

가정과 학교 간의 바람직한 협력관계를 유지하기 위해서는 부모가 의사결정자로서 참여할 수 있도록 보장되어야 한다(Epstein, 2001). 전체 학부모가 참여하거나, 학부모대표를 선정하여 부모들의 의견을 수렴하여 제시할 수 있도록 한다. 유아교육기관 운영에 관한 중요한 결정사항들을 운영자, 교사, 부모들이 함께 의논하게 된다. 그러나 다른 형태의 부모참여와 비교해 볼 때 참여율이 저조한 실정이다. 학급부모회, 전체부모회 등이 구성되어 운영될 수 있다.

- 부모회: 시설 내 원아의 부모들이 정기적으로 혹은 비정기적으로 갖는 집단모임으로, 부모를 교육시키고 시설의 활동에 부모를 참여시키는 효과적인 방법 중 하나다. 부모회는 정보나 지식을 제공하고, 부모들에게 집단의식 및 소속감을 갖도록 하는 계기를 만든다. 또한 부모로서 부모역할에 대하여 정확하게 인식하도록 함으로써, 부모교육에 대한 욕구를 자극하고 이를 충족시킬 수도 있다. 또한 시설에서의 교육과 가정에서의 교육이 일관성 있게 연계되도록 한다. 시설장은 한 달에 1회 혹은 두 달에 1회 정도 정기적인 부모회를 계획할 수 있으며, 필요시에 비정기적인 부모회를 소집할 수 있다. 때로는 부모의 요청에 따라 자체적으로 부모회가 계획되기도 한다.

• 보육시설운영위원회: 우리나라의 보육시설의 경우 보육시설 운영의 자율성과 투명성을 제고하고 지역사회와의 연계를 강화하여 지역 실정과 특성에 맞는 보육이 가능하도록 보육시설 내에 부모, 시설장, 교사, 지역사회인사로 구성된 보육시설운영위원회를 설치하도록 법적으로 규정되어 있다(영유아보육법 제25조).

시설장, 교사대표, 부모대표로 구성된 보육시설운영위원회

- 보육시설운영위원회의 주요 기능(심의사항)
  i) 보육시설 운영규정의 제정 또는 개정에 관한 사항
  ii) 보육시설 예산 및 결산의 보고에 관한 사항
  iii) 영유아의 건강 · 영양 · 안전에 관한 사항
  iv) 보육시간 · 보육과정의 운영방법 등 보육시설의 운영에 관한 사항
  v) 그 밖에 보육시설 운영에 대한 제안 및 건의사항

(3) 부모상담

영유아 교사와 부모의 양방적 의사소통이 부모참여와 가정-영유아교육기관 연계의 기틀을 형성한다. 문제가 생긴 이후의 의사소통은 부정적인 이야기를 하게 되므로

불편한 관계가 된다. 교사는 가정통신문, 노트, 전화 등을 통해 부모에게 수업과 행사계획을 알리고 정기적 면담, 가정방문을 실시할 수 있다. 부모는 가정통신문을 읽고 필요한 자료를 영유아교육기관에 보내 주기, 유아의 행동이나 정서에 영향을 미칠 수 있는 가정환경의 변화 등에 대해 교사에게 알리고 부모-교사 면담에 참석한다.

① 의사소통(Swap, 1993)

- 소식지/가정통신문: 가정통신은 영유아교육기관의 공지사항을 알리는 공식적인 것과 가정과의 의사소통을 위하여 수시로 보내는 알림장과 같은 개별적인 것이 있다. 공식적인 가정통신은 주로 시설 내에 특별한 행사가 있거나 또는 행사가 변경되었을 경우, 그리고 이 밖에 전염병의 예방 및 주의를 요하는 등의 영유아 안전 및 건강에 대한 공지를 위하여 시행될 수 있다. 예를 들어, 정기적으로 이루어지는 부모와 함께 참가하는 소풍, 생일잔치, 주제종결행사, 부모교실에 대한 통지가 포함된다.

  각 반별로 교사에 일임하여 행해지는 개별적인 가정통신의 경우, 영유아의 발달상황이나 특이상황에 대한 의견을 교사와 부모가 나눌 수 있는 수단으로 사용되며, 다양한 활동을 원활히 수행하기 위한 알림장으로도 사용된다. 예를 들어, 보육일지와 보육계획안 및 보육활동보고서, 안내문, 편지, 보육수첩, 쪽지, 아동관찰 등이 있다.

  영유아교육기관에서 가정통신문을 이용한 부모교육은 자료제공이 쉽고 간편하며 시공간을 초월하고 그 참여자의 수에 제한 없이 부모교육을 할 수 있는 장점이 있다. 부모교육 유형 중 가정통신문은 영유아교육기관에서 가장 많이 사용하는 것으로, 매주 혹은 매달 서신 형식으로 정보를 제공한다. 매주 배부되는 가정통신문을 통한 부모교육의 효과는 영유아교육기관과 가정이 연계되어 일관성을 갖고 교육을 할 수 있으며 바쁜 일과 속에서 부모들이 모임을 갖지 않고 시간과 장소를 초월하여 부모역할과 자녀양육에 대한 지식을 제공받을 수 있는 부모교육이다. 시간적 여유가 없거나 참석해야 하는 부담감이 적고 수시로 교육내용을 볼 수 있는 측면에서 효과가 있다(이민자 · 김용미 · 정명수, 2007).

② 부모상담

부모상담이란 교사와 부모가 서로 대면하여 영유아의 생활과 문제행동에 대해 의견을 교환함으로써 바람직한 지도의 방안을 모색하기 위한 의사소통활동이다. 부모상담은 개인상담과 집단상담으로 나뉜다. 또한 시설의 계획에 따라 정해진 시기에 이루어지는 정기적 상담(봄학기에는 4월, 7월, 가을학기는 10월, 12월에, 일년에 2~4회 실시할 수 있다), 그리고 부모와 교사의 필요에 따라 이루어지는 비정기적 수시상담으로 구분될 수 있다.

집단상담은 교사 및 시설장과 여러 부모들이 함께하는 공개상담으로, 여러 원아들의 부모들이 서로 간의 의사소통을 할 수 있다는 장점이 있다. 즉, 자녀교육에서 느끼는 어려움과 경험을 나누고, 상황에 따른 지도방법을 공유하거나 정보를 제공받을 수 있다. 집단상담 시는 모든 부모들이 골고루 의견을 제시하고 대화를 나눌 수 있도록 시간 배분에 유의하도록 한다. 개인상담은 한 명의 영유아 부모와 교사가 일대일의 관계에서 상담하게 되므로 각 영유아에 대하여 집중적이고 심도 깊은 의견을 교환할 수 있다는 장점이 있다. 개인상담 시는 교사가 영유아에 대한 충분한 정보(영유아의 개별특성과 문제점 등) 및 지도방향을 갖고 있어야 효과적이므로 이에 유의하도록 한다.

정기적인 상담의 경우, 교육을 시작하며 부모들에게 영유아교육기관의 운영과 프로그램에 대해 설명하여 이해를 돕는 활동과 기말마다 이루어지는 영유아발달 및 생활기록 보고활동, 부모의 시설 운영 평가활동 등을 그 내용으로 할 수 있다. 비정기적인 상담의 경우는 등·하원 시의 직접 대화, 전화통화 등이 대표적이다. 전화상담의 경우는 부모와 교사가 만날 시간이 여의치 않을 경우에 상담할 수 있는 방법으로, 수시로 이루어질 수 있다. 예를 들어, 등·하교 시 영유아를 부모가 직접 데리러 오지 않는 경우나, 영유아가 결석한 경우, 부모가 개인사정으로 시설에 올 수 없는 경우 등에 교사는 전화를 통하여 상담할 수 있다.

이렇게 다양한 상담을 실시할 때에 시설장은 영유아에 대한 여러 자료를 활용할 수 있도록 유도해야 한다. 참고자료로 활용할 수 있는 자료들에는 각종 검사자료(사회성숙도 검사, 학습준비도 검사, 발달검사 등) 및 교사의 관찰기록자료(일화 관찰, 기본

학부모 개별 면담안내

영아들에 대한 이해를 더욱 깊이하고 영아의 개별지도를 위해 4월 2일 ~ 4월 6일까지 학부모 개별 면담을 실시합니다. 희망하시는 시간에 영아명을 적어 주시기바랍니다. 또한, 부모님께서는 시간을 지켜 주시고 면담효과를 위해 영아의 생활습관과 행동특성 및 어린이집에 건의 할 내용 등을 메모해 오시면 도움이 됩니다.

반 명	고은반 면담일			예쁜반 면담일	
면담날짜	4월2일(월)	4월3일(화)	4월4일(수)	4월5일(목)	4월6일(금)
1:30~1:50	곽병현	오지연	백가인	이남명	박서현
1:50~2:10	오정해				양정빈
2:10~2:30	신인우				
2:30~3:00	임지윤	강민식	김태희	최은서	유영서

개별면담 안내문 예시

생활습관 관찰), 영유아의 활동자료집 및 포트폴리오 등이 있다.

(4) 부모봉사

부모가 자녀의 학급에 자원봉사자로 참여하는 것은 부모참여의 적극적인 형태로 강조(Lubeck & deVries, 2000)된다. 교육기관에서 자원봉사활동을 통해 학교교육에 참여할 기회를 제공하였을 때 가정과 교육기관의 연계성이 도모된다(송진숙 · 권희경, 2000).

원아의 부모 및 가족을 교육 프로그램 및 시설 운영의 자원으로 활용하는 것이며, 가족 자원봉사는 학급 또는 식당의 보조교사 또는 이외의 시설 내에서 필요한 인력으로 시설 내의 활동에 참여할 수 있다. 영유아의 부모 및 가족에게는 봉사활동을 통해 교육 프로그램에 참여할 수 있는 기회를 제공하고, 보육시설은 가족 자원을 효율적으로 활용함으로써 프로그램 및 시설 운영에 도움을 받을 수 있게 된다. 교사는 부모로부터 교육적 지원과 이해를 구할 수 있고 자녀교육에 대한 부모의 열성을 인식할 수 있으며(Swap, 1993) 부모들도 교사와의 협력을 통하여 교육적 기술과 방법론을 알게 되고 부모들 스스로가 자녀교육에 관한 교육정보를 얻음으로써 자녀에게 다양한 기회를 제공할 수 있다

부모 자원봉사활동에서 지켜야 할 태도는 자원봉사자로서의 역할에 대한 책임과 영유아들에 대한 공평한 대우, 영유아교육기관의 교육방침의 숙지 등 학부모자원봉사자를 대상으로 소집단 토의를 통해 영유아교육기관에 대한 이해, 영유아 및 유아 지도 방법의 이해 등에 대한 사전교육이 필요하다(박화윤, 2002).

- 현장학습 차량 제공하기, 교실환경 꾸미는 것 돕기, 수업준비보조, 컴퓨터 관련업무보조, 특별한 행사준비 돕기 등과 같은 교사의 일손을 덜어 주는 일
- 식사준비 및 배식, 식사지도, 보육실 청결유지를 도와주는 일
- 아이들과 함께 요리활동하기, 책 읽어 주기, 함께 놀이하기 등 학급활동에 직접 참여하는 일

부모들 중에서 전문적인 기술이나 특기가 있는 경우, 지도교사와 사전에 상의를 한 후 특별활동을 지도하는 교사로 참여할 수 있다. 예컨대 음악이나 미술을 전공한 경우에 이것이 가능하며, 의사나 과학자 혹은 경찰관이나 방송인 등의 특별한 전문직에 종사할 경우에는 일일교사나 강연회 연사로 참여하여 도와줄 수 있다. 이러한 학부모들의 참여를 통하여 시설은 다양한 인력자원을 쉽게 제공받게 되며, 비용 절감 및 학부모들의 관심을 유도할 수 있는 등 여러 장점이 있으므로 적극적으로 계획, 추진하도록 한다.

5) 부모교육 프로그램의 평가

부모교육은 영유아의 발달과 학습효과를 높일 수 있기 때문에 영유아교육기관과 가정과의 협력은 질 높은 영유아교육 프로그램이 갖추어야 할 요소로 받아들여지고 있다. 예를 들면, 미국의 유아교육협회(NYEYC)에서 사용하는 유아교육기관 평정도구를 비롯하여 우리나라의 보육시설평가인증척도에서도 영역 7에서 7개 항목의 평가인증기준(〈표 9-3〉)으로 제시하고 있다(배지희, 2002).

표 9-3 보육시설평가인증척도 영역 7: 가족 및 지역사회와의 협력

대7-1 신입 원아 부모 오리엔테이션

영유아를 처음으로 보육시설에 보내는 부모는 보육시설에 대한 궁금증과 걱정이 많으므로, 보육시설에서는 보육시설의 철학과 보육과정의 내용, 신입 원아의 초기 적응을 위한 지원 등에 대해 서로 의견을 나눌 수 있는 오리엔테이션을 실시해야 합니다. 이를 통해 보육시설은 신입 원아에 대한 이해를 넓힐 수 있게 되고, 신입 원아 부모는 보육시설을 신뢰하게 되어 영유아의 초기 적응에 도움을 줄 수 있게 됩니다.

우수(3점)	신입 원아 부모를 위한 체계적인 오리엔테이션을 한다.
부분적 우수(2점)	부모 오리엔테이션을 하지만, 체계적이지 않다.
부적절(1점)	부모 오리엔테이션을 하지 않고 안내 자료로 대신한다.

대7-2 보육시설과 가정 간의 의사소통

보육시설의 보육방침과 부모의 양육 간에 일관성이 있는 경우 영유아의 행동을 강화하는 효과가 있으며 영유아의 발달이 촉진될 수 있습니다. 따라서 보육시설과 가정은 영유아의 발달과정이나 보육내용에 대해 정보를 교환할 수 있도록 개별상담, 전화, 일일보고서나 개별 알림장, 대화수첩, 가정통신문, 인터넷 커뮤니티 등과 같은 여러 가지 방식으로 긴밀하게 의사소통해야 합니다.

우수(3점)	가정과 긴밀한 의사소통을 위해 다양한 방법을 사용한다.
부분적 우수(2점)	주로 게시판, 가정통신문을 통해 가정과 의사소통을 하며, 간혹 일일보고서나 알림장, 전화를 사용한다.
부적절(1점)	게시판이나 가정통신문으로 가정과 의사소통을 하며, 다른 방법은 거의 사용하지 않는다.

대7-3 정기적인 부모 개별면담

보육교사는 영유아에 대한 관찰결과를 토대로 부모와 연 2회 이상 개별면담해야 합니다. 이때 보육교사는 영유아가 보육시설과 가정에서 어떠한 생활을 하며 어떻게 성장하고 있는지 부모와 의견을 교환하고, 영유아를 위한 지도방법 등에 대해 면담합니다.

우수(3점)	보육교사는 연 2회 이상 부모와 개별면담을 하며, 특별한 문제가 있는 경우에는 더욱 자주 부모와 면담을 한다.
부분적 우수(2점)	보육교사는 연 1회 정도 부모와 개별면담을 한다.
부적절(1점)	정기적인 부모면담 계획이 없다.

(계속)

대7-4 부모교육 활동의 제공

보육시설은 부모가 원하면 언제든지 보육시설에 방문하여 관찰할 수 있도록 하고, 부모에게 영유아 발달 관련 강연회나 워크숍, 토론 등과 같은 부모교육 기회를 제공해야 합니다. 이를 통해 부모는 부모역할에 대한 인식과 가족에 대한 이해를 높일 수 있으며, 보육시설은 부모와의 협력적인 관계를 더욱 긴밀하게 유지할 수 있게 됩니다.

우수(3점)	부모는 보육시설과의 협의하에 언제라도 보육시설을 관찰할 수 있으며, 자녀양육에 관한 강연회, 워크숍 등 부모교육의 기회가 연 2회 이상 마련되어 있다.
부분적 우수(2점)	부모가 보육시설을 관찰할 수 없거나, 부모교육 활동이 제한되어 있다.
부적절(1점)	부모교육 활동이 거의 없다.

대7-5 부모 간의 교류 기회 제공

보육시설에 자녀를 보내는 부모는 자녀양육에서의 어려움과 영유아의 활동이나 발달에 대해 다른 부모들과 의견을 나눔으로써 서로 간에 심리적으로나 실질적으로 도움을 주고받을 수 있습니다. 이를 위해 보육시설에서는 부모회의, 소그룹 모임 등을 개최하여 다양하게 의견을 주고받을 기회를 제공해야 합니다.

우수(3점)	원아 부모 간의 교류 기회를 다양하게 마련한다.
부분적 우수(2점)	부모 간의 교류 기회가 제한적이다.
부적절(1점)	부모 간의 교류 기회가 거의 없다.

대7-6 보육시설 운영위원회의 구성과 활동

보육시설은 부모 및 주변 지역사회와 긴밀하게 협력하여 동반자적인 관계를 유지할 때 최선의 보육 효과를 거둘 수 있습니다. 따라서 보육시설에서는 시설장, 교사, 학부모 대표와 지역사회 인사를 포함한 유영위원회를 구성하고 정기적으로 회의를 개최함으로써 보육시설의 운영과 프로그램에 대한 의견과 요구를 수렴하여 반영할 수 있도록 합니다.

우수(3점)	보육시설의 장, 보육교사 대표, 학부모 대표와 지역사회 인사를 포함한 보육시설 운영위원회가 구성되어 시설 운영에 관한 회의를 정기적으로 개최하며, 부모나 지역사회의 의견이 수렴된다.
부분적 우수(2점)	보육시설 운영위원회의 구성이 제한적이거나, 운영위원회가 형식적으로 개최된다.
부적절(1점)	보육시설 운영위원회가 구성되어 있지 않다

(계속)

대7-7 지역사회 기관과의 협조체제	
보육 프로그램의 활동 내용은 주로 영유아의 실생활 및 주변 환경과 밀접한 관계가 있는 것이어야 합니다. 따라서 보육시설에서는 영유아가 가정과 보육시설 이외에 지역사회 환경을 보다 친밀하게 이해하도록 병원, 경찰서, 도서관, 초등학교 등의 가까운 장소를 방문하고 연계 프로그램에 참여할 수 있는 기회를 제공해야 합니다.	
우수(3점)	다양한 지역사회기관과 협조관계를 유지하고 있으며, 지역사회 자원을 이용한 활동이 월 1회 이상 이루어진다.
부분적 우수(2점)	지역사회기관 한두 곳과 협조관계가 이루어지고 있거나, 지역사회 자원을 이용한 활동이 가끔 이루어진다.
부적절(1점)	지역사회기관과의 교류가 거의 없다.

대7-8 영유아와 가족을 돕기 위한 전문가와의 협조	
보육시설에는 가정환경이나 발달특성이 다른 또래들과 달라서 특별한 보호가 필요한 영유아가 있을 수 있습니다. 따라서 시설장과 교사는 보육시설에 다니는 영유아와 가족들에 대해 어려움이나 문제가 없는지 관심을 가져야 하며, 영유아와 가족의 문제를 도와줄 수 있는 전문기관에 대한 실질적인 정보를 가지고 있어 가족이 전문가를 찾아가 도움을 구하도록 도와주어야 하고, 또한 관련 전문가와 협조하여 함께 문제를 해결하도록 노력해야 합니다.	
우수(3점)	영유아와 가족을 돕기 위해 관련 전문가와 협조관계를 유지하고 있으며, 이들에게 자문을 구하고, 협조하여 문제를 해결하도록 노력한다.
부분적 우수(2점)	영유아와 가족을 돕기 위해 시설에서 전문가의 정보만을 제공한다.
부적절(1점)	영유아와 가족을 위한 서비스가 전혀 없다.

제 10 장

애착증진 프로그램

영아기에 안정적인 애착관계의 형성은 이후 영아의 사회적인 적응과 학업 성취에도 긍정적인 영향을 나타내는 것으로 보고되고 있다. 그러나 오늘날 모든 부모와 영아들이 안정적인 애착관계를 형성하는 것은 아니다. 이혼 및 별거와 같은 가족해체, 아동학대 및 방임, 부모의 취업으로 인한 격리 등 생애 초기 안정적인 애착에 실패하는 사례가 많다. 또 다른 한편으로는 일반적인 부모-자녀관계에서도 자녀와 어떻게 관계를 맺어야 할지 당황하는 부모들이 있다. 이 장에서는 부모-자녀관계에서의 애착의 중요성과 안정적인 애착관계 형성에 도움이 되는 프로그램 및 손상된 관계의 회복에 도움이 되는 프로그램을 소개하고자 한다.

1. 부모-자녀관계에서 애착의 중요성

아기는 혼자서는 스스로 생존할 수 없는 무력한 상태로 태어난다. 따라서 영아기는 생의 발달과정에서 타인으로부터 물리적, 정서적 지원에 크게 의존하는 시기다.

이 시기 일차적 양육자와 맺는 애정적 유대는 이후 발달과정에서 모든 사회적 관계의 원형이 된다. 영아와 양육자 간에 형성되는 강력하고 친밀한 정서적 유대를 '애착'이라고 부르며, 보울비(Bowlby, 1969)는 삶에서 특별한 사람에게 느끼는 강력한 정서적 결속을 나타내는 용어로 애착을 사용했다. 애착은 종족을 보존하기 위해 주위 환경에 적응하는 데 필요한 요소로서, 애정이나 사랑과 같은 긍정적인 정서의 의미를 지닌다(Ainsworth, 1973).

애착은 상호적 관계로 형성된다. 아기의 출생과 동시에 애착이 형성되는 것이 아니라 초기 몇 개월간 일상생활 속에서의 반복적이고도 지속적인 상호작용을 통해 서서히 형성된다. 영아는 특별한 양육자와 상호작용하면서 그 사람의 주의와 관심을 끌기 위해서는 어떤 신호를 보내야 되는지 배우게 된다. 주된 양육자도 영아와의 지속적인 상호작용을 통해 아기가 보내는 신호를 더 빠르고 정확하게 해석하여 민감하게 반응해 줄 수 있게 된다. 시간이 지남에 따라 일상을 연습하면서 영아와 양육자는 서로에 대해서 더 잘 알게 되고 편안해지며 서로 만족하게 되어 강력한 상호 애착을 형성하게 된다.

영아기에 형성된 애착은 이후 사회정서 발달에 중요한 영향을 미친다(Thompson, 1998). 일반적으로 안정된 애착관계를 형성한 영아는 유아기가 되면 자신감, 호기심, 타인과의 관계에서 긍정적인 성향을 보이는 것으로 나타났다. 또한 아동기에 접어들어서도 도전적인 과제를 잘 해결하고 좌절을 잘 참아내며, 문제행동을 덜 보이는 것으로 나타났다. 영아기에 형성된 애착은 이후 주변세계에 대한 신뢰감으로 확대되기도 한다. 부모와의 안정적 애착은 아동으로 하여금 또래나 다른 타인에 대해 역시 긍정적인 반응을 기대하게 하며 이를 바탕으로 바람직한 사회적 관계를 맺게 하는 동시에 또래에 의해 긍정적 반응을 얻게 한다. 반대로 불안정한 애착을 형성한 경우는 사회적 관계를 형성함에 있어 부정적인 기대를 갖거나 관계에서 망설이며 소극적인 동시에 충동적으로 행동하는 경향을 보이게 된다. 부모와 안정적으로 애착을 형성한 아동은 또래와 잘 지낼 수 있는 사회적 기술과 사회적 능력이 있으며(Cohn, 1990), 친구관계를 잘 맺고 또래에게 인기도 높다(Lafreniere & Sroufe, 1985). 부모와 형성한 애착관계가 아동기에 다른 타인과 맺는 사회적 관계에 대한 접근과 기대의 기초를 제공하기 때문이다(Sroufe & Fleeson, 1988). 애착관계는 아동기 이후에도 여전히 중요하기 때문에 부모와 안정적인 애착관계를 맺지 못한 경우, 청소년기에 우울이나 불안을 겪거나 대인관계가 부정적으로 발달될 가능성이 크다.

2. 베이비 마사지

"쌍둥이 자매 카이리와 브리앨 잭슨. 이들은 1995년 10월, 1kg 미만의 조산아로 태어났다. 당시 언니 카이리는 인큐베이터에서 건강을 회복해 갔지만 동생 브리앨은 맥박, 혈압, 호흡 등이 경고 수치를 넘길 정도로 위급했다. 그때 한 간호사가 카이리를 데려와 브리앨의 인큐베이터에 함께 넣자 놀라운 변화가 시작됐다. 동생의 어깨에 언니의 손길이 닿은 후 의료진도 속수무책이던 브리앨의 몸 상태가 서서히 안정을 찾기 시작한 것이다. 이 이야기는 미국 전역에 감동을 전했고 『긍정의 힘』 등 베스트셀러에도 인용되어 많은 사람들에게 희망을 안겨 줬다."(김민호, 2006. 12. 15.)

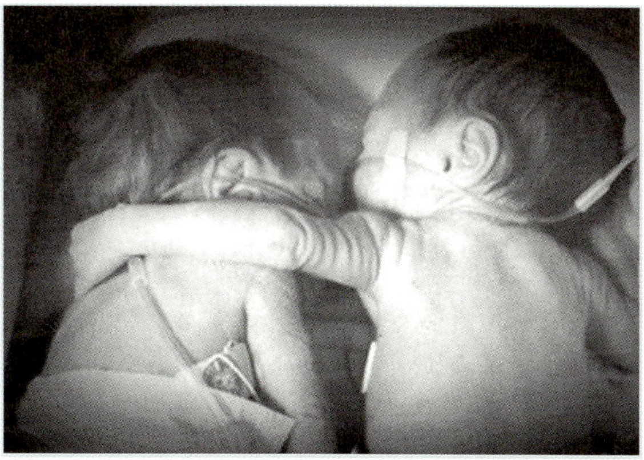

쌍둥이 자매 카이리와 브리앨 잭슨

가벼운 신체적 접촉으로 건강을 되찾은 브리앨의 이야기는 접촉의 중요성에 대해 다시 한 번 생각해 볼 수 있는 기회를 주었다. 이러한 접촉, 즉 비비기, 쓰다듬기, 잡기, 안기를 발달시켜 체계화한 것이 다양한 형태의 마사지이며(라효정 역, 2004), 엄마가 아기에게 해 주는 마사지가 베이비 마사지다. 베이비 마사지는 접촉을 목적으로 하여 아기의 몸과 마음을 건강하게 해 줄 뿐만 아니라 엄마와 아이 사이에 매우 긍정적인 영향을 미친다.

1) 특성 및 유래

베이비 마사지(baby massage)는 부모와 아기의 피부가 밀착되어 무언의 대화를 나누는 구체적이고 적극적인 사랑의 방법으로, 엄마의 기분이나 정성이 손을 통해 아기에게 전달된다(라효정, 2004). 다양한 기술로 엄마는 아기에게 마사지를 해 줄 수 있지만, 무엇보다 중요한 것은 접촉을 통해 엄마의 사랑을 아기에게 전달하는 것이다. 엄마의 따뜻한 손길로 아기는 애정을 느끼고 편안함을 경험하여 건강하게 자라나게 된다.

시간과 정성 외에는 별다른 도구가 필요 없는 베이비 마사지는 엄마가 아기에게 해 줄 수 있는 간단하면서 효과적인 사랑의 전달법이며, 엄마와 아기 사이의 애착을 증진시켜 주는 하나의 통로다. 엄마의 사랑이 담긴 손길로 아기는 엄마가 자신을 얼마나 아끼고 사랑하는지 이해하게 되고, 엄마 또한 아기가 무엇을 느끼고 원하는지 알 수 있게 된다.

아기의 눈을 바라보며 어루만져 주는 베이비 마사지는 예로부터 세계 각국에서 저마다의 방식으로 발달되어 왔다. 요즘 널리 행해지고 있는 베이비 마사지는 그 유래를 인도의 전통적인 마사지법에서 찾아볼 수 있다. 인도에서는 인간의 몸에 존재하는 일곱 부분의 차크라와 360개의 'Mama's Point'라는 점을 통해 외부에 있는 에너지를 받아들인다고 생각했다. 특히 인도사람들은 36개월 이전에 아기의 몸에 있는 'Mama's Point'를 엄마의 손으로 만져서 열어주어 외부의 에너지를 받아들여야 아기가 건강하게 살 수 있다고 믿었다(라효정, 2004). 그래서 인도의 여자아이들은 대를 이어 'Mama's Point'를 중심으로 마사지를 배워 왔다고 한다.

이 밖에도 중국과 추운 지방, 남미의 열대지방, 아프리카를 비롯한 세계 여러 나라에서 전통적으로 아기를 만져주고 쓰다듬어 주는 베이비 마사지가 행해졌다. 중국에서는 소아추나요법이라 하여 침을 놓을 수 없는 어린 아이들을 마사지를 통해 병을 고쳤으며, 추운 지방에서는 아기의 몸을 문질러 몸에 열이 나게 하여 추위와 싸우는 법을 가르쳤다. 그리고 남미의 열대지방에서는 각종 질병으로부터 보호하기 위해 일주일 정도 산모와 아기의 몸을 만져 주는 등 마사지를 하였다. 이때 식물로부터 추출한 물질을 발라 마사지를 했는데, 이것이 지금의 아로마 에센셜 오일의 시초가 되었다(라효정, 2004). 아프리카에서는 힘과 유연성을 기르기 위해 아기가 출생한 이후부터 3~4세가 될 때까지 마사지를 해 왔다고 한다.

우리나라에서는 조상들로부터 전해 내려오는 양육에 대한 지혜와 다양한 전통놀이를 통해 베이비 마사지를 하여 아기의 건강한 발달을 도모하였다. 아기의 배가 아플 때면 엄마는 손으로 아기의 배를 쓰다듬어 주었으며, 아기를 목욕시키고 난 후 팔과 다리를 쭉쭉 펴주며 마사지를 해 주었다. 뿐만 아니라 '까꿍'으로 눈맞춤을 시작하였고, 척추의 발달에 따라 '도리도리' '짝짜꿍' '곤지곤지' '잼잼' '달강달강' '질라래비 훨훨'이라든지 '섬마섬마' '불무야 불무야'에 이어 '걸음마 걸음마'를 해 주었다.

2) 베이비 마사지의 효과

앨런히스와 닉키 베인브리지는 베이비 마사지가 아기와 부모 모두에게 긍정적인 효과를 준다고 주장한다.

먼저 아기에게 주는 긍정적 영향으로 첫째, 아기의 안정감을 증대시킨다. 부모와 아기가 서로 애정 어린 접촉을 하게 되면 아기는 사랑받는다는 느낌, 자신이 소중하다는 느낌을 받는다. 이러한 느낌은 자긍심과 자신감의 밑거름이 된다.

둘째, 아기의 신체적인 건강을 증진시킨다. 애정 어린 접촉을 받는 아기들은 그렇지 않은 아기들에 비해 아플 확률과 울 확률이 적다는 연구 보고가 있다. 마사지는 체내에서 림프액이 순환하도록 도와 해로운 성분이 체내에서 빠져나가게 하기 때문에 순환작용을 촉진하고 면역체계를 증진한다. 또한 마사지는 통증을 완화하고 질병의 증세도 완화시켜 준다. 동시에 마사지는 이완효과를 도모하고 우는 아기를 진정시키는 데 일조할 수 있다.

셋째, 아기의 신체발달을 도모한다. 마사지는 아기에게 신체적 인지감을 갖도록 해 주고 근육을 발달시키며 관절이 유연하게 움직이게 해 준다. 베이비 마사지에 의한 이완효과는 아기의 수면을 도우며, 깊이 잠이 든 동안 성장호르몬의 분비도

왕성하게 되어 신체발달을 촉진하게 된다. 이러한 면에서 마사지는 특히 미숙아, 저체중아, 장애아에게 효과적이다.

넷째, 아기의 사회성 발달을 도모한다. 아기에게 접촉한다는 것은 아기에게 의사소통을 가르친다는 것이다. 마사지는 아기에게 비언어적 의사소통을 하는 법을 익히게 해 주어 부모와의 초기 유대감이 형성되도록 도와주고 결국 아기의 자긍심과 사회성 발달에 도움을 준다.

한편, 베이비 마사지는 부모에게도 다음과 같은 긍정적인 영향을 미친다. 우선 부모에게 여유와 육아의 자신감을 준다. 아기를 마사지할 때, 부모는 아기에게만 전적으로 초점을 맞추고 아기와 상호작용을 하게 된다. 부모는 이러한 상호작용에서 긴장이완과 즐거움을 느끼게 된다. 또한 아기와 자연스럽고 성공적인 상호작용을 경험하면서 육아에 대한 자신감과 아기의 귀여움을 느낄 수 있는 여유도 갖게 된다.

부모의 민첩성 발달을 도모한다. 부모가 마사지를 해 줄 때, 아기는 마사지 압력이 적당하다거나 특정한 동작을 좋아한다는 말을 할 수 없기에 부모는 아이의 반응을 관찰하고 해석할 수 있어야 한다. 이러한 면에서 부모는 아기의 신호를 읽거나 이해하는 법을 알아야 하는데, 마사지를 해 가면서 아기를 더 잘 알게 된다. 이것은 아이를 순조롭게 양육하는 데 큰 도움이 된다.

그리고 부모와 아기의 상호관계의 밑거름이 된다. 마사지를 통해 부모와 아기가 나누는 비언어적 의사소통은 아이가 자라서도 지속될 수 있는 상호관계의 밑거름이 된다. 마사지는 부모와 아기에게 친밀한 시간을 갖게 하는 규칙적인 일과가 될 수 있다.

3) 아빠와 함께하는 베이비 마사지

대부분의 사람들은 아기를 돌보는 일은 엄마의 의무이자 책임이라고 생각한다. 아기를 먹여 주고, 재워 주고, 목욕시켜 주는 것뿐만 아니라 아기에게 사랑과 관심을 주는 것조차 엄마가 일차적인 책임자라고 여긴다. 아기의 양육에 있어 아빠는 항상 관망하는 존재로서, 한 발짝 물러나 있다. 물론 아기의 양육에 적극적인 아빠도 있겠지만 대부분의 아빠가 아기를 돌보는 일에 최소한으로 관여하는 것이 현실이다.

아기와 긍정적인 애착을 형성하며 즐거운 시간을 보내는 손쉬운 방법이 바로 베이비 마사지다. 시간이 없어 아기를 돌보지 못하는 아빠라면 짧은 시간과 정성, 그리고 애정 이외에는 별다른 도구가 필요 없는 베이비 마사지가 아기와의 친밀한 관계에 도움이 될 것이다. 노도 하루오와 노도 아키코(안미연 역, 2006)는 『몸과 마음을 키우는 베이비 마사지』에서 아기와 접촉하는 시간이 짧은 아빠에게 베이비 마사지를 적극적으로 권장하고 있다. 그들은 아기 때부터 아빠의 손이나 냄새에 익숙하다면 성장해서 아빠를 싫어하는 일은 없을 것이라고 한다. 또한 아빠의 베이비 마사지는 아이가 심리적으로 좀 더 원만하고 균형 감각을 가진 인간성을 가진 사람으로서 성장하는 데 큰 도움이 된다고 한다. 시간이 없어 아기와 친해질 여유가 없는 아빠라면 한 달에 단 몇 번이라도 목욕한 후 베이비 마사지를 하여 아기와 긍정적인 관계를 형성하면 좋을 것이다.

읽어 보기

아빠들의 베이비 마사지

1992년 호주에서 아빠와 아이의 관계에 마사지가 미치는 영향력을 평가하기 위해 초보 아빠들과 그들의 생후 4주된 아기들을 대상으로 한 실험 연구가 실시되었다. 마사지하는 법을 알려 주고 실험 기간 내내 아기들에게 마사지를 해 주도록 했다. 한편, 자신의 아기들을 마사지하지 않는 그룹의 아빠들도 관찰하였다. 그 결과, 아기가 12주가 되었을 때, 마사지를 받은 아기들은 아빠를 볼 때, 그렇지 않은 아기들에 비해 시선 접촉을 더 많이 하였고, 더 많이 미소 짓고 옹알이를 하였다. 그들은 아빠에게 친근한 반응을 보였고 낯을 가리는 행동은 덜 보였다. 아빠들도 아기들을 다루는 데 있어 나날이 적극적이었다. 베이비 마사지는 아빠들과 아기들 모두에게 일상의 신체 접촉을 느끼게 해 주는 것이다. 이러한 신체 접촉은 모유 수유를 하는 엄마들만이 느끼는 기쁨이었는데 이제 베이비 마사지를 통해 아빠들은 아이의 리듬과 반응을 이해하게 되고, 아이를 다루는 데 있어서 더 큰 자신감을 얻게 되었다.

앨런 히스 · 닉키 베인브리지(라효정 역, 2004)의 『0~3세까지 아기의 두뇌를 결정하는 베이비 마사지』에서 발췌

4) 베이비 마사지의 실제

베이비 마사지에서 가장 중요한 것은 아기에 대한 사랑을 접촉을 통해 표현하는 것이다. 마사지를 하는 동안 엄마의 사랑이 담긴 손길에서 아기는 심리적 안정감을 얻고 건강하게 성장하는 것이다. 신체적 접촉을 통해 엄마가 느끼는 정서가 그대로 전달되기 때문에 베이비 마사지를 하기 전에 가장 중요한 것은 엄마의 심리적 안정이다. 엄마가 긴장과 불안을 느끼고 있는 채로 마사지를 한다면 아기 또한 부정적인 정서를 경험하게 된다. 그러므로 마사지는 엄마가 하루 일상에서 한가하고 편안함을 느끼는 시간에 하도록 한다. 시간에 쫓기거나 몸이 피로할 때는 피하는 것이 좋다. 베이비 마사지는 엄마가 아기에게 해 주는 양육 의무가 아니라 둘이 모두 즐겁게 상호작용하는 시간이라는 인식을 갖고 엄마가 먼저 편안하고 이완된 태도를 취하는 것이 좋다.

베이비 마사지를 위한 시간과 장소에 대한 준비가 필요하다. 아기가 조용히 깨어있는 상태일 때 하는 마사지가 가장 효과적이며, 배가 고플 때나 식사 직후에는 하지 않는 것이 좋다. 마사지를 하는 장소는 충분히 따뜻해야 한다. 아기들은 금방 체온이 떨어지므로 아기가 옷을 벗어도 불편하지 않을 만큼 섭씨 26도의 온도를 유지하도록 한다. 마사지는 조용하고 차분한 분위기에서 하도록 한다. 주변의 소음으로 방해받지 않아야 아기와의 상호작용에 더 집중할 수 있고, 아기의 신호에 민감하게 반응할 수 있다. 조용하고 차분한 음악을 듣는 것도 소음으로부터 방해받지 않고 마사지에 집중하도록 돕는 방법이다.

마사지는 30분 이내로 한다. 처음에는 마사지에 익숙하지 않으므로 점차 시간을 늘려가는 것이 좋다. 베이비 마사지는 꼭 일정한 순서에 맞추어 진행해야 되는 것은 아니지만 얼굴부터 시작하는 것이 좋다. 아기의 눈썹과 이마를 부드럽게 마사지하면서 눈을 맞추고 다정하게 말을 건네는 것으로 시작한다. 이가 나는 동안은 잇몸이 가렵고 아프기도 하므로 입술선을 따라 꼭꼭 눌러주는 것도 잊지 않는다. 그다음 팔과 다리, 등과 배의 순서로 전신마사지를 한다. 이때 피부의 마찰을 막아 부드럽게 마사지할 수 있도록 돕는 오일이나 로션을 사용하기도 한다.

되도록 천천히 부드럽고 여유있게 아기의 피부를 만져 준다. 베이비 마사지는 고도의 기술과 정해진 순서를 따르기보다는 아기의 특성과 상황에 맞추어 마사지 방법을 조절하는 민감성이 요구된다. 아기들 각각의 기질이 다르듯이 편안함과 기쁨을 느끼는 마사지 방법도 각기 다르다. 그러므로 아기가 좋아하는 방법을 찾아 마사지를 해 주어야 한다. 아기가 마사지를 거부한다면 마사지를 하지 않는 것이 좋다. 거듭 강조하지만 베이비 마사지는 아기의 리듬에 맞추어 편안한 상태에서 하는 것이 가장 중요하다.

3. 발달놀이치료와 치료놀이 프로그램

1) 발달놀이치료

발달놀이치료는 대상관계이론과 애착이론 그리고 접촉을 개념적 핵심으로 하여, 치료자와 아동이 신체적 접촉을 통해 초기 애착관계를 재형성하는 구조화된 놀이치료 접근법이다.

(1) 발달놀이치료의 발달

발달장애를 가진 아동들에 대한 심리치료가 행동주의적 접근에 제한되어 있고, 임상적 연구 또한 미비했던 당시, 브로디(Brody, 1978)는 발달장애 아동들에 대한 적극적인 놀이치료의 필요성을 주장하면서 발달놀이치료(developmental play therapy)라는 기법을 발전시켰다(김광웅 · 유미숙 · 유재령, 2004).

브로디의 발달놀이치료는 부모와 아동 간의 상호작용을 중요시하면서 치료 장면에서 신체적 접촉과 구조화된 회기를 강조한다. 이러한 발달놀이치료의 핵심은 존재와 친밀감으로(엄숙경, 2001), 에인스워스(Anisworth)와 보울비 등의 애착이론과 대상관계이론, 버나드(Bernard)와 브래즐톤(Brazleton), 스피츠(Spitz) 등의 접촉에 관한 연구들을 기초로 개념적 틀을 형성하고 있다.

(2) 이론적 배경

① 애착이론

애착은 어린 아동과 부모 간에 형성되는 친밀한 정서적 유대를 말한다. 이러한 애착은 선택적인 특성을 지니고 있어 소수의 제한된 대상으로 형성되며, 애착이 형성된 대상에 대해서는 가까이 다가가고 싶고 근접해 보고 싶은 욕구를 갖게 된다(성영혜, 1998).

아동과 부모 간에 친밀한 애착관계가 형성되면, 아동은 자신, 타인 그리고 세계에 대한 지각을 발달시키게 된다. 부모나 외부 환경과의 상호작용에서 긍정적인 경험을 한 아동은 자신이 사랑받는 중요한 존재라는 자기에 대한 좋은 감정을 지니게 되고 자아존중감을 발달시킬 수 있다. 또한 타인을 신뢰하고 세상이 안전하다는 인식을 갖게 된다. 그러므로 생애 초기에 형성되는 부모와의 안정적인 애착관계는 앞으로의 인생을 건강하게 살기 위한 전제조건이 된다.

② 대상관계이론

대상관계이론은 인간의 자아형성과 그 발달과정에 있어 '관계'의 개념에 기초를 둔 접근으로, 심리적으로 중요한 사람이나 사물에 대한 개인의 태도를 대상관계라 한다. 이러한 대상관계는 대인관계 기능의 지속적인 패턴과 그 패턴을 매개하는 인지적 과정으로 정의되기도 한다.

대상관계이론의 발달에 있어 핵심적인 인물인 말러(Mahler)는 생후 3년 동안 아동과 부모 사이의 관계에 대한 연구를 통해 자아가 정상적 자폐 단계, 정상적 공생 단계, 분리 개별화 단계, 자기 항상성과 대상 항상성 단계를 거쳐 발달된다고 하였다(성영혜, 1998). 이 단계를 통해 아동은 자신을 중요한 타인으로부터 분리된 독특한 존재로 인식하게 되고, 이러한 발달과정을 거쳐야 개인은 타인과 건강한 관계를 맺으면서 성장할 수 있다고 보았다.

③ 접촉

접촉은 서로의 느낌을 주고받는 비언어적인 의사소통 방법이다. 어린 아동의 경우 이러한 접촉을 수단으로 외부세계를 경험하며 성장하게 된다. 특히 부모와의 신체적 접촉은 어린 아동의 발달에 큰 영향을 미친다. 애착이론에서 아동은 부모와의 신체적 접촉을 통해 자신의 신체를 느낄 수 있고, 이를 통해 자신을 자각하게 된다.

접촉을 통해 아동은 신체에 대한 자각을 경험하고, 이러한 인식은 내적인 자기를 발달시키도록 돕는다. 그러므로 자신의 신체에 대한 긍정적인 인식은 아동의 자아존중감 발달에 기초를 형성하는 중요한 요인이다.

(3) 발달놀이치료의 기본 이론

① 성격이론

발달놀이치료에서는 접촉을 통해 아동이 부모와 안정적인 애착관계를 형성할 때, 자신 내부에 있는 핵심적 자기를 발달시켜 간다고 본다. 즉, 생애 초기에 부모와의 신체적 접촉을 통해 아동이 자신의 신체를 자각하게 되면서 중요한 타인과 자신을 분리된 존재로 인식하게 된다. 이러한 인식은 아동이 내부로부터 세계를 다룰 수 있도록 하는 내적인 자기를 만들어 내는 것이다(김경원 · 김경화 · 정연희, 2001). 자신의 신체에 대한 긍정적인 인식은 결국 이후 건강한 발달에 영향을 미친다고 할 수 있다.

② 정신병리에 대한 관점

발달놀이치료에서는 아동이 자신의 신체에 대한 자각이 결여될 때 병리적인 행동을 보인다. 즉 아동이 자신의 행동을 완전히 책임지고 조직하는 핵심적인 또는 내적인 자아를 갖지 못하게 되어, 낮은 자아존중감과 타인과의 관계에 어려움을 보이며 자신의 행동에 대해 흥미와 즐거움을 갖지 못하게 된다는 것이다(김경원 등, 2001).

발달놀이치료는 정신지체나 전반적 발달장애 등 다양한 범위의 어려움을 가진 아동들에게 효과적인 치료법이다. 발달놀이치료에서는 이러한 아동들에게 초기 발달단계에서 아동이 제공받지 못한 접촉을 현재에 재경험할 수 있는 기회를 제공한다. 이러한 접촉의 재경험을 통해 아동은 자신의 내적 자기를 발달시켜 자신의 어려움을 극복할 수 있게 된다.

③ 치료목표

발달놀이치료는 자신을 완전하게 지도하고 통제하는 내적 자기를 발달시키기 위해 필요한 접촉을 놀이를 통해 제공하는 것이다. 이러한 접촉을 제공하는 성인은 접촉의 의미를 알아야 하고, 그 자신도 접촉을 경험한 사람이어야 하며, 접촉관계를 형성하는 방법에 대해서도 알고 있어야 한다(김경원 등, 2001).

④ 치료의 원리

브로디(1978)는 발달놀이치료에서 성인과 아동 간의 상호작용 6가지 원리를 다음과 같이 제시하였다(이숙 · 최정미 · 김수미, 2002).

첫째, 접촉을 통해 자신을 경험한 아동은 자아감을 발달시켜 나가게 된다. 또한 많은 관계에 영향을 받으며 성장하게 된다.

둘째, 아동은 능력 있는 성인과 접촉하여야 한다. 능력 있는 성인은 접촉을 받는 것이 어떤 느낌이고, 접촉해 주는 사람이 어떻게 접촉을 받는다는 느낌을 만들어 내는지를 아는, 즉 접촉을 경험해 본 사람을 의미한다.

셋째, 접촉해 주는 사람이 되기 위해서는 우선 접촉을 받는 것을 배워야 한다.

넷째, 아동이 스스로 접촉 받는 것을 허용해야 접촉을 느낄 수 있다. 만약 아동이 거부한다면 조용히 머물러 기다려야 한다. 그러면 아동은 점차적으로 접촉에 허용적이게 된다.

다섯째, 접촉을 통해 아동은 남에게 보여지는 것을 느끼게 된다. 접촉은 삶의 전체를 통해 정서를 촉진할 뿐 아니라 개인들 간의 상호작용의 질을 구체화시키게 된다.

여섯째, 접촉이 필요한 아동에게 관계를 만들어 주기 위해서 성인은 발달놀이치료 세션에서 일어나는 활동을 통제한다.

⑤ 치료자의 역할

발달놀이치료자는 아동이 생애 초기에 부모와의 관계에서 형성하지 못한 안정적인 애착을 재형성할 수 있도록 아동에게 접촉을 점진적으로 시도한다. 즉, 아동과의 신체적 접촉, 친밀한 행동, 함께 존재하는 것 자체가 치료가 되므로(임연화 · 이승희, 1999), 치료자는 하나의 치료도구가 되어 놀이활동을 구성해야 한다. 치료자가 아동에게 시도하는 접촉은 아동의 발달을 촉진하는 것이다. 그렇기 때문에 아동의 반응을 미리 예견하고, 그러한 반응에 대해 치료자의 후속적인 반응을 사전에 준비해야 한다(임연화 · 이승희, 1999).

⑥ 치료의 과정

발달놀이치료는 다음과 같은 단계에 따라 치료가 진행된다(O'conner & Braverman, 1997). 도입단계에서 아동은 놀이치료에서 무엇을 하게 되며 놀이치료자의 역할이 무엇인지 알고 치료자와 친해지게 된다. 특히 아동과의 최초 접촉은 치료자가 치료 접근을 위한 단계를 설정하므로 매우 중요하다.

훈습단계에서 아동은 자신의 부정적인 경험을 치료자와의 상호작용 속에서 재현하게 된다. 이때 치료의 전략은 아동의 부정적인 느낌을 담아 둘 그릇이 되는 것이며, 필요할 때 치료자는 아동의 관심을 자신의 신체에 집중할 수 있도록 한다.

아기단계에서 아동은 유아로 퇴행하여 유아기를 재경험함으로써 자신의 내면을 학습한다. 또한 아동은 신체 그 자체를 경험하고 접촉이나 말없이 침묵을 하면서 치료자가 항상 같이 있는 존재임을 느끼게 된다.

내적 자아단계에서 아동은 치료자를 자신과 분리된 한 사람으로 인식하고 의사소통을 통해 치료자와 관계를 맺기 시작하며, 다른 사람과 긍정적으로 관계를 맺고 상호작용하는 방법을 배우게 된다.

종결단계는 아동이 증상이 호전되었을 때 치료자에 의해 직접 결정된다. 이때 아동은 분리에 대한 고통을 표현하고 자신의 긍정적 정서를 표현하는 기회를 가지며 치료에서 경험한 것을 되돌아보게 된다.

(4) 발달놀이치료의 놀이활동

발달놀이치료에서 놀이활동은 아동이 자신의 존재를 느낄 수 있도록 하는 모든 신체적 접촉활동을 기본으로 한다. 다음은 발달놀이치료에서 할 수 있는 놀이활동이다(김광웅 등, 2004).

① 안고 흔들기

치료자는 주로 흔들의자 등에 앉아 아동을 젖먹이는 듯한 자세로 안고 흔들면서 자장가나 동요를 불러 준다. 이때 아동은 몸이 이완되고 안전함과 침착해짐을 느끼고, 정서와 신체감각의 내부세계에 관심을 집중하게 된다. 안고 흔들기를 조심스러워하거나 불편해하는 아동에 대해선 처음에 조금만 접촉하거나 접촉 없이 함께 있는다. 아동이 점차 편안해지기 시작하면 더 많이 안고 흔들어 주기를 원하게 된다.

② 신체부위를 접촉하고 노래하기

치료자는 손가락 끝이나 손으로 아동의 신체부위를 접촉한다. 이때 치료자는 접촉하는 부위의 이름을 말하거나 손가락이나 발가락의 움직임에 대해 이야기한다. 이러한 접촉은 치료자의 관심, 이해, 즐거움을 전달해 주며, 아동은 의미 있는 관계 맺기를 시작할 수 있다.

③ 안아 주기, 뽀뽀하기, 말하기, 노래하기

치료자는 가끔 뽀뽀해 줄 만한 곳이 있는지 아동에게 묻는데, 이는 아동이 치료자와 기쁨을 함께 나누도록 돕기 때문이다. 뽀뽀는 아동이 자신의 신체 중 중요하게 여기는 곳을 인식할 기회를 주며, 이는 자신을 가치 있는 존재로 인식하게 하는 첫걸음이다. 이때 우리나라에서는 뽀뽀하기가 일반적이지 않기 때문에 그 범위에 대해 고려해 봐야 한다.

말하기도 접촉의 일부로서, 말하는 사람의 목소리 톤은 그 사람이 어떻게 느끼는지를 듣는 사람이 알 수 있게 해 준다. 특히 노래 부르기를 통해 아동은 성인의 존재를 느끼게 되고, 같이 부르기를 통해 성인의 목소리에 자기 목소리를 조화시키는 경험을 한다.

2) 치료놀이

치료놀이(Theraplay)는 발달놀이치료를 기초로 하여 부모-자녀 간의 안정된 애착관계에 초점을 맞춘 놀이치료 접근법이다. 이 기법은 단기간에 아동에게 깊은 효과를 주는 구조화된 놀이치료 형태로서(김은정 역, 2006), 부모가 처음에는 관찰자이지만 나중에는 협조치료자로서 적극적으로 참여하는 심층적이고 단기적인 접근법이다(O'Conner & Braveman, 1997).

(1) 치료놀이의 발달

치료놀이는 1967년 심리학자인 앤 잔버그(Ann Jenberg) 박사가 헤드 스타트 프로그램의 책임을 맡았을 당시, 적은 비용의 단기 치료기법이 필요하여 개발하게 된 것이다. 그는 신체적 접촉과 눈맞춤을 강조한 로리얼스(Lauriers)의 이론과 양육적인 관계를 강조한 브로디의 발달놀이치료에서 몇 가지 개념을 빌려 왔다. 여기에 잔버그는 아동이 사랑의 방식으로 보살핌을 받고 무조건적으로 수용되는 단계로 되돌아 갈 수 있도록 퇴행적인 활동을 사용하였다(김은정 역, 2006).

잔버그는 다른 놀이치료와 차이를 둔 이 기법을 '치료놀이(Theraplay)'라 명명하였다. 현재 치료놀이는 미국의 시카고를 중심으로 하여 캐나다, 오스트레일리아, 핀란드, 독일 등 전 세계에서 훈련이 이루어지고 있다.

(2) 이론적 배경

치료놀이는 애착이론, 대상관계이론 그리고 자아심리학에 이론적 근거를 두고 있다. 애착이론과 대상관계이론은 앞에서 다루었으므로 여기에서는 자아심리학에 대해 간단히 살펴보고자 한다. 자아심리학은 프로이트의 정신분석이론에서 파생된 이론으로, 프로이트와는 달리 외부세계에 적응하기 위해 능동적으로 조절하는 자아의 기능에 초점을 둔다. 이뿐만 아니라 자아의 기능에는 현실 검증력, 충동 조절력, 사고 과정, 판단력, 통합 능력, 숙달력, 자발성 등이 있다(전애영, 2005).

자아심리학에서는 자아가 발달단계를 거치면서 변화하는데, 여기에 개인을 둘러싼 중요한 타인이 미치는 영향이 매우 크다고 보았다. 부모-자녀관계를 통해 아동은 자아의 감각을 발달시키고 자아개념과 환경에 대한 개념을 발달시키기 시작한다(전애영, 2005). 그러므로 초기에 형성된 부모-자녀관계는 아동의 긍정적인 자아 발달에 기초를 형성한다.

(3) 치료놀이의 기본 이론

① 성격이론

치료놀이에서는 생애 초기에 경험하는 부모와의 상호작용이 개인의 자아와 성격 발달에 결정적인 역할을 한다고 본다. 아동의 감정에 대한 민감하고 공감적인 부모의 반응은 아동으로 하여금 건강한 자아와 자아존중감을 발달시키며, 부모와 안정적인 애착관계를 형성하게 된다. 이로써 아동은 자신과 타인, 세상에 대한 내적 표상을 긍정적으로 발달시킨다. 즉, 아동은 자기 자신에 대해서는 사랑스럽고, 특별하고, 유용한 존재로, 타인에 대해서는 사랑스럽고, 보호해 주고, 반응을 해 주고, 믿을 만한 신뢰롭고 유용한 존재로, 세상에 대해서는 안전하고 탐색하기에 흥미로운 존재로 발달시킨다(O'Conner & Braveman, 1997).

다시 말해 부모와의 안정적인 애착은 아동이 자기 자신과 세상에 대한 긍정적이고 건강한 시각을 키우는 데 도움을 주며, 이는 아동의 일생을 통해 큰 영향을 미치게 된다.

② 정신병리에 대한 관점

생애 초기에 아동이 부모나 세상과의 관계에서 자아에 대한 부적절한 감정을 경험하게 되면, 아동은 자신과 세상에 대해 부정적인 시각을 형성하게 되고 결국 심리적 어려움에 빠지게 된다. 주변으로부터 긍정적이고 반응적인 상호작용을 받지 못한 아동은 자신을 사랑받지 못하고 무능한 존재로 여기게 되고, 타인을 믿지 못하고 세상을 안전하지 못한 위협적인 공간으로 인식하게 된다. 즉, 부모와의 관계에서 불안정한 애착을 형성한 아동은 자신과 세상에 대한 학습과정이 부정적이고 절망적으로 된다(O'Conner & Braveman, 1997). 문제를 가진 아동 중 많은 이들은 불안정 애착으로 인해 형성된 자신과 타인, 세상에 대한 부정적인 시각 때문에 부적응적인 행동을 보이는 것이다.

③ 치료목표

치료놀이의 주요 목표는 부모-자녀 간의 애착 및 관계를 강화시키고, 아동과 부모 모두의 자존감을 높여 주며, 신뢰를 증대시키는 것이다(김은정 역, 2006). 즉, 생애 초기에 부적절하게 형성된 자기와 타인, 세상에 대한 부정적인 시각을 긍정적으로 변화시키는 것이다. 자아, 자아존중감 그리고 신뢰감은 초기 생애 동안 있었던 신뢰감의 발달에 기초하기 때문에, 아동의 정서발달이 궤도를 벗어난 시점까지 되돌아가서 건강한 상호작용 순환을 다시 시작할 수 있는 경험을 공급하는 것이 치료의 핵심이다(O'Conner & Braveman, 1997).

④ 치료의 원리

잔버그는 수백 가지의 정상적인 부모-자녀 간의 상호작용 시나리오를 관찰하여, 이것을 구조, 도전, 개인, 양육이라는 네 가지 주요 차원으로 분류하였다(김은정 역, 2006).

첫째, 구조(structure)는 아동에게 세상은 안전하고, 의존 가능하며, 예측 가능하다는 느낌을 줄 수 있다. 규칙적인 수유, 수면 등의 일상생활에서 일정한 질서와 규칙이 존재한다면 어린 아동은 안정감을 느낄 수 있다. 치료놀이에서 명확한 규칙이 있는 활동으로 이러한 구조를 강조할 수 있다.

둘째, 도전(challenge)이다. 도전을 숙달함으로써 사람들은 자신을 시험해 보는 법을 배우게 되어 자신의 강점과 약점을 자각하게 된다. 어린 아동은 목을 가누고, 기고, 걷는 등 성장과정에서 여러 가지 도전에 직면하게 되고, 이러한 도전을 숙달하면서 성취감을 느끼게 된다. 치료놀이에서는 아동에게 적합한 과제 난이도를 설정한 놀이활동을 제공하여 도전을 강조할 수 있다.

셋째, 개입(engagement)이다. 어린 아동들은 다양한 방식의 자극을 통해 부모의 개입을 받으며, 이를 통해 타인을 공감하고 어울려 지내는 등 사회에 적응하게 된다. 치료놀이에서 아동의 욕구에 민감하게 반응하면서 개입하는 활동을 통해, 아동은 타인과의 상호작용이 가치 있고 자극적일 수 있음을 배우게 된다.

넷째, 양육(nurture)은 모든 아동의 기본적인 욕구로서, 먹이고, 재워 주고, 씻겨 주고, 어루만져 주고, 껴안아 주는 등 어린 아동에 대한 일상적인 부모의 보살핌을 통해 이상적으로 표현된다. 이를 통해 아동은 부모와 안정적인 애착을 형성하여 자신과 타인, 세계에 대해 긍정적으로 바라볼 수 있는 시각을 갖게 된다. 치료놀이에서 모든 아동은 매 회기에서 양육을 제공받는다.

⑤ 치료자의 역할

치료자는 치료에 있어 생애 초기에 잘못 형성된 부모-자녀관계를 건강하게 재형성해 주기 위해 구조, 도전, 개입, 양육에 따른 놀이활동을 계획하여 제공한다. 아동의 변화에 대한 책임은 치료자에게 있지만(송영혜, 1997), 치료에 대한 권위는 치료자, 부모, 아동에게로 옮겨간다. 보통 2명의 치료자가 치료에 개입하는데, 한 명의 치료자는 치료놀이의 치료자로서 아동과 회기에서 놀이활동을 하며, 다른 한 명은 일방경 뒤에서 부모들과 함께 아동의 놀이활동을 지켜보며 해석해 준다(임연화 · 이승희, 1999).

⑥ 치료의 과정

치료놀이의 치료과정은 아동의 행동에 따라 다음과 같이 단계가 분명하게 구분되어 있다(송영혜, 1997).

도입단계에서 놀이치료자는 행동원칙을 제시하면서 치료시간에 할 것에 대해 아동의 기대감을 유발시킨다. 탐색단계에서 놀이치료자와 아동은 상대방의 특성, 즉 눈과 머리카락 색깔, 좋아하는 음식 등을 탐색한다. 시험적 승인단계에서 아동은 시험 삼아 상호작용의 과정을 승인하고 스스로 즐긴다. 부정적 반응단계에서 아동은 더 친해지려고 하는 놀이치료자의 시도에 저항하여 심한 공격적 행동을 나타낸다. 아동은 재정립을 시도하면서 대인관계 양식을 재창조한다. 성장과 신뢰단계에서 아동은 다른 사람과 상호작용의 기쁨을 경험한다. 종결단계는 아동의 증세가 감소되었다고 보고되면 치료를 종결하게 되는데, 이때 파티를 성대하게 열어 변화된 아동의 모습을 알리고 변화되었다는 확신을 심어 준다.

(4) 치료놀이의 놀이활동

치료자는 아동의 나이와 행동에 따라 구조, 도전, 개입, 양육에 따른 경험적 놀이활동을 제공하여, 아동과 부모가 긍정적인 애착관계를 재형성할 수 있도록 한다.

① 손, 발 또는 신체의 윤곽선 그리기

구조를 강조한 놀이활동으로, 아동의 손과 발 또는 몸의 윤곽선을 종이 위에 그린다. 이를 통해 아동은 자신의 신체 부위를 명확하게 인식할 수 있게 된다.

② 풍선 쳐올리기

풍선이 바닥에 닿지 않게 유지하는 놀이로, 도전을 강조한 활동이다. 아동이 성공한다면 다른 풍선을 더 추가할 수 있다. 이 활동은 부모가 처음 놀이 회기에 들어왔을 때, 어색한 분위기를 편안하게 만들어 준다.

③ 거울놀이

아동과 치료자가 서로 마주 본 후, 서로의 동작을 거울처럼 똑같이 따라하는 놀이로, 개입을 강조한 활동이다. 상대방이 어떻게 움직일지 예상할 수 있도록 집중력과 서로에 대한 자각이 필요하다.

④ 미용실놀이

아동을 거울 앞에 앉혀 빗으로 머리를 손질해 주거나, 나이가 있는 여아에게 화장을 해 주거나, 남아에게는 면도 크림을 바른 뒤 날카롭지 않은 도구로 빗겨 주는 활동이다. 이 활동은 양육을 강조한 활동이다.

4. 애착증진 프로그램의 연구

아동의 건강한 발달에 부모와의 애착이 중요하다는 인식이 널리 퍼지면서, 부모-자녀 간의 애착을 증진시키기 위한 프로그램에 대한 연구도 활발히 진행되고 있다. 우리나라에서도 부모와 아동의 애착증진 프로그램에 대한 많은 연구가 이루어지고 있는데, 이에 대해 간단하게 살펴보도록 한다.

우선 부모와 자녀 간의 애착증진을 위한 부모교육 프로그램 연구에는 전우경(2002)의 「영아의 애착증진을 위한 부모교육 프로그램의 구성과 적용효과」, 이한욱(2008)의 「애착증진을 위한 부모교육 프로그램 개발-Statir 빙상이론을 중심으로-」 등의 연구가 있다. 이 중에서 전우경(2002)은 6개월의 영아를 둔 어머니를 대상으로 애착형성과 어머니의 민감성에 대한 이론적 강의와 어머니와 영아의 상호작용 활동 시연, 피드백 주고받기 등 영아의 애착증진을 위한 부모교육 프로그램을 24회기 동안 실시하였다. 그 결과, 부모교육을 실시하기 전에 비해 아동에 대한 어머니의 민감성이 증가되고, 영아의 애착 안정성이 증가한 것으로 나타났다.

치료놀이를 통한 부모와 자녀 간의 애착증진 프로그램에 대한 연구로는 이경숙(1996)의 「애착장애 아동의 특성과 부모-아동 관계 개선 프로그램 개발 및 적용에 관한 연구」, 성영혜(2001)의 「모-아 TP를 통한 애착 증진 프로그램 개발 기초 연구」, 김윤경(2005)의 「영아의 애착 증진을 위한 집단치료놀이 프로그램 개발과 효과」 등의 연구가 있다. 김윤경(2005)은 평균 33개월 된 영아 45명을 대상으로 총 16회기의 집단치료놀이 프로그램을 개발하여 실시하였다. 매 회기마다 치료놀이의 4가지 차원, 즉 구조, 도전, 개입, 양육을 적절히 활용한 놀이활동을 실시한 결과, 눈맞춤 유지하기, 과제 참여하기, 언어적·비언어적 표현, 정서표현 그리고 상호작용 시도하기 등의 행동에서 꾸준한 상승변화가 나타났으며 대상 영아의 애착 또한 유의하게 증가되었다.

치료놀이 이외에도 다양한 놀이치료기법을 이용하여 부모와 자녀의 애착증진을 도모한 프로그램에 대한 연구로는 김미정과 정계숙(2006)의 「모래놀이치료를 적용한 모-유아 중심의 애착관계 개선 프로그램 개발 및 효과연구」, 백지은(2007)의 「분리불안장애 아동의 특성과 부모-자녀 놀이치료 프로그램의 효과」, 그리고 한영숙(2007)의 「부-자녀관계 증진을 위한 미술치료 적용 연구」 등이 있다. 김미정과 정계숙(2006)은 만 5~6세 유아와 어머니를 개별로 8회기의 모래놀이치료를 진행한 후, 12회기의 집단 프로그램을 실시하였다. 그 결과 다소 차이는 있으나 연구대상 어머니 자신의 부모에 대한 내적 표상이 긍정적으로 변화하였으며, 온정적이고 반응적인 양육행동이 모두 증진되었다.

그 밖의 부모-자녀 간 애착증진을 위한 프로그램에 대한 연구로는 이영과 김온기(2000)의 「엄마와 함께하는 영아교육 프로그램이 어머니-영아 관계 및 영아 발달에 미치는 영향」, 그리고 박신진(2008)의 「영아기 모-자녀 상호작용 중재프로그램 효과 연구-영아 신호 민감성 증진을 중심으로」 등이 있다.

읽어 보기

"사람품이 천국이다" 포옹을 하면…

호주에서 시작된 '자유롭게 껴안기(프리허그, free hugs)' 운동이 세계적으로 큰 반향을 일으키고 있다. 2년 전 후안 만이란 청년이 시작한 이 운동은 인터넷을 통해 지구촌에 빠르게 전파됐고, 대구에도 상륙해 '거리 운동가'가 나타나는 등 점차 확산되는 추세다.

후안이 처음 'FREE HUGS' 라고 쓴 피켓을 들고 낯선 행인과 포옹하겠다고 했을 때 그는 정신병자 취급을 당했다. 전혀 모르는 사람들끼리 길거리에서 포옹한다는 것이 매우 이상하고, 어색하게 느껴졌을 것이다. 낯선 사람들끼리 신체 접촉을 꺼리는 사람들에겐 더욱 이해하기 어려웠으리라.

그러나 이 청년과 껴안은 사람들은 곧 '포옹의 매력'에 빠져들게 됐다. 체온과 체온이 전달되는 포옹을 하면서 사랑과 기쁨의 정을 나누게 됐고, 자연스럽게 동참자가 하나둘 늘어갔다. 나뭇가지 두 개가 걸쳐진 것이 사람 인(人)이라는 것에서 보듯 근원적으로 외로운 존재인 인간은 다른 사람과의 소통과 교류를 추구할 수밖에 없다. 그런 차원에서 포옹은 서로 온기를 전할 수 있고, 마음의 상처를 보듬어 줄 수 있는 가장 소중한 바디랭귀지다.

박용진(41) 진스마음클리닉 원장(소아정신과 의사)도 포옹의 힘을 굳게 믿는 사람이다. "어린이들은 물론 성인들에게도 포옹과 같은 피부접촉은 안정감과 소속감을 가져다줍니다. 포옹을 하면서 자연스럽게 '내가 사랑받고 있구나' '나는 소중한 존재다' 란 인식을 하게 되는 것이지요." 기본적으로 인간은 친해지고 싶은 욕구를 갖고 있고, 포옹은 그 같은 감정을 표출하는 자연스런 행동이라고 했다.

박 원장은 부부나 부모-자녀 간 등 가족끼리 자주 포옹할 것도 권유했다. 자녀들이 학교에 갈 때나 집으로 돌아왔을 때 꼭 껴안아 주라는 얘기다. 부부간에도 출퇴근 때 가볍게 포옹하는 것이 좋다. "말로 사랑한다는 것도 의미가 있지만 말과 함께 포옹하는 행동은 가족 간의 사랑을 배가시킬 수 있습니다. 가족 간 사랑의 연결고리를 단단하게 할 수 있고, 가족의 소중함을 마음 깊이 느낄 수 있지요."

그는 '프리허그 운동' 이 가정을 중심으로 우선 퍼져 나가고, 나중에는 사회 전반으로 확산돼야 한다고 했다. 포옹을 하면서 서로 사랑을 확인하고, 돈 안 들이고 상처받은 마음을 다스릴 수 있다는 게 그 이유다.

캐서린 키팅은 책 『포옹할까요』에서 포옹의 치료법을 소개했다. 포옹 치료법은 안거나 어루만지는 행위를 활용한 건강 증진 요법. 아이가 아플 때 어머니의 따뜻한 품이 무엇보다 훌륭한 치료제란 얘기와 일맥상통하는 것이다. 『포옹할까요』가 열거하는, 우리가 서로 포옹해야 하는 이유들은 유머러스하면서도 매우 진지하다. 자주 포옹하는 사람들은 더 오랫동안 젊음을 유지하고, 포옹을 통해서 충만감을 느끼는 사람은 덜 먹게 되므로 비만방지에도 도움이 된다는 주장도 하고 있다.

스산한 날씨에 마음마저 우울해지는 가을. 오늘 퇴근 땐 자녀와 부인, 남편을 꼭 안으면서 '포옹의 매력' 에 한번 빠져보면 어떨까.

출처: 매일신문 / 2006. 11. 6. / 이대현

제 11 장

행동수정 프로그램

✿ ✿ ✿

이 장에서는 행동주의 심리학에 기초한 부모교육이론으로서의 행동수정 프로그램을 소개하고자 한다. 행동수정 이론에서는 인간의 모든 행동, 특히 자녀의 바람직하지 못한 행동은 부모에 의해 학습된 것으로서, 부모의 중요한 역할은 바로 좋은 모델이 되어 주는 것임을 강조한다. 이에 따라 행동수정 프로그램에서는 부모역할훈련을 통해 자녀의 바람직한 행동은 강화시키고 바람직하지 못한 행동은 수정 또는 제거함으로써 바람직한 부모-자녀관계의 형성을 도모하게 되는데, 부모가 원하는 방향으로 자녀를 성장시키고자 하는 부모들에게 크게 주목받는 프로그램이다.

1. 교육목표

행동수정 프로그램의 목적은 자녀의 바람직하지 못한 행동을 바람직한 방향으로 변화시켜 궁극적으로 건전한 부모-자녀관계를 형성하는 데 있다. 이에 따른 구체적인 교육목표는 첫째, 지속적인 관찰을 통해 자녀의 문제행동을 정확하게 진단하고 평가할 수 있는 능력을 키우고, 둘째, 파악한 문제행동을 강화하거나 수정시키는 기술을 익히며, 마지막으로, 자녀에게 바람직한 행동을 모방할 수 있는 기회를 제공하도록 부모 스스로가 좋은 행동 모델이 되게 하는 것이다.

2. 기본원리

1) 새로운 행동을 강화시키는 원리

부모는 행동수정 부모교육 프로그램을 통해 자녀의 잘못된 행동을 제거하고 새로운 바람직한 행동을 강화시키고자 한다. 강화란 특정 행동을 한 후에 어떤 결과가 뒤따르게 되었을 때, 이후 비슷한 상황에서 같은 행동을 더욱 잘하게 되는데 이러한 결과를 강화라고 한다. 그리고 이러한 강화원리에는 정적 강화와 부적 강화가 있다. 정적 강화란 보상을 통해 바람직한 행동을 증가시키는 과정이며, 부적 강화란 불쾌한 자극의 제거를 통해 바람직한 행동을 증가시키는 과정이다. 예를 들어, 선물(보상)을 주어 자녀가 방청소를 했다면 정적 강화가 되며, 잔소리(불쾌한 자극)를 듣기 싫어서 자녀가 방청소를 했다면 부적 강화가 된다.

2) 새로운 행동을 발달시키는 원리

새로운 행동을 발달시킨다는 것은 새롭게 가르친 행동을 완전히 습득하도록 지도하는 것이다. 이러한 원리에는 모방원리, 신호제시원리, 변별원리, 점진적 접근원리가 있다. 모방원리란, 자녀에게 바람직한 행동을 모방할 기회를 제공하여 새로운 행동을 가르치는 것이다. 신호제시원리는 자녀가 잘못된 행동을 하기 직전에 바람직한 행동을 할 수 있도록 신호를 주는 것이다. 가령, 세배를 하고 세뱃돈을 받을 때 아이가 한 손으로 받으려고 하면, 즉시 "어른에게 받을 때는 이렇게 두 손으로 받아야지."라고 이야기하며 흉내를 내어 아이가 두 손으로 받는 바람직한 행동을 하게 할 수 있다. 변별원리란 특정 상황에서 자녀가 바람직한 행동을 할 수 있게 상황을 구별하는 신호를 발견하도록 도와주고, 행동이 그 신호에 적합할 때만 강화를 해 주는 것이다. 예를 들어, 블록을 쌓다가 금방 쓰러뜨리는 행동을 반복하는 아이에게 블록을 쌓을 때만 칭찬을 해 주고, 쓰러뜨릴 때는 무시를 하게 되면, 아이는 블록쌓기 행동을 지속하게 된다. 점진적 접근원리는 새로운 행동을 습득하도록 가르치기 위해 완전한 행동에 이르기까지 하위단계의 행동들을 계속 강화해 나가면서 점진적으로 접근하는 것이다.

3) 새로운 행동을 유지시키는 원리

새로운 행동을 유지시킨다는 것은 새롭게 가르친 행동을 습관화할 수 있도록 지도하는 것으로, 이를 위한 원리에는 간헐적 강화원리와 대체원리가 있다. 간헐적 강화원리는 자녀가 새로이 습득한 행동을 자발적으로 지속하도록 격려하기 위해 바람직한 행동에 대한 강화 빈도를 주기적으로 점차 감소시키는 것이다. 대체원리는 이미 효과가 없어진 강화물을 보다 더 효과적인 강화물을 주기 직전에 제공함으로써 강화물을 대체하는 효과를 가져오는 것이다.

4) 부적절한 행동을 중단시키는 원리

자녀의 바람직하지 못한 행동을 중단시키기 위해 부모는 앞서 살펴본 부적 강화원리 외에, 포화원리, 소거원리, 대체행동 강화원리를 활용할 수 있다. 포화원리는 바람직하지 못한 행동이 싫증날 때까지 계속하도록 허용하여 스스로 중단하게 하는 것이다. 소거원리는 바람직하지 못한 행동을 한 후 어떤 강화도 제공하지 않음으로써 행동을 중단하게 하는 것이다. 자녀가 욕을 할 때 아무런 관심도 반응도 보이지 않음으로써, 더 이상 욕을 하지 않게 했다면 이는 소거원리를 사용한 것이다. 대체행동 강화원리란 바람직하지 않은 행동과는 모순되거나 동시에 할 수 없는 대체행동을 수행하도록 강화시키는 방법이다. 이는 손가락을 입에 넣어 빠는 아이에게 손가락 대신에 빨 수 있는 장난감을 주고 장난감을 빨 때마다 칭찬을 해 주면 아이는 손가락 빠는 행동을 중단하고 장난감을 빨게 되는 것과 같은 원리다.

5) 정서적 반응수정의 원리

자녀의 정서반응을 수정하기를 원한다면 공포감소원리와 회피원리를 사용할 수 있다. 공포감소원리는 자녀가 특정 상황에 대한 공포를 극복하기 원할 때 적용한다. 아이가 기분이 좋고 편안할 때, 공포를 느끼는 특정 상황에서 지내는 시간을 증가시킴으로써 점차 공포로부터 벗어나도록 도와주는 것이다. 회피원리는 아이가 피해야 할 상황과 불쾌한 상황을 동시에 제시함으로써 아이가 스스로 특정한 상황을 피하도록 가르치는 것이다. 가령, 벌은 아이에게 불쾌한 정서반응을 일으키게 되는데, 아이가 오줌을 쌌을 때 벌을 주게 되면 아이는 오줌을 싸는 상황이 일어나지 않게 주의하게 된다.

3. 부모교육의 실제

1) 프로그램 내용 및 구성

(1) READ 프로그램

READ 프로그램은 정신지체 아동 및 청소년 자녀를 둔 부모들을 위해 미국 아동건강 및 인간발달 연구소(The National Institute of Child Health and Human Development)의 후원을 받아 Baker, Brightman, Heifetz와 Murphy가 개발한 행동주의 부모훈련 프로그램이다(Baker & Heifetz, 1976). 이 프로그램은 부모가 강화 및 보상 등의 행동수정 기법을 통해 자신의 자녀에게 자조, 사회적 기술 및 언어를 가르칠 수 있는 내용으로 구성되어 있으나, 이러한 모든 내용은 전문가의 안내나 지도 혹은 개입 없이 부모 스스로 독서를 통해 행동과 기술을 습득하고 행동원칙을 적용할 수 있도록 고안되어 있다.

(2) 어린이와 함께 살기

어린이와 함께 살기(living with children) 프로그램은 부모에게 자녀의 바람직한 행동을 증가시키고 부적절한 행동을 감소시킬 수 있는 행동수정 기법을 훈련시키기 위한 목적으로, 패터슨과 굴리온(Patterson & Gullion, 1968)에 의해 개발되었다. 교재를 통해 훈련시킬 수 있도록 고안된 본 프로그램은 부모로 하여금 제시된 일련의 문장과 단락을 완성하기 위해 적절한 단어나 개념을 선택하도록 하여 기본개념을 익히도록 하고 있으며, 자녀행동에 대한 관찰기록, 행동형성 방법, 사회적 행동을 증가시키고 비사회적 행동을 감소시키는 강화기법에 대한 훈련 내용을 포함하고 있다.

(3) 반응적 부모훈련 프로그램

반응적 부모훈련 프로그램(The Responsive Parenting Program: RPP)은 미국 국립정신건강연구소(National Institute of Mental Health)의 지원을 받아 부모에게 행동관리 기술을 훈련시키기 위한 목적으로 개발된 프로그램이다. RPP 프로그램은 매주 1회 2시간씩 총 12주 동안 진행되며, 첫 10주간은 부모들을 대상으로 행동관리 기술을 훈련시키는 것에, 마지막 2주간은 학습한 행동관리 기술을 유지하는 것에 초점을 맞춘다. 구체적으로 부모들은 교육을 통해 반응자와 조작적 행동의 개념, 행동에 대한 조작적 정의와 측정의 과정, 다양한 행동수정 전략을 학습하게 되며, 시연 및 역할놀이 등을 통해 실제 행동수정 기법을 적용해 보는 훈련을 받는다. RPP 프로그램 교육을 이수한 부모들은 다른 부모들을 훈련시키는 데 참여하는 지도자 자격을 부여받게 된다.

2) 프로그램 실시

다양한 행동수정 프로그램 가운데 한국행동수정연구소(www.childcare.co.kr)에서 행동수정 기법에 초점을 맞추어 진행하고 있는 프로그램을 소개하면 〈표 11-1〉과 같다. 이 프로그램은 주 1회 3시간씩 총 10주 교육과정으로 이루어진다. 1회기에는 정신병리 이론의 개관을 주제로, 인간의 문제행동의 원인을 이해할 수 있는 다양한 정신병리 이론 모형(생물물리학 모형, 정신역동 모형, 심리교육 모형, 인본주의 모형, 생태학적 모형, 학습 모형)에 대한 내용을 다룬다. 2회기에는 행동분석의 기본 개념을 주제로, 고전적 행동과 조작적 행동의 개념, 고전적 조건형성의 원리, 공포 반응의 형성, 체계적 둔감법 등의 내용을, 3회기에는 조작적 조건형성의 원리를 주제로 조작적 조건형성의 원리, 정적 강화와 부적 강화의 원리, 소거와 벌의 개념 등의 내용을 다룬다. 4회기에는 강화자극과 강화기법을 주제로 정적 강화와 부적 강화, 강화의 유형, 효과적 강화의 원리, 강화자극의 선정방법 등에 대해 살펴본다. 5회기에는 A-B-C 분석 모형을 토대로 자녀의 문제행동에 대해 이해하는 훈련과 함

표 11-1 행동수정 프로그램의 회기별 주제 및 내용

회기	주제	내용
1	정신병리 이론의 개관	인간 문제행동에 대한 주요 이론모형 이해하기
2	행동분석의 기본 개념	고전적 행동과 조작적 행동 구분하기/고전적 조건형성의 원리 이해하기/체계적 감감법 활용하기
3	조작적 조건형성의 원리	정적 강화와 부적 강화의 원리 이해하기/소거와 벌의 개념 이해하기
4	강화자극과 강화기법	효과적 강화의 원리 이해하기/강화자극의 선정방법 활용하기
5	A-B-C 분석	문제행동의 사회적 정적 강화 및 부적 강화 요인 이해하기
6	기능성 평가와 분석	면접평가, 관찰기술평가, 실험분석방법 이해하기
7	긍정적 치료전략	EO 전략, 소거 전략, 대체행동의 차별적 강화 전략 활용하기
8	원인별 치료전략 I	사회적 정적 강화에 의해 유지되는 문제행동의 원인분석과 치료계획 세우기
9	원인별 치료전략 II	사회적 부적 강화에 의해 유지되는 문제행동의 원인분석과 치료계획 세우기
10	원인별 치료전략 III	자동적 정적·부적 강화에 의해 유지되는 문제행동의 원인분석과 치료계획 세우기

께 문제행동의 사회적 정적 · 부적 강화 요인 및 자동적 정적 · 부적 강화 요인과 관련된 내용을 다룬다. 6회기에는 면접평가방법, 관찰기술평가방법, 실험분석방법 등 문제행동의 원인 평가를 위한 방법에 대해 구체적으로 살펴본다. 7회기에는 긍정적 치료 전략을 주제로, 문제행동 예방을 위한 EO(Establishing Operation) 전략, 소거전략, 선행자극의 재배열, 대체행동의 차별적 강화방법에 대해 살펴보며, 8회기부터 10회기까지는 원인별 치료전략에 관한 내용을 다룬다. 8회기에는 사회적 정적 강화에 의해 유지되는 문제행동에 대한 치료전략을, 9회기에는 사회적 부적 강화에 의해 유지되는 문제행동에 대한 치료전략, 10회기에는 자동적 정적 · 부적 강화에 의해 유지되는 문제행동에 대한 치료전략에 대해 구체적으로 살펴본다.

3) 방법 및 전략

(1) 목표행동 선정

행동수정 원리를 적용하여 자녀의 행동을 변화시키려면, 기본 원칙은 관찰 및 측정이 가능한 행동이어야 한다는 것이다. 그리고 그것이 관찰 및 측정이 가능하려면, 그 행동은 '언제, 어디서, 어떻게, 무엇을'에 의해 관찰이 가능하고 측정이 가능한 구체적인 목표행동으로 정의될 수 있어야 한다. 가령, 부모가 단지 "아이가 아침마다 저를 힘들게 해요."라고 하면, 어떤 행동이 부모를 힘들게 하는 것인지 알 수가 없어 그 행동을 변화시킬 수가 없다. 따라서 아침마다 부모를 힘들게 하는 행동을 변화시키고자 한다면, 우선 '아침에 아무리 깨워도 침대에서 일어나려고 하지 않는 행동' '아침에 시간은 바쁜데 밥알을 세며 식사하는 행동' 등과 같이 그 행동이 무엇인지 하나하나 구체적으로 표현해야 한다.

목표행동을 선정할 때 염두에 두어야 할 것은 목표행동의 우선순위를 정하는 것이다. 자녀의 모든 행동을 한꺼번에 변화시키는 것은 쉽지 않으므로, 우선순위를 정하여 순차적으로 행동수정 계획을 세우고 관찰하는 것이 바람직하다. 이때 발생빈도가 높은 행동일수록 관찰이 용이하며 행동수정 가능성이 높으므로, 발생빈도가 높은 행동을 우선순위에 두는 것이 좋다. 한편, 목표행동이 선정된 후에는 목표행동의 특성, 즉 그 행동이 자녀 스스로 조정할 수 있는 것인지 혹은 부모 등의 환경적 자극에 의해 조정 가능한 것인지를 파악하는 것도 중요하다. 예를 들어, '밥알을 세며 늦게 식사하는 행동'은 자녀의 노력 여하에 따라 스스로 조정 가능한 행동이지만, '엄마가 혼을 내면 오줌을 싸는 행동'은 부모라는 환경자극에 의해 일어나는 반응행동으로 자녀 스스로 조정하기 어려운 행동이다. 후자의 경우 오줌 싸는 행동을 수정하려면 환경자극부터 제거해야 한다. 이와 같이 목표행동의 특성에 따라 목표행동수정을 위한 접근방법이 달라질 수 있음을 고려해야 한다.

(2) 관찰기록

목표행동을 선정한 후에는 일정기간을 정하여 수정하고자 하는 문제행동을 관찰하고 관찰한 내용을 객관적으로 기록함으로써 문제행동을 효과적으로 수정할 수 있다. 행동에 대한 기록방법에는 비디오, 카메라 등의 시청각 매체를 사용해서 자동기록하거나 심리적 기법을 활용하여 직접 측정하거나 관찰기록하는 방법 등이 있다. 부모들이 가정에서 쉽게 사용할 수 있는 기록법으로 관찰기록이 있는데, 이는 〈표 11-2〉에 제시된 바와 같이 계속적 기록, 사건중심 기록, 지속성 기록, 간격

표 11-2 행동에 대한 관찰기록방법

방법	특징
계속적 기록법 (continuous recoding)	주어진 시간 동안 자녀의 행동을 모두 기록하는 방법
사건중심 기록법 (event recording)	표적행동(target behavior)이 일어나는 모든 시간을 누적기록하는 방법
지속시간 기록법 (duration recoding)	정해진 시간 동안 표적행동이 어느 정도나 지속되는지 기록하는 방법
동간격 기록법 (interval recording)	관찰시간을 일정하게 배분한 후, 정해진 일정한 시간에 관찰하고자 하는 표적행동이 나타나는지 출현빈도를 기록하는 방법
시간표집 기록법 (momentary time sampling)	임의로 정해진 시간 동안에 표적행동이 얼마나 자주 나타나는지 출현빈도를 기록하는 방법

적 기록, 시간표집 기록 등으로 세분화할 수 있다.

기록할 때 주의할 것은 부모의 관찰기록 내용을 토대로 자녀의 행동을 평가하고 행동을 어떻게 수정할 것인지 계획을 세우게 되므로, 구체적으로 기록해야 한다는 것이다. 가령, 기록을 할 때 '○○는 친구들과 놀이를 할 때 공격적이다.'라고 기록할 것이 아니라 '○○는 친구들과 블록놀이를 할 때 자신이 만든 것을 친구들이 만지면 가지고 있던 블록을 친구를 향해 던진다.'라고 구체적으로 기록해야 행동을 객관적으로 평가하고 효과적으로 수정하는 데 도움을 줄 수 있다. 또한 기록을 통해 행동의 발생빈도, 지속시간, 발생강도를 파악할 수 있어야 한다.

(3) A-B-C 행동분석

자녀의 행동에 대한 관찰기록이 끝나면, 수집된 자료에 기초해서 행동에 대한 분석이 이루어진다. 행동분석은 행동의 특성에 따라 다르지만 대체로 일주일 정도의 관찰기록을 토대로 분석하며, 행동분석 결과에 따라 문제행동을 어떻게 수정할 것인지에 대한 계획을 세운다.

A-B-C 행동분석의 3가지 요소는 [그림 11-1]에서 보는 바와 같이 행동을 유발시키는 선행자극(antecedents), 행동 그 자체(behavior) 그리고 그 행동에 수반되는 후속자극(consequnces)을 찾아내는 것으로, 여기서 선행자극은 행동의 단서가 되며, 행동 그 자체는 수정이 필요한 문제행동이며, 후속자극은 목표행동을 증가 혹은 감소, 유지시키는 자극을 의미한다.

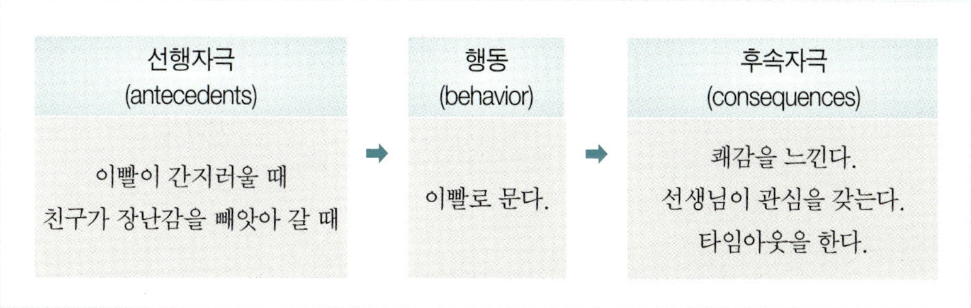

그림 11-1 행동분석의 3가지 요소

(4) 바람직한 행동을 유지 혹은 증가시키는 기법

- 강화: 강화에는 바람직한 행동을 증가시키기 위해 자녀가 좋아하는 자극을 제공하는 정적 강화와, 바람직한 행동을 증가시키기 위해 자녀가 싫어하는 자극을 제공하는 부적 강화가 있다. 강화의 종류는 〈표 11-3〉와 같이 물질적 강화, 사회적 강화, 간접적 강화로 구분할 수 있으며, 강화물에 대한 자녀의 선호도에 따라 선택적으로 사용할 수 있다. 일반적으로 자녀의 연령이나 정신적 성숙도가 높을수록 물질적 강화물보다는 사회적 강화물이나 간접적 강화물이 효과적이다.

  강화 효과를 극대화시키기 위해서 고려해야 할 점은 다음과 같다. 첫째, 목표행동에 대한 강화는 목표행동이 일어난 직후 이루어져야 한다. 시간이 지나 다른 행동을 할 때 강화가 이루어지면 목표행동이 아닌 다른 행동을 강화하는 결과를 초래하기 때문이다. 둘째, 강화가 자녀에게 특별한 의미를 줄 수 있어야 한다. 자녀가 좋아하는 게임을 함께해 주는 것과 같이 자녀에게 특별한 의미를

표 11-3 강화의 종류

유형	의미	강화물
물질적 강화	바람직한 행동에 대해 물질적인 것을 제공하여 그 행동을 습관화하는 것	• 좋아하는 음식(과자, 사탕 등) • 장난감
사회적 강화	바람직한 행동에 대해 칭찬 및 애정표현 등을 사회적 보상으로 그 행동을 습관화하는 것	• 칭찬 • 안아 주기 • 미소 지어 주기
간접적 강화	바람직한 행동에 대해 화폐기능을 지닌 간접보상으로 그 행동을 습관화시키는 것	• 스티커 • 토큰 • 동전
활동적 강화	바람직한 행동에 대해 아이가 좋아하는 활동을 할 수 있게 허용하는 보상으로 그 행동을 습관화시키는 것	• 게임하기 • 영화 보기

부여하는 강화를 제공할 때 강화가 더욱 효과적이기 때문이다. 셋째, 강화는 목표행동이 바람직한 행동에 도달할 때까지 반복해야 한다. 강화가 바람직한 행동의 결과로 이루어진 것임을 알려면 여러 번의 반복된 경험이 필요하기 때문이다. 마지막으로, 바람직한 행동에 대해서는 강화하고, 수정이 필요한 표적행동에 대해서는 강화하지 않도록 주의한다. 이렇게 바람직하지 않은 행동에 대해 무관심한 태도를 보이게 되면 목표행동은 점차 감소하거나 소거되며 바람직한 행동이 증가하게 된다.

- 모델링: 모델링은 직접 경험이 아닌 부모나 교사, 또래 친구를 관찰하면서 그들의 행동을 모방하는 것이다. 이러한 모델링은 어떤 강화를 제공하지 않아도 모방행동이 자연스럽게 이루어진다는 측면에서 자녀의 바람직한 행동을 유도하는 데 있어서 매우 효율적인 방법 가운데 하나로 여겨진다. 아직 인지적으로 미성숙한 어린 유아들은 무조건적으로 모방하는 경향이 강하기 때문에, 부모는 자녀가 부모의 바람직한 행동을 모방할 수 있도록 항상 좋은 모델링이 될 수 있게 노력해야 한다. 한편, TV 및 비디오와 같은 미디어를 통한 모델링도 자녀의 모방행동에 큰 영향을 미치게 되므로, 주의 깊은 지도가 요구된다.
- 행동형성: 행동형성은 바람직한 행동에 한 번에 도달하기 어려울 때 점진적인 접근원리를 통해 단계적으로 바람직한 행동을 형성하도록 하는 것이다. 가령, 위인전을 전혀 읽지 않는 아동에게 적어도 일주일에 한 권은 읽도록 하고 싶을 때, 처음부터 일주일에 한 권씩 읽게 하는 것은 무리이므로 1달, 3주일, 2주일, 1주일에 한 권씩의 순서로 시간을 단계적으로 줄여 나가면서 강화를 제공하는 것이다. 행동형성 기법에 있어서 중요한 것은 최종 목표로 하는 바람직한 행동에 대해서만 강화를 제공하는 것이 아니라, 단계적으로 나타나는 유사한 행동에 대해서도 즉각적으로 강화를 해 주어야 한다는 점이다. 유사한 행동에 대한 이러한 강화는 바로 다음 단계에서 나타나는 행동에 대한 선행자극이 되어 바람직한 행동의 유발을 촉진하는 데 크게 기여하기 때문이다.

(5) 바람직하지 못한 행동을 감소시키는 기법

- 벌: 바람직하지 않은 행동의 결과에 대해 불쾌한 자극을 제공하는 것으로, 강화가 바람직한 행동을 증가시키기 위해 활용하는 후속자극이라면, 벌은 바람직하지 않은 행동을 감소시키기 위한 후속자극이다. 부모들은 흔히 자녀의 바람직하지 못한 행동을 제거하기 위해서 강화로도 효과가 없을 때 벌을 사용하게 되는데, 벌을 잘못 사용했을 때의 부작용이 크므로 주의해야 한다. 특히 벌이 부적 강화물이 아니라 정적 강화물이 되는 경우를 주의해야 하는데, 가령 유아교육기관에서 친구 물건을 몰래 가져와서 엄마에게 벌은 받은 아이는, 내가 이런 행동을 하니까 엄마가 나에게 관심을 갖는다고 생각하면서 그러한 행동을 반복할 수 있다. 또한 벌을 주었을 때 벌을 주는 사람에 대해 부정적인 정서반응이 일어나게 되어, 부모-자녀관계에 오히려 부정적인 영향을 미칠 수도 있다. 따라서 벌은 최대한 삼가고 바람직한 행동을 강화하는 방향으로 행동수정을 이끄는 것이 바람직하다.
- 소거: 바람직하지 않은 행동을 했을 때 이에 대한 관심이나 강화를 모조리 제거

나쁜 개라고 혼내지 말고 개선할 점을 알려 주면
내 기분이 이렇게 상하지 않을 텐데... (개의 辨).

벌로 인해 부정적인 정서반응이 일어난 개

출처: www.cartoonstock.com

함으로써 바람직하지 못한 행동이 감소되는 현상이다. 즉, 바람직하지 않은 행동에 대해 무관심한 태도로 대함으로써 자녀 스스로 바람직하지 않은 행동을 중단하는 것이다. 벌의 경우 자녀가 부모의 관심을 얻기 위해 바람직하지 못한 행동을 할 가능성이 더 높아질 수 있지만, 소거는 아예 무시해 버림으로써 그 행동을 반복할 가능성을 감소시킨다는 점에서 차이가 있다. 물론 소거의 경우에도 일시적으로 자녀가 부모의 관심을 끌기 위해 바람직하지 못한 행동이 급격히 증가할 수 있으나, 일관되게 소거 기법을 유지한다면 행동을 감소시키는데 효과가 있다. 한편, 바람직하지 못한 행동으로 상대에게 신체적인 손상이나 물질적인 손상을 입힐 경우에는 소거를 사용하지 않도록 주의해야 한다.

- 포화: 바람직하지 못한 행동을 감소시키기 위해 벌이나 소거 등의 방법을 사용하는 것이 아니라, 싫증날 때까지 그 행동을 지속하도록 허용한 후 아이 스스로 그 행동을 중단하도록 하는 방법이다. 예를 들어, 공부를 하지 않고 컴퓨터게임에 몰두하는 자녀에게 컴퓨터게임을 못하게 하는 것이 아니라, 더 이상 하기 싫을 때까지 컴퓨터게임을 계속 하도록 해서 컴퓨터게임을 하고 싶은 생각이 없어지게 하는 것이다. 이제 막 자아가 발달하기 시작한 어린 유아의 경우, 포화 기법을 사용하는 것이 행동수정에 효과적일 수 있다. 그러나 중독성이 강한 행동의 경우, 잘못 사용하면 중독의 가능성이 있으므로 주의해야 한다.
- 타임아웃: '생각의자'라고도 일컬어지며, 아이가 잘못된 행동을 하거나 격앙된 감정을 조절하지 못할 때, 아이의 모든 활동을 중단하고 제한된 시간 동안 특정 장소에 혼자 있게 하는 방법이다. 이러한 시간을 통해 아이는 자신의 격앙된 감정을 다스리고 무엇을 잘못했는지를 되돌아볼 수 있는 기회를 가지게 되며, 장기적으로 자기통제력을 향상시킬 수 있게 된다. 일반적으로 타임아웃은 아이가 말귀를 알아듣고 사회성이 발달하기 시작하는 만 3세경부터 적용하는 것이 좋으며, 시간은 3살이면 3분, 5살이면 5분과 같이 아이 나이만큼이 적당하다.

타임아웃을 효과적으로 사용하기 위해서는 다음과 같은 점에 주의해야 한다. 첫째, 타임아웃을 사용해야 할 잘못된 행동을 몇 가지로 한정한다. 타임아웃을

타임아웃을 위한 의자에 앉은 유아

남발하다 보면 아이는 으레히 하는 것으로 생각해 잘못을 돌아보는 것에 무뎌지기 때문이다. 둘째, 타임아웃의 장소는 10초 이내로 이동할 수 있으며, 최대한 아이에게 지루하고 따분한 생각이 들게 하는 장소로 한다. 거리가 너무 멀면 타임아웃을 제대로 지키기 어려우며, 아이에게 흥미를 유발하거나 새로운 자극을 제공하는 장소는 아이에게 벌이 될 수 없기 때문이다. 셋째, 타임아웃을 하는 동안에 아이에게 관심을 주지 않는다. 관심을 기울이게 되면 아이는 부모의 관심을 끌 수 있는 타임아웃을 위해 잘못된 행동을 반복할 수 있기 때문이다. 넷째, 타임아웃을 위해 지시할 때는 단호하되 좋은 목소리로 말한다. 이때 좋은 목소리란 너무 부드럽지도 언성이 높지도 않은 적당한 톤의 목소리를 말한다. 다섯째, 타임아웃은 정해진 규칙에 따라 일관성 있게 사용해야 한다. 즉, 손님이 있다는 이유로 외부에 있다는 이유로 잘못을 했음에도 타임아웃을 적

표 11-4 타임아웃의 올바른 방법

단계		방법
1	규칙에 대해 설명하기	타임아웃은 잘못된 행동을 고치기 위해 사용하는 것임을 알려 주고, 어떤 규칙을 따라야 하는지 설명한다.
2	잘못한 즉시 타임아웃 장소로 보내기	잘못된 행동의 결과로 타임아웃이라는 벌을 받는다고 연결시킬 수 있게, 잘못한 즉시 타임아웃 장소로 바로 옮긴다.
3	정해진 시간만큼 타임아웃 실시하기	연령에 맞게 타임아웃을 실시하되, 타임아웃의 시작과 끝을 알 수 있도록 휴대용 타이머를 이용해 일정 시간이 지나면 소리가 울리게 한다.
4	끝난 후 자신의 잘못 돌아보기	타임아웃 벌을 받게 된 이유를 말해 보게 함으로써, 잘못된 행동으로 인해 타임아웃을 하게 되었음을 깨닫게 한다.

용하지 않는 우를 범해서는 안 된다. 마지막으로 타임아웃이 끝난 후에는 아이를 안아 주거나 사랑한다고 말해 주면서 소외된 아이의 마음을 보듬어 준다. 이를 통해 아이는 타임아웃은 자신의 잘못된 행동 때문일 뿐이었으며, 부모는 여전히 자신을 사랑하고 있다는 것을 느끼게 됨으로써 부모-자녀관계에 긍정적인 영향을 미칠 수 있다.

4. 부모교육으로서의 유용성

행동수정 프로그램의 가장 큰 장점은 행동수정 원리에 대한 지식이 없는 사람이라 할지라도 단기간의 훈련을 통해 배울 수 있고 충분히 활용할 수 있다는 점이다. 실제로 많은 연구들을 통해 행동수정 원리를 적용한 부모교육 프로그램을 경험한 부모들이 자녀의 행동을 효과적으로 관리할 수 있음이 입증되었으며(Chacko et al., 2009), 특히 행동수정 부모역할 훈련은 여러 연구들(Brestan & Eyberg, 1998; Pelham, Wheeler, & Chronis, 1998)을 통해 주의력결핍 과잉행동장애(ADHD), ODD, 품행장애(CD)가 있는 자녀들을 위해 매우 효율적인 것으로 인식되어 왔다. 그러나 정신병리 문제나 높은 수준의 스트레스를 지닌 부모들은 대체로 프로그램 참석 및 참여가 낮아 그 효과가 제한적으로 나타난다(Chronis, Chacko, Fabiano, Wymbs, & Pelham, 2004). 실제로 사회적 지지 자원이 빈약하고 우울 및 스트레스 수준이 높은 한부모가족 어머니의 경우, 프로그램에 참여도가 낮은 것으로 보고(Cairney, Boyle, Offord, & Racine, 2003)되었으며, 이들은 행동수정 방법 및 자녀에 대한 인지적 이해도가 떨어져 프로그램의 효과가 제한적으로 나타났다(Nock & Kazdin, 2001). 이에 최근의 한 연구(Chacko et al., 2009)에서는 자녀행동에 대한 인지적 이해도 및 부모 상호 간의 사회적 지지를 높이고, 자녀 문제에 대한 해결 능력뿐만 아니라 부모 자신의 문제해결 능력까지 향상시킬 수 있는 행동수정 프로그램을 제공함으로써 행동수정 기법에 근거한 부모역할 훈련의 효과가 더욱 높아진 것으로 보고하고 있다.

한편, 행동수정 원리는 특수아동뿐만 아니라 정상아동에게도 적용 가능하며, 유아기 자녀에 한정되는 것이 아니라 아동기를 거쳐 청소년기 자녀까지 광범위하게 적용할 수 있지만, 그 원리를 사용하는 개인의 능력과 장기적으로 적절한 강화전략의 사용 여부에 따라 그 효과가 달라질 수 있음을 고려해야 한다. 예를 들어, 타임아웃을 어린 유아와 청소년 모두에게 사용할 수 있지만, 자녀의 연령을 고려하지 않고 시간 및 장소에서 동일한 조건의 타임아웃을 실시한다면 어느 한쪽에게만 효과적이거나 어느 쪽에도 효과적이지 못한 방법이 될 가능성이 크다. 따라서 행동수정 원리를 사용하여 자녀의 행동을 효과적으로 관리하고자 한다면, 자녀의 발달시기 및 특성 등을 면밀하게 검토한 후 그에 맞는 적절한 방법을 선택하여 활용할 수 있도록 노력해야 한다.

제 12 장

의사소통 향상 프로그램

이 장에서는 부모-자녀 간의 효율적인 의사소통 도모를 통해 바람직한 부모-자녀관계 형성에 도움을 주는 프로그램으로서 고든(Gordon)의 부모효율성훈련 프로그램, 딩크마이어(Dinkmeyer)와 맥케이(McKay)의 체계적 부모효율성훈련 프로그램, 팝킨(Popkin)의 적극적 부모역할 프로그램을 살펴보고자 한다. 부모-자녀 간의 개방적이고 효율적인 의사소통은 상호 간의 이해와 친밀감을 증진시키고 긴장 및 갈등을 감소시킴으로써 부모역할의 효율적 수행과 자녀의 바람직한 발달에 기여할 수 있다. 따라서 자녀발달에 대한 충분한 이해와 효과적인 의사소통 방법에 대한 부모교육이 필요하다. 이러한 맥락에서 의사소통 향상 프로그램은 기본적으로 자녀양육에 있어 민주적이고 자율적인 양육태도의 가치에 중점을 두고 자녀와의 효과적인 의사소통 기법으로 자녀의 이야기를 진심을 다하여 들어 주고 부모의 감정과 생각에 대해서도 적극적으로 표현할 것을 강조한다(Fine & Henry, 1991).

1. 부모효율성훈련 프로그램

부모효율성훈련(Parent Effective Training: PET) 프로그램은 토머스 고든(Thomas Gordon)이 개발한 부모교육 프로그램으로서, 부모효율성훈련 또는 효율적인 부모훈련으로 일컬어진다. 고든은 임상심리학자로서 시카고 대학에서 정서적, 지적, 심리적으로 문제를 가지고 있는 아이들을 치료하는 중에, 아이의 문제는 부모-자녀 관계에 기인하며 도움이 필요한 사람은 자녀가 아니라 부모라는 사실을 깨닫게 되었다. 이에 1963년 부모에게 자녀와 좀 더 효율적으로 의사소통하고 부모-자녀 간의 갈등을 단계적으로 해결할 수 있는 방법을 알려 주기 위해 PET 프로그램을 개발하게 되었다. 처음 17명의 부모가 참석했던 PET 프로그램은 1980년 60만 명 이상의 부모가 참석하는 전국적인 운동으로 전파되었고, 1990년대 이후에는 세계적으로 확산되어 현재는 우리나라에서도 널리 보급되어 있다.

1) 교육목표

부모효율성훈련의 목적은 신뢰와 애정을 바탕으로 한 바람직한 부모-자녀관계의 형성을 도움으로써 부모로 하여금 부모역할을 보다 효과적으로 수행하게 하는 것이다. 이에 따른 구체적인 교육목표는 첫째, 부모-자녀관계에서 자녀의 행동을 제대로 이해할 수 있는 수용 능력을 키우고 자녀에게 자신의 감정을 솔직하게 표현할 수 있는 기법을 습득하게 하며, 둘째, 부모-자녀 간에 문제가 발생할 경우 문제의 소지자가 누구인가를 파악하게 하고, 마지막으로 이에 적절한 문제해결을 위해 효율적인 의사소통 기술을 익혀 활용하는 것이다.

2) 기본원리

(1) 수용성 수준 파악하기

많은 부모들은 완벽한 부모역할에 대한 환상을 가지고 자녀에게 무조건 관대하고 언제나 수용적이어야 한다고 생각한다. 그러나 부모도 인간이기 때문에 어떤 상황에서도 자녀의 모든 행동에 대해 한결같이 수용적이고 관대할 수는 없다. 더욱이 부모마다 자녀의 행동에 대한 수용 능력이 다르기 때문에, [그림 12-1]에서 보는 바와 같이 똑같은 행동에 대해서도 수용 가능한 행동의 범위가 넓은 수용적인 부모는 정상적인 행동으로 여길 수 있지만, 상대적으로 수용 가능한 행동의 범위가 좁은 비수용적인 부모는 문제행동으로 생각할 수 있다. 따라서 부모효율성훈련 프로그램에서는 부모로 하여금 자녀행동에 대한 수용 능력의 정도를 파악하여 자녀의 행동을 제대로 이해하도록 도움으로써, 궁극적으로 바람직한 부모-자녀관계의 형성을 도모한다. 한편, 부모의 수용 정도는 부모의 기분이나 상황, 자녀의 출생순위에 따라서도 달라질 수 있다. 이 경우 부모의 수용태도는 일관적이어야 한다는 고정관념에 사로잡혀 부모의 솔직한 감정을 숨기는 것은 자칫 부모를 융통성 없는 사람으로 생각해 부모-자녀관계에 오히려 부정적인 영향을 미칠 수 있으므로, 자녀에게 자신의 솔직한 감정을 표현하는 것이 바람직하다.

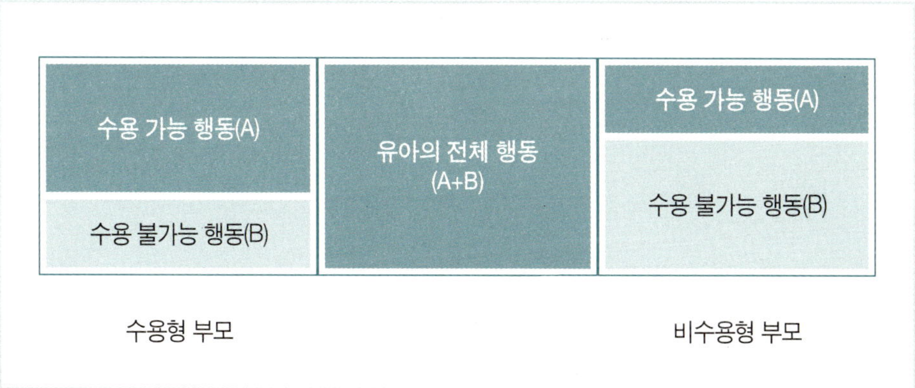

그림 12-1 유아 행동에 대한 부모의 수용성 수준

(2) 문제 소유자 가려내기

부모-자녀관계에서의 문제해결에 선행되어야 할 과제는 문제가 누구에게 있는지를 가려내는 것이다. 이는 누가 문제인지에 따라 문제해결을 위한 기술, 즉 부모의 역할이 달라지기 때문이다. 보통 문제는 부모 혹은 자녀에게 있는데, 자녀의 어떤 행동이 부모에게 스트레스가 되거나 욕구충족에 방해가 되었다면 문제의 진원지는 바로 부모다. 이 경우 부모는 자신의 생각과 감정을 자녀에게 솔직하고 객관적으로 전달하는 기술 등을 통해 문제를 해결할 수 있다. 반면, 자녀의 행동이 부모에게는 아무런 문제도 일으키지 않는데 자녀에게 스트레스를 주거나 좌절감을 느끼게 한다면 문제는 바로 자녀이며, 이 경우 부모는 자녀가 스스로 문제를 해결할 수 있도록 돕는 조력기술 등을 통해 문제를 해결할 수 있다.

표 12-1 문제 소유자에 따른 부모의 역할 구분

부모의 수용 정도	문제 소유자	특성	부모역할
수용 가능	자녀	자녀의 특정 행동이 자녀에게만 스트레스가 됨	자녀 스스로 문제를 해결할 수 있도록 돕는 조력자 역할
	누구도 아님	자녀의 특정 행동이 부모 및 자녀 누구에게도 스트레스가 되지 않음	부모-자녀관계를 더 좋게 증진시키는 촉진자 역할
수용 불가능	부모	자녀의 특정 행동이 부모에게만 스트레스가 됨	부모 스스로 자신의 문제를 해결하기 위한 적극적 역할

(3) 문제해결을 돕는 의사소통 기법 사용하기

사람들은 상대방과 문제가 생겼을 때 대화를 통해 문제를 해결하고자 노력한다. 따라서 문제의 소유자가 누구인지를 파악한 후에는 이에 맞는 적절한 의사소통 기법을 적용하는 것이 중요하다. 이에 PET 프로그램에서는 가장 대표적인 의사소통 기법으로 적극적 경청, 나-전달법, 무승부법을 권장한다. 가령, 부모가 문제를 소

유한 경우는 나-전달법을, 자녀가 문제를 소유한 경우는 적극적 경청을 사용한다. 그리고 〈표 12-2〉에서와 같이 자녀와의 의사소통에 장애가 될 수 있는 12가지 언어 표현을 금지한다.

표 12-2 부모-자녀 간 의사소통의 12가지 걸림돌

부정적 의사소통 유형	내 용	사 례
명령 · 지시 · 요구	자녀에게 어떻게 하라고 혹은 하지 말라고 명령, 지시하는 것	숙제해라, 말대꾸하지 말아라.
경고 · 주의 · 위협	자녀에게 어떤 행동을 하면 어떤 결과가 될 것이라고 말하는 것	한 번만 더 그러면 놀이터 안 데려갈 거야.
훈계 · 설교 · 설득	해야 할 일과 해서는 안 되는 일을 일러 주는 것	잠자기 전에 항상 양치질을 해야 한다.
충고 · 제안	어떻게 하면 문제가 해결되는지 조언하고 제안하는 것	그럼 그 친구에게 사과하는 게 좋을 듯하구나.
강의 · 교수 · 논리적 논쟁	사실, 정보, 논리, 부모 자신의 의견 등으로 자녀의 판단에 영향을 주려 하는 것	나는 초등학교 때 일하면서 공부했다.
비판 · 비난 · 판단	자녀에 대해 부정적 판단이나 평가를 내리는 것	너는 하기 힘들 거야.
칭찬 · 동의	긍정적 평가 및 판단을 보이는 것	너는 잘할 수 있는 능력을 가지고 있어.
욕설 · 조롱 · 수치감	자녀에게 욕하거나 조소하거나 수치심을 주는 것	너 머리에는 뭐가 들어 있니.
해석 · 분석 · 진단	자녀의 동기가 무엇인지, 자녀가 왜 그런 말을 하는지 분석하고 진단하여 전달하는 것	동생이 미워서 그런 거지?
격려 · 동정 · 위로	자녀의 지금 당장의 기분을 풀어 주기 위해 기분을 맞추려 하는 것	걱정하지 마, 다 잘될 거야.
심문 · 질문 · 탐문	부모 자신이 문제를 해결하는 데 필요한 정보를 자녀로부터 얻으려 하는 것	왜 그 친구가 싫어진 거니?
철회 · 주의돌림	자녀의 관심을 다른 데로 돌리려 하거나 부모 자신이 문제에서 회피하려 하는 것	지구를 떠나 버리게 하면 어떨까?

3) 부모교육의 실제

(1) 프로그램 내용 및 구성

부모효율성훈련 프로그램은 부모-자녀 간의 의사소통 기술에 대한 이론교육과 실습교육으로 이루어지며, 매주 1회 3시간씩 총 8주 24시간 교육과정으로 구성된다. PET 교육은 고든의 『부모효율성훈련(*Parent Effectiveness Training*)』과 워크북을 주교재로 해서 이루어지며, 한 학급당 10~15명 정도의 부모들이 참여한다. 부모들은 자녀와의 관계에서 당면하는 문제들을 어떻게 해결해야 하는지에 대한 의사소통 기술을 중점적으로 배우게 되며, 구체적으로 문제해결을 위한 선행과제로 문제 소유자 가리기, 의사소통에 장애가 되는 12가지 표현 이해하기, 문제소유자가 자녀일 때의 의사소통 방법으로 적극적 경청하기, 문제소유자가 부모일 때의 의사소통 방법으로 나-전달법 실행하기, 부모와 자녀 모두 이길 수 있는 의사소통 방법으로 무승부법, 자녀와의 가치관 대립에 대해 효율적으로 대처하는 기술 등을 익힌다. 이에 대한 모든 교육은 단순한 이론교육에 그치는 것이 아니라 부모-자녀관계에서 당면하는 문제들을 역할놀이를 통해 직접 다루어 보고 이에 대한 적절한 피드백이 함께 이루어진다. 또한 집단 훈련을 통해 다른 부모들의 경험도 함께 학습함으로써 보다 효과적인 교육이 가능하게 된다.

(2) 프로그램 실시

부모효율성훈련 프로그램의 내용을 회기별로 정리해서 살펴보면 〈표 12-3〉과 같다. 1회기에는 효과적인 부모역할 이해하기를 주제로 하며, 부모역할이 효율적으로 이루어지기 위해 선행되어야 할 과제로 자녀행동에 대한 부모의 수용성 수준과 자녀의 문제행동으로 인해 힘들어하는 사람이 누구인지 파악하기 등의 내용이 다루어진다. 2회기와 3회기에는 자녀의 행동으로 인해 자녀가 문제를 가지고 있을 때의 효율적인 의사소통 기술로서 반영적 경청에 대한 내용을 다룬다. 2회기에는 자녀가 문제를 가지고 있을 때 의사소통의 걸림돌이 어떻게 방해가 되며, 반영적 경청이 어떤 도움이 되는지를 살펴본다. 3회기에는 언제 어떻게 반영적 경청을 사용할 수 있는지를 실제로 연습하며 훈련한다. 4회기와 5회기에는 자녀의 행동에 대해 부모가 문제를 가지고 있을 때의 효율적인 의사소통 기술로서 나-전달법에 대한 내용을 다룬다. 4회기에는 부모의 입장에서 자녀의 문제행동으로 인한 부모의 힘든 감정을 표현하는 나-전달법의 3단계를 이해하며, 5회기에는 나-전달법에 대한 대화를 통해 실제로 적용해 보는 훈련을 한다. 6회기에는 갈등의 해결방법을 주제로 하는데, 권위주의적, 허용적, 민주적 갈등 해결방법이 있으며, 이 가운데 가족의 갈등 해결에 민주적 갈등 해결방법이 좋은 점을 이해한다. 7회기에는 민주적 갈등 해결방법으로서의 6단계를 이해하고 이를 적용하여 갈등을 해결하는 방법에 대해 훈련한다. 마지막으로 타인과의 가치관 대립의 해결방법에 대한 내용을 다루는 8회기에는 다른 사람의 가치관에 영향을 줄 수 있는 기술이 무엇이며, 자기 수정을 통해 가치관의 차이를 수용하는 방법을 배우게 된다.

표 12-3 PET 프로그램의 회기별 주제 및 내용

회기	주제	내용
1	효과적인 부모역할의 이해	행동의 네모꼴 수용도식/문제 소유자 가리기
2	반영적 경청	의사소통 걸림돌 이해하기/반영적 경청 이해하기
3	반영적 경청의 실제	반영적 경청 연습하기
4	나-전달법	나-전달법의 3단계 설명하기
5	나-전달법의 실제	나-전달법 연습하기
6	갈등의 해결방법	권위주의적, 허용적, 민주적 갈등 해결방법 이해하기
7	민주적 갈등 해결방법 적용	문제해결의 6단계 이해 및 연습하기
8	가치관 대립의 해결방법	다른 사람과의 가치관 차이 수용하는 방법 익히기

(3) 방법 및 전략

① 적극적 경청

적극적 경청은 자녀로부터 들은 내용 속에 담긴 감정메시지를 이해하고, 자녀의 느낌과 감정을 제대로 이해하고 있음을 반영하여 피드백하는 의사소통 전략이다.

이때 자녀가 부모에게 진심으로 이해되고 수용되고 있음을 느낄 수 있도록 하기 위해, 대화의 단절을 유도하는 부모의 의견이나 질문, 충고, 분석 등은 하지 않는 것이 바람직하다. 이러한 적극적 경청은 부모-자녀 간의 온정적인 관계를 증진시키는 것은 물론, 자녀로 하여금 문제가 되는 감정의 정화작용을 촉진하면서 스스로 문제를 해결하도록 격려하며, 더불어 자녀 자신에게도 다른 사람의 말을 경청하는 태도를 길러 준다.

자녀와의 효과적인 의사소통을 위해 적극적 경청이 쉽지 않지만 꼭 필요한 이유는 [그림 12-2]에서 보는 바와 같이, 자녀는 자신의 감정을 그대로 표현하는 것이 아니라 부호화해서 표현하고, 부모는 이를 제대로 해석해야 하기 때문이다. 가령, 수준이 안 맞아서 동생이랑 놀기 싫어하는 자녀가 단지 "동생이랑 안 놀아."라고만 말했을 때, 부모는 '동생이 괴롭혀서 놀기 싫구나.'라고 자녀가 보낸 메시지를 잘못 해석할 수 있다. 따라서 부모는 적극적 경청을 통해 자신이 자녀가 보낸 메시지를 정확하게 이해했는지를 확인하고 이에 적절하게 대응해 주는 것이 중요하다.

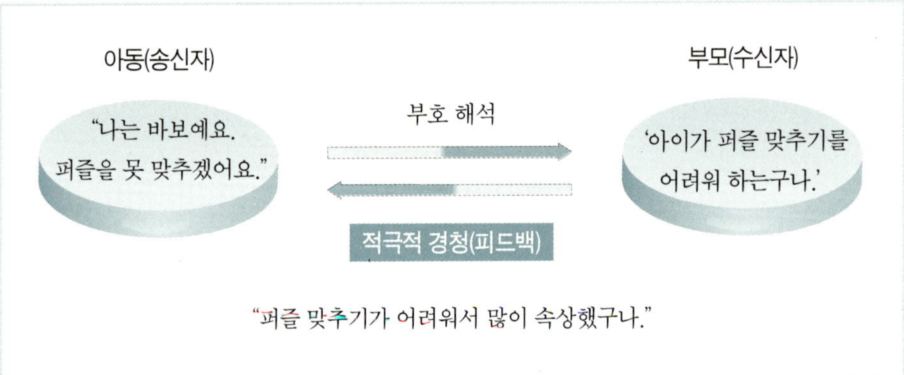

그림 12-2 적극적 경청과정

② 나-전달법

나-전달법은 문제의 소유자가 부모일 때 사용하는 의사소통 기법으로, 자녀의 행동이 부모에게 문제가 될 때, 부모가 느끼는 감정과 생각을 '나'를 주어로 해서 자녀에게 솔직하게 전달하는 것이다. 나-전달법을 사용하면 장난감을 정리하지 않는 자녀의 행동에 대해 "네가 장난감을 정리하지 않으면 엄마는 정말 화가 난단다. 왜냐하면 흩어진 장난감 때문에 청소를 하기가 어렵기 때문이야."와 같이 자녀의 행동을 비난하지 않고 부모의 솔직한 감정과 생각을 나타낸다. 때문에 자녀는 부모로부터 '나를 도와줄 수 있겠니'라는 메시지를 전달받게 되고, 부모를 도와야 한다는 책임감을 느끼도록 유도한다. 반면에 너-전달법에서는 "놀았으면 정리를 해야지. 정리도 못 하니?"와 같이 자녀에게 잘못이 있다고 비난하고 탓함으로써 자녀로 하여금 오히려 방어적이게 한다.

표 12-4 나-전달법과 너-전달법의 사례 비교

상황	나-전달법	너-전달법
거실에서 뛰어다닌다.	뛰어다니니까 바닥이 울려서 내 머리가 아프구나.	조용히 좀 다녀라.
밥을 먹지 않는다.	밥을 잘 먹으면 엄마는 정말 기쁠 것 같구나.	도대체 왜 밥을 안 먹는 거니?
장난감을 정리하지 않는다.	장난감이 어지러져 있어서 엄마가 청소하기 힘들구나.	너는 항상 놀고 나서 장난감을 정리하지 않더라.

③ 무승부법

무승부법은 부모-자녀 간 갈등이 생겼을 때 부모나 자녀 중 어느 한쪽이 지거나 이기는 승부적 방법이 아니라, 어느 쪽도 지는 사람 없이 부모-자녀 모두의 욕구를 만족시킬 수 있는 민주적인 갈등 해결방법이다. 보통 적극적 경청이나 나-전달법으로도 문제가 해결되지 않을 경우 무승부법을 사용하게 되는데, 이 무승부법의 올바른 시행은 [그림 12-3]에서와 같이 6단계로 구성된다.

제1단계 '갈등 확인하고 정의 내리기'에서는 부모-자녀 간 갈등이 되는 문제가 무엇인지를 적극적 경청과 나-전달법을 통해 부모-자녀가 함께 확인하고, 양쪽 모두가 문제를 동일하게 인식하고 있다는 전제하에 명확하게 정의를 내린다. 제2단계 '가능한 해결책 탐색하기'에서는 부모와 자녀가 함께 문제를 해결할 수 있는 해결

책을 모두 제시하게 되며, 제3단계 '가능한 해결책 평가하기'에서는 부모와 자녀가 정직하게 제안된 모든 해결책에 대해 각각 적절성, 이행 가능성, 형평성 등을 평가한다. 제4단계 '최상의 해결책 결정하기'에서는 부모-자녀가 협의하여 갈등을 해결할 수 있으면서 서로가 수용할 수 있는 가장 최선의 방법을 결정하며, 나중에 번복하거나 잊어버리는 것을 방지하기 위해 해결책을 기록해 둔다. 제5단계 '결정된 해결책 시행하기'에서는 결정된 최상의 해결책에 대해 구체적으로 누가, 언제, 무엇을 어떻게 할 것인지를 이야기하고 실행에 옮기며, 마지막 제6단계 '평가하기'에서는 실행에 옮긴 해결책으로 문제가 해결되었는지를 점검하고, 실행과정에서 어려움이나 문제점은 없었는지를 평가한다.

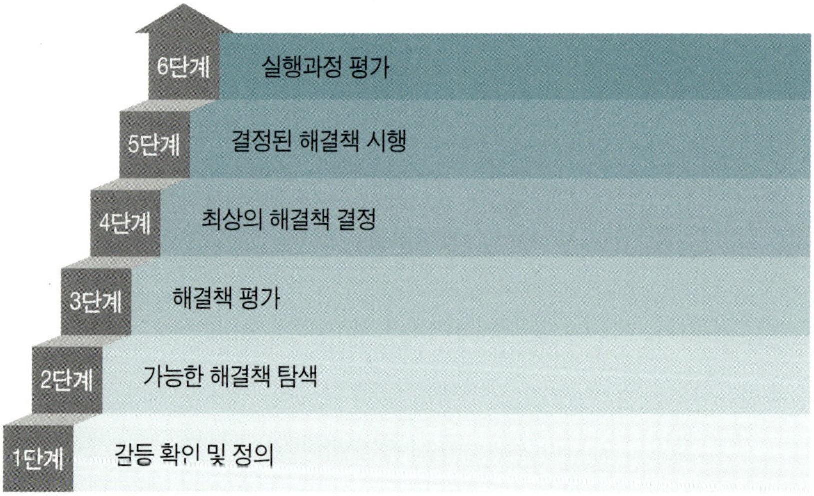

그림 12-3 무승부법의 시행

4) 부모교육으로서의 유용성

PET 프로그램의 효과를 상위분석한 한 연구(Cedar & Levant, 1990)에 의하면, PET는 자녀양육에 대한 부모의 지식 향상, 민주적 태도 증진에 효과적일 뿐만 아니라, 자녀의 자존감 향상에도 효과가 있는 것으로 나타났다. 또한 이러한 효과들은 프로그램이 종결된 후에도 지속되는 것으로 나타나, 자녀의 행동 개선에 있어서도 지연된 효과가 나타날 수 있음을 시사했다. 최근에는 신경학적 연구를 통해 정서적 건강과 정서조절 능력의 중요성이 입증되면서, 부모-자녀 간의 효율적인 대화를 위해 자녀의 감정을 충분히 이해해 주는 적극적 경청과 자신의 감정을 솔직하게 전달하는 나-전달법을 주요 전략으로 강조하는 PET 프로그램의 효과가 새롭게 부각되고 있다(Wood & Davidson, 2003). 우드와 데이비드슨(2003)의 연구에서는 232명의 부모를 대상으로 PET 프로그램 참여집단과 참여하지 않는 통제집단으로 구분하고, PET 프로그램 실시 전후로 주어진 특정 상황에서의 부모-자녀 반응 시트(Parent-Child Response Sheet)를 작성하게 한 결과, 프로그램 실시 이후 PET 프로그램에 참여한 부모의 반응에 확연한 차이가 있는 것으로 나타났다. 예를 들어, 자녀가 "학교 친구들이 왜 나를 싫어하는지 모르겠어. 난 친구를 사귀려구 무지 노력하는데, 친구들은 나를 괴롭히고 놀리기만 해. 아무래도 내가 예쁘지 않아서 그런가 봐."라고 말했을 때, 프로그램 실시 이전에는 "엄마는 지금 그대로의 네 모습을 사랑한단다. 지금의 네가 아니라면 넌 엄마의 딸이 아닐 텐데…. 그럼 엄마는 많이 섭섭할 거야."라고 응답함으로써 자녀의 감정에 대해 전혀 인정하지 않았지만, 프로그램 실시 이후에는 똑같은 상황에 대해 "그것 때문에 네가 많이 속상하겠구나."라고 응답함으로써 적극적 경청을 실천하는 것으로 보고되었다. 이외에도 자녀의 수용할 수 없는 행동에 대해 자신의 감정과 생각을 솔직하게 표현하는 기술도 향상된 것으로 나타났다.

2. 체계적 부모효율성훈련 프로그램

체계적 부모효율성훈련(Systematic Training for Effective Parenting: STEP) 프로그램은 미국 플로리다주의 의사소통 및 동기유발 훈련 연구소의 딩크마이어와 맥케이가 드레이커스(Dreikurs)의 민주적 양육이론에서 행동의 목표 파악, 자연적 · 논리적 귀결 등의 개념을, 고든의 부모효율성훈련 이론에서 적극적 경청, 나-전달법 등의 의사소통 기법을, 번(Berne)의 상호교류분석이론 및 행동수정이론을 체계적이고 종합적으로 구성한 부모교육 프로그램이다. 체계적 부모효율성훈련(STEP)은 부모-자녀는 사회적으로 평등한 인간으로서 서로를 존중하고 스스로 결정할 권리가 있음을 강조하며, 부모-자녀관계의 질적인 개선을 추구한다. 최근 STEP 프로그램은 6세 이하의 자녀와 십대 부모를 위한 프로그램을 개발하여 대상에 따라 다양하게 적용되고 있다(김영옥, 2007).

1) 교육목표

체계적 부모효율성훈련의 목적은 부모-자녀가 서로를 동등한 인격체로서 존중하며, 부모로 하여금 민주적 양육 기술을 터득하여 자녀가 책임감 있는 행동을 할 수 있도록 도와주는 데 있다. 이에 따른 구체적인 교육목표는 첫째, 자신을 정확하게 통찰하고 자녀의 행동을 바르게 이해하는 방법을 터득하고, 둘째, 자녀에게 자신감과 자아존중감을 길러 주기 위한 양육 기술을 익히며, 마지막으로, 자녀와의 관계를 만족스럽게 유지하기 위한 의사소통 기술을 배우는 것이다.

2) 기본원리

(1) 자녀의 잘못된 행동 이해하기

부모와 자녀는 사회적으로 평등한 존재로서, 자녀는 부모와의 긍정적인 관계를 통해 부모에게 인정받고자 한다. 그러나 그러한 욕구가 계속해서 좌절될 경우 부정적인 행동을 통해서라도 부모의 관심을 얻고자 하는데, 관심 끌기, 힘 행사하기, 보복하기, 부적절함 보이기 등이 바로 잘못된 행동의 네 가지 목표가 된다. 부모는 자녀행동에 대한 주의 깊은 관찰을 통해 자녀의 잘못된 행동을 이해할 수 있다. 이와 같이 자녀의 잘못된 행동은 부모와의 관계로부터 기인하게 되므로, 부모는 상호 존중하기, 즐거운 시간 갖기, 격려하기, 사랑 표시하기 등의 방법을 통해 자녀와의 긍정적인 관계형성을 위해 노력해야 한다.

(2) 부모 자신 이해하기

일반적으로 자녀의 잘못된 행동은 가족분위기, 가치관, 가족 간의 위치, 훈육방법 등의 영향을 받게 되므로, 자녀를 제대로 이해하려면 부모 자신에 대해서도 올바르게 이해해야 한다. 여기서 부모 자신에 대한 이해란, 자신이 완벽한 부모인지 책임 있는 부모인지를 살펴보는 것인데, STEP에서는 완벽한 부모가 자녀에게 가장 큰 고통이 될 수 있음을 경고하며 책임 있는 부모의 역할을 강조한다. 〈표 12-5〉는

표 12-5 완벽한 부모와 책임 있는 부모 간의 차이점

구분	부모 신념	부모 행동	자녀에게 나타나는 결과
완벽한 부모	나는 자녀를 통제해야 한다.	• 복종을 요구한다. • 보상과 벌을 준다. • 이기려고 한다. • 부모가 옳고 자녀는 틀리다고 주장한다.	• 분노를 느낀다. • 반항하거나 앙갚음을 한다. • 거짓말과 도벽을 한다. • 포기하고 회피한다. • 자율성이 결여된다.
	나는 우월하다.	• 자녀를 동정한다. • 과잉보호를 한다. • 독선적이다. • 자녀에게 창피를 준다.	• 자신을 연민하고 다른 사람을 비난하는 것을 배운다. • 다른 사람이 베풀어 주기를 원한다. • 자신이 무능력하다고 느낀다.
	나는 받을 자격이 있으며 너는 내게 빚을 졌다.	• 공평에 지나치게 민감하다. • 조건을 붙인다.	• 다른 사람을 믿지 않는다. • 이용당한다고 느낀다. • 다른 사람을 이용하려 한다.
	나는 완전해야 한다.	• 모든 것에서 완벽을 요구한다. • 다른 사람의 생각에 지나친 관심을 갖는다.	• 자신이 결코 훌륭하지 않다고 믿는다. • 완벽주의자가 된다. • 좌절을 느낀다. • 다른 사람에게 어떻게 보일까에 민감하다.
	다른 사람이 나보다 중요하다.	• 지나치게 자녀에게 몰두한다. • 안 된다고 하는 것에 죄의식을 느낀다.	• 받기를 기대하며 이기적이다. • 타인의 권리를 존중하지 않는다. • 사회적 관계를 잘 형성하지 못한다.

(계속)

책임 있는 부모	자녀 스스로 결정할 수 있다.	• 선택하게 한다. • 격려한다.	• 자신감이 있고 유능하다. • 스스로 문제를 해결하려 한다. • 적극적으로 도전한다.
	나와 다른 사람은 동등하다.	• 자녀를 믿고 존중한다. • 독립성을 격려한다. • 선택과 책임감을 갖게 한다.	• 자립심이 강하고 책임감이 있다. • 자신과 타인을 존중한다. • 평등을 믿는다.
	나는 상호 존중을 믿는다.	• 평등성을 지향한다. • 상호 존중을 격려한다.	• 친사회적 감정이 증가한다. • 타인을 신뢰한다.
	나는 인간이기 때문에 불완전한 것이 당연하다.	• 현실적인 기준을 정한다. • 남에게 보이는 이미지에 관심이 없다. • 인내심이 있다.	• 시행착오를 두려워하지 않고 도전하는 용기를 지니고 있다. • 타인에 대해 인내할 줄 안다.
	나를 포함한 모든 사람은 중요하다.	• 상호 존중과 공헌하도록 격려한다. • 시중들지 않는다.	• 대인관계가 좋다. • 다른 사람의 권리를 존중한다.

완벽한 부모와 책임 있는 부모의 신념 및 행동의 차이점을 정리한 것이다(김영옥, 2007; 유안진 · 김연진, 1996).

(3) 자녀의 자신감과 자아존중감 길러 주기

부모-자녀 간의 신뢰관계 형성에 있어서 자녀의 자신에 대한 신뢰는 기본이며, 이러한 신뢰는 자신감과 자아존중감의 증진을 통해 구축될 수 있다. 이에 STEP에서는 자녀의 자신감과 자아존중감을 증신시키기 위한 방법으로 자녀의 장점과 행동을 긍정적으로 인정해 주는 대화기술의 사용을 강조한다. 이때 칭찬은 일종의 보상으로 자칫 자녀의 행동을 외적으로 동기화시킬 수 있으므로 바람직하지 않으며, 자녀의 행동을 있는 그대로 수용해 주고 인정해 주는 격려가 적절하다. 〈표 12-6〉은 칭찬과 격려가 어떻게 다르며, 이러한 차이가 자녀에게 어떠한 결과로 나타나는지를 정리한 것이다(유안진 · 김연진, 1996).

표 12-6 칭찬과 격려의 차이

구 분	관심영역	함의된 의미	결 과
칭 찬	외적 통제	너는 내 말을 들을 때만 가치 있다.	• 순종에 대한 가치 부여 • 반항 혹은 포기
	외적 평가	가치 있게 되려면 날 만족시켜야 한다.	• 타인을 기쁘게 하는 것에 가치 부여 • 반대에 대한 두려움
	과제 수행 보상	너는 내 기준을 따를 때만 가치 있다.	• 실패에 대한 두려움
	자기평가와 개인적 이익	너는 항상 남보다 우위에 있어야 가치 있다.	• 과다한 경쟁의식 • 타인의 희생 유도
격 려	자기존중과 성장	나는 네가 책임이 있고 독립적이라는 것을 믿는다.	• 실패를 통한 성장에 가치 부여
	내적 평가	자신과 자신의 노력에 대해 어떻게 느끼느냐가 가장 중요하다.	• 자신의 진보에 대한 가치 부여
	노력에 대한 인정	너는 완전할 필요가 없다.	• 지속적 노력에 대한 가치 부여
	장점 공헌에 대한 가치 부여	네가 한 일의 가치를 인정한다.	• 공동의 선을 위한 자신의 능력 활용 • 자신과 타인의 성공에 대한 공동 가치 부여

3) 부모교육의 실제

(1) 프로그램 내용 및 구성

STEP 부모교육 프로그램은 부모-자녀 간의 의사소통 기술 및 협력을 증진시키기 위한 이론 및 실무 교육으로 이루어지며, 매주 1회 2시간씩 총 9주 18시간 교육과정으로 구성된다. STEP 교육은 지도자 매뉴얼 외에 부모 매뉴얼과 카세트를 활용해서 이루어지며, 한 집단에 10～12명의 부모들이 참여한다. 지도자는 지도자 매뉴얼을 통해 각 수업의 프로그램을 계획하고 시행하고 집단토의를 촉진하도록 훈련받는다. 부모들은 다양한 민주적 의사소통을 통한 책임 있는 자녀양육 기술을 중점적으로 배우게 되며, 구체적으로 자녀의 행동 이해하기, 완벽한 부모가 아닌 책임 있는 부모 되기, 자신감을 길러 주기 위한 격려 올바로 사용하기, 의사소통의 걸림돌 이해하기, 나-전달법, 자연적 · 논리적 귀결, 가족모임 등을 주제로 학습한다. PET에서와 마찬가지로 STEP에서도 역할놀이와 같은 상호작용 및 피드백 경험을 통해 실제적인 교육이 이루어질 수 있도록 한다. 그리고 학습한 결과에 대해서는 매주 자녀와의 토론을 통해 부모가 자체평가하게 되는데, 이 부분도 교육의 주요한 부분으로 포함된다.

(2) 프로그램 실시

체계적 부모효율성훈련 프로그램의 내용을 각 회기별로 정리해서 살펴보면 〈표 12-7〉과 같다. 1회기에는 '자녀의 행동 이해하기'라는 주제로, 자녀의 네 가지 잘못된 행동 목표와 이에 대한 부모의 대처방안에 대한 내용을 다룬다. 2회기에는 '자녀와 부모 자신 이해하기'를 주제로, 좋은 부모란 완벽한 부모가 아닌 책임 있는 부모임을 밝히고, 부모는 자녀와 사회적으로 동등한 존재로서 자녀의 권리를 침해하지 않으면서 자녀 스스로 활동을 선택할 수 있게 하는 책임 있는 부모가 되어야 함을 강조한다. 3회기에는 자녀의 자신감과 자아가치감 길러 주기에 대한 내용으로, 이를 위해 자녀의 현재 그대로의 상태 수용하기, 칭찬보다는 자녀의 장점에 관심을 보여주며 노력을 인정해 주는 격려하기, 용기를 주는 특별한 언어(예: 네가 도와주어서 큰 힘이 되었다)를 사용할 것을 제시한다. 4, 5회기에는 자녀와 효과적으로 의사소통하기 위한 기술과 관련된 내용을 다룬다. 4회기에는 자녀의 말을 잘 듣고 이면에 숨겨진 생각과 감정을 이해하고 적절하게 반응해 주는 '반영적 경청'의 기술을 훈련하며, 5회기에는 부모가 문제를 소유하고 있을 경우 부모 자신의 생각과 감정을 표현하는 '나-전달법의 기술과 함께 문제해결을 위한 대안책을 함께 모색'하고 그 대안책을 선택할 수 있게 도와주는 기술을 훈련한다. 6회기에는 자녀에게 '자율성과 책임감을 부여할 수 있는 훈육방법'으로서 자연적 · 논리적 귀결의 사용방법에 대해 익히며, 7회기에는 일상생활 속에서 '자연적 결과와 논리적 결과의 훈육방법을 사용'하도록 하여 자녀가 자신의 행동에 대해 책임을 지는 경험을 제시한다. 8회기에는 바람직한 의사소통을 위한 하나의 수단으로서의 가족모임에 대한 내용을 다룬다. 가족모임 계획하기, 나-전달법을 사용하여 자신의 솔직한 감정 표현하기, 가족끼리 공평하게 일 분배하기, 가족 레크레이션 진행하기 등이 효과적인 가족모임 방법으로 제시된다. 마지막으로 9회기는 부모로서 자녀양육에 대한 자신감과 잠재력 키우기에 관한 내용으로, 양육에 대한 자신감을 위축시키는 자기패배적 태도를 경계하고 긍정적 태도를 유지할 것을 강조한다.

표 12-7 STEP 프로그램의 회기별 주제 및 내용

회기	주제	주요 내용
1	자녀의 행동 이해	자녀의 잘못된 행동 이해하기
2	자녀와 부모 자신의 이해	완벽한 부모와 책임 있는(좋은) 부모의 차이 인식하기
3	격려-자신감과 자아가치감 길러 주기	자녀의 현재 상태 수용하기/자녀의 장점 인정하기/용기를 주는 언어 사용하기
4	의사소통-반영적 경청	자녀의 비언어적 메시지에 반응하기
5	의사소통-문제해결을 위한 대안찾기와 나-전달법	나-전달법 사용하여 부모의 생각과 감정을 자녀에게 표현하기
6	책임감 훈육방법	자연적 · 논리적 귀결 사용법 익히기
7	자연적 · 논리적 결과의 활용	자녀가 선택한 행동에 대한 논리적 사고 유도하기
8	가족모임	나-전달법 사용하여 가족 구성원 간에 솔직한 의사소통하기
9	자신감 개발 및 잠재력 발휘	긍정적인 태도 유지하기

(3) 방법 및 전략

① 반영적 경청

타인과의 의사소통 방식은 크게 개방적 반응과 폐쇄적 반응으로 구분할 수 있다.

개방적 반응은 상대가 말하는 것을 잘 듣고, 그 속에 감춰진 느낌을 잘 가려내어 상대에게 그 느낌을 반영하여 반응해 주는 것이며, 폐쇄적 반응은 상대의 표현 속에 감춰진 느낌을 전혀 고려하지 않고 반응하는 것이다. 반영적 경청이란 개방적 반응을 보이며 상대와 의사소통하는 전략으로서, 고든의 적극적 경청과 유사한 개념이다. STEP에서는 반영적 경청을 위해 자녀와 대화 시 부모가 개방적 반응을 보일 것을 강조한다.

표 12-8 상황별 개방적 반응과 폐쇄적 반응의 사례

자녀가 하는 말	개방적 반응	폐쇄적 반응
그 친구 정말 짜증나.	친구 때문에 속상한 일이 있었구나.	그런 말 하면 못 써.
엄마, 숙제 다 했어요.	숙제를 다 해서 기쁘겠구나.	알았다. 잘했구나.
이제 청소 그만 할래요.	청소하기가 많이 힘들었구나.	끝까지 해야지.

② 대안찾기와 나-전달법

문제상황이 발생했을 때 문제해결을 위한 대안찾기는 부모-자녀 간의 효율적인 의사소통을 통해 이루어질 수 있다. 효율적인 대안찾기는 첫째, 반영적 경청을 통해 자녀의 감정을 정확하게 이해하며, 둘째, 생각모으기(브레인스토밍)를 통해 가능한 대안을 탐색하고, 셋째, 여러 대안 중에서 예상되는 결과를 논의하며 최선의 해결책을 자녀가 직접 선택하여 실행하는 순서로 이루어진다. STEP에서는 부모-자녀 간의 효율적인 의사소통을 위해 PET에서와 같이 부모가 나-전달법(I-message)을 적절하게 사용할 것을 강조한다. 특히 STEP에서는 나-전달법의 사용을 3단계로 공식화하여 실행하는 훈련을 실시한다. 첫째, '네가 ~ 하면'(행동 서술), 둘째, '나는 ~라고 느낀다'(느낌 서술), 셋째, '왜냐하면 ~ 때문이다'(결과 서술)의 순서다. 이때 상황에 따라 2단계와 3단계의 순서가 바뀔 수 있으며 2단계를 빼고 1단계와 3단계만 진술할 수도 있다.

③ 자연적 · 논리적 귀결

자연적 귀결은 '낮잠을 안 자면 졸린다.'와 같이 자연적으로 일어나는 사건의 결과를 경험함으로써 배우는 경우이며, 논리적 귀결은 '숙제를 안 하면 성적이 나쁘다.'와 같이 논리적 결과의 경험으로부터 배우는 것이다. 이러한 자연적 · 논리적 결과의 사용은 자녀 스스로 자신의 행동에 책임을 지게 하는 방법으로, 자녀의 자율성과 책임감 형성에 효과적인 방법이다. 반면에 자녀행동에 대한 보상과 처벌은 권위를 바탕으로 하기 때문에 자녀의 자율성과 책임감 형성을 저해할 수 있다. 따라서 자연적 · 논리적 귀결을 사용할 때, 보상과 벌을 함께 사용하지 않도록 주의해야 한다.

표 12-9 논리적 귀결의 적용방법

단계	방법	사례
1단계	선택할 기회 제공하기	(추운 겨울) 어린이집에 갈 때 목도리를 하고 갈까, 그냥 갈까?
2단계	나중에 결정을 바꿀 수 있는 기회가 있음을 알려 주기	목도리를 하지 않고 싶구나. 혹시 마음이 바뀌면 이야기 하렴.
3단계	시간을 연장하여 다시 한 번 더 기회 제공하기	오늘은 목도리를 하지 않기로 결정했구나. 내일은 어떻게 할지 다시 결정해서 알려 주렴.

(4) 가족모임

가족모임은 가족 구성원 모두가 정기적으로 모임을 가지고 의사결정 과정에 참여하는 것으로, 민주적이고 긍정적인 부모-자녀관계를 형성하는 데 있어서 꼭 필요하다. 이에 STEP에서는 〈표 12-10〉에 제시된 바와 같이, 가족모임을 통해 부모-자녀가 동등한 인격체로서 서로를 존중해 주며, 반영적 경청과 나-전달법 등의 효율적인 의사소통 기술을 사용하여 주어진 문제를 민주적으로 해결하는 경험을 정기적으로 가질 수 있도록 훈련한다.

그림 12-4 자연적 · 논리적 귀결의 예

출처: 홍경자 역(1995), p. 100.

표 12-10 가족모임을 위한 지침

구분	좋은 가족모임	잘못된 가족모임
모임시간	계획된 시간에 정기적으로 모임	일이 생길 때만 모임
구성원 간 권력분배	모든 구성원이 동등하게 참여함	권위적인 사람에 의해 모임이 지배됨
의사소통 방식	반영적 경청과 나-전달법을 사용함	다른 사람의 이야기를 잘 듣지 않음
모임 주요 안건	중요한 현실적인 문제를 다룸	행동의 목적보다 말다툼, 싸움, 불평만을 다룸
격려와 지지	가족 내에서 일어난 좋은 일에 대해 알리고 격려함	불만과 비난에 초점을 맞춤
안건의 융통성	가족을 위한 여가계획을 세움	일 분배와 훈련으로 모임의 한계를 정함
모임 지속시간	모임의 지속시간을 정하고, 정해진 시간 내에 끝냄	모임의 지속시간을 무시함
결정사항 실천	계획이나 결정을 기록하며, 잊지 않도록 게시함	동의한 사항을 실천하지 않음

4) 부모교육으로서의 유용성

STEP 프로그램의 효과를 살펴본 대부분의 연구들은 프로그램 참여자들에게 긍정적인 변화가 있는 것으로 보고했다. STEP 프로그램에 참여한 부모들은 그들 자녀의 행동을 좀 더 긍정적으로 인식하며, 자녀양육 기술에 있어 좀 더 발전된 모습을 보였고, 실제 자녀의 행동 및 자존감에도 긍정적인 변화가 있는 것으로 나타났다(Snow, Kern, & Curlette, 2001). 한편, 영유아기 자녀를 둔 부모를 대상으로 하는 체계적 부모효율성훈련 프로그램은 영유아들의 행동목적을 명확히 함으로써, 부모들이 자녀들의 수용하기 힘든 행동을 강화하지 않는 방법과 협동적 행동을 강화하는 방법을 배우는 데 도움을 주는 것으로 보고되었으며(Dinkmeyer et al., 1997), 대학 어린이집에 다니는 영유아의 부모를 대상으로 프로그램 효과에 대해 면접조사를 실시한 한 연구(Landerholm & Lowenthal, 1993)에서는 "내 아이의 말에 더 귀를 기울여 듣게 되었다." "잘못된 행동의 목표를 배우고 나서는 내 자녀가 장난을 칠 때 그 행동을 더 잘 이해하게 되었다."고 보고한 것으로 나타났다. 그러나 STEP 프로그램의 효과에 관한 연구들을 고찰한 최근의 한 연구(Robinson, Robinson, & Dunn, 2003)에 의하면, 관련 연구들을 분석한 결과 'STEP 프로그램이 효과가 있다.'는 주장은 지지받지 못했다고 결론짓기도 했다.

3. 적극적 부모역할훈련 프로그램

적극적 부모역할훈련(Active Parenting Today: APT)은 아들러의 개인심리학이론에 근거를 두고, 드레이커스의 민주적 양육이론, 로저스(Rogers)의 공감적 이해, 고든의 부모효율성훈련을 바탕으로 1983년 팝킨(Popkin)이 개발한 가장 최근의 부모교육 프로그램이다(홍경자 · 노안영 · 차영희 · 최태산 역, 2007). APT는 기존의 부모교육 프로그램과 달리 교육 효과를 높이기 위해 비디오를 활용한 훈련에 초점을 맞추고 있다. 교육공학자인 팝킨은 일반적으로 사람들이 읽은 내용 중에 10%, 들은 내용 중에 20%를 기억하는 반면에 본 내용의 50%를 잊지 않고 기억하는 특성을 가지고 있기 때문에, 비디오의 행동 모델링을 통한 훈련은 가장 효과적인 학습방법이 될 수 있다고 주장한다.

1) 교육목표

적극적 부모역할훈련의 목적은 자녀들이 민주사회에서 살아가는 데 필요한 민주시민의 자질을 개발할 수 있도록 돕는 적극적 부모역할의 기술을 부모에게 제공하는 데 있다. 이에 따른 구체적인 교육목표는 첫째, 자녀의 성격형성과 잠재력 개발의 기초가 되는 용기와 자아존중감을 기르도록 돕는 방법을 익히고, 둘째, 자녀가 다른 사람과 더불어 살아가며 건전하게 성장할 수 있도록 돕는 책임감과 협동심을 발달시키기 위한 양육 기술을 배우며, 마지막으로 부모의 지도자적 역할이 존중되면서 자녀로부터 존경받는 부모가 되도록 하는 것이다.

팝킨 가족과 APT 프로그램을 도입한 국가들

출처: http://www.activeparenting.com/about.htm

2) 기본원리

(1) 적극적 부모 되기

부모는 자녀가 민주사회에서 적응하며 살아가는 데 필요한 자질, 즉 용기와 자아존중감, 책임감, 협동심을 기를 수 있도록 적극적으로 지도자적 역할을 담당해야 한다. 부모의 지도 유형을 크게 군주형, 허용형, 민주형으로 구분할 수 있는데, 군주형 부모는 독재자와 같이 일방적으로 자녀가 무엇을 해야 하며, 언제 해야 할지를 명령하는 독재적 양육방법을, 허용형 부모는 자녀에게 제약은 가하지 않고 자유만 주는 방임적 양육방법을 지향한다. 반면에 민주형 부모는 가정에서 자유만큼이나 타인의 권리와 개개인의 책임도 똑같이 추구해야 할 이상으로 보며 자녀에게 선택의 기회를 주고 협동심을 기를 것을 자극한다. 이에 APT 프로그램에서는 민주형 부모를 적극적 부모의 이상적인 유형으로 보고, 가족모임과 가족 화목활동을 통해 민주형 부모가 될 수 있도록 지도한다.

(2) 용기와 자아존중감

용기란 어떤 목표를 위해 어느 정도 예상하고 있는 위험을 감수하려는 의지를 의미하며, 자아존중감이란 자기를 사랑하고 존중하는 마음이다. 용기와 자아존중감을 가진 자녀는 다양한 도전 상황에 직면했을 때 적극적이고 긍정적인 행동으로 성공을 경험할 가능성이 높다. 이에 APT에서는 자녀가 용기와 자아존중감을 기를 수 있도록 도와주는 부모의 적극적 역할을 강조하며, 자녀의 기를 살리는 격려의 방법을 권장한다.

(3) 자녀 이해하기

APT에서는 자녀의 행동에 접촉, 힘, 보호, 물러서기의 네 가지 행동목적이 있다고 강조한다. 즉, 자녀는 첫째, 가족 안에서의 소속감을 느끼기 위해 엄마, 아빠와 접촉을 하며, 둘째, 자신의 주변환경에 영향력을 끼치고 통제할 수 있는 힘을 드러내 보이며, 셋째, 공격으로부터 자신과 가족을 방어하고 타인의 안녕에 기여하기 위해 자신을 보호하며, 넷째, 소진된 에너지의 재충전을 위해 가끔씩 물러선다는 것이다. 그리고 이를 부정적인 방식으로 달성하고자 할 때 부당한 관심 끌기, 반항하기, 앙갚음하기, 과도하게 회피하기 등의 행동이 나타난다. 따라서 부모는 자녀가 특정 행동을 통해 얻고자 하는 것이 무엇인가를 바르게 이해하고, 이에 적절하게 대응할 수 있어야 한다.

표 12-11 자녀의 행동목적 이해하기

행동목적	긍정적 접근방식	부정적 접근방식
접촉	공헌하기	부당한 관심 끌기
힘	독립적 행동하기	반항하기(거역하기)
보호	주장하기, 용서하기	앙갚음(복수하기)
물러서기	자기만의 시간 갖기	과도하게 회피하기

(4) 책임감 발달시키기

책임감이란 행동에 대한 선택의 자유를 가지는 대신 그 선택의 결과를 받아들이는 것이다. 부모가 자녀에게 선택의 기회 대신 결정해 주는 역할을 하다 보면, 자녀는 자신의 일을 책임지지 않게 된다. 따라서 자녀에게 일상에서 선택의 기회를 자주 주도록 하는 것이 바람직하며, 책임감 발달을 위한 효율적인 방법으로는 행동의 결과를 스스로 파악할 수 있는 자연적 · 논리적 결과와 부모가 원하는 바를 분명하게 요청할 수 있는 나-전달법 등이 있다.

(5) 협동심 기르기

협동이란 두 사람 이상이 공동의 목표를 향해 상호 지지하며 함께 일하는 것이다. 이러한 협동심이 발현되기 위해서는 자녀에게 문제가 생겼을 때 먼저 의사소통의 걸림돌을 피하면서 반영적 경청 등을 통해 부모가 지지해 주는 적극적인 의사소통 기법이 필요하다.

3) 부모교육의 실제

(1) 프로그램 내용 및 구성

APT 프로그램은 자녀에게 민주사회에서 바르게 살아가는 데 필요한 자질을 길러 주기 위한 이론 및 실무 교육으로 이루어지며, AP(Active Parenting) 교육은 전문교육기관(예: 홍경자심리상담센터)에서 AP 지도자과정을 이수하고 미국 AP 본부와 한국 AP 본부에서 발급되는 자격증을 가진 강사에 의해 진행된다. 매주 1회 2～3시간씩 총 8주 동안 진행되며, 각 회기는 강의, 토의활동, 역할놀이, 경험 나누기, 비디오 시청 등의 다면적인 교수방법을 통해 이루어진다. 교재는 지도자용 지침서, 부모용 지침서, 비디오테이프로 구성된 '현대의 적극적 부모역할훈련'을 활용한다. 기존의 부모교육 프로그램과 달리 AP는 비디오 시청을 통한 교육이 핵심을 이루게 되는데, 비디오에는 다양한 가족유형에서의 가족화목활동, 민주시민으로서의 생활에 필요한 기술, 가족모임 및 가족회의 방법 등의 내용이 담겨 있다. 부모들은 자녀에게 민주시민으로서의 자질을 길러 주기 위한 주도적이고 적극적인 부모의 역할을 중점적으로 배우게 되며, 구체적으로 적극적 부모의 역할 이해하기, 자녀의 행동 이해하기, 용기 · 자아존중감 · 책임감 · 협동심을 길러 주기 위한 기술을 학습한다.

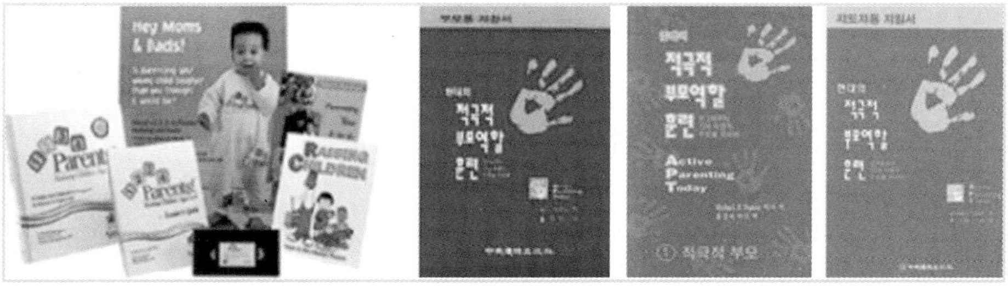

적극적 부모역할훈련 교재(왼쪽부터 부모용지침서, 비디오, 지도자용지침서)

(2) 프로그램 실시

APT 프로그램의 내용을 회기별로 정리해서 살펴보면 〈표 12-12〉와 같다. 1회기에는 부모역할을 주제로, 군주형, 허용형, 민주형의 부모 유형에 대한 비교와 자녀에게 선택권 주기 등의 연습을 통해 적극적 부모역할을 이해하도록 한다. 2회기에는 자녀에게 용기와 자아존중감을 길러 주기 위한 방법으로 생각하기-느끼기-행동하기의 성공회로를 통해 부모가 어떠한 역할을 할 수 있는지와 자녀의 기를 살려 주기 위한 격려의 방법에 대한 내용을 다룬다. 3회기에는 자녀의 행동 이해하기를 주제로, 자녀의 행동에는 네 가지 목적(접촉, 힘, 보호, 물러서기)이 있으며, 이들 4가지 행동목적에 대한 부모의 긍정적인 접근방식과 부정적 접근방식, 자녀의 행동목적을 알아내는 방법에 대해 살펴본다. 4회기에는 자녀의 책임감을 발달시키기 위한 바람직한 의사소통 기술로서 나-전달법과 자연적 · 논리적 결과를 사용하는 방법에 대해 훈련한다. 5회기에서는 공동선을 위해 함께 일할 수 있는 협동심 발달에 관한 내용을 다룬다. 다른 사람과의 상호관계 속에서 구현되는 협동심은 효과적인 의사소통 기술의 발달이 전제되어야 하므로, 이를 위한 적극적인 의사소통의 다섯 단계와 이를 어떻게 실천할 수 있는지를 살펴본다. 마지막으로 6회기에서는 민주사회에서의 적극적 부모를 주제로, 민주적인 부모-자녀관계를 위한 가족모임의 방법과 문제해결을 위한 가족회의 및 토론방법에 대해 다룬다.

표 12-12 APT 프로그램의 회기별 주제 및 내용

회기	주제	내용
1	부모역할	적극적 부모역할 이해하기
2	용기와 자아존중감	생각-정서-행동의 성공 및 실패 회로 이해하기/ 자녀의 기를 살리는 격려의 방법 익히기
3	자녀의 행동 이해하기	자녀의 행동목적 이해하기/ 긍정적 및 부정적 접근방식 이해하기
4	책임감의 발달	나-전달법/자연적 · 논리적 결과 이해하기
5	협동심의 발달	적극적 의사소통 이해하기
6	민주사회에서의 적극적 부모	가족모임 및 가족회의에 대한 경험담 나누기

(3) 방법 및 전략

① 적극적 의사소통 기법

의사소통은 부모-자녀관계에서 서로 간의 긴장관계를 완화시키고 서로를 이해하고 수용하는 데 가장 효율적인 수단이다. 따라서 부모-자녀 간 활발한 의사소통이 중요하며, 이때 의사소통의 양보다 더욱 중요한 것은 의사소통의 질이라 할 수 있다. 그리고 의사소통의 질을 결정하는 의사소통 기술은 부모-자녀 간의 친밀감을 높여 주고 효율적인 문제해결에 도움을 주기 때문에 그 무엇보다 중요하다 할 수 있다.

APT에서 강조하는 의사소통 기술은 적극적 의사소통 기법이다. 적극적 의사소통 기술은 부모로 하여금 자녀가 자신의 문제를 처리해 나갈 때 지지해 주는 일련의 대화기술로, 다섯 단계로 구분된다. 첫째, 적극적으로 들어야 한다. 적극적으로 듣는다는 것은 자녀의 말을 귀로 경청하는 것은 물론 눈으로도 경청함으로써, 자녀가

생각하고 느끼는 것을 표현해 내도록 격려하는 것이다. 둘째, 감정에 귀를 기울인다. 감정에 귀를 기울인다는 것은 자녀의 감정을 있는 그대로 이해하고 수용하는 것이다. 셋째, 감정과 이야기 내용을 연관시킨다. 이는 "네 이야기를 들어 보니 친구가 놀려서 많이 속상했을 것 같구나."와 같이 자녀의 감정을 잘 읽어 주면서 이를 자녀가 이야기한 내용과 연결시켜 주는 것이다. 넷째, 대안을 찾아보고 결과를 평가한다. 즉, 자녀의 문제를 해결할 수 있는 대안을 함께 찾아보고(예: "이 경우에 네가 할 수 있는 일은 무엇일까?"), 대안의 결과를 예상해 볼 수 있도록 도와준다(예: "네가 그렇게 하면 무슨 일이 일어날까?"). 마지막으로, 자녀가 문제를 해결할 기회를 가진 후에 추후지도를 한다. 이는 자녀가 선택한 해결책이 어떤 결과를 가져왔는지를 물어보고, 그래도 여전히 문제가 존재할 경우 다시 적극적 의사소통의 기법을 사용하는 것이다.

② 토론을 통한 문제해결 방법

토론이란 어떤 문제에 대해 각자의 의견을 말하며 논의하는 것으로, 자녀는 부모와의 토론과정에서 자신의 의견을 자유롭게 제시하고 존중받으며 스스로 해결책을 찾아보는 경험을 통해 책임감과 협동심을 기르게 된다. 문제해결을 위한 효율적인 토론이 되기 위해서는 다음과 같은 절차에 따라야 한다. 우선, 논의해야 할 문제가 무엇인가를 명확히 한다. 둘째, 토론에 참여한 모든 가족 구성원이 그 문제에 대한 생각과 느낌을 함께 나눈다. 셋째, 브레인스토밍을 이용하여 가능한 해결책을 모두 끌어내며, 제안된 모든 해결책에 대해 평가를 하지 않고 다음 논의과정에 부친다. 넷째, 제안된 모든 해결책에 대해 논의과정을 거쳐 해결책을 결정하고 실행한다. 이때 토론은 가족 구성원 모두가 최상이라고 동의하는 하나의 해결책에 이를 때까지 계속된다.

③ 자녀에게 선택의 자유를 주는 방법

자녀의 책임감 발달을 위해서는 일상에서 자녀에게 선택의 기회를 자주 제공하면서, 자신이 선택한 결과에 대해서는 책임을 지도록 해야 한다. 선택의 자유를 줄 때 중요한 것은 자녀에게 허용할 수 있는 범위 내에서 선택하는 자유를 제공하는 것이다. 즉, 〈표 12-13〉에서와 같이 자녀가 선택한 것에 대해 부모가 수용할 수 있는 범위 내에서 선택의 기회를 주어야 한다. 그리고 자녀에게 선택의 기회를 제공할 때 자녀의 연령에 따른 발달수준을 고려해야 한다.

표 12-13 연령별 자녀에게 선택의 기회 제공 사례

만 3세	만 5세
장난감을 혼자 정리하고 싶니, 엄마랑 같이 정리하고 싶니?	집안일 중에 어떤 것을 도와주고 싶니?
지금 목욕할까? 미끄럼틀 놀이를 하고 목욕할까?	오늘 저녁과 내일 아침 중에 언제 목욕하고 싶니?

④ 자녀의 기를 살리는 격려 방법

자녀의 용기를 키우고 자아존중감을 높이기 위해서는 자녀의 기를 살릴 수 있는 대화로 격려해야 한다. 자녀와 대화를 나눌 때 자녀의 기를 살리기 위해서는 자녀에게 자신감을 심어 주고, 힘을 북돋우며, 아동의 가치를 인정해 주고, 독립성을 자극하는 대화기술이 필요하다. 반면에 부정적 기대감을 갖거나 실수를 지적하거나 혹은 자녀의 수준을 고려하지 않고 너무 높은 기대를 보이거나 반대로 너무 낮은 기대를 보이게 되면 자녀의 기를 꺾게 되므로, 주의해야 한다. 〈표 12-14〉는 자녀의 기를 살리거나 기를 죽이는 대화방식과 각각의 사례를 제시한 것이다.

4) 부모교육으로서의 유용성

APT 프로그램은 부모의 양육태도뿐만 아니라 자녀의 발달에도 긍정적인 영향을 미치는 것으로 평가된다. APT 프로그램의 효과를 검증한 보첼라(Boccella, 1987)의 연구에 의하면, AP 프로그램에 참여한 부모들은 자녀에 대한 이해도와 신뢰, 수용능력이 증가하면서 양육태도가 긍정적으로 변화한 것으로 나타났다. 안유자(2000)

표 12-14 자녀의 기를 살리는 격려의 방법

구분		사례
기 죽이기	부정적 기대감 갖기	넌 운동에는 소질이 없는 것 같구나.
	실수 지적하기	오늘 아침에 준비물을 놓고 갔네.
	완벽주의(과잉기대)	한 문제만 더 맞았으면 백점인데 아쉽구나.
	과잉보호(과소기대)	엄마가 다 알아서 해 줄 테니까 걱정하지 마라.
기 살리기	자신감 심어주기	넌 정말 운동을 잘하는구나.
	힘 북돋우기	넌 그 문제를 잘 해결할 수 있을 거야.
	아동의 가치 인정하기	네가 도와주지 않았다면 아마 성공하기 힘들었을 거야.
	독립성 자극하기	너 혼자서도 얼마든지 해 낼 수 있을 거야.

의 연구에서는 AP 프로그램이 아버지 집단에도 효과가 있는 것으로 나타나, APT 프로그램에 참여한 아버지는 보다 더 민주적이고 자율적이며 애정적이고 수용적으로 양육태도가 변화한 것으로 보고되었다. 부모의 이러한 긍정적인 변화는 자녀에게도 긍정적인 영향을 미치는 것으로 나타났는데, APT 프로그램에 참여한 부모의 자녀에게 지적, 신체적, 사회적 발달에 긍정적인 효과가 있었으며, 자아효능감이 높게 나타났다(이영자, 2007). 한편, 베르니노와 루크(Bernino & Rourke, 2003)의 연구에서는 자녀의 심리행동 목표, 논리적 · 자연적 귀결, 상호 존중, 격려 기술에 초점을 맞춘 비만예방 AP 프로그램을 비만 자녀를 둔 부모들에게 실시한 결과, 자녀의 칼로리 섭취가 감소한 것으로 보고되었다.

제 13 장

자기이해 강화 프로그램

최근 10년간 국내 연구를 중심으로 부모교육 프로그램에 관한 연구경향 분석을 실시한 결과(전춘애 · 이미숙, 2003), 성격유형을 활용하여 부모의 양육태도 개선을 위한 부모교육이 필요하다는 요구도가 높게 나타났다. 또한 영유아기 부모들을 대상으로 부모교육 프로그램 내용에 대한 요구도 조사에서도 부모 자신에 대한 이해와 자질향상에 대한 요구가 가장 높게 나타났다(김지신 · 김민정 · 김은혜 · 이유리 · 최정희, 2008). 이는 대부분의 부모교육 프로그램이 자녀의 성장 · 발달을 돕는 데 초점을 두면서 주로 자녀를 이해하는 데 도움이 되는 내용 위주로 진행되어 왔기 때문이다. 그러나 양육의 주체인 부모 자신에 대한 이해가 선행되지 않은 일반화된 부모교육의 효과성은 제한적일 수밖에 없다. 부모가 자신의 역할을 잘하기 위해서는 '나됨'이라는 인식과 연결되어 있어야 한다. 좋은 부모가 되기 위해서는 정신적으로 건강해야 한다(Bradshaw, 1990). 부모 자신에 대한 이해와 수용은 부모 자신에 대한 긍정적 자아개념 형성을 지원하여 이를 바탕으로 자녀에게도 건강한 양육을 제공할 수 있다는 점(류왕호, 1997)에서 자기이해를 돕는 프로그램의 부모교육에의 적용은 의미가 있다고 보겠다.

이 장에서는 자기이해를 돕는 프로그램으로서 오랜 기간 동안 광범위하게 적용되어 온 교류분석, MBTI, 에니어그램을 활용한 부모교육 프로그램에 대해 살펴보고자 한다.

1. 교류분석 프로그램

교류분석(Transactional Analysis: TA)은 1957년 미국의 정신과의사인 에릭 번(Eric Berne)에 의해 창안된 인간의 교류나 행동에 관한 이론체계이자 동시에 효율적인 인간변화를 추구하는 치료방법으로 알려져 있다(우재현, 2001). 상담이나 개인치료에서 널리 적용되고 있는 정신분석의 경우, 이론이나 기법을 습득하는 데 장기간의 학습과 훈련을 필요로 하며 치료 면에서도 수년 이상을 경과하는 경우가 적지 않다. 이에 비해 교류분석은 그 이론이나 방법을 쉽게 배울 수 있으며, 또 학습한 후에 곧 활용 가능하다는 장점이 있다(김규수 · 류태보, 2001). 또한 교류분석을 학습함으로써 자기이해가 깊어지게 되면 상대방의 행동이나 성격에 대해서도 보다 깊은 이해가 가능해지므로 대인관계 개선에 도움을 받을 수 있다. 교류분석은 집단치료 방법으로써뿐만 아니라 개인상담 및 심리치료의 방법으로서도 널리 인정받고 있다. 병원, 학교, 가정 및 부부관계 그리고 산업체와 일반 사회집단 등 대인관계와 의사소통이 문제시되고 있는 장면에서 적용되어 좋은 효과를 얻고 있다.

1) 교육목표

교류분석의 교육목적은 자기이해, 타인이해, 자기와 타인의 관계이해 내지 조직과 사회를 이해하고 이를 통해 사고혁신, 감정혁신, 행동혁신이라고 하는 삼위일체적인 인간행동의 변화를 도모(우재현, 2001)하는 데 있다. 이를 위해서는 첫째, 자기를 수용하고 자신에의 신뢰, 즉 자기긍정(I'm OK)을 그 기저에 두어야 한다. 또한 타인을 이해하는 것은 자기 자신의 모습을 진정으로 이해하는 것과 연결되어 있으며 타인긍정(You're OK)이 바탕이 되어야 한다. 또한 '모든 것은 마음이 만든다.'는 확신을 갖고, 사고, 감정, 행동을 고쳐 '습관과 성격을 바꿀 수 있다.'는 믿음에 바탕을 두고 있다. 즉, 교류분석은 자기 자신을 깊이 자각함으로써 심신의 자기통제가 가능해지도록 하며, 자율성을 높여 주어 자기의 생각, 느낌, 나아가서는 행동에 대한 책임을 지는 데까지 성장하도록 도우며 건강한 인간관계를 경험할 수 있도록 돕는 것을 목적으로 한다(김규수 · 류태보, 2001). 교류분석에서는 성격의 구조기능분석, 교류양식분석, 게임분석, 각본분석 등과 같은 실천전략을 익히고 실천해 볼 수 있도록 하여 자신의 자아 상태를 이해할 뿐 아니라 타인과의 상호작용 패턴을 자각할 수 있도록 돕는다. 이를 바탕으로 건강한 자아 상태로 나아갈 수 있는 방안과 타인과의 건강한 상호작용 양식을 만들어 나갈 수 있도록 지원한다.

교류분석이론에 기초한 부모교육이 지향하는 기본목표는 부모에게 자기부정의 심리적 자세를 자기긍정의 심리적 자세로 변화시켜 올바른 부모 노릇하기를 실천하도록 하고, 이를 통해 부모와 자녀 간에 올바른 관계를 이루도록 조력하는 것이다. 즉, 자신과 다른 사람들에 대한 이해와 수용의 폭을 넓히면서 자기긍정의 자세를 높이도록 돕고, 자신이 선택과 결정의 주인이 되어 책임감을 가지도록 도우며, 의사소통의 장애를 깨닫고 부모와 자녀와의 관계개선에 도움이 될 부모의 심리적 자세의 바람직한 변화를 가져오는 데 도움이 되도록 하는 것을 목적으로 한다.

표 13-1 교류분석의 주요 분야

분야	내용
성격의 구조기능분석	개인 인성에 대한 분석 (부모 자아, 성인 자아, 아동 자아)
교류양식분석	개인이 상대방에게 행동하고 말하는 것에 대한 분석 (보완교류, 교차교류, 이면교류)
게임분석	이익을 유도하는 이면적 교류에 대한 분석
각본분석	사람을 충동적으로 행동하게 하는 특별한 인생드라마에 대한 분석

2) 기본원리

(1) 긍정적 스트로크 활성화하기

인간은 태어나면서부터 누군가 만져 주기를 바라고 타인으로부터 인정받고 싶어 하는 생리적 · 심리적 욕구가 있는데 번(Berne)은 이를 '허기(hunger)'라고 이름지었다. 접촉과 인정에 대한 허기는 스트로크(stroke)에 의해 충족되는데 이는 타인의 존재 자체를 인정하는 모든 행위를 뜻한다(James & Jongeward, 1996). 스트로크는 신체적 접촉, 눈길, 말, 몸짓 등 '네가 어떠하다는 걸 안다.'라는 뜻이 담긴 모든 행위다. 산모들이 임신 중에 자신의 배를 쓰다듬곤 하는데 이것이 자녀에게 최초의 스트로크가 되며 어릴 때 양육자로부터 어떠한 스토로크를 받았는가에 따라 타인과 스토로크를 주고받는 방법이 정해지고 인생의 태도에도 커다란 영향을 받는다. 적극적 경청과 반영적 경청은 긍정적 스트로크의 좋은 예다. 긍정적 스트로크를 충분히 받지 못하면 깍아내리기, 부정하기, 조롱하기, 때리기 등과 같은 부정적 스트로크를 촉발한다. 물론 긍정적 스트로크가 부정적 스트로크보다 유용하지만 스트로크가 없는 것보다는 부정적 스토로크가 낫다고 교류분석가들은 평가하고 있다. 스트로크의 이론과 실습을 통하여 긍정적 스트로크 중에서 언어적, 신체적 스트로크를 활성화하고 부정적 스트로크를 최소화하여 대인관계에서 올바른 스트로크를 활용할 수 있는 방법을 익히는 것이 중요하다.

부정적 스트로크의 예

- 깎아내리기 → (아이가 속상해서 우는 상황에서) "별거 아니야, 뭘 그런 거 가지고 우니?"
- not OK 메시지 → "엄마 이 장난감 가지고 나가서 놀아도 돼요?"
  "너는 뭐든지 잘 잃어버리는 아이니까 장난감 가지고 나가지 마."

(2) 자기긍정 · 타인긍정의 기본적 인생태도 갖기

교류분석에서는 어떤 사람이 자기 자신과 타인에 대해서 어떻게 느끼고 어떻게 결론을 내리고 있는가를 그 사람의 '기본적 태도(basic position)'라고 한다(우재현, 2001). 이 경우 그 성질을 긍정적인 것과 부정적인 것의 2개로 크게 나누어 이를 긍정(OK), 부정(not-OK)으로 나타낸다. 자신에 대해서 긍정인지 부정인지, 타인에 대해서 긍정인지 부정인지를 결합하여 자타긍정, 자기긍정 타인부정, 자기부정 타인긍정, 자타부정의 4가지 유형으로 나눈다. 교류분석은 기본적 인생태도 면에서 보면 자기긍정을 목적으로 한 자기개선을 위한 방법이다(우재현, 2001).

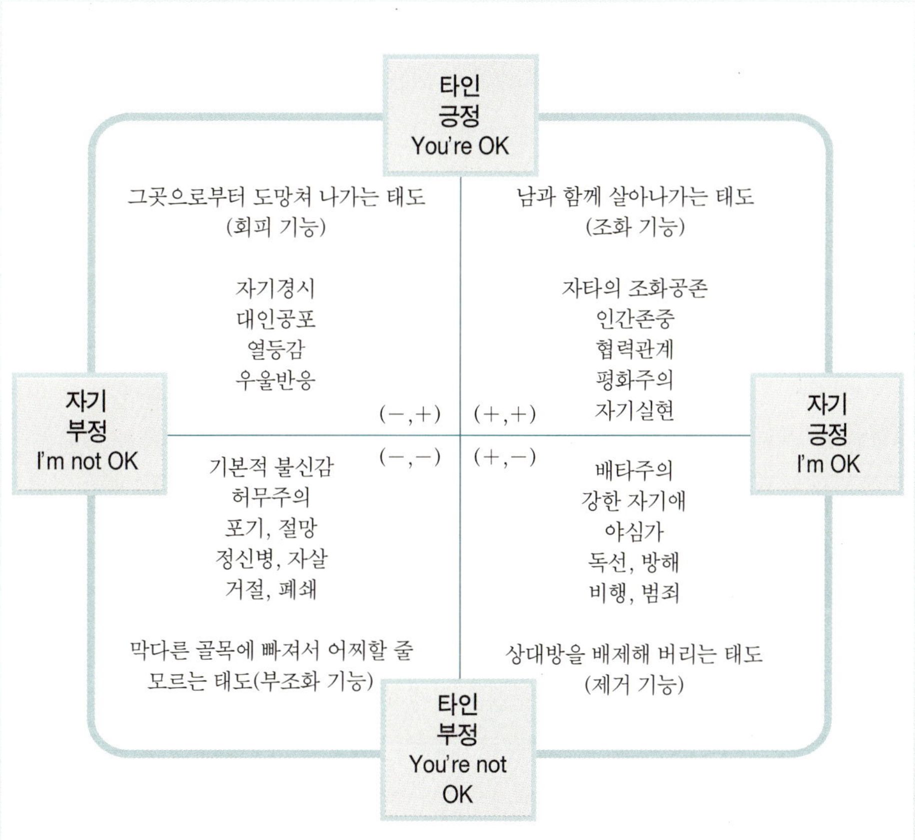

그림 13-1 네 가지의 기본적 인생태도와 교류양식

출처: 김규수 · 류태보(2001), 우재현(2001), 이도영 등(1999)에서 재구성.

- 나는 옳다 - 너도 옳다(I'm OK, You're OK): 자신의 가치와 타인의 가치를 인정하고 존중하며, 직접적으로 친밀하게 서로 상대방을 순수하게 배려하는 관계라고 할 수 있다. 자기 이익을 위해 타인을 지배한다든가 이용하기 이해 상대방을 조작하는 인간관계가 아니다. 또한 남에게 보이기 위한 가면을 유지하기 위해 많은 에너지를 쓰지 않는다. 그러나 우리들이 부모로부터 긍정적인 관계경험을 통해 이러한 이상적인 인생태도를 몸에 익혀 성인이 되는 것은 어려운 일이다. 따라서 이 태도를 몸에 익히게 하는 데는 각 개인이 여러 가지 방법으로 자기를 훈련하는 것이 필요하다.
- 나는 옳다 - 너는 옳지 않다(I'm OK, You're not OK): 이러한 인생태도를 갖는 사람은 타인에 대한 의심이 많고 타인을 부적절하고 가치 없는 사람으로 여기며 자기 견해에 맞지 않을 경우 배제해 버리려 한다. 실제 이런 사람은 본인 자신도 두려움을 느끼고 불안정하며 분노를 쉽게 느끼며, 다른 사람을 무시하고 경멸하는 태도를 보이며 다른 사람 위에 군림하려고 한다. 발달적으로 보면 유아기에 모자관계에서 애정의 박탈이 있었으며 심신에 커다란 고통이 주어져 그것을 혼자 견디어 온 자기애적인 아이가 몸에 지니는 태도라고 할 수 있다.
- 나는 옳지 않다 - 너는 옳다(I'm not OK, You're OK): 이러한 인생태도를 갖는 사람은 다른 사람과 비교해서 자신을 열등하게 느끼거나 부적절하게 느낀다. 반면, 다른 사람은 모두 자기보다 우월하다고 느낀다. 이러한 심리적 자세를 갖고 있는 사람은 다른 사람이 긍정해 줄 때에만 생기 있게 활동한다. 이런 사람은 쉽게 좌절하고 마음에 상처를 받는다. 발달적으로 보았을 경우 유아는 작고 무력해서 부모보다 뒤떨어진다고 생각하는 것이 이 인생태도가 생기는 근원이 된다. 자신의 안정감을 유지하는 수단으로서 권위적이고 지배적인 사람을 구하며 그 사람의 지시대로 움직여 시종일관 순종하는 태도로 충성을 다하는 것이다.
- 나는 옳지 않다 - 너도 옳지 않다(I'm not OK, You're not OK): 인간관계에 대한 이런 태도는 대단히 부정적이어서 아무도 믿지 못한다. 심지어는 자기 자신도 믿지 못하며 자신은 성공하지 못하고 늘 실패할 것으로 생각한다. 이러한 인생태도를 가진 사람들에게 세상은 가치 없는 곳이고 냉혹하며 다른 사람들을 모

두 적으로 삼는다. 발달적으로 보면 인생 초기에 부모와 자신 사이에 형성되어야 할 기본적 신뢰감이 어떤 형태로든 심신에 커다란 고통을 주게 되어 긍정적 스트로크가 끊어짐으로써 커다란 결함이 생기게 된 것이다. 그 영향이 이후의 인생에까지 미쳐 뿌리 깊은 불신감이나 공허감으로 나타나거나 좋은 인간관계를 파괴하는 것으로 나타나는 것이다.

(3) 자아 상태 파악하기: 성격의 구조 및 기능 분석

성격의 구조분석(structual analysis)이란 성격이나 대인 간의 교류들을 자아 상태(ego state) 모델의 관점에서 분석하는 것으로, 주로 부모(P), 성인(A), 아동(C)이 세 가지 자아 상태 분석을 의미한다(우재현, 2001). 모든 사람의 마음 속에는 이 '세 가지의 나'가 있는데 이것은 우리들의 성격구조를 형성하고 있는 자아 상태다. 특별한 문제가 없을 때는 그런대로 종합적인 기능을 하지만 특정한 문제상황이 발생할 경우 세 가지 자아 상태 가운데 강하게 반응을 보이는 부분이 있으며 그 반응은 그 사람 특유의 사고나 행동양식에 의해 이루어지는 것을 볼 수 있다.

성격의 기능분석(functional analysis)은 개인의 자아 상태가 어떻게 사용되는가를 분석하는 것이다. 기능분석에서는 부모 자아 상태를 더욱 기능적으로 분류하여 비판적 부모, 양육적 부모로 나눈다. 아동 자아 상태 역시 자유로운 아동과 순응하는

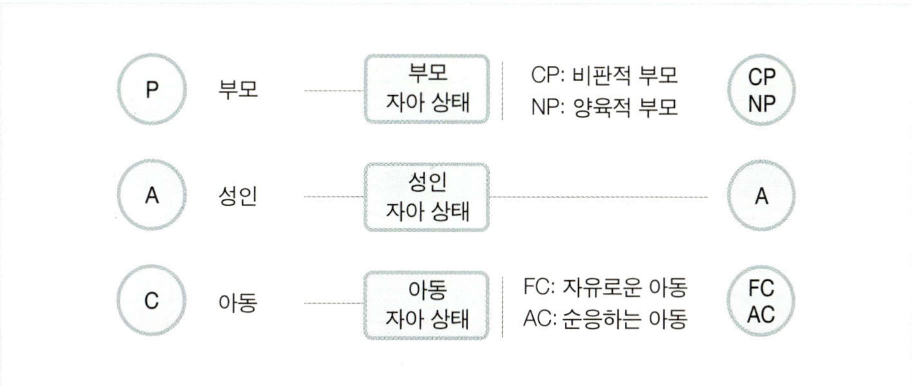

그림 13-2 교류분석에서의 성격의 구조 및 기능 분석

출처: 한국교류분석협회(http://www.ta.or.kr/sub3/sub33.php)

아동으로 기능적으로 분류한다.

- 부모 자아 상태(Parent: P): 양친이나 양육자들의 생각, 행동 또는 느낌을 동일시한 부분으로, 아직도 자기에게 영향을 주고 있는 말이나 동작이 내포되어 있다. P에는 징벌과 제한을 가하는 부분과 남을 보살펴 주는 양육적인 부분이 있다.
  - 비판적 부모(Critical Parent): 약자로 CP라고 부르며, 주로 비판, 비난, 질책과 관련되어 있고, 아동들에게 규칙을 가르쳐 주는 엄격한 면 또는 양심과 관련이 있다.
  - 양육적 부모(Nurturing Parent): 약자로 NP라고 부르며, 아동의 성장을 도와주는 어머니와 같은 부분이며 동정적, 보호적, 양육적, 공감적이다. 그러나 지나치면 상대방의 독립심이나 자신감을 빼앗는 결과를 가져오기도 한다. 치료자에게 가장 기본적으로 요구되는 것이다.
- 성인 자아 상태(Adult: A): 사실 중심으로 관찰하여 정보를 수집, 정리, 통합하는 것이다. 문제해결법을 찾으려고 하며, 이를 위해서 행동에 옮기는 것도 가능하다. 성인 자아 상태는 감정에 지배되지 않는 냉정한 부분이지만, 정신적으로 성숙한 인간이라는 의미는 아니다.
- 아동 자아 상태(Child: C): 우리들이 어린 시절에 실제로 느꼈다든지 행동했던 것과 같은 감정이나 행동을 나타내는 상태다. 인생 초기에 부모에 대응하기 위해 습관화된 반응양식도 포함된다. 여기에는 자유로운 아동과 순응하는 아동 두 가지 기능이 있다.
  - 자유로운 아동(Free Child): 약자로 FC라 부르며, 이것은 성격 중에서 가장 선천적인 부분이다. 감정적, 본능적, 자기중심적인 부분이며, 호기심이나 창조성의 원천이다. 일반적으로 FC가 풍부한 것이 건강하다.
  - 순응하는 아동(Adapted Child): 약자로 AC라고 부르며, 아동이 부모에게 순종하려고 노력하는 부분으로 부모의 영향 아래에서 이루어진다. 보통 말이 없고 얌전한, 소위 '좋은 아이'이지만 특정한 문제상황이 발생할 경우 반항하거나 격노하기도 한다. 교류분석에서는 AC가 과도한 경우를 특히 주목해야 한다.

이것은 '자유로운 나'를 극도로 억압하여 마치 어른인 것처럼 행동하여 주위를 놀라게 하는 경우가 있다.

3) 부모교육의 실제

(1) 프로그램 내용 및 구성

교류분석을 적용한 부모교육 프로그램의 구성은 성격기능의 변화, 즉 이고그램의 변화에 초점을 두고 있다. 자신의 자아 상태 이해 및 자신의 교류 양식 자각을 통해 자녀를 있는 그대로 수용하고 건강한 부모역할을 할 수 있는 능력을 기르도록 한다. 부모교육 프로그램의 진행은 교류분석에 대한 기본적인 이해뿐만 아니라 교류분석의 주요한 실천전략을 직접 경험하고 적용해 봄으로써 실제 생활에 적용 가능성을 높이도록 한다.

(2) 프로그램의 실시

교류분석이론의 기본개념에 대한 이해를 돕고 이고그램 검사를 통해 자신의 자아 상태를 파악하며, 이를 기초로 자신의 성장전략을 모색하고 상호교류를 연습해 본다.

표 13-2 교류분석이론에 기초한 부모교육 프로그램 사례 (김경화, 2004)

주	주제	내용
1	승자와 패자적 자세	프로그램 전반에 대한 소개와 친밀감 형성 활동 및 승자적, 패자적 자세의 형태를 진단한다.
2	상호교류분석의 개관	상호교류분석의 세 가지 자아 상태에 대한 이해와 자기 및 타인에 관한 이해를 돕는다.
3	쓰다듬기(스트로크) 및 시간 구조화에 대한 인간의 허기	타인으로부터 인정받고 싶어 하며 타인의 존재 자체를 인정하는 모든 행위를 생각해 본다.
4	인생각본에 의한 드라마	인생각본을 이해하고 문화적 각본과 가족의 각본, 개인의 심리적 각본에 의한 드라마를 이해하고 삶에 대한 자신의 가능성과 능력을 깨닫고 다시 결정한다.

(계속)

5	부모노릇하기와 부모 자아상태	부모 자아 상태의 진단과 함께 올바른 부모노릇하기의 활성화 방법을 안다.
6	아이와 아동의 자아 상태	유아기에 받는 영향에 따라 개인마다 독특한 아동 자아 상태가 형성됨을 안다.
7	인성 및 성에 대한 자아정체감	성적 자아정체감과 성적 표현을 통해 천성적 자아 상태와 성인 자아 상태의 협조의 중요성을 인식한다.
8	스탬프 모으기와 게임하기	심리적 교환의 스탬프와 상환의 시기, 골드 스탬프를 수집하여 친밀감 있게 자신을 표현하는 자유로운 사람이 되는 길을 모색한다.
9	성인 자아 상태	성인 자아 상태의 중요성과 그 기능에 대해 안다.
10	자율성과 성인 자아의 윤리	인간행동의 동기로서의 생활자세를 이해함으로써 인생태도를 파악하고 대인관계에서 보다 자율적인 행동을 할 수 있도록 성인 자아 상태의 활성화를 도모한다.

(3) 방법 및 전략

교류분석에서는 성격의 구조기능분석, 교류양식분석, 게임분석, 각본분석 등 다양한 교육방법 및 실천전략을 사용하고 있다. 여기에서는 부모교육에서 손쉽게 활용 가능한 이고그램을 통해 자신의 자아 상태 파악하기, 타인과의 교류양식 분석하기를 소개하고자 한다.

① 나의 이고그램 파악하기

이고그램은 교류분석에서 사용되는 자기탐색 도구다(우재현, 2001). 이고그램은 부모의 자아 상태를 진단하여 각 자아 상태를 활성화하고 심리적 자세를 긍정적으로 발전시킬 수 있도록 한다. 이고그램을 통해 자신의 성격구조 및 기능을 분석하여 자신의 자아 상태 및 대인관계에 있어서의 기본적인 형태를 이해할 수 있으며, 이를 바탕으로 자신을 변화시킬 수 있는 실천방안을 모색하도록 돕는다. 교류분석의 목표는 성인 자아(A)의 성숙을 목표로 하며 궁극적으로는 다른 자아들과 균형을 이루는 것이다. 이고그램에서는 높은 자아 상태를 내리는 것보다는 낮은 것을 올리는 편이 쉬우며 효과적이다.

표 13-3 이고그램 체크리스트

※ 아래의 질문에 대하여 예(○), 어느 쪽도 아니다(△), 아니오(×)로 대답해 주십시오. 가능하다면 ○, ×로 분명히 말해 주십시오. (○=2, △=1, ×=0로 계산)

CP		○	△	×
1	당신은 무슨 일이라도 분명하게 정리되어 있지 않으면 마음이 편하지 않습니까?			
2	다른 사람이 옳지 못한 일을 했을 때 참기가 어렵습니까?			
3	자기 자신은 책임감이 강한 사람이라고 생각합니까?			
4	자기의 생각을 양보하지 않고 끝까지 밀고 나갑니까?			
5	당신은 예의범절을 엄격하게 배웠다고 자부합니까?			
6	무슨 일이라도 시작하기만 하면 끝장을 보지 않으면 못 견딥니까?			
7	부모로부터 무슨 말을 들으면 그대로 실행합니까?			
8	"그러면 못 쓴다" "…하지 않으면 안된다"는 식의 말을 자주 합니까?			
9	당신은 시간이나 금전에 느슨한 사람을 싫어합니까?			
10	당신이 부모 노릇을 한다면 아이들을 엄하게 키우겠다고 생각합니까?			
		합계:		

NP		○	△	×
1	다른 사람이 길을 물으면 친절하게 안내해 줍니까?			
2	친구나 손아래 아이를 칭찬하는 일이 자주 있습니까?			
3	남의 일을 돌보아 주는 일이 싫지 않습니까?			
4	남의 단점보다 장점을 보려고 애씁니까?			
5	실망하고 있는 사람이 있으면 위로한다든지, 기운을 낼 수 있도록 용기를 줍니까?			
6	친구에게 선물하는 것을 즐겨 합니까?			
7	누군가가 도움을 청해 오면 나에게 맡겨 달라고 하며 남의 일을 맡습니까?			
8	누군가가 실패했을 때 책망하지 않고 용서해 줍니까?			
9	아우나 여동생 또는 손아래의 아이를 사랑하는 편입니까?			
10	먹을 것이나 입을 것이 없는 이웃을 위하여 도와줍니까?			
		합계:		

A		○	△	×
1	당신은 여러 가지 책을 곧잘 읽는 편입니까?			
2	무언가 뜻대로 되지 않아도 화를 잘 내지 않습니까?			
3	어떤 일을 결정할 때 여러 사람의 의견을 듣고 참고하는 편입니까?			
4	처음 일을 할 때 그것에 대한 정보를 수집하고 착수하는 편입니까?			
5	어떤 일을 시작할 때 자기에게 손해 또는 이득이 있는가를 먼저 따져 보고 실행합니까?			
6	모르는 일이 있으면 남의 말을 청취한다든가, 상담을 합니까?			
7	몸의 상태가 좋지 않을 때 자중하고 무리하지는 않습니까?			
8	아버지나 어머니와 냉정하게 대화를 잘 나눕니까?			
9	공부나 일을 질질 끌지 않고 화끈하게 해치우는 편입니까?			
10	미신이나 점 등은 믿지 않는 편입니까?			
		합계:		

FC		○	△	×
1	당신은 멋내는 일에 관심이 있습니까?			
2	함께 떠들어 댄다든가, 들떠서 어울리는 것을 좋아하는 편입니까?			
3	"와아" "대단하다" "멋있다" 등 감탄사를 잘 씁니까?			
4	기쁠 때나 슬플 때 얼굴이나 동작으로 자유로이 나타낼 수 있습니까?			
5	갖고 싶은 물건은 어떻게 하든지 내 손 안에 넣지 않고는 견디지 못하는 성미입니까?			
6	당신은 말하고 싶은 말을 서슴지 않고 말할 수 있습니까?			
7	이성의 친구에게 자유로이 말을 건넬 수 있습니까?			
8	남에게 농담을 한다든가, 놀리는 일을 좋아합니까?			
9	그림을 그린다든가, 노래를 부르는 것을 좋아합니까?			
10	당신은 싫은 것을 싫다고 말합니까?			
		합계:		

AC		○	△	×
1	당신은 상대방의 안색을 보고 행동을 취하는 버릇이 있습니까?			
2	싫은 것은 싫다고 말하지 않고 억제하는 일이 많습니까?			
3	당신은 열등감이 강한 편입니까?			
4	무언가 부탁을 받으면 곧 착수하지 않고 실행이 느린 편입니까?			
5	무리를 해서라도 남에게 잘 보이게끔 노력하는 편입니까?			
6	진정한 자기의 생각보다 부모나 남의 말에 곧잘 영향을 받는 편입니까?			
7	슬프거나 우울한 기분이 되는 경우가 자주 있습니까?			
8	당신은 사양을 잘하거나 소극적인 편입니까?			
9	부모의 비위를 잘 맞추어 드리는 편입니까?			
10	속으로는 불만투성이지만 표면상 만족하고 있는 것처럼 행동합니까?			
		합계:		

표 13-4 이고그램 그리기

※ 이고그램 체크리스트를 이용하여 자신의 이고그램을 그려 보세요.

20					
18					
16					
14					
12					
10					
8					
6					
4					
2					
	CP( )	NP( )	A( )	FC( )	AC( )

(년   월   일 작성)

표 13-5 이고그램 점수의 의미

지나치게 높은 점수	비판적	과보호	기계적	자기도취/충동적	자기비하
높은 점수	지배적	헌신적	현실적	개방적	의존적
낮은 점수	관용적	방임적	즉흥적	폐쇄적	독단적
	CP	NP	A	FC	AC

표 13-6 자아 상태 성장촉진전략

1) CP를 높인다.	2) NP를 높인다.
- "나는 이렇게 생각한다." 등 자기 생각이나 비판을 진술하는 연습을 한다. - 일단 마음먹은 일은 최후까지 깨끗하게 해치운다. - "이렇게 아무 말 없이 있는 것은 내 처지나 연령에 걸맞는 모습일까? 조금 발언하지 않으면…" - 시간이나 돈에 까다로워진다. - 부하나 아이들의 잘못을 애써 그 자리에서 질책한다. - 무언가를 생각은 하나 그 자리에서 양보하지는 않는다. - 생활의 시간표를 만들어 놓고 그것을 지킨다.	- 상대방의 기분이나 감정을 인정하는 말을 한다. - 긍정적 스트로크를 준다. - 아름답고 좋은 점을 칭찬한다. - 개인적인 관심을 표시하는 것 같은 태도 - 기회를 봐서 작은 선물을 한다. - 상대방의 부정적인 말이나 태도에 반응하지 않는다. - '스케일이 큰 인간이다.'라고 느끼게 하는 태도

3) A를 높인다.

- "좀 더 상세하게 설명해 주십시오."
- 감정이 높아져 있을 때 "조금 생각할 여유를 주십시오." 하고 사이를 둔다.
- "…라는 말입니까?" 라고 이야기의 내용을 확인한다.
- 어떤 사항을 분석하고 거기에 어떤 규칙이나 패턴이 없는가 조사한다(행동분석).
- 자율훈련법, 침묵 등 이완하고 냉정하게 되기 위한 훈련
- 말하고 싶은 것, 행동하고 싶은 것을 문장으로 쓴다.
- 같은 상황에서 다른 사람이라면 어떻게 행동할 것인가를 생각해 본다.
- 결과를 예측해서 문제 전체를 본다.

(계속)

4) FC를 높인다.	5) AC를 높인다.
- "그것은 재미있을 것 같다." - "한번 해보자." - "나도 같이 끼워줘." - "즐겁구나." - "...라고 느낀다." ("생각한다" 에 대해) - 유머, 농담 - "맛있군요, 곱군요." - "즐깁시다." - 불쾌감 속에 많은 시간을 허비하지 않는다. - 짧은 공상을 즐긴다. - 예술(그림, 시, 시조 등)을 즐긴다. - 오락(영화, 스포츠, TV)을 즐긴다. - 유쾌한 기분에 젖는다.	- 자기 감정을 억제한다 - 상대방의 마음에 들도록 노력한다. - 남의 비위를 맞춘다. - 속으로 불만이 있더라도 겉으로 표현하지 않는다. - 남이 결정한 것에 따른다. - 자기 생각을 표현하지 못한 것에 대하여 계속 후회한다. - 마음에 들지 않아도 시키는 대로 한다.

출처: 김규수 · 류태보(2001)에서 재구성.

② 교류양식분석하기(대화분석하기)

교류양식분석(대화분석)은 부모 자아(P), 성인 자아(A), 아동 자아(C)를 응용해서 일상적인 서로 간의 의사소통(말, 태도,행동)을 분석하는 것이다. 대인관계를 눈으로 볼 수 있도록 도식화해서 그 교류를 화살표로 나타낸다. 교류양식분석의 목적은 자신의 세 가지 자아를 깊이 이해하면서 자기와 타인과는 어떠한 관계를 맺고 있는가, 각기 다른 자리에 상응하는 대처방법을 어떻게 하는 것이 좋은가 등을 의식적으로 통제하는 데 있다. 교류분석에서는 기본적인 대인관계를 상보교류, 교차교류, 이면교류의 3가지 유형으로 분류하고 있다. 교류분석이론은 다른 사람들과의 상호교류양식을 깊이 이해함으로써 어느 정도 고칠 수 있다고 주장하여 교육적인 측면에서의 새로운 가능성을 제시하며 사람들의 행동을 분석하고 이해하는 데 필요한 방향을 제시하고 있다.

• 상보교류(complementary transaction): 어떤 자아 상태에서 보내는 메시지에 대하여 예상대로의 반응이 되어 돌아오는 것으로서, 자극과 반응의 주고받음이 평형된 교류를 말한다. 여기에서는 언어적 메시지와 표정, 태도 등 비언어적 메시지가 일치한다. 인간관계적 측면에서 보면 이 종류의 교류는 솔직하고 자연스럽고 이치에 맞는 것이다.

[그림 13-3]처럼 상호작용이 문제를 객관적으로 해결하려고 노력하는 성인 자아 상태 간의 교류(가), 함께 놀거나 즐거움을 느끼는 아동 자아 상태 간의 교류(나), 한편에서는 의존하고 한편에서는 돌보는 아동-부모 자아 상태 간의 교류(다)이어도 의사소통이 상보적으로 일어나면 두 사람 간의 관계는 긍정적 상태다. 상보교류는 영유아기 아이들의 긍정수준을 높인다.

• 교차교류(crossed transaction): 남의 어떤 반응을 기대하기 시작한 교류에 대해 예상외의 반응이 되돌아오는 경우를 말한다. 인간관계에 문제가 생기는 때는 상보교류가 이루어지지 못하고 교차교류가 일어날 때다. 예를 들면, 성인 자아 상태로 상호작용을 원하는 사람에게 통제적 부모 자아 상태에서 꾸지람을 하는 경우, 아동 자아 상태의 즐거움을 원하는 사람을 무시하는 경우 교류가 교차된 것이다. 일상생활에서 교차교류가 발생하는 경우는 있으나 교차교류가 두 사람 관계에서 빈번하게 일어난다면 두 사람 간의 관계는 갈등과 문제가 있

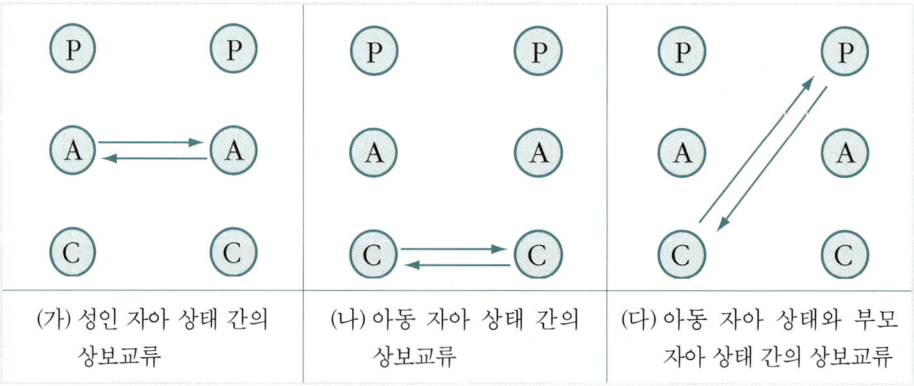

그림 13-3 상보교류의 예

다는 것을 의미한다. 영유아기의 자녀를 양육하는 부모는 교차교류를 줄이도록 노력해야 한다.

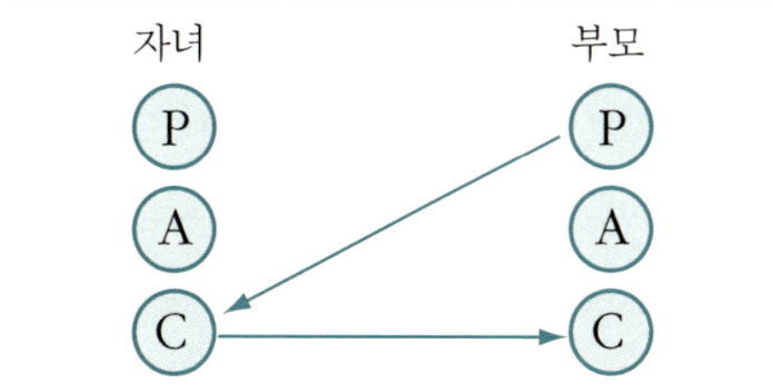

자녀: "엄마! 우리 이번 주말에 놀이공원에 놀러가요?"
엄마: "너는 기말고사가 얼마 남지 않았는데 놀러 갈 생각만 하니?"

그림 13-4 교차교류의 예: 꾸지람형의 교차교류

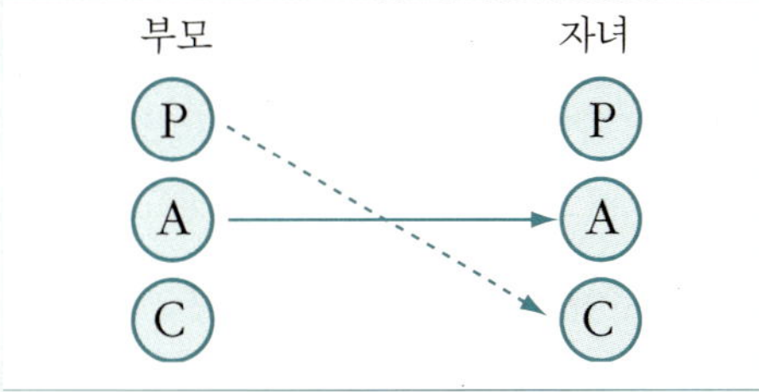

(*만족스럽지 못한 성적표를 받아온 아이와 대화하는 상황에서)
엄마: 애썼다.
("너보다 잘한 아이들이 이렇게 많은데 너는 부끄럽지도 않니?")

그림 13-5 이면교류의 예

- 이면교류(ulterior transaction): 상대방의 하나 이상의 자아 상태를 향해서 현재적 교류와 잠재적 교류의 양쪽이 동시에 작용하는 복잡한 교류다. 이면적 메시지를 전달할 때는 사회적으로 수용할 만한 교류로 가정을 한다. 그러나 그 주된 욕구나 의도 또는 진의 같은 것이 이면에 숨겨져 있는 것이 특색이다. 예를 들면, 사회적 수준은 성인 대 성인 자아 상태 간에 이루어지지만 심리적 수준으로는 상대방의 부모 자아 상태 또는 아동 자아 상태를 대상으로 이루어진다.

4) 부모교육으로서의 유용성

번이 정립한 교류분석이론은 부모가 자기 자신에 대한 이해를 통하여 인간관계를 원만히 수행할 수 있도록 돕는 이론이다. 교류분석이론에 따르면 자녀를 대하는 부모의 양육방식은 부모 자신의 심리적 자세가 교류를 통하여 외현적으로 나타나는 것으로 해석한다. 부모의 심리적 자세가 부정적일 때 자녀에게 바람직한 환경을

제공해 주지 못하게 되어 결과적으로 자녀의 자아개념이 부정적으로 형성되는 예가 많다. 교류분석이론에 기초한 부모교육 프로그램을 실시한 결과, 어머니들의 심리적 자세가 자기긍정-타인긍정의 심리적 자세유형으로, 어머니들의 삶의 자세가 패자적 자세에서 승자적 자세로 변화되었으며 어머니의 성인 자아가 활성화되고 유아의 자아개념도 긍정적으로 변화하였다고 보고(김경화, 2004)하였다. 교류분석이론을 적용하여 부모의 심리적 자세변화와 유아의 정서지능발달과의 관계를 알아본 연구(이병래, 1997)에 의하면, 부모의 심리적 자세가 자신과 타인을 향해 긍정적일수록 유아의 정서지능이 높아지는 경향을 보인다고 하였다.

2. MBTI 프로그램

MBTI(Myers-Briggs Type Indicator)는 칼 융의 심리유형론을 근거로 하여 캐서린 쿡 브리그스(Katharine Cook Briggs)와 이사벨 브리그스 마이어스(Isabel Briggs Myers)가 보다 쉽고 일상생활에 유용하게 활용할 수 있도록 고안한 자기보고식 성격유형지표다. 브리그스와 그녀의 딸인 마이어스는 1944년 MBTI A형을 개발하였고, 첫 지표의 개발 이후 50여 년간 수정과 보완이 계속되었다. MBTI는 개인의 심리경향성을 측정하는 도구 중에서 대중적이고 광범위하게 전 세계에서 사용되어 왔다. 이를 우리나라에서는 김정택, 심혜숙(1990)이 한국판 MBTI성격유형검사로 표준화하여 여러 장면에서 다양하게 활용되고 있다.

1) 교육목표

융의 심리유형이론에 따르면 인간은 태어날 때부터 태도 · 지각 · 판단 및 생활양식에서 차이가 나타난다고 한다. 즉, 사람마다 사물이나 사람, 사건이나 사상에 대해 인식하는 방법이 다르고, 또한 인식한 내용을 바탕으로 하여 판단하고 의사결정하는 과정이 다르다(이부영, 1998). 그러나 이러한 차이를 이해하지 못할 때 사람들은 대인관계에서 숱한 오해와 갈등을 빚게 되고, 그들 사이에서는 제대로 된 의사소통이 이루어질 수 없다.

MBTI는 인식과 판단에 대한 융의 심리적 기능이론, 그리고 인식과 판단의 향방을 결정짓는 융의 태도이론을 바탕으로 하여 제작되었다. 즉, 개인이 쉽게 응답할 수 있는 자기보고 문항을 통해 인식하고 판단할 때의 각자 선호하는 경향을 찾고, 이러한 선호경향들이 하나 또는 여러 개가 합쳐져서 인간의 행동에 어떠한 영향을 미치는가를 파악하여 실생활에 응용할 수 있도록 제작된 심리검사다.

MBTI의 목적은 개인의 타고난 성격을 발견함으로써 인간관계 개선 및 개인의 성장, 발달에 도움을 주고자 하는 것이다. 선천적으로 타고나는 개인의 심리적 선호경향을 이해하고 수용함으로써 자신을 보다 잘 이해하고 수용하며 자신에 대해 긍정적인 시각을 가질 수 있다. 또한 타인이 자신과 다르다는 것을 이해하고 인식함으로써 타인을 이해하고 수용하는 폭을 넓혀 준다. 이를 기초로 의사소통 개선, 인간관계 개선, 진로선택, 학습지도 등 다양한 생활 장면에서 활용될 수 있다.

MBTI를 활용한 부모교육은 부모가 자기 자신의 성격유형을 이해함으로써 자신의 의미와 가치 및 잠재력 발견을 도우며 자기 자신의 있는 그대로를 인정하고 수용할 수 있는 자아존중감 발달과 함께 자녀양육에 대한 올바른 태도를 형성하도록 돕는 프로그램이다(이순복 · 정미숙 · 2006; 장혜순, 2008). 부모가 자아존중감이 높아지면 부모 자신뿐만 아니라 자녀에게도 긍정적인 영향을 미친다. 또한 자녀의 성격유형 이해를 통해 자녀를 있는 그대로 인정하고 수용하며 자녀의 장점을 발견하고 지지해 줄 수 있도록 도우며 나아가 부모와 자녀 상호관계에 긍정적인 영향을 줄 수 있다.

2) 기본원리

(1) MBTI 4가지 선호경향

MBTI 심리유형은 융의 심리유형이론을 보다 쉽게 이해하여 일상생활에서 유용하게 활용할 수 있도록 개발된 것이다. 융의 심리유형론을 경험적으로 검증하여, 실생활에 적용하기 위해 만들어진 MBTI에서는 인식과정을 감각(Sensing: S)과 직관(iNtuition: N)으로 구분하여 사물, 사람, 사건, 생각들을 인식하게 될 때 나타나는 차이점을 이해하도록 하였다. 판단과정은 사고(Thinking: T)와 감정(Feeling: F)으로 구분하여 우리가 인식한 바에 의거하여 결론을 이끌어 내는 방법들 간의 차이점을 알 수 있도록 하였다. 또한 사람들의 인식과 판단에 나타나는 또 하나의 근본적인 차이는 외면세계와 내면세계에 대한 상대적인 관심에서 비롯된 외향(Extraversion: E)-내향(Introversion: I) 선호에서 비롯된다고 보았다. 성격유형의 결정에는 또 하나의 선호가 작용하는데, 삶의 방식으로 인식(Perceiving: P)적인 태도를 갖느냐, 판단(Judging: J)적인 태도를 갖느냐 하는 것이다(김정택 · 심혜숙 · 제석봉, 1995). MBTI의 기본 구조는 대극으로 이루어진 4가지 선호경향 지표로 이루어져 있다([그림 13-6]).

첫 번째는 에너지 초점에 따른 외향(E)과 내향(I)이다. 외향형은 폭넓은 대인관계를 유지하며 사교적이며 정열적이고 활동적이다. 내향형은 깊이 있는 대인관계를 유지하며 조용하고 신중하며, 이해한 다음에 경험하는 유형이다.

두 번째는 인식기능에 따른 감각(S)과 직관(N)이다. 감각형은 오감에 의존하여 실제의 경험을 중시하며, 지금 현재에 초점을 맞추며, 정확하고 철저하게 일처리를 한다. 직관형은 육감 내지 영감에 의존하며 미래지향적이고 가능성과 의미를 추구하며 신속하고 비약적으로 일처리를 한다. 사물을 인식할 때 감각을 선호하는 사람과 직관을 선호하는 사람 사이에는 차이가 있다.

세 번째는 판단기능에 따른 사고(T)와 감정(F)이다. 사고형은 진실과 사실에 관심을 갖고, 논리적이고 분석적이며 객관적으로 판단하는 것을 선호한다. 감정형은 사람과의 관계에 관심을 가지며 상황적이고 정상을 참작한 판단을 한다.

네 번째는 생활양식에 따라 판단(J)과 인식(P)으로 나뉜다. 판단형은 분명한 목적과 방향이 있으며 기한을 엄수하고 철저히 사전 계획하고 체계적이다. 인식형(Perceiving)은 목적과 방향이 변화 가능하고 상황에 따라 일정이 달라지며 자율적이고 융통성이 있다.

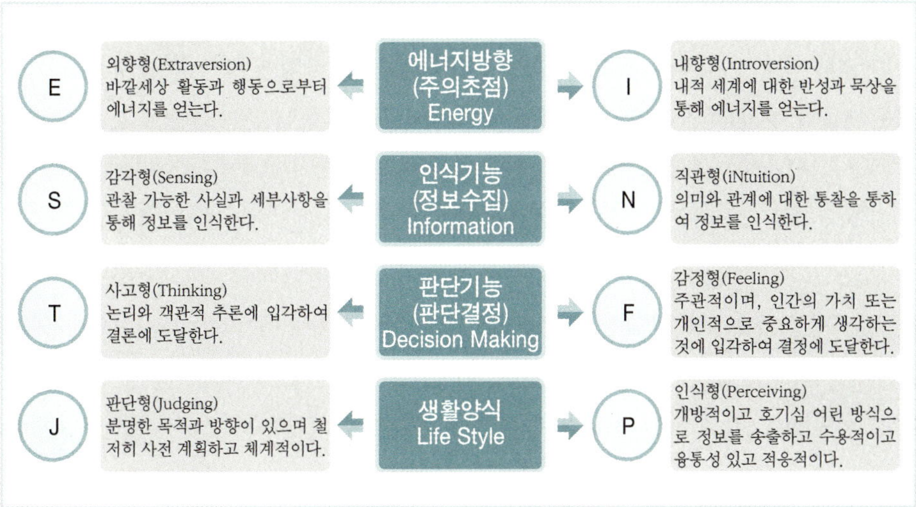

그림 13-6 MBTI의 4가지 선호경향 지표

(2) 16가지 성격유형

모든 사람은 각 차원에서 각기 다른 질적인 타고난 속성들을 소유하지만 최종적으로는 각 차원들이 모여 하나의 집합이나 결합이 되고 그 결과 독특한 선호를 나타내게 된다(Myers & Myers, 1995). 선호의 다양한 결합으로 생기는 성격유형은 모두 16가지 유형으로 나뉘는데 그 유형의 분류는 네 차원의 대립쌍의 알파벳 머리글자의 조합으로 이루어진다. 각각의 유형은 고유의 특성을 가지고 있다. 융은 인간을 세밀하게 관찰하여 인간의 행동이 겉으로 보기에는 예측하기 힘들 정도로 변화무쌍해 보이지만 사실은 매우 질서 정연하고 일관성이 있으며 몇 가지 특징적인 경향으로 나누어져 있음을 강조하고 그것을 심리유형으로 설명하였다(Myers & Myers, 1995). 사람은 누구나 인식과 판단에서 각각 선호하는 방식을 갖고 있으며, 인식과 판단에서 선호하는 방식이 서로 다른 사람들은 서로를 이해하거나 서로의 행동을 예측하는 일이 어렵다. 융의 심리유형론에 따르면 인간은 교육이나 환경의 영향을 받기 이전에 이미 선천적 심리경향이 잠재되어 있으며, 어린 시절부터 자신이 선호하는 경향들을 더 자주 이용하면서 이를 바탕으로 독특한 개인의 성격유형이 형성된다(Myers & Myers, 1995). 각 성격유형은 선천적인 경향성일 뿐 성격유형 간에 우열이 있는 것이 아니다. MBTI 성격유형은 사람들이 어떻게 세상을 감지하고 이해하는가를 비롯하여 인간의 다양한 행동의 차이점을 설명해 준다(김정택 등, 1995).

	ST (감각+사고)	SF (감각+감정)	NF (직관+감정)	NT (직관+사고)
I---J (내향-판단)	ISTJ 세상의 소금형	ISFJ 임금 뒷편의 권력형	INFJ 예언자형	INTJ 과학자형
I---P (내향-인식)	ISTP 백과사전형	ISFP 성인군자형	INFP 잔다르크형	INTP 아이디어뱅크형
E---P (외향-인식)	ESTP 수완 좋은 활동가형	ESFP 사교적인 유형	ENFP 스파크형	ENTP 발명가형
E---J (외향-판단)	ESTJ 사업가형	ESFJ 찬성도모형	ENFJ 언변능숙형	ENTJ 지도자형

그림 13-7 16가지 성격유형

출처: www.kpti.com에서 재구성.

3) 부모교육의 실제

(1) 프로그램 구성 및 내용

MBTI를 활용한 부모교육 프로그램은 MBTI 성격유형검사를 실시하고 그 결과를 토대로 각 유형의 어머니들이 자녀양육 시 갖게 되는 강점과 약점 그리고 그 대안을 제시하여 자녀양육의 적절한 방법과 과정을 제공해 준다. MBTI 성격유형검사를 통해 각 개인마다 사건과 사물을 인식하고 판단하는 방법과 에너지의 흐름, 생활양식에 대한 선호가 각기 다르다는 것을 이해하고 이를 토대로 부모- 자녀관계에 대해 새롭게 인식하도록 돕는다.

표준화된 한국판 MBTI 성격유형검사(김정택 · 심혜숙, 1990)를 실시하여 16가지 성격유형 중 자신의 성격유형을 발견하도록 한다. 아동과 청소년들에게 사용하는

MMTIC(Murphy-Meisgeier Type Indicator for Children) 역시 MBTI에서 사용하는 선호지표를 그대로 사용한다. 성격유형별 행동양식에 대해 지도자의 강의와 집단구성원의 집단활동 및 평가로 진행한다. MBTI 4가지 선호지표에 대한 강의 및 이를 체험할 수 있는 집단활동을 진행한다. 자녀를 대상으로 MMTIC를 실시하고 그 결과를 바탕으로 자녀의 문제행동 이해 그리고 의사소통 방식, 자녀양육태도 인식을 돕는 강의와 집단활동을 진행한다.

(2) 프로그램의 실시

MBTI 검사지를 사용해서 검사를 실시하여, 자신의 기본 성격유형을 파악하도록 한다. 그후에 검사결과에 따른 16가지 성격유형에 대한 개괄적 설명 및 선호경향에 대한 이해를 돕는다.

표 13-7 MBTI를 활용한 부모교육 프로그램

주	준비물	주 제	주요 내용
1	MBTI 검사지, 답안지	성인용 MBTI 검사 실시	• 검사결과에 따른 16가지 성격유형에 대한 개괄적인 설명 및 자신의 선호경향 이해 및 수용
2	MBTI 프로파일	MBTI 4가지 선호지표	• 개인의 성격유형에 따른 관심의 방향, 에너지의 방향, 그리고 주의초점 차이의 이해 • 내향성(I)와 외향성(E)에 관한 설명 및 워크숍
3	MBTI 프로파일	MBTI 4가지 선호지표	• 개인의 성격유형에 사물을 보는 관점, 그리고 인식기능의 차이 이해 • 감각형(S)과 직관형(N)에 관한 설명 및 워크숍
4	MBTI 프로파일	MBTI 4가지 선호지표	• 개인의 성격유형에 따른 결정기능, 선택기능 그리고 판단기능 차이의 이해 • 사고형(T)과 감정형(F)에 관한 설명 및 워크숍
5	MBTI 프로파일	MBTI 4가지 선호지표	• 개인의 성격유형에 따른 행동방식, 적응방식 그리고 생활양식의 차이 • 판단형(J)과 인식형(P)에 관한 설명 및 워크숍
6	MMTIC 채점지	어린이용 MMTIC 검사실시	• 자녀의 성격유형 이해 및 문제행동 이해 (검사결과에 따른 아동의 16가지 성격유형에 대한 개괄적인 설명)

(계속)

7	비디오테이프	MBTI 4가지 선호지표	• 자녀와의 의사소통 방식 이해, 선호경향에 따른 양육태도 인식 • MBTI 4가지 선호지표에 따른 학습지도법에 관한 비디오 시청
8	MBTI 프로파일 MMTIC 프로파일	MBTI 4가지 기질	• SP 기질 아동의 학습양식과 SP 유형 양육자의 교육방법에 관한 설명 및 SP 양육자들의 자신들의 교육방법 특성에 관한 워크숍
9	MBTI 프로파일 MMTIC 프로파일	MBTI 4가지 기질	• SJ 기질 아동의 학습양식과 SJ 유형 양육자의 교육방법에 관한 설명 및 SJ 양육자들의 자신들의 교육방법 특성에 관한 워크숍
10	MBTI 프로파일 MMTIC 프로파일	MBTI 4가지 기질	• NT 기질 아동의 학습양식과 NT 유형 양육자의 교육방법에 관한 설명 및 NT 양육자들의 자신들의 교육방법 특성에 관한 워크숍
11	MBTI 프로파일 MMTIC 프로파일	MBTI 4가지 기질	• NF 기질 아동의 학습양식과 NF 유형 양육자의 교육방법에 관한 설명 및 NF 양육자들의 자신들의 교육방법 특성에 관한 워크숍
12	비디오테이프	MBTI 4가지 기질	• 자녀들에 대한 과보호 및 과잉기대 개선 및 자녀의 긍정적 측면 파악, 자녀양육태도의 일관성 유지 • MBTI 4가지 기질에 따른 학습지도법에 관한 비디오 시청

출처: 이순복 · 정미숙(2006).

(3) 방법 및 전략

① 자신의 주요 선호경향을 이해하기

심리유형이론에서는 어린이가 태어날 때부터 특정 기능을 선호하는 경향을 가지고 태어난다고 한다. 어린이는 자신의 주 기능을 사용하려는 동기를 가지고 있으며 자기가 좋아하는 기능을 사용하다 보면 강화를 받아 더욱더 잘 통제하고 신뢰할 수 있게 된다. 자신의 선호기능을 사용할 때 느끼는 편안하고 쾌적한 기분은 그 사람의 특징을 이루고 이 기능과 관련된 행동이나 기술이 발달된다.

② 자신의 반대유형 성격을 발달시키기

MBTI 성격유형검사의 목적이 자기 성격유형의 발견에만 있는 것이 아니다. 모든 것을 두루 갖춘 유형은 절대로 있을 수 없다. 선호하는 정신작용 그 자체가 유익할 수는 있을지라도 그것 하나만으로는 결코 건강하지 못하고 그 개인에게도 만족스럽지 못하다. 그것이 균형을 결여하고 있기 때문이다(Myers & Myers, 1995). 최대의 효율성을 누리기 위해서는 모든 유형들이 자신의 타고난 자질에다가 반대유형을 적절히 곁들여야 한다. 자신이 반대유형의 성격을 발달시키는 것이 필요하다(Myers & Myers, 1995). 지배적 정신작용은 보조 정신작용으로 보완될 필요가 있다. 만약 지배적인 정신작용이 판단적이라면 보조 정신작용은 인식적인 것일 필요가 있다. 그러나 두 가지 정신작용의 수준이 대등해야 한다는 것을 의미하는 것은 아니며 그중 하나가 지배적인 위치를 차지해야 한다.

③ 성격유형에 기초한 양육태도 갖기

MBTI를 활용한 부모교육 프로그램은 부모의 자기 자신에 대한 올바른 이해를 통해 자신의 의미와 가치 및 잠재력을 발견하고 자신을 있는 그대로 인정하고 사랑할 수 있는 자아수용 능력의 향상과 함께 자녀교육에 대한 올바른 양육태도를 갖도록 돕는다(심혜숙 · 곽미자 역, 1998; 이순복 · 정미숙, 2006).

- 판단(내가 옳고 내가 관리한다)의 소리를 줄이고 인식(수용, 이해)의 소리를 높여라. 부모와 자녀의 성격유형이 동일한 경우 서로 이해하고 수용해 주는 경향이 많으며, 부모와 자녀가 성격이 다르거나 갈등상태에 있을 경우 부모는 자녀를 비판적으로 대하거나 부모의 기준에 맞추도록 요구하게 된다. 이런 경우 자녀는 자신의 타고난 성격유형을 발달시킬 수 없을 뿐만 아니라 자아존중감도 낮아진다. 부모가 자녀들의 성격유형을 이해하고 받아들이면 그 아이들은 자신이 딛고 설 발판과 자신의 모습으로 온전히 남을 수 있는 공간을 확보하는 것과 다름없다. 그러나 만약에 아이들이 자기 부모가 자신에 대해 성격이 달라지기를 바라고 있다는 생각을 품게 되면, 다시 말해 자신이 타고난 성격을 버리라고 강

요받고 있다고 생각한다면 그 아이는 희망을 잃을 것이다(Myers & Myers, 1995).

- 자녀들을 유형의 틀에 넣지 마라. 자녀들은 발달 중에 있고 그들의 유형에 관계없이 그들은 모든 종류의 기회와 경험을 필요로 한다.
- 자녀들을 똑같이 대하지 마라. 어떤 부모들은 공평의 의미로 모든 자녀를 똑같이 대해야 한다고 믿는다. 그러나 진실로 공평한 것은 아이들이 독특한 개인으로 대우받길 원한다는 것이다. 자녀들의 개인차와 요구들 그리고 행동 및 반응에 적절히 맞추어라.
- 당신과 자녀의 방식에서 차이점과 유사점을 인식하라. 부모 입장에서만 최선을 다하여 자녀를 옳은 방향으로 지도하는 것이 좋은 부모역할이라고 지각하는 것이 일반적이다. 그러나 부모의 성격유형과 자녀의 성격유형이 서로 다르며 각자의 성격유형에 따라 행동양식이나 반응양식이 다를 수 있다는 것을 지각하는 것이 중요하다. 부모가 부모 자신의 성격을 파악하고 자녀의 성격을 이해할 경우 자녀에 대한 이해가 향상되어 부모-자녀 간 갈등의 소지가 감소한다. 자녀의 성격을 고려한 양육은 자녀의 장점을 강화하고 부모의 양육으로 인한 수고를 덜어 줄 수 있다.
- 자녀의 언어로 말하고 그들에게 귀 기울이는 것을 배워라. 감각형을 선호하는 자녀는 사실적이고 구체적인 의사소통에 가장 잘 반응하는 반면, 직관형을 선호하는 자녀는 열광적이고 상상력이 풍부한 의사소통에 가장 잘 반응한다. 자녀와의 의사소통은 선호경향의 차이점을 인식하고 고려할 때 가장 효과적으로 이루어질 수 있다.
- 자녀의 유형발달에 무엇이 장애가 될 수 있는지에 민감하라. 우리의 문화와 학교조직은 E, S, T, J형을 과대평가하며 그 반대 선호경향인 I, N, F, P형을 과소평가한다. 특정한 선호성을 가진 자녀가 가족들에게 평가절하되고 학교에서도 평가절하된다면 그 아이는 자신이 뭔가 잘못되었다고 믿기 시작할 수 있다.

4) 부모교육으로서의 유용성

MBTI를 활용한 부모교육 프로그램이 어머니의 자아 수용도를 증가시켰으며(양영숙, 2000) 자녀를 건강하게 양육하는 어머니들의 능력이나 학습지도 능력 등에 긍정적인 영향을 주었으며(이순복 · 정미숙, 2006), 양육 스트레스를 감소시켰다(김종훈, 2006). MBTI를 활용한 부모교육 프로그램의 효과를 보고한 대부분의 연구들은 부모와 자녀의 성격유형을 이해하는 것이 의사소통 방법이나 양육태도, 가족과 가족 구성원 간의 갈등을 이해하는 데 매우 효과적이었다는 내용을 밝히고 있어 MBTI가 부모교육 프로그램으로서 활용 가치가 높음을 입증하고 있다.

3. 에니어그램 프로그램

에니어그램(Enneagram)이란 '에니어(ennea, 9 또는 아홉)'라는 단어와 '그라모스(grammos, 도형 · 선 · 점)'라는 단어의 합성어다. 즉, 에니어그램은 그리스어로 '아홉 개의 점이 있는 그림'이라는 뜻이다. 원과 아홉 개의 점, 그리고 그 점들을 잇는 선으로만 구성된 단순한 도형이지만 그 안에는 우주의 법칙과 인간 내면의 모든 것이 상징적으로 표현되어 있다. 에니어그램은 선천적으로 선호하는 심리적 에너지에 따라 사람을 9가지 유형으로 분류할 수 있으며, 모든 사람이 그중 하나의 유형에 속할 수 있다고 본다.

에니어그램의 역사는 추정된 것에 의해서만 보면 약 4,500여 년 전(기원전 2500년 전)에 중동지방(현재의 아프카니스탄)에서 발생한 고대의 지혜에서 비롯되었다. 이것은 보편적인 진리의 압축이며, 수천 년 동안 기독교, 불교, 이슬람교(특히 수피즘), 유대교(카발라)에 의해 축적되어 온 것이다. 현재의 에니어그램 이론은 어떤 한 가지 근원에서 온 것이 아니며, 고대의 전통에서 비롯된 지혜와 현대의 심리학이 결합된 것이다(윤운성, 2001).

1) 교육목표

에니어그램은 사람의 성격을 아홉 가지 기본 성격유형으로 구분하고 각 성격유형이 가지는 장점과 단점, 습관, 특징적 사고방식, 타인과 관계 맺는 방식을 설명하고자 하며 이를 통해 자신의 행동방식과 사고방식에 대한 성찰에 도움을 받을 수 있다. 또한 에니어그램은 참가자의 자기관찰과 이해를 통해 자신의 강박적 행동의 근원을 찾아내고 부정적인 자기모습을 수용하는 것을 도와줌으로써 타인과의 긍정적인 관계형성을 도와줄 수 있는 프로그램이다. 에니어그램 성격검사는 나와 너를 이해하기 위한 기초적인 자료를 제공하는 유형검사로, 직업상담과 가족상담, 교육상담은 물론이고 경영 및 인사분야 등에서 개인의 성장에 유용한 도구로 사용되고 있다. 또한 에니어그램 훈련을 통해 자기관찰과 자기이해 그리고 자기변화를 위한 동기유발이 가능하다.

2) 기본원리

(1) 힘의 중심 자각하기

에니어그램은 기본적으로 인간 성격의 근간을 장(배, 본능) 중심, 가슴(감정) 중심, 머리(사고) 중심으로 대별하고 있다. 사람마다 세 영역 가운데 하나가 우세하다([그림 13-8]). 5, 6, 7번 유형과 같이 머리중심(Thinking system)이 발달한 사람들은 에너지의 중심을 사고에 두고 있는 심사숙고형의 사람들이다. 이 사람들은 상황을 분석, 생각한 다음에 자신의 위치를 정하므로, 모든 상황에서 한 걸음 뒤로 물러나게 된다. 이 사람들은 상황을 파악하는 도구도 주로 관찰이나 대조, 분석, 비교 등의 사고과정을 사용하는 것을 볼 수 있다. 자기 자신의 의사결정도 판단과 사고체계에 따라 하는 모습을 많이 볼 수 있다. 2, 3, 4번 유형과 같이 가슴중심(Emotion system)이 발달한 사람들이 어떤 상황을 파악하는 방식은 인간을 존중하고 타인과의 관계를 먼저 생각하고 감정적인 대응을 하게 된다. 타인의 모습에서 자신을 찾는 이들이 의사결정을 하는 방식은 관여된 사람이 누구인지, 결정에 영향 받는 사

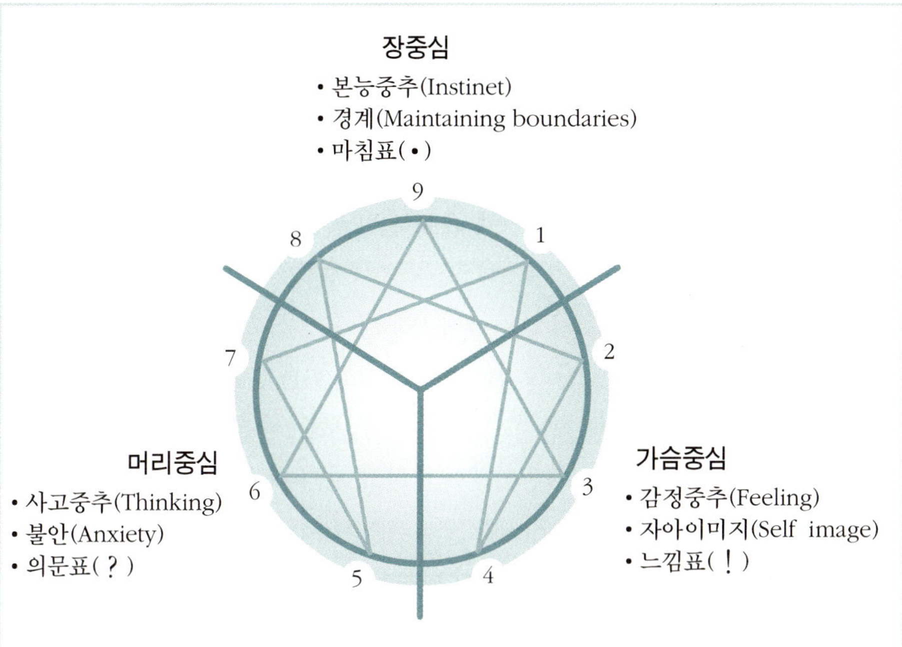

그림 13-8 세 가지 힘의 중심

출처: 윤운성(2001).

람이 누구인지에 따라 결정을 하게 된다. 8, 9, 1번 유형과 같이 장중심(Behavior system)이 발달한 사람들은 에너지의 중심을 행동에 두고 있으며 자신의 존재감을 세상에 대항함으로써 얻는다. 이들이 어떤 상황을 파악하는 방식은 진행 중인 일을 신속하고 정확하게 파악하고 현실을 조정하고 통제하는 일에 능하다. 또한 이들은 타인을 통제하는 방식으로 상황을 처리하는 경향이 높다. 이들이 의사결정을 하는 방식은 상황에 적응하거나 개인의 감정 등을 고려하기보다는 당연과 의무, 원칙에 따라 결정을 하게 된다. 이들은 상황에 따라 직관적으로 판단을 하게 된다. 이 사람들의 주요 관심사는 '나의 의지와 힘'이다. 또한 이들은 자기가 이루고 싶은 '일'에 에너지를 집중한다.

(2) 9가지 기본 성격유형 이해하기

9가지 성격유형을 기술하고 있는 자아 진단의 문항들 중에서 자신을 적절히 묘사하고 있는 가장 적합한 것을 선택하는 것이 좋다. 에니어그램 성격은 [그림 13-9]와 같이 9가지 유형으로 각각의 숫자는 하나의 유형을 나타낸다.

대개 9가지가 모두 자신과 어느 정도 비슷한 것 같아도, 이 중에 가장 근접한 것이 자신의 성격유형이다. 모든 사람은 유전, 그리고 성장에 중요한 역할을 하는 부모나 친척, 친구와 같은 타자와의 관계 속에서 어릴 때부터 하나의 성격유형이 형성된다. 이렇게 형성된 하나의 기본 성격은 좀처럼 변화하지 않으며 남녀에게 모두 동등하게 적용된다. 기본 성격유형을 규정하는 데 숫자를 사용하는 것은 숫자가 가치중립적이기 때문이다. 따라서 특정한 유형이 좋고 나쁘다고 얘기할 수 없으며 높은 숫자가 좋고 낮은 숫자가 나쁘다고 할 수 없다. 모든 성격유형은 독특한 자산이고 능력이다. 물론 특정한 문화나 집단에 따라서 각기 다른 유형이 바람직하다고 여겨지기도 하지만 그러한 것은 사회적 보상의 차이 때문이지 그러한 유형이 더 가치가 있기 때문이라고 할 수 없다. 유형의 명칭은 [그림 13-9]와 같다.

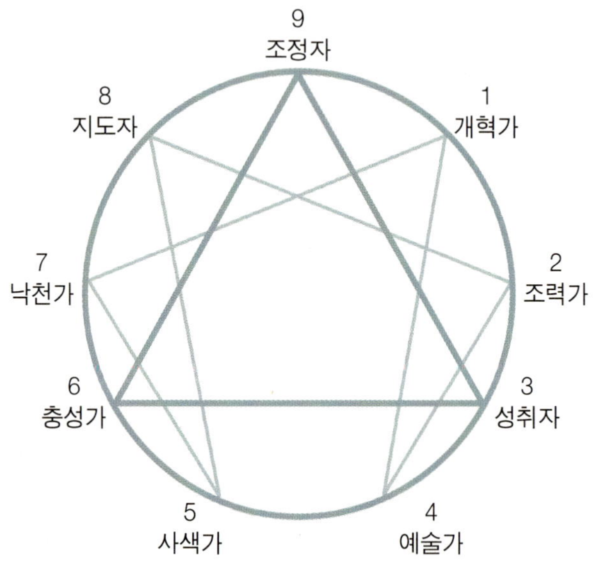

그림 13-9 9가지 기본 성격유형

출처: 윤운성(2001).

(3) 날개

순전히 한 가지 성격유형만을 가진 사람은 아무도 없다. 모든 사람은 자신의 기본유형과 에니어그램의 원주 위에 인접한 두 개의 유형이 독특하게 혼합되어 있다. 기본유형에 이웃한 유형이 날개가 된다. 기본유형은 전체적 성격을 드러내지만, 날개가 그것을 보완하여 전체적 성격을 구성한다. 날개는 성격의 '두 번째 측면'으로 자신을 더욱 잘 이해하는 데 고려된다. 예를 들어, 만일 자신이 9번의 성격유형이라면 1번 날개나 8번 날개를 갖게 될 것이고, 자신의 성격은 자신을 나타내는 독특한 것으로 9번에다 1번이나 8번 특성들이 고려된 성격이라 할 수 있다. 모든 사람은 중요한 첫 번째 날개를 가지고 있으며 그다음으로 작용하는 두 번째 날개가 있다. 기본유형이 같지만 날개에 따라 기본유형의 성격도 달라진다. 예를 들어, 3번 날개를 갖는 2번 유형과 1번 날개를 갖는 2번 유형은 성격이 현저하게 다르며, 둘 중에 우세한 날개가 있다. 따라서 우세한 날개를 '중요한 날개'라고 부르는 이유가 여기에 있다.

(4) 분열과 통합의 방향

에니어그램의 9개 성격유형은 정적인 것이 아니다. 그것은 우리의 심리적 성장과 퇴보를 반영한다. 에니어그램의 숫자들은 각각의 성격에 통합(건강, 자기확신)과 분열의 방향(병적인, 신경증)의 순서로 연결되어 있다. 건강해지거나 약해짐에 따라 기본유형에서 통합 또는 분열의 방향으로 진행하게 된다. 각 유형에서 분열의 방향은 1-4-2-8-5-7-1의 순서로 표시된다. 각 유형의 통합의 방향은 분열의 순서를 역회전시키면 된다. 각 유형은 병적인 방향과 반대의 방향이 통합의 방향이고 이는 건강한 방향을 의미한다. 따라서 통합의 방향 순서는 1-7-5-8-2-4-1이다. 정삼각형에서의 순서는 9-3-6-9다. 통합을 지향하는 9번은 3번으로, 3번은 6번으로, 6번은 9번으로 진행한다.

현재의 자신의 성격유형 못지않게 통합과 분열의 방향도 성격에 중요한 영향을 준다. 자신이나 타인의 성격에 대해 완전히 이해하기 위해서는 기본 유형과 날개뿐

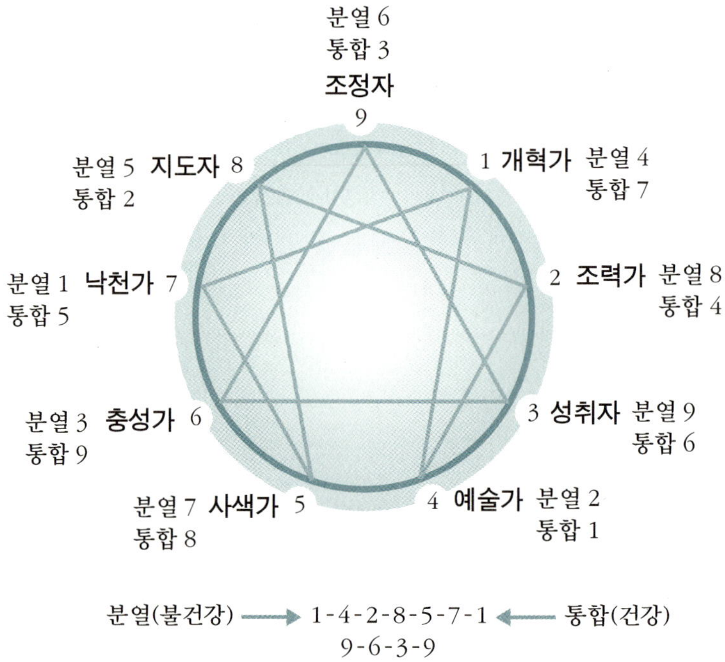

그림 13-10 에니어그램의 분열과 통합의 방향

출처: 윤운성(2001).

만 아니라 통합과 분열의 방향을 이해해야 한다. 그 요인들은 자신의 총체적 성격을 특징짓거나 이해하는 데 기초를 제공해 준다. 예를 들어, 성격유형이 단순히 2번인 사람은 없다. 2번은 1번 날개나 3번 날개를 가지며, 2번은 (8번으로의) 분열 방향이나 (4번으로의) 통합 방향으로 진행하므로 그 사람의 전반적인 성격을 이해하는 데 중요한 지침을 제공한다. 에니어그램 성격유형론은 건강의 잠재력을 획득하고, 통합의 방향으로 '돌아 움직이게' 하는 것이 궁극적인 목표다. 각 유형에서 필요로 하는 힘을 일으킬 수 있는 기능적이고 균형 잡힌 사람들이 되게 하는 것이 에니어그램의 목표다.

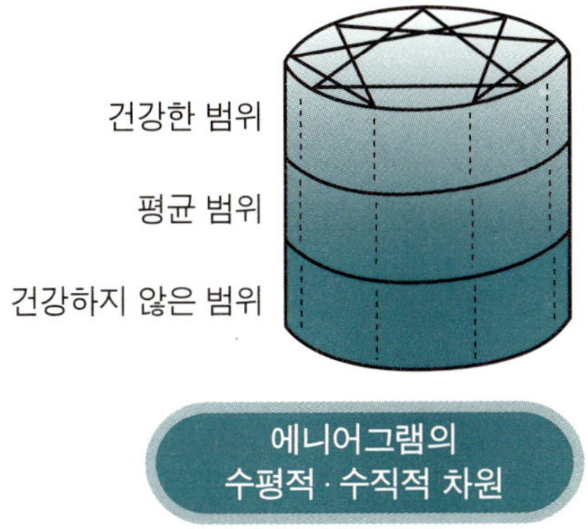

그림 13-11 에니어그램의 발달수준
출처: 윤운성(2001).

(5) 발달수준

같은 유형이라 하더라도 건강할 때나 건강하지 못할 때에 따라 다른 역동성을 나타낸다. 리소와 허드슨(Riso & Hudson, 1999)에 의하면 9가지 유형마다 3단계의 발달수준을 가지고 있다. 3단계는 건강할 때(1, 2, 3수준), 보통일 때(4, 5, 6수준), 건강하지 않을 때(7, 8, 9수준)로 나누어지고 또 각 단계는 각각 3수준으로 나누어진다. 이 발달수준은 개인의 발달단계와 수준을 알도록 돕고 앞으로의 성장방향을 구체적으로 설명하는 데 도움을 준다. 에니어그램은 대단히 입체적이고 역동적인 체계다. 즉, 에니어그램은 인간에 대해 수평적 측면으로서 에니어그램의 상징인 원위에 놓여 있는 아홉 유형과 날개를 말해 주며, 수직적 측면으로서 각 유형의 발달단계를 파악하도록 아홉수준을 제시하고 있다. 나아가 수평과 수직의 교차 속에서 각 유형이 성장을 향하여 진행해 나가는 통합과 분열의 화살표 방향이 어느 쪽으로 움직이고 있는지를 나타내고 있다.

3) 부모교육의 실제

(1) 프로그램 내용 및 구성

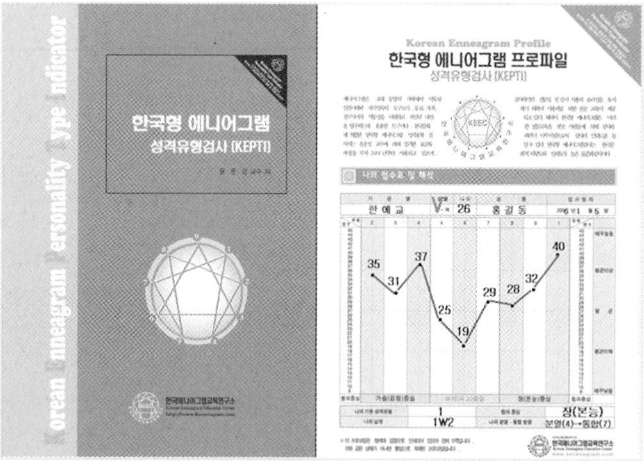

에니어그램 성격유형 검사도구 및 프로파일

에니어그램을 활용한 부모교육 프로그램은 왼쪽 그림과 같은 에니어그램 검사도구를 사용하여 자신의 기본 성격유형을 발견하도록 한다. 에니어그램 검사도구는 기본 성격유형을 발견하도록 돕는 양적 측정도구이므로, 검사결과를 바탕으로 자신에 대한 지속적인 성찰을 통해 자신의 진정한 기본 성격유형을 발견하는 것이 중요하다.

(2) 프로그램의 실시

① 부모로서 자기유형을 탐색한다

에니어그램 검사지(윤운성, 2001)를 이용하여 자신의 성격유형 탐색에 도움을 받을 수 있다. 검사 실시결과, 최고점수가 자신의 기본유형임을 확인한다. 우리 모두에게는 9가지 성격특징이 모두 존재하나, 그중에서도 기본유형은 무의식적인 동기니 선천적인 심리적 에너지가 가장 우세한 유형을 말한다. 자신의 기본유형에 대한 설명을 읽고 느낀 점을 함께 참여한 사람들과 나누도록 한다. 최저점수가 어느 유형인지를 확인하고 자신의 9가지 성격특징 중 가장 발달되지 않은 영역을 개발할 필요가 있다. 검사지를 통한 성격유형의 발견은 정량적 평가이므로 이후 힘의 중심별 특징, 성격유형별 특징에 대한 강의 및 집단토의와 체험을 통해 자신의 힘의 중심 및 기본유형에 대해 통찰해 나가도록 돕는다.

힘의 중심별 특징을 설명하고 같은 힘의 중심별 집단토의 및 발표를 통해 자신의

표 13-8 에니어그램을 활용한 부모교육의 내용구성

에니어그램 성격유형 이해하기		
교육 내용		방법
에니어그램 성격유형검사	검사지	검사실시 및 프로파일 그리기
힘의 중심별 이해	장중심, 가슴중심, 머리중심	강의 집단토의/발표
9가지 기본 성격유형 이해	9가지 성격유형의 장점과 단점	강의 집단토의/발표
날개와 분열 · 통합의 이해	날개의 개념과 명칭 분열과 통합의 법칙	강의 집단토의/발표
발달수준의 이해	각 성격유형별 건강한 수준과 건강하지 않은 수준의 특징이해	강의 집단토의/발표
통합으로 가는 길	통찰적 자각방법	강의 집단토의/발표

→ 자녀의 성격 유형 탐색 하기 → 성격유형에 따른 행동방식 상호작용방식 경험하고 이해하기

힘의 중심을 발견하도록 돕는다. 자신의 기본유형과 관련하여 우세한 날개 그리고 분열 및 통합의 방향에 대한 탐색 및 이해를 돕는다. 각 성격유형별 건강한 수준에서 건강하지 않은 수준까지 나타날 수 있는 행동특징에 대한 이해를 돕고 이를 바탕으로 건강한 수준을 유지하기 위한 통찰적 자각방법을 탐색한다.

② 에니어그램의 틀로써 아이의 성격유형을 탐색한다

자라나는 아이들은 아직 타고난 성격을 충분히 나타내고 있지 않기 때문에 아이의 유형을 정확하게 파악하는 것은 어려운 일이다. 그러나 일상생활에서 아이의 행동이나 사고 등을 탐색함으로써 아이가 어떻게 세상을 보고 어떤 방식으로 동기화되는지, 또 어떤 것을 가장 두려워 하는지 파악한다.

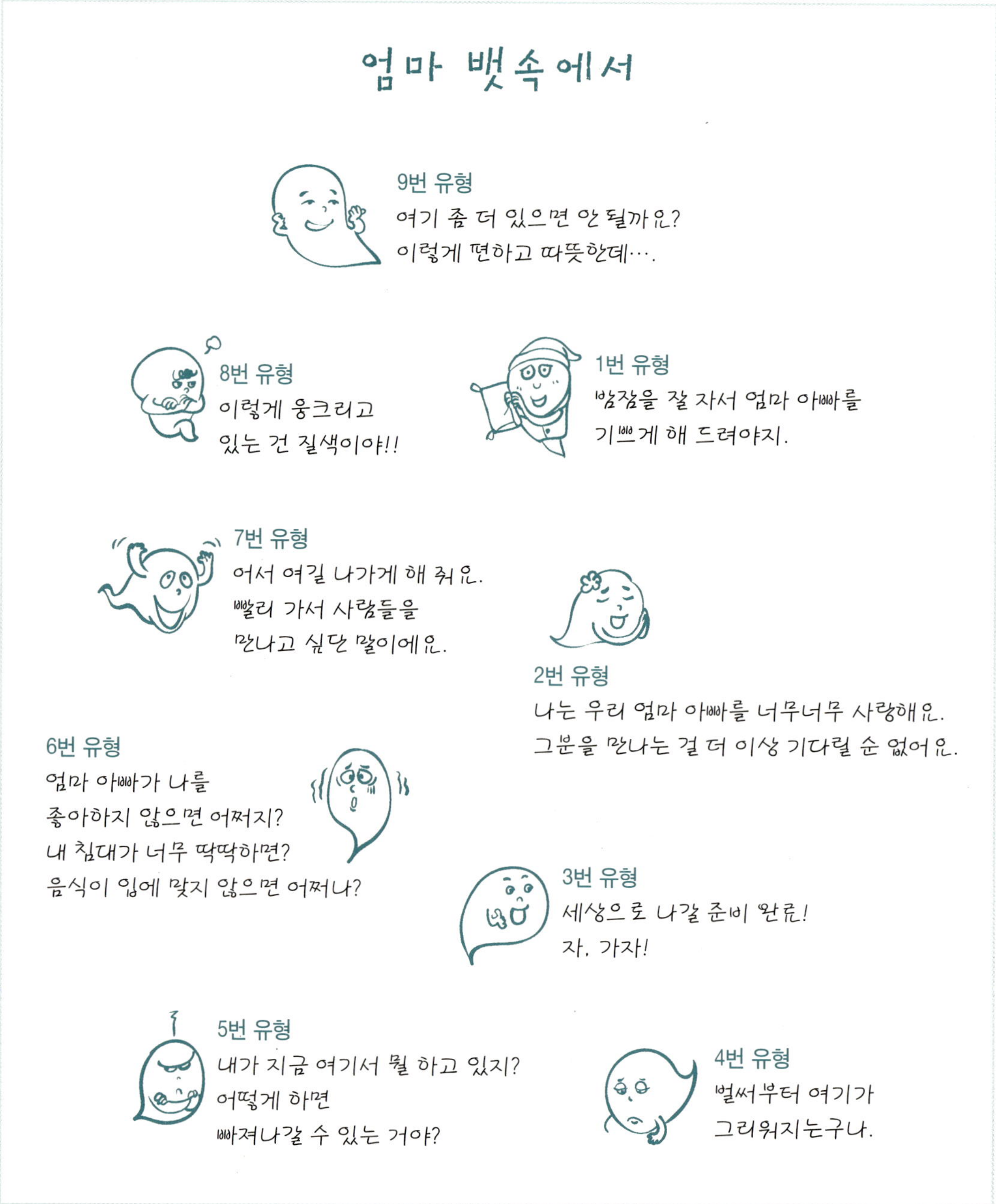

그림 13-12 9가지 성격유형의 특성

출처: Baron & Wagele (1994), p. 20.

③ 성격유형에 따른 행동 및 상호작용 방식의 차이를 이해한다

성격유형에 따라 일대일로 상호작용하는 방식이 어떻게 달라지는지 파악한다.

(3) 방법 및 전략

① 성격유형 특징 파악 및 양육전략 이해하기

에니어그램은 세상에 적응하는 관점 또는 전략을 9가지 성격유형으로 분류한 모델이다. 어떤 성격이 좋고 나쁘다고 할 수 없으며 사람들은 다양한 성격들을 부분적으로 조금씩 가지고 있는데 그중 가장 우세하게 나타나는 특성이 있고 이를 바탕으로 사람들은 각기 독특한 방식으로 환경과 상호작용하게 된다. 부모 자신의 성격유형을 이해하고 이를 바탕으로 성격유형별 양육의 강점과 약점을 인식하도록 한다.

표 13-9 가슴형 부모의 성격특징, 부모역할 수행, 양육전략

2	성격 특징	▪ 남을 돕기 좋아하는 2번 유형 부모 정이 많고 곤경에 빠진 사람들에게 도움의 손길을 뻗치며 주변 사람들에게 도움이 되고 싶어 한다. 타인이 필요로 하는 것에 몰두하지만 타인의 도움을 필요로 하고 있는 자기 자신에 대해서는 자각하고 있지 못하다. 예리한 직감을 갖고 있고 주위 사람들의 기분을 이해하고 거기에 맞출 수 있기 때문에 적응력이 뛰어나다. 또한 다양한 자기 모습을 갖고 있어 상대방에 따라 다른 모습을 연출할 수 있다. 자신을 돌보기보다는 타인을 돌보고 도와주는 것에 만족을 느낀다.
	부모 역할 수행	2번 유형 부모는 대부분 아이들을 좋아하고, 부모역할을 즐기며, 자녀의 관심을 북돋아 준다. 그러나 부모가 지나치게 헌신적이면 아이가 실수를 통해 배울 수 있는 기회를 차단하게 된다. 2번 유형 부모는 꼭 해야 할 말도 아이의 마음이 상할까 봐 망설인다.
	자녀 반응	2번 유형 부모 밑에서 자란 아이들은 어른이 된 후 부모의 이해심과 깊은 헌신을 고맙게 생각한다. 그러나 부모의 지나친 관심이 부담스러웠다고 말하는 사람도 있다.
	양육 전략	• 상처를 덮어 두거나 현실을 달콤하게 포장하면서 자녀를 보호하지 않아야 한다. 현실적인 어려움과 상처를 받아들인다. • 한 번 정한 가치와 윤리를 일관되게 지키는 모범을 보여 준다. 자녀가 어려도 이와 같이 해야 한다. • 자녀들만의 감수성과 개성이 어떤 것인지 존중해 주어야 한다고 생각한다. 2번 유형은 자녀를 소유물로 생각하기 쉽기 때문이다. 그러나 아이들은 부모를 통해서 이 세상에 나온 독립된 존재이지, 부모의 분신이 아니다.

(계속)

<table>
<tr><td rowspan="4">3</td><td>성격 특징</td><td>▪ 성취욕이 강한 3번 유형 부모
항상 효율을 중시하고 성공을 위해서는 자신의 생활을 희생시키더라도 개의치 않는다. 자신이 세운 목표를 향해 남들도 효율적으로 매진하기를 바라며 주위 사람들의 의욕을 고취시키는 것에도 능숙하다. 인생의 가치를 '성공이냐 실패냐'라는 척도로 재고 실적을 중시하는 정력가이며 자신감에 넘친 인상으로 주위 사람들에게 좋은 인상을 심어 주려 한다. '성공했다' '일을 효율적이고 성공적으로 완수했다'는 것에 가장 큰 만족을 얻는다.</td></tr>
<tr><td>부모 역할 수행</td><td>모든 부모는 대부분 자기 자녀가 3번 유형적인 특징—활발함, 자신감, 추진력, 낙관성—을 가지길 바란다. 3번 유형 부모는 자기 자녀가 학생회장, 응원단장, 반장 또는 지적인 전문인이 된다면 부모역할에 성공했다고 생각하고 자랑스럽게 여길 것이다. 그러나 자녀는 자신만의 재능과 인격을 가지고 부모 생각과는 다른 방식으로 성공적인 삶을 이끌어 갈 수 있다. 3번 유형 부모는 자기와는 다른 자녀의 평범한 재능과 관심을 존중하도록 유념해야 할 것이다.</td></tr>
<tr><td>자녀 반응</td><td>3번 유형 부모 밑에서 자라난 아이들은 어른이 된 후 부모에게서 배울 것이 많았다고 고맙게 생각한다. 그러나 한편 부모의 열정과 추진력이 너무 힘겨웠다고 생각하거나 부모와 함께 보낸 시간이 충분하지 않았다고 불평하기도 한다.</td></tr>
<tr><td>양육 전략</td><td>• 아이들에게 사랑을 표현하고 이해해 주고 고마움을 표시하는 것은 매우 중요하다. 항상 대화의 통로를 열어 놓는다.
• 무조건적인 사랑과 지원은 자녀양육의 필수적인 요소이다. 부모가 되는 것은 훌륭하고 자랑스러운 일이지만 좋은 부모가 되는 것은 어렵고 무거운 책임을 필요로 한다.
• 부모의 책임은 자녀의 개성을 발견하여 최대한 발휘할 수 있도록 지원하는 것이다.</td></tr>
<tr><td rowspan="4">4</td><td>성격 특징</td><td>▪ 낭만주의자 4번 유형 부모
자신은 특별한 사람이라고 자부하고 있으며 무엇보다도 감동을 중시하고 평범함을 싫어한다. 다른 사람들보다 슬픔이나 고독 등을 진하게 느낄 수 있다고 생각하며 타인에 대한 이해심이 많고, 사람들을 받쳐 주고 격려하는 것을 좋아한다. 또한 자신을 연기자처럼 느끼고 있으며 행동에서 패션에 이르기까지 세련된 느낌과 표현력이 풍부하다는 인상을 준다. '나는 특별한 존재다' '나는 독특한 존재다' '나는 감수성이 풍부하다'라는 자기 모습에 가장 큰 만족을 느낀다.</td></tr>
<tr><td>부모 역할 수행</td><td>4번 유형 부모는 통찰력, 창의력, 따스함이란 특징으로 아이에게 좋은 영향을 미칠 수 있다. 그러나 그들도 자녀의 관심을 있는 그대로 인정하고 지지해 주는 것을 배울 필요가 있다. 4번 유형 부모는 부모의 4번 유형적인 감수성을 이해하지 못하는 자녀를 당황하게 만들 수도 있다. 대부분의 아이들은 4번 유형 부모처럼 감정적으로 예민하지 않을 수도 있기 때문이다.</td></tr>
<tr><td>자녀 반응</td><td>4번 유형 부모 밑에서 자란 아이들은 어른이 된 후 부모의 매력에 이끌려 황홀했다고 기억한다. 한편, 부모의 감수성과 우울한 분위기가 겁나고 부담스러웠다고 말하는 사람도 있다. 4번 유형 부모는 대부분 아기를 가졌을 때 새로운 생명을 가졌다는 아름다움에 가슴이 벅차오르면서도 인생에 대한 '알 수 없는 슬픔(pathos)'으로 고뇌하기도 했다고 한다.</td></tr>
<tr><td>양육 전략</td><td>• 가장 중요한 것은 아이 자신이 인정받고 있다고 느끼는 것이다.
• 자신의 주장이 받아들여지는지 테스트해 보는 아이를 야단치지 않도록 한다. 다만 올바른 장소에서 적절한 방법으로 의견을 말할 수 있도록 도와준다.
• 어릴 때부터 자기 자신의 감정을 분별하도록 도와줘야 한다. 피상적인 관심이 아니라 진정한 관심과 존중을 보여 줘야 한다.</td></tr>
</table>

표 13-10 머리형 부모의 성격특징, 부모역할 수행, 양육전략

5	성격특징	▪ 관찰을 좋아하는 5번 유형 부모 지식을 쌓아 가는 것을 좋아하며 항상 현명하게 판단하려고 한다. 분석력과 통찰력이 뛰어나며 객관적이고 방관자적인 태도를 일관되게 유지하려고 하여 말이 적고 태도가 조심스럽다. 어리석은 판단을 내리는 것을 두려워하며 일을 시작하거나 의견을 발표하기 전에 정보를 열심히 수집해 상황을 정확하게 파악하려고 한다. 자신만의 시간을 아주 중요하게 여긴다. '지혜로운 사람' '현명한 사람' '무엇이든지 잘 알고 있는 사람'이라는 자신의 모습에 가장 큰 만족을 느낀다.
	부모역할 수행	5번 유형 부모가 자신만의 계획이나 생각에서 벗어나 아이들의 리듬에 맞춰 산다는 것은 어려운 일이다. 5번 유형 부모는 어떤 문제를 골똘히 생각하고 있을 때 아이들이 다가와도 짜증을 내거나 권위를 내세우지 않도록 주의해야 한다. 5번 유형 부모는 모든 일을 구분하고 미리 계획하기 좋아하기 때문에 아이와 함께 지낼 시간도 계획하고 그 시간을 미리 따로 마련하면 훨씬 마음이 편해질 것이다.
	자녀반응	5번 유형 부모 밑에서 자란 아이들은 어른이 된 후 부모의 재치와 유머감각이 좋았다고 말한다. 한편, 부모가 좀 서먹서먹하고 부모에게서 풍기는 부정적인 느낌 때문에 힘들었다고 한다. 5번 유형 부모는 아이들이 십대가 되면서 아이들에게 더욱 흥미를 느끼게 되고, 자녀와 좀 더 난해한 문제를 토론할 수 있어서 좋았다고 기억한다.
	양육전략	• 부모로서 내 아이들이 자기가 좋아하는 일을 하기 바란다. 강요보다는 아이들에게 자신감을 심어 주려고 노력해야 한다. 부모가 자녀에게 어떤 것을 강요할 권리를 가진다고 생각하지 않는다. • 부모가 먼저 솔직하고 친밀한 관계를 맺어 가는 모습을 아이에게 보여 주면 어떻게 건강하게 살아가는지 배울 수 있을 것이다. 자녀에게도 이렇게 대하면 애정은 자연히 따라온다.
6	성격특징	▪ 두려움이 많은 6번 유형 부모 자기 자신을 안전하게 보호하려고 강한 보호자를 찾고 그 보호자에 대해 대단히 충직하고 자신의 책임을 다한다. 그러나 한편으로는 납득할 수 없는 권력에 반항하고 약자의 주장에 공감하며 불리한 싸움에 과감하게 도전하는 면도 있다. 상대방의 조그마한 언동으로부터 그 진의를 파악하는 능력을 갖고 있으며 신뢰할 수 있는 관계라면 따뜻한 정과 마음을 보여 준다. '충실하다' '성실하다'라는 자신의 모습에 만족을 느낀다.
	부모역할 수행	6번 유형 부모는 자녀에게 매우 충실하지만 아이들을 과보호하기도 쉽다. 사실 위험이 가득 찬 세상에 자녀를 내보내려면 커다란 용기가 필요하다. 그러나 부모가 문제를 해결해 주기보다는 아이가 스스로 문제를 해결하는 법을 배우는 편이 더 안전할 것이다. 자녀에게 자신감을 심어 주려면 사소한 것까지 꼬치꼬치 조사하는 부모의 6번 유형 성향을 조심스럽게 되돌아볼 필요가 있다.
	자녀반응	공포에 순응하는 6번 유형의 부모 밑에서 자란 아이들은 어른이 된 후 자기 부모의 염려하고 있는 모습이 부담스러웠다고 한다. 공포에 대항하는 6번 유형의 부모 밑에서 자란 아이들은 어른이 된 후 부모가 지나치게 엄격했으며 기대하는 바가 너무 컸다고 말한다. 부모의 이런 모습은 둘 다 자녀의 안전을 지키려는 소위 헌신적인 모습에서 비롯된 것이다.

(계속)

6	양육 전략	• 부모는 아이들과 시간을 충분히 같이 보내면서 그들이 무엇을 필요로 하는지, 무엇을 원하는지 알아보아야 한다. • 부모는 자신이 자녀에게 세상 사는 법을 일일이 가르치는 것이 아니라 단지 같이 있어 주는 것뿐이라는 사실을 명심해야 한다. 부모는 일상생활에서 자녀의 모범이 되어야 한다. • 자녀가 안정감을 느끼며 자라려면 자유와 책임의 양면성이 조화를 이루어야 하고, 옳고 그름을 분명히 구분할 수 있도록 도와주어야 한다.
7	성격 특징	▪ 모험심이 강한 7번 유형 부모 모든 일을 낙관적으로 보려 하며 밝고 명랑하다. 그리고 자기 주변에서 즐거움을 찾아내는 능력이 뛰어나다. 좋아하는 사람들이 주변에 많이 있으며 자기 자신도 매력적인 인간이 되려고 노력한다. 또한 항상 즐거운 계획을 세우고 아이디어를 생각해 내며 호기심이 많고 상상력이 풍부하다. '정말 즐겁다' '너무나 유쾌하다' '앞으로의 계획이 무궁무진하다'라는 것에 만족을 얻는다.
	부모 역할 수행	7번 유형 부모는 함께 장난치고 놀 수 있는 자녀를 좋아한다. 만약 자녀가 부모와 달리 신중하거나 자기 주장이 강한 성격을 가졌다면 7번 유형 부모가 자녀에게 맞춰야 할 것이다. 7번 유형인 엄마는 아기와 함께 방에서만 지내는 일이 답답해지면 실내에서도 재미있게 지낼 수 있는 기발한 방법을 생각해 낼 것이다.
	자녀 반응	7번 유형 부모 밑에서 자란 아이들은 어른이 된 후 부모가 해 주는 재미있는 이야기를 즐겼다고 한다. 한편, 부모가 빈번하게 집을 들락날락하는 것이 혼란스러웠고, 같이 놀자는 요구가 때로는 부담스럽기도 했다고 한다. 어떤 7번 유형 부모는 자녀에게 무심한 면을 보이기도 한다.
	양육 전략	• 아이들을 소중히 대하며 자신을 멋진 사람으로 여기도록 도와준다. 말과 행동으로 사랑을 표현한다. • 자신감을 심어 준다. • 수많은 부모가 자기 목표를 자녀에게 강요하곤 한다. 그러나 아이들에게는 아이답게 지낼 시간이 필요하다는 것을 인식한다.

표 13-11 본능형 부모의 성격특징, 부모역할 수행, 양육전략

8	성격 특징	▪ 자기 주장이 강한 8번 유형 부모 자신이 옳다고 생각하는 것에 대해서는 전력을 다해 싸우는 전사다. 용기와 힘이 넘치고 부정이나 태만, 허영심 등을 재빠르게 꿰뚫어 그것에 결연히 대항한다. 권력구조를 파악하는 능력이 뛰어나며 자신의 강한 힘을 발휘할 수 있는 위치를 확보하는 능력도 갖추고 있다. 거드름을 피우지 않고 성실하며 약자를 옹호하고 보호하려고 한다. '힘이 있다' '할 수 있다' '힘에 넘친다'라는 자신의 모습에 가장 만족을 느낀다.

(계속)

8	부모 역할 수행	8번 유형 부모는 연약한 자녀를 잘 보호하며 모든 일에 자신감을 가지고 임하는 모습으로 자녀의 본보기가 된다. 그러나 8번 유형 부모는 무심히 터뜨리는 자신의 분노가 자녀를 파괴할 수도 있다는 사실을 깨달아야 한다. 또한 아이들에게 자신의 뜻을 힘으로 강요하지 않도록 조심해야 한다. 그들은 8번 유형처럼 강하지 못한 아이들의 성격을 이해하기 힘들어하고 자녀의 성격에 맞추어 주는 것을 어려워한다. 그러나 평소에 단점이라고 여겨 왔던 자녀의 특징도 객관적인 시각으로 다시 보면 다르게 보일 수 있다.
	자녀 반응	8번 유형 부모 밑에서 자란 아이들은 본인의 유형에 따라 각기 다른 반응을 보인다.
	양육 전략	• 아이들이 자기 길을 가도록 놔두고 지나친 간섭으로 장래를 방해하지 않도록 한다. • 자녀의 개성을 발견하고 그것을 즐거워한다. • 부모가 진심으로 자녀를 원했다는 사실을 알게 하는 것은 부모에게나 아이들에게 매우 중요한 부분이다. 그런 다음 모든 가능성을 믿어 준다. 자녀는 구체적인 행동으로 보살펴야 하는 소중한 생명체다.
9	성격 특징	▪ 평화주의자인 9번 유형 부모 갈등이나 긴장을 피하는 평화주의자로 자신의 내면이 혼란스러워지는 것을 싫어한다. 다른 사람들에게 쉽게 동화되기 때문에 주위 사람들의 영향을 받기 쉽지만 좋은 환경에 있으면 마음이 넓고 동요되는 일이 없으며 인내심이 강하다. 편견이 없고 다른 사람의 기분을 이해할 줄 알기 때문에 타인의 고민을 잘 들어 준다. '안정감'과 '조화'로 넘쳐 있는 상태에 가장 큰 만족을 느낀다.
	부모 역할 수행	9번 유형의 부모는 아이의 세계를 잘 이해하고 아이와 함께 어울리는 요령을 잘 알고 있다. 그들은 너그럽고 온화한 부모다. 그러나 아이들에게는 분명히 안 된다고 해야 할 때가 있다. 항상 편하게 넘어가기보다는 분명한 부모의 권위를 세워야 할 때도 있다.
	자녀 반응	9번 유형 부모 밑에서 자란 아이들은 어른이 된 후 부모가 그들의 관심사에 흥미를 보이고 헌신적으로 돌보아 준 것을 고마워한다. 한편, 부모와 하나가 된 것 같은 느낌이 어렸을 때는 편했지만 자라면서 오히려 그것 때문에 부모에게서 독립하기가 힘들었다고 한다.
	양육 전략	• 아이들의 내면에 주목한다. • 아이에게 부모가 그들을 위해 항상 옆에 있다는 사실을 알려 준다. 안심하고 편안히 지내도록 신경을 써야 한다. • 아이를 부모 생각대로 만들려고 하지 말고 자기 자신이 되게 해야 한다.
1	성격 특징	▪ 완벽주의자인 1번 유형 부모 매사에 완벽을 기하고 건설적인 자세로 스스로의 이상을 추구하며, 이를 위한 노력을 아끼지 않는다. 항상 공정함과 정의를 염두에 두며 정직하고 신뢰할 수 있는 성품으로 자신의 윤리관에 자신감을 갖고 있다. 인상이 깔끔하고 항상 절제하는 자세를 잃지 않고 '해야 한다'라는 말을 자주 한다. '올바른 길을 걷고 있다' '매사를 정확하게 파악하고 있다'는 생각에 만족감을 느낀다.

(계속)

1	부모 역할 수행	1번 유형 부모는 단호하면서 정돈되어 있어 자녀에게 안정감을 준다. 그러나 어떤 1번 유형 부모는 좀 더 융통성을 발휘해야 할 것이다.
	자녀 반응	1번 유형 부모 밑에서 자란 아이들은 어른이 된 후 부모를 신뢰할 수 있었다는 점을 고맙게 생각한다. 그러나 부모가 지나치게 비판적인 면이 있었다고 말하기도 한다.
	양육 전략	• 아이들에게 가장 필요한 것은 사랑과 인정이다. • 될 수 있는 최선의 존재가 된다. 이 점을 말로 하는 것보다 직접 모범을 보여 주면서 지도해야 한다. • 어떤 가치관을 정해서 시종일관 지켜 가야 한다.

이를 통해 자녀와의 유대를 형성하고 효율적인 의사소통을 함으로써 부모-자녀 관계를 개선하고 자녀의 재능을 극대화하는 바람직한 부모역할을 수행할 수 있다 (Baron & Wagele, 1994; Levin, 2003; Wagele, 1997).

② 새로운 자기 자각(self-awareness) 얻기

부모로서 자신을 알아가는 과정에서 스트레스를 받았을 때와 안정적일 때의 내면적 차이를 깨닫게 된다.

이 두 가지 상황에서 부모는 스스로 완전히 다른 두 명의 부모를 경험하게 된다. 부모 자신의 성격전략을 알게 되면 좁은 시야의 행동과 지각의 습관적 패턴으로부터 자유로워질 수 있다. 이것은 스트레스가 생기는 상황이 되풀이되는 피해로부터 부모 자신과 자녀를 보호할 수 있게 한다(Levin, 2003). 결정적인 순간에 나타난 자신들의 습관, 어떤 성격특징이 비극적인 결과를 가져온다. 자신의 성격 메커니즘을 이해하고 나면 우리는 그 성격대로 행동할 것인지 그러지 않을 것인지를 결정할 수 있다(Riso & Hudson, 1999).

표 13-12 9가지 성격유형별 자각훈련

1번: 내 생각만 옳다고 느끼고 독선적으로 행동했나? 분개했을 때 남들을 비판했나?	2번: 남들이 싫다고 할까 봐 내 속마음을 표현하지 않고 외면했는가? 남들이 내가 원하는 대로 해 주지 않아도 괜찮은가?	3번: 남들 눈에 잘 보이려고 거짓 모습을 꾸며 보였는가? 일처리를 우선하여 감정을 무시하고 밀어붙였는가?
4번: 내가 너무 불쌍하고 우울해서 절망에 빠져 있었나? 그 기분 때문에 남들에게 막 대하거나 남들을 부러워했나?	5번: 남들과 부딪히기 싫어서 말 안 하고 도망쳐 숨어 버렸나? 시간과 물건이 아까워 남들에게 인색하게 대했는가?	6번: 외적 기준보다 내 판단을 확실하게 밀어붙였는가? 두려운 생각에 사로잡혀 주위 사람들에게 인색하게 대했는가?
7번: 내가 싫어하는 일을 하지 않으려고 온갖 다른 이유를 둘러댔나? 일을 시작해서 끝가지 완수하려고 했나?	8번: 남의 말을 끝까지 귀기울여 들었나? 지배하지 못해서 화를 내며 오만하게 행동했나?	9번: 무책임하게 내 생각과 관계없이 남에게 끌려갔나? 갈등을 피하려고만 하고, 게으르게 지냈나?

4) 부모교육으로서의 유용성

부모의 양육태도는 특정한 양육 기술에 의해 좌우되는 것이 아니라 부모의 전인격적인 태도에 달려 있다. 자신을 잘 이해하고 자아존중감이 높은 부모에게 양육받은 자녀들은 정서적으로 안정되고 자신감이 있으며 자아존중감이 높아진다. 즉, 부모 자신과 자녀에 대한 성격유형 이해를 바탕으로 자녀를 인격적으로 존중해 주면서 현대사회에서 필요한 품성과 책임감을 길러 주고, 문제해결을 위한 대화의 기술을 습득하여 가정에서 적극적인 지도자의 역할을 담당하는 부모로서의 역할 습득을 돕는 데 있다.

부모역할을 하다 보면 내적인 문제에 많은 관심을 갖게 된다. 매일 반성하면서도 비슷한 상황에 처하면 비슷한 행동을 반복하게 되는 것은 자신에게 고착된 습관이 자신의 성격유형의 건강하지 못한 측면과 관련이 있기 때문이다. 따라서 변화를 원한다면 자신에 대한 깊은 이해와 수용이 필요하며 변화에 대한 강력한 의지와 열의

가 필요하다(이정화, 2008). 부모가 부모 자신을 먼저 이해하는 자기 성찰의 힘을 바탕으로 하여 자녀의 행동과 심리상태를 관찰하고 이해하는 데 도움을 주는 도구의 필요성이 있다. 이러한 도구의 필요성에 대한 하나의 대안으로 최근 각광받고 있는 것이 에니어그램이다(황임란, 2005). 에니어그램이 각광받는 이유는 첫째, 에니어그램이 부모 자신을 제대로 이해하도록 도움을 준다는 점이다. 부모가 진정으로 자신을 이해하게 되면 부모는 자신에게 가장 적합하고 자녀 특성에 가장 잘 맞는 양육방법을 알게 되며 이 과정이 부모와 자녀와의 관계를 튼튼하게 만든다. 둘째, 자녀가 어떻게 동기화되는지 알게 때문에 상호작용과정에서의 스트레스를 줄일 수 있다. 셋째, 부모 자신과 자녀의 강점과 약점, 자원을 알게 된다. 부모역할을 수행하는 데 있어서 성격특징에서의 강점을 최대한 살려 나가고 성격특징에서의 약점이 가져오는 스트레스를 덜 받음으로써 부모는 부모로서의 능력을 키우고 자녀는 잠재된 역량을 키워 나갈 수 있다(이정화, 2008).

제 14 장

자녀 특성별 부모교육 프로그램

가족체계가 조화롭고 안락하게 이루어지기 위해서는, 정상성과 고유성이라는 2가지 성질이 매우 중요하다. 첫째, 가족은 정상적으로 기능할 때조차 심리적 긴장과 갈등이 있으며, 결혼생활에 대한 욕구 불만이나 가족 간의 불화 등에서 오는 분개감 등 부정적인 감정이 발생하기도 한다. 그러나 이 감정은 또 다른 상황에서 수용되고 해소될 수 있으며, 이 때문에 가족의 긴장과 갈등은 일시적인 것에 그친다. 이러한 발생과 해소의 과정을 통해 정상적인 가족은 지속적인 긴장과 갈등 속에서도 그때마다 극복하여 잘 기능한다.

둘째, 가족의 고유성 역시 가족의 기능에 영향을 준다. 각 가족마다 고유한 특성을 가지고 있으며 이러한 고유성이 가족의 기능에 미치는 영향이 크다고 하겠다. 장애아 가족, 영재아 가족, 환아 가족, 부적응아 가족은 자녀의 개인적 특성에 따라서 그 가족만이 지니고 있는 고유한 특성이 다르므로 이에 따라서 가족의 기능이 달라질 수 있다.

1. 장애아 가족

여러 원인으로 장애아를 둔 가족이 증가하고 있다. 5세 미만 유아의 0.33%인 10,925명이 장애아라고 한다(한국보건사회연구원, 2001). 1만 명이 넘는 장애아의 성장과 발달의 중요성을 감안해서 그들의 건강한 발달을 위한 사회적 관심이 지속적으로 요구된다. 여기에서는 장애아를 둔 가족의 특성, 장애 아동의 발달특성과 아울러 장애아 부모교육의 내용과 프로그램 사례를 살펴본다.

1) 장애아의 특성

장애아는 신체적으로나 심리적으로 장애를 가지고 있는 아동을 말한다. 장애아는 신체적 장애와 심리적 장애로 나뉜다. 신체적 장애는 시각장애, 청각장애, 신체건강장애로 세분화된다.

- 시각장애는 눈의 구조 이상으로 인한 장애 및 기능장애 때문에 나타나는 영상의 왜곡 또는 흐림의 양상을 포괄적으로 의미하며, 안경 등으로 교정 가능한 굴절 이상에 의한 장애는 시각장애로 고려되지 않는다.
- 청각장애는 청각기관의 손상으로 인하여 소리를 들을 때 소리가 왜곡되거나 정상인의 경우보다 약하게 들리는 것을 뜻한다.
- 신체건강장애는 대체로 지체장애와 건강장애로 구분된다. 지체장애란 선천적 또는 후천적 원인으로 상하지, 척추, 전신에 절단, 마비 및 변형, 관절운동 장애와 통증이 있어서 일상생활의 동작 수행에 불편이 있는 경우(한국인구 보건연구원, 1985)를 말한다. 건강장애는 6개월 이상 장기적으로 그 질환을 앓고 있거나 입원해서 치료해야 할 질병이 있는 경우를 말한다.

2) 장애아 가족의 상호작용 특성

장애아 가족의 상호작용 특성은 다음과 같다.

첫째, 장애아 가족은 일반 가족보다 더 많은 돌봄과 가사노동이 필요하다.

둘째, 장애아 가족은 양방적 소통을 위하여 인내심을 키워야 한다.

셋째, 장애아 가족은 일반 가족보다 장애아의 상태에 변화가 없으므로 실망하고 일상의 피로가 누적될 수 있다.

넷째, 장애아 가족은 정서나 행동의 문제를 가진 장애아가 학교를 중퇴하거나 일반 환경 속에 적응하기 어렵다는 점에서 좌절한다.

3) 장애아 부모의 역할과 기능

장애아 부모의 역할과 기능은 아래와 같다.

첫째, 장애아의 실체를 수용해야 한다. 있는 그대로를 인정하고 그 수준에서 사회적응을 할 수 있도록 도와야 한다.

둘째, 장애아의 장애 내용에 대해서 전문가의 도움을 받아 개선시킬 수 있는 교육을 시켜야 한다. 청각장애는 입술의 움직임을 통해 언어를 학습하거나 수화를 배우도록 배려한다. 신체건강장애는 가정의 생활환경은 물론 이웃과 주변환경을 보다 이동이 쉽게 개선하도록 한다.

셋째, 신체건강장애의 경우에는 물리치료, 청각장애나 언어장애의 경우 수화 등 의사소통 훈련, 학습장애의 경우 약물치료, 신경생리 훈련, 식이요법 등이 사용된다.

넷째, 장애아의 부모는 희망을 가지고 포기하지 않아야 한다.

4) 장애아 부모의 지도

아동의 장애 상태 예후가 부정적일 때, 그 상태에 대해 처음 알게 된 부모는 형언할 수 없이 큰 심리적 충격을 받는다. 자녀의 상태를 강력히 부인하던 부모는 시간의 흐름에 따라서 차츰 자녀의 실제 상태를 인정하고 받아들이게 된다. 그리고 비탄과 절망에서 벗어나 자녀의 잠재력을 키우는 데 도움이 되는 의학적 치료, 교육 방법, 학교 환경 및 교사에 관해서 관심을 가지고 탐색하게 된다. 이 경우 부모는 충격에서 회복에 이르는 기간 동안 충격, 슬픔과 비탄, 분노와 침울, 부정, 양가감정, 적응과 성장의 6단계를 거치게 된다.

장애아 부모들은 결혼 생활에 대해 만족감을 별로 느끼지 못하며, 부부 사이에 적응도도 낮다(임계원, 1987). 장애를 가진 자녀와 살아가면서 부모는 실망하고 지치며 자녀의 미래에 대한 염려와 걱정으로 어떤 일에 부정적으로 생각하기 쉽다. 따라서 장애아 부모들은 상대적으로 방어 행동과 부적응 행동을 많이 나타낸다. 많은 연구들은 장애아 부모의 이러한 부정적인 측면을 강조하고 있다.

그러나 몇몇 연구들은 장애아 부모들이 고통만 겪는 것이 아니라, 보상을 받는 경우도 있다고 주장한다. 즉, 이들은 개인적으로 성장하고 보다 성숙해진다(Melton, 1972). 두뇌 손상 자녀를 가진 수백 명의 부모를 만나 본 멜튼(Melton)은 장애아 부모들이 슬픔과 곤란 속에서 형성된 강인함을 가지고 있었다고 말했다. 그뿐만 아니라, 그들의 가족도 개인으로 구성된 통합체계로서 제대로 기능하고 있었다고 보고했다.

아동에게서 나타나는 손상의 정도와 관계없이 장애아 부모들은 누구나 심리적 혼란과 갈등을 겪는다. 장애를 가진 자녀를 집에서 돌볼 것인지 아니면 특수학교에 보낼 것인지도 결정해야 한다. 자녀와 어떤 생활을 해야 할지, 또 장애 자녀가 형제들과 어떻게 어울리게 해야 할지, 이웃 사람들과의 관계, 학교에서 또래들과의 관계 등 장애아 부모들에게는 여러 가지로 마음 쓰이는 일이 많다.

일반적으로 손상의 정도가 심하지 않으면, 장애아 부모들이 혼란을 덜 겪을 것이라고 예상할 수 있다. 그러나 실제로 경증 · 중증 지체아의 부모들은 심각한 손상아의 부모보다 더욱 혼란을 겪는 것(Ross & Ross, 1973)으로 알려져 있다. 손상의 정도가 심하지 않은 자녀의 경우, 손상의 정도가 심각한 경우보다 자녀에 대해 기대하는 바가 명확하지 않기 때문이다.

또한 장애아 부모는 아동을 지도하고 훈련시키는 데 어려움을 겪는다. 부모가 자녀의 한계를 인정하기도 쉽지 않고, 자녀의 제한된 능력에 맞게 부모가 기대하기도 어렵다. 자녀의 실제 한계와 부모가 인정한 한계 사이에 격차가 있을 수도 있으며,

이 격차는 상층 지위 이동을 바라는 중류 계층 가족에게서 자주 나타난다.

더군다나 부부 사이에도 장애를 가진 자녀에 대해 지각하고 인정하는 자녀의 한계가 다르기 때문에, 이 격차로 인해 부부 갈등이 발생하기도 한다.

5) 장애아 부모의 교육 프로그램 사례

HR2V 아동청소년자기개발센터의 발달장애아 부모교육 프로그램

- 주 1회기로 총 6주간에 걸친 프로그램
- 가정에서 부모가 직접 할 수 있는 여러 치료적 접근으로 이루어진 활동을 역할극이나 동영상 등을 통해 학습
- 장애 아동과 함께 생활하면서 부모로서 겪는 스트레스와 그에 대한 대처법 교육
- 단순히 이론만이 아닌 직접 아동에게 사용할 수 있는 여러 가지 실질적 방법 교육

인천광역시 서부교육청 특수교육지원센터

서부교육청에서는 2주 동안 여름방학 프로그램으로 '가족과 베이킹'을 실시하고 있다. '가족과 베이킹'은 제과 · 제빵 프로그램으로 오전 10:00~12:00까지 2주 동안 10조로 구성하여 각 조마다 특수교육대상학생 5명, 보호자 5명으로 총 특수교육대상학생 55명, 보호자 55명, 전체 110명을 대상으로 실시하고 있다.

첫 주는 슈거볼 만들기, 둘째 주는 바나나머핀 만들기를 한다. 특수교육대상학생이 부모와 함께 빵을 만들어 봄으로써 부모와 자식 간의 교감을 쌓을 수 있으며, 학생에게는 소근육 활동 및 손의 감각을 자극할 수 있어서 신체발달에 도움이 된다.

이 프로그램에 참여한 학부모는 "비록 부족하여 엄마인 내가 도와주긴 해도 아이 스스로 열심히 해서 처음으로 빵을 만들었다. 만든 빵을 가지고 온 가족이 함께 나눠 먹는다고 생각하니 너무 행복하다. 아이도 너무 즐거워하는 것 같다."라고 하면서 행복해하였다.

NBS뉴스, 2008. 7. 28.

2. 영재아 가족

뛰어난 지적 능력을 가진 영재아를 출산하는 것은 부모에게 행운이지만 그 행운은 더불어 양육의 고민을 주기도 한다. 여기에서는 영재아 가족의 상호작용 특성, 영재아의 발달특성과 더불어 영재아 부모교육의 내용과 교육 프로그램의 사례를 살펴본다.

1) 영재아의 특성

영재 아동은 학자마다 지능과 사회적응의 측면에서 여러 가지로 정의하나, 일반적으로 비네 검사나 웩슬러 검사(WISC-R)로 130 이상이면 영재로 간주한다. 최근에는 지능검사로만 영재를 정의하는 것이 편협하다는 의견에 따라 보다 포괄적인 정의가 사용된다. 미국의 교육위원회는 영재아란 특별한 재능, 창조력, 지도력, 예술적 능력 등을 포함해 다양한 영역에서 뛰어난 재능을 가진 사람들로서 교사, 심리학자와 특수교육교사와 같은 전문가로부터 그러한 능력을 소유한 사람으로 확인된 아동이라고 정의한다. 이에 따르면 영재아의 평가는 표준화된 지능검사나 성취검사를 통해 지능과 학업 성적을 측정하고, 학습능력이나 언어능력에 첨가해서 다른 많은 종류의 재능과 능력을 포함하게 된다.

영재아에 대해서 대규모로 대상을 표집해 본격적으로 연구한 학자는 스탠퍼드대학 심리학과 교수 터만(Lewis Terman)이다. 터만은 캘리포니아 남부 지역에서 초등학교에 다니는 아동 중에 대부분 지능검사 결과 140 이상이면서 교사의 지명을 받은 영재아들을 선별하여, 그들 가족의 병력, 내력, 교육사와 표준화된 성취검사를 통해 교사가 지적한 아동의 90%를 재선정하였으며, 이를 통해 영재아로 판명된 1,500명을 60년 동안 추적해서 연구했다. 그 결과는 스탠퍼드대학교 출판부에서 출간했다(Cox, 1926).

현재 영재아를 선정하는 데에는 터만의 방법이 그대로 사용되고 있다. 즉, 영재아는 지능검사, 학업 성적과 가족사, 신체, 성격 및 사회적 특성의 관찰결과를 종합적으로 고려하여 선정된다.

영재는 보통 아동보다 다방면에서 뛰어난 특질을 지니고 있다. 학업 성취, 광범위한 관심, 인문학이나 수학적 기술의 학습이 쉽다. 그뿐 아니라 신체건강, 신장, 외모, 에너지, 진실성, 정숙, 자아인식과 정서적 안정감도 높다. 1950년 추후조사 결과, 영재아들은 수명이 더 길고 건강을 즐기며 학력이나 직업적 성취 수준이 더 높고 보다 행복한 결혼생활을 하고 있었다. 한마디로 영재아들은 더 생산적인 삶을 영위했다. 1972년 그들의 나이가 62세일 때 그 나이에도 그들은 즐겁게 살아왔고 가족생활 및 직업의 만족감이 높았다. 영재아들은 평생 더 만족스러운 삶을 살았다고 할 수 있다.

그렇다면 영재아는 선천적으로 타고나는 것일까? 아니면 좋은 환경으로 인해 후천적으로 형성되는 것일까? 이러한 선천론과 후천론에 대해서는 여러 이론들이 있다. 한편에서는 천재들이 비교적 어린 시기에 그 천재성을 나타낸다는 점에서 선천론을 지지하지만, 다른 한편에서는 중·고등학교 중퇴생 중에 영재아가 10~15% 있다는 사실을 바탕으로 후천론을 강조한다. 영재 역시 어린 시절에 그 능력이 드러나는데, 그 능력이 잘 발휘되려면 가정환경이 뒷받침되어야 하고, 영재아 자신의 노력, 동기 부여 그리고 자신감 있는 성격도 중요하다고 한다. 즉, 천재나 영재의 업적은 타고난 재능 때문에 나타나는 것이 아니라 지속적 동기와 노력, 자신감 있는 성격에서 이루어진다는 것이다.

2) 영재아 가족의 상호작용 특성

노벨상을 받은 사람들의 어린 시절을 조사한 결과, 홀부모인 경우가 30% 정도이고 나머지는 양부모가 다 있는 가정에서 자랐다. 일반 가정의 비율에 비교해 본다면 양부모보다 홀부모의 비율이 더 높다(김정휘·백영승, 2001). 노벨상이 지적 능력만으로 이루어지는 것이 아니라 동기와 노력으로 이룬 성취라는 측면을 동시에 고려해 보아야 한다. 태내에서 지능이 결정되었고 그러한 지능의 발달에서 본다면 양부모 가정인지 홀부모 가정인지는 양육환경의 차이임을 알 수 있다. 홀부모 양육환경은 양부모 양육환경과 여러 가지로 다를 수 있을 것임을 시사한다. 구체적으로 홀부모는 취업을 통해 자녀를 늘 옆에서 지켜보지 못하므로 부모의 간섭이 적은 상태에서 스스로 탐구할 수 있는 시간을 가지는 것이 아닌가 싶다. 또한 가정의 경제적 형편이 비교적 어려우므로 성취 동기가 강한 환경이었을 가능성이 있다. 환경의 어려움을 극복하려고 많은 노력을 기울였을 것이다.

영재아는 타고난 민감성으로 인해 일반 아동들이 느끼는 긴장과 불안을 더 예민하게 느끼고 체험하는 경향이 있다. 또한 영재아는 자신이 지니고 있는 사회적 인식과 개별적 통찰로 인하여 부모, 교사, 또래와의 상호관계에서 일반 아동과 다른 발달문제가 생기기도 한다.

여기에서는 영재아 가족의 상호작용이 어떠한가를 알아보기 위해, 영재아 가족에게서 나타나는 긍정적 상호작용과 부정적 상호작용을 살펴본다.

(1) 긍정적 상호작용

영재아 가족의 긍정적 상호작용의 특성을 알기 위해서는 우선 1985년 시카고대학 벤자민 브룸(Benjamin Bloom)의 질적 연구를 고찰할 필요가 있다. 브룸이 연구책임자였던 이 연구는 영재 아동이 아니라 이미 성인으로 뛰어난 성취를 한 사람들을 대상으로 정했다. 그 대상들은 피아노 독주자, 테니스 챔피언, 올림픽 수영선수, 조각가, 신경학자 등 다양한 직종에 종사하며 매우 뛰어난 성취를 한 사람들이다. 이들의 어린 시절과 가족생활에 대한 상세한 정보를 그들의 부모와 교사와의 대화를 통해 수집했다.

어떤 사람들은 영재아로 태어나지만 성장하면서 큰 상처를 경험하기도 한다. 예를 들어 부모의 이혼, 죽음, 학대, 극심한 빈곤, 폭력 등으로 아동기에 상처를 입었을 수 있다. 그런데 브룸의 연구대상인 성공한 이들은 아동기 동안 신체적 · 심리적 상처를 경험하지 않았다. 이들의 부모들은 자녀의 성장과 성취를 위해서 기꺼이 전력을 다한 사람들이었다. 영재아의 부모들은 가정에서 자녀와 함께 시간을 보내려 노력했다. 그들은 자신의 자녀를 위해서 기꺼이 함께 시간을 보냈다. 자녀와 함께 놀이를 하고 책을 읽어 주고 여러 가지 방식으로 자녀를 가르쳤다. 자녀가 시간을 낭비하지 않고 무엇에든 열중하도록 도왔다. 영재아의 부모들은 TV 시청과 같은 소극적 여가활동을 적극적으로 권하지 않았다. 그리고 자녀들이 책임을 지고 집안 일을 함께 하도록 요구했다.

영재아의 부모들은 자녀의 학습에 관심이 높았다. 이들 부모는 교육에 대한 중요성을 인식하고 있었으며, 학구적 활동에 대한 존중이 유별났다. 부모들이 교육의 중요성을 강조하므로 영재아 대부분이 대학에 진학했다. 가족이 모두 성취에 대해서 높은 가치를 두고 있었는데, 특히 부모들은 자녀의 성취에 민감했다. 자녀들은 부모의 성취 기대를 알고 있고, 따라서 그에 부응하기 위해서 노력했을 것이다.

(2) 부정적 상호작용

일반적으로 영재아의 부모는 자녀가 그 연령대 아동에 비해서 정신적으로 조숙하다는 사실을 인정하지 않고 그 또래 보통 아동과 마찬가지로 대한다고 한다. 그때마다 영재아는 자신의 나이 또래에 맞게 부여된 역할 기대를 자신의 한계로 인식하게 되므로 좌절감을 느낀다(이순형, 1990). 이 경우, 부모들도 자녀의 정신적 조숙에 대해 이해하거나 다루는 방법을 모르기 때문에 역시 좌절할 수 있다. 자녀에 대해서 부모들이 가지고 있는 가치 체계나 양육 습관이 영재아에게 부적절하다는 사실을 인정하면서 부모는 무력감을 느낀다. 이처럼 갈등과 무력감을 느끼게 한 자녀를 부모는 가끔 원망스럽게 여길 수 있다. 이 경우에 가족 상담자는 부모가 가족 간의 갈등을 해결할 수 있도록 도울 수 있다.

영재아의 잠재된 능력을 키우기 위해서 부모는 여러 면에서 자녀의 성장을 돕고 지지해 준다. 그러나 부모가 영재아에게 적절한 지적 자극을 줄 수 없는 경우, 주변 환경으로부터 적절한 자극을 받을 수 없을 경우, 혹은 자녀의 지적 능력이 발달한다는 사실을 알고서도 실제로 적정 수준의 자극을 주지 못하는 경우에, 영재아의 발달은 점차 둔화된다는 사실을 알고 걱정한다. 따라서 영재아의 부모에게는 경제적 결핍이 더 심각한 문제로 다가올 수 있다.

3) 영재아의 발달문제

(1) 독자적 영재

영재아는 자신의 잠재된 능력을 키우지 못하는 미성취문제를 경험할 수 있다. 우리 사회에는 타고난 재능에 미치는 성취를 하지 못하는 영재들이 많이 있다. 영재로서 재능을 가지고 태어났더라도 유년기 가정에서 주는 정서적 안정감이 부족할 경우에 창조적 성취자가 될 수 있고, 이러한 창조적 성취자는 성인이 된 후에도 고독한 생활을 하는 '나홀로 삶'을 더 선호하는 경향이 있다. 이들은 때로 폭군적 부모를 가지고 있는 경우(김정휘 · 백영승, 2001)가 있다.

(2) 미성취문제

때로는 재능을 타고 났지만 자신의 지적 능력에 상응하는 성과를 달성하지 못한 영재가 있다. 이들을 '미성취 영재'라고 부른다. 영재를 둔 부모들이 가장 걱정하는 것은 바로 자신의 자녀가 미성취 영재가 되지 않을까 하는 점이다.

"어렸을 때는 참 똑똑했는데, 지금은 다른 아이들처럼 평범해요."

민희(가명) 엄마는 민희를 볼 때마다 안타까움과 미안함을 느낀다. 민희의 영재성을 일찍 알아보지 못해서 안타깝고, 그런 영재성 때문에 힘들어하던 아이의 마음을 이해하지 못한 점이 미안하다.

민희는 흔히 말하는 신동이었다. 초등학교 2학년 때 고등학생 언니 오빠들이 푸는 수학문제를 척척 풀었다. 학교수업은 시시할 수밖에 없었다. 엉뚱한 질문으로 친구들의 원성을 사기도 했고, 수업진도를 방해하는 질문으로 선생님의 핀잔을 듣기도 했다. 친구들은 민희가 말할 때마다 "또 잘난 척한다"며 수군거렸고, 결국 '왕따'를 시켰다. 민희는 자신의 생각을 말했을 뿐인데 주위에서는 아무도 좋아하지 않았다.

왕따가 된 이후 민희는 학교 가기를 싫어했다. 핀잔만 주는 선생님과는 말도 나누려 하지 않았다. 민희가 귀찮은 것은 선생님도 마찬가지였다. 수업시간 내내 딴짓을 하는 민희는 '문제아' 로 낙인찍혔다. 뒤늦게 민희의 상황을 파악한 민희 엄마는 영재교육원을 찾아갔다.

하지만 너무 늦은 탓일까. 영재교육원에서 민희는 번뜩이던 생각도, 뛰어난 수학실력도 드러내지 않았다. 이미 마음의 문을 단단히 닫아 버렸던 것이다. 민희는 한동안 정신과 치료를 받아야 했다. 이후 중학교에 진학하면서 평범한 여중생이 됐다. 수학실력은 여전히 뛰어났지만 주위를 놀라게 했던 어린 시절의 영재성은 보이지 않았다.

출처 : 주간동아, 2009. 6. 3.

(3) 또래와의 관계

영재아는 정신적으로 나이 또래보다 조숙해 있다. 임상 연령이나 신체발달상태는 같은데 지적으로나 정신적으로 여러 해 앞서 있기 때문에 이러한 발달 격차로 인해서 또래와의 적응에 어려움을 겪는다. 민희 사례에서 보듯 초등학교 고학년 이후 사춘기에 들어서면 또래집단의 행동 규범이나 또래문화에 순종하라는 집단 압력이 높다. 이러한 집단 압력 때문에 실제로 또래와 문제가 없고 내적으로는 높은 도덕감과 통합감을 발달시키면서도 영재아는 또래 사이에서 이해받지 못하고 왕따가 되는 경향이 있다. 영재아는 이러한 경험에서 무력감과 좌절감을 느끼게 된다. 보통 아이가 되는 것이 살기 편하다는 사실을 절감하는 것이다.

4) 영재아 부모의 역할과 기능

첫 번째 영재아 부모의 역할은 영재아의 잠재된 가능성을 파악하고 인정하는 것이다. 세계적인 바이올리니스트 장영주(영어명 사라 장)는 어린 시절에도 누군가 힘든데 왜 바이올린을 하냐고 물으면 "좋으니까요." 라고 응답했다고 한다. 좋아하는 일을 하는 것이 그 일을 끊임없이 지속하도록 하는 원동력이 된다. 부모는 자녀가 어떤 재능을 가지고 있는지 관심을 기울이고 지켜볼 필요가 있다. 그리고 자녀가 자신의 재능을 찾아서 드러낼 때 부모는 자녀가 좋아하고 원하는 일을 스스로 선택하도록 돕는다.

두 번째 역할은 영재아의 자발적 시도를 막지 않는 것이다. 영재아는 자신의 내면 속에 잠재되어 있는 재능을 어렴풋이 인식한다. 영재아는 스스로 자신의 능력을 발휘할 일을 찾아서 시도해 본다. 숱하게 시도하면서 막연하지만 자신의 재능을 스스로 발견하는 것이다. 부모는 이 과정에서 영재아의 여러 가지 시도와 탐색을 막지 않아야 한다. 자유롭고 활발한 자기 탐색 과정이 영재아에게는 중요한 자기 발견 과정이기 때문이다.

세 번째 역할은 영재아의 잠재력을 키우는 환경을 조성해 주는 것이다. 일단 영재아의 재능을 발견했으면 그것을 키우는 환경을 조성해 주려고 부모는 노력해야 한다. 영재의 타고난 능력을 펼칠 수 있는 것은 자녀의 내재적 특성을 지켜보고 최적의 환경을 제공하는 부모의 통찰력과 지원 노력으로 가능하다(김정휘 · 백영승, 2001).

네 번째 역할은 영재아가 요구하는 수준의 적절한 자극과 지도를 제공하는 것이다. 부모가 영재아에 대해서 지나친 기대를 하고 몰아대면 영재성을 발휘하는 데 도움이 되기보다는 오히려 우울증, 중압감, 저항(반발) 등이 초래되고 학구적 활동에 흥미를 잃는다(김정휘 · 백영승, 2001).

다섯 번째 역할은 부모가 영재아를 지도하는 데 있어서 성숙성을 견지하다는 것이다. 일반 아동과 달리 정신적으로 조숙한 영재아를 지도하면서 부모들은 때로 부적절함을 느낀다. 어린 영재아가 자신보다 더 나은 지적 판단을 보일 경우에 부모를 무시한다는 생각이 들 수 있다. 그러나 지적으로 우수한 영재아일 뿐 사회적으로는 일반 아동과 다를 바 없다. 부모가 영재아의 특성을 알고 자격지심을 가지지 않을 만큼 성숙해야 한다.

5) 영재아 부모의 교육 프로그램 사례

영재교육 시범학교 프로그램

- 시범학교 재학생 학부모 대상 교육
- 프로그램 내용:
  영재교육(영재의 정의, 판별, 교육방법, 월반제 등에 대한 안내와 교육)
  가정에서의 영재교육(가정에서의 지도방법, 방과후 특별활동 주선 등)
  영재아의 특성(영재아의 정서적, 지적, 사회적, 신체적, 행동적 특성)
  부모-자녀관계 지도(영재들과의 효율적인 대화법, 성격유형의 차이 등)
  부모상담(다른 영재아 부모와의 대화 주선, 전문가 상담, 교육철학 정립)

과학영재아의 현장 학습 모습

3. 환아 가족

병을 앓고 있는 자녀를 둔 가족은 일반 상황과 다른 위기를 맞아 그 위기를 극복하기 위해서 가족원들이 협력하고 지원하는 등 가족의 기능이 변화된다. 이를 통해 가족원들의 각자 가족 내 기능이 활성화될 수 있다. 여기에서는 환아의 특성, 환아 가족의 상호작용 특성과 더불어 부모교육의 내용 및 부모교육 프로그램의 사례를 고찰해 보기로 한다.

1) 환아의 특성

질병을 앓고 있는 환아는 신체적 변화를 경험하고 있어 일반 아동과는 신체 및 심리 상태가 다르다. 유아가 질병을 앓게 되면 식욕이 떨어지고 발열과 통증을 호소하며 신체 기능의 이상이 오는 등 여러 가지 증상이 있다. 이러한 신체적 증상이 급성질병인 경우에는 급속히 변화하지만 만성질환인 경우에 천천히 변화한다. 뇌막염 등은 급성으로 진전되어 완치되는 경우가 많지만, 그렇지 못하면 뇌 기능에 영향을 주어 정신지체를 가져오기도 한다.

유아기에 자주 걸리는 질병은 호흡기 질병이나 소화기 질병이고 때로 호흡기 질병인 감기가 소화기 질병으로 전환되기도 한다. 바이러스 등 감기균이 입과 목에 감염되어 증상이 나타나다가 소화기에 감염되어 염증을 일으키기 때문에 설사 등 소화기 질병 증상이 나타나기 때문이다.

세상에는 수만 가지 이상의 세균이 살고 있어서 유아는 많은 질병의 감염 위험을 안고 있다. 특히 어린 유아는 면역력이 약하고 체력이 성인보다는 약하기 때문에 질병에 감염되면 열이 높아 경기를 하기도 한다. 작은 몸으로 병을 앓는 것을 지켜보는 부모의 심정은 슬프고 안타깝다. 가벼운 질병인 경우에 2주 이내에 완치가 되지만 유아가 면역이 약한 경우에 균을 이겨내지 못하면 만성질환으로 이어지기도 한다. 대표적 만성질환의 예는 간염이다.

만성질환을 앓고 있는 경우에 유아의 신체발달이 일반 아동보다 느리거나 인지 및 문제해결능력 등 정신발달이 뒤처질 수 있다. 때로는 병원에 입원해서 여러 날 또는 수개월 동안 지내는 경우도 있다.

2) 환아 가족의 상호작용 특성

유아기 자녀가 질병을 앓을 때 부모의 당혹감과 위기감은 그 어떤 경우보다도 심각하다. 유아가 신체적 질병을 앓을 경우에 일단 가족의 외부생활은 정지되거나 최소한의 가족생활 유지 기능만 작동할 수 있다.

모든 가족 구성원들의 관심과 소망은 유아의 질병이 치료되는 것에 있다. 환아의 질병이 심각한 경우에 환아의 부모는 일체 외부세계와 접촉을 끊을 수 있으며, 삶의 절망을 느낄 수 있다. 가족생활에서 일상적으로 이루어지던 행사, 활동은 금지되고 모든 가족들의 침묵으로 가정의 분위기도 침통하기만 하다. 가족들 사이에 이루어졌던 언어적 상호작용은 감소되고 가족행사도 취소되기 마련이다. 의사의 말 한마디에 가족들의 마음에는 절망과 희망이 교차하게 된다.

환아 가족의 상호작용은 감소되지만 그 어느 때보다도 가족원을 배려하게 된다. 가족들의 위기극복 노력은 절실하다. 병실에 누워 잠자는 유아를 바라보면서 부부는 서로 비판하기보다는 위로하고 자녀의 존재가 그동안 얼마나 소중하고 부부에게 기쁨과 희망을 주었는지를 돌아보게 된다. 위기 속에서 가슴 졸이던 부부는 환아가 집으로 돌아가도 좋다는 의사의 지시서를 보물처럼 여긴다. 퇴원 후 자녀를 데리고 귀가하는 동안 유아를 안고 스스로 차창을 통해 세상을 바라본다. 그동안 그 여러 날들이 어떻게 흘러갔는지 기억조차 할 수 없다. 유아가 비로소 새로운 생명을 찾은 것처럼 느껴지고 세상이 살아 움직이는 것을 느낄 수 있다. 부모에게 자녀는 전부였다는 것을 새삼 느낀다.

3) 환아 부모의 역할과 기능

환아의 부모가 해야 할 역할은 다음과 같다.

첫째, 환아의 부모는 유아의 의료진에게 치료 도우미 역할을 해야 한다.

둘째, 환아의 부모는 유아가 병과 싸워 이기도록 심리적 지원자가 되어야 한다.

셋째, 환아의 부모는 유아가 면역력을 강화시킬 수 있도록 놀이동무가 되어야 한다.

넷째, 환아의 부모는 의료진과 함께 환아의 치료라는 공동의 목표를 향해 소통하고 협동해야 한다.

4) 환아 부모교육 프로그램

병원에서는 환아를 위해 각종 교육 프로그램을 마련하는데 특히 부모들에게는 질병의 원인 및 치료과정에 대한 지식과 정보를 정확하게 전달하고 협조를 구하는 의미에서 부모교육 프로그램을 구성해 운영한다. 병원에서 환아 부모를 위한 구체적 교육 프로그램 사례는 다음과 같다.

한강성심병원의 어린이 화상환자 캠프

- 현재 입원/내원 치료 중인 어린이 화상환자와 가족을 위한 교육
- 어린이 화상환자와 가족의 심리적, 사회적 지지기반 형성을 돕고 화상환자가 건강하게 사회에 복귀하도록 하기 위한 목적
- 프로그램 내용: - 환아와 가족, 의료진이 함께하는 자연체험
  - 부모를 위한 프로그램
  - 화상 후 관리를 위한 교육 프로그램
  - 부모 자조집단 창단식
  - 병원의 환아 부모교육 사례

4. 행동발달장애아 가족

유아기부터 부적응행동을 보이는 경우는 드물지만, 점차 성장하면서 초등학교

부적응이나 사회적 부적응 행동을 보이는 아동은 30%에 이른다. 부적응아의 행동을 전문 용어로 행동발달장애로 말한다. 행동발달장애의 원인은 생리적 원인을 비롯해 가정환경, 또래환경의 원인 등 다양하다. 여기에서는 행동발달장애아의 특성, 행동발달장애아 가족의 상호작용 특성과 더불어 행동발달장애아 부모의 교육내용 및 교육프로그램의 사례를 고찰한다.

1) 행동발달장애아의 특성

(1) 행동발달장애의 특성

행동발달장애아는 널리 정의될 수 있으나 구체적으로 부적응아의 행동 특성은 행동발달장애를 의미하는 경우가 많다. 행동발달장애는 유아기에는 정서불안, 공격성, 과잉행동, 주의산만 등으로 나타난다. 행동발달장애는 학령기에서 청소년기로 발달하면서 학교에서의 학업에 대한 무관심이나 불안, 파괴, 거짓말, 가출, 도둑질, 공격행위, 불순종, 반항, 혼음, 매춘, 학대, 유기 등 다양한 일탈행동 양상으로 나타난다.

(2) 행동발달장애의 원인

행동발달장애의 원인은 유전적, 신경학적, 사회적 원인과 심리적 원인으로 나뉜다. 유전적 원인으로는 타고난 기질이나 지능 등이 관련된다. 신경학적 원인은 뇌의 작은 기능 이상(미소대뇌기능장애: Minimal Brain Dysfunction)으로 과잉활동성, 주의집중 곤란, 충동성, 공격성 등이 속한다. 이러한 증상을 가진 청소년들 중에 신경의 손상, 언어의 손상을 보이는 경우에 범죄행동을 유발하는 경우가 있다고 한다.

행동발달장애가 사회적 원인에 의해 나타난다고 보는 관점에서는 가족원 사이에 심각한 심리적 갈등이나 가족의 해체 등 어린 시절 양육환경의 문제가 행동발달장애의 원인이라고 보는 것이다. 특히 빈곤가족의 경제적 어려움, 생활의 불안 등이 행동발달장애의 원인이라고 본다.

행동발달장애가 심리적 원인에 의해 나타난다고 보는 전문가들은 강렬한 충동성과 공격성이 비행의 원인이라고 본다. 특히 부모의 과도한 기대에 부응할 수 없다는 데에서 생긴 무력감과 죄책감으로 인해 비행을 저지른다는 것이다.

(3) 행동장애아의 발달특성

행동발달장애아의 발달특성으로 대표적인 것은 첫째, 정서불안, 둘째, 학습부진, 셋째, 대인관계 문제다.

① 정서불안

정서불안은 유아기에는 과도한 집착행동, 주의산만, 과잉행동, 공격행동으로 나타난다. 어머니에 대한 과도한 집착은 격리불안으로 인해 유발되며 대물 애착, 손가락 빨기 등 가벼운 증상에서 비롯해 심각한 긴장과 불안행동으로 표출되기도 한다. 유아기 주의산만은 과도한 긴장 등 정서문제로 유발될 가능성이 큰데 이는 과제집중력을 약화시킨다. 따라서 주의산만한 유아는 학령기에 들어서면 학습 부진으로 이어질 가능성이 크다.

② 학습 부진

학령기부터 시작되는 학습은 과제에 주의를 집중하고 문제해결을 통해 가능하다. 학습은 과제집중력이 크고, 학습동기가 강하고, 끈기 있는 경우에 잘 수행될 수 있다. 그러나 정서불안으로 과제집중이 어렵고 학습동기도 약하며 인내심도 약한 경우에는 학습 부진아가 될 수 있다. 학습 부진아는 지능이 낮은 경우보다도 학습동기가 약하고 과제집중력이 약하며 정서적으로 불안한 경우에 더 흔하게 나타난다.

③ 대인관계 문제

행동장애 아동의 대인관계 특성은 짜증을 잘 내고, 시비를 잘 걸며, 공격적이고 정상적인 죄책감이 결여되었다는 점이다.

2) 행동발달장애아 가족의 상호작용 특성

행동장애아 부모들의 특성은 화를 잘 내고 절제심이 약하고 공격적이며 감정을 통제하지 못하는 경향이 있다. 이들은 자녀가 작은 잘못을 저지를 때조차도 욕설과 체벌을 하는 등 자녀에게 분노를 표출한다. 이러한 부모의 행동에 반항하지 못하는 자녀는 힘이 약한 대상에게 분노를 공격적으로 표출한다.

부모와 자녀 간 상호작용은 일방적이고 분노 표출이 빈번하고 상대에 대한 배려가 결여되어 있다. 이러한 일이 반복되다 보면 연령이 증가하면서 아동은 점차 부모를 피하고 서로 얼굴을 맞대고 말하는 것을 피하려 한다.

분노 조절이 어려운 아동은 점차 짜증을 잘 내고, 시비를 잘 걸고, 공격적이 되어 간다. 부모에게 마지못해 순종할 뿐 부모의 권위를 인정하지 않는 아동은 점차 부모를 포함한 사회적 권위를 인정하지 않는다. 그리고 힘에 굴종했다는 인식이 도덕적 인식을 약화시키는 듯 행동장애 아동들은 정상적인 죄책감이 결여되어 있다. 이러한 이유로 행동발달장애아들이 비행을 저지르고도 스스로 잘못을 했다는 죄의식이 없어 비행을 반복적으로 저지르고 점차 더 심각한 비행을 저지를 가능성이 있다.

3) 행동발달장애아 부모의 역할과 기능

행동발달장애아 부모는 자녀와 소통하기 위해서 노력해야 한다. 행동발달장애아 부모가 자녀의 문제를 알고 고쳐 가기 위해서 해야 할 역할은 다음과 같다.

첫째, 행동발달장애아 부모는 자녀의 세상에 대한 분노가 부모에 대한 좌절에서 비롯된 것임을 알아야 한다.

둘째, 행동발달장애아 부모는 자녀의 말을 마음을 열고 경청함으로써 소통할 수 있어야 한다.

셋째, 행동발달장애아 부모는 지능을 비롯해 발달수준에 대해 합리적 기대를 가져야 한다.

넷째, 행동발달장애아 부모는 분노 조절을 하고 그 모범을 자녀에게 보여 주어야 한다.

4) 행동발달장애아 부모의 교육내용

행동발달장애아 부모의 교육내용은 다음과 같다.

① 자녀의 발달문제를 인정하고 수용하는 자세

대부분의 행동발달장애아 부모들은 자녀의 행동발달문제를 인정하지 않으려는 경향이 있다. 자녀가 행동발달문제가 있다는 사실을 받아들이려 하지 않는 것은 그 사실을 믿고 싶지 않기 때문이다. 자녀의 문제를 부정하고 자녀를 두둔해 준다고 해서 자녀의 문제가 없어지는 것은 아니다. 괴롭더라도 부모는 자녀의 행동발달문제를 인정하고 아이의 상태를 그대로 인정하며 수용하는 자세를 갖도록 해야 한다.

② 자녀의 말을 경청하고 소통하는 자세와 기술

행동문제가 있는 자녀라고 생각하고 단정지을 것이 아니라 자녀의 말을 경청하고 소통하려고 노력하는 자세와 기술이 필요하다. 말문이 열리도록 기다리는 자세가 필요한데, 일단 자녀가 말문을 열고 말을 하기 시작하면 귀 기울여 경청해야 한다. 매번 자녀의 말을 끊고 말한 내용을 비판하거나 잘못을 꾸짖으면 자녀는 말문을 닫아 버린다.

③ 현실적이고 합리적 기대

지능을 비롯해 자녀의 도덕이나 인성발달에 대한 현실적이고 합리적 기대를 가져야 한다. 부모가 자녀에 대해서 잘못된 편견을 가지고 있는 것이나 비현실적 기대를 가지고 있는 것도 자녀의 적응에 도움이 되지 못한다. 잃은 것에 대한 실망보다는 가지고 있는 것에 만족하는 것이 지혜로운 일이다. 자녀의 건강을 보고, 삶에 대한 의욕을 보고, 그리고 일상생활에 적응하는 능력이 있음을 인정하고 그에 적합한 기대를 가져야 한다.

④ 부모의 분노 조절 기술

자녀가 부모의 자녀에 대한 기대를 충족시키지 못할 때 부모는 화가 날 수 있다. 그때마다 부모는 화를 참고 스스로 평안한 심정을 유지하도록 노력해야 한다. 격렬한 분노는 때로 폭력행동으로 이어질 수 있다. 아버지의 결렬한 분노가 아들에게 주는 영향을 깊이 생각해 보아야 한다. 차오르는 화를 절제하고 차분하고 온화한 얼굴로 자녀와 대화를 하려고 노력해야 한다. 대화를 통해서 자녀의 마음속에 있는 응어리, 부모에 대한 불만을 털어 버릴 수 있도록 해야 부모와 자녀 간에 소통이 가능해진다. 소통을 통해서만 상호 이해가 가능하다. 자녀의 심정을 이해하고 어루만질 수 있으면 자녀의 문제가 해결될 가능성이 크다. 자녀에 대한 높은 기대와 실망으로 좌절하면서 완강한 자세를 지속하면 자녀와의 갈등은 해결될 가능성이 낮다.

5) 행동발달장애아 부모의 교육 프로그램 사례

행동발달장애아를 위한 부모교육 프로그램이 아직은 공식적으로 시행되고 있는지가 의문일 정도로 이들을 위한 부모교육이 드문 것이 현실이다. 그럼에도 불구하고 의미 있는 부모교육이 이루어지는 사례가 있다. 검찰청 산하 소년원은 소년원학교라는 명칭으로 바뀌었다. 소년원학교는 근래에 사회복귀 프로그램으로 가정관을 운영하고 있다. 소년원학교는 10세 이상 19세 미만에 해당되는, 비행을 저지른 청소년들이 제한된 환경 속에서 공동 생활하는 곳이다. 전국 소년원학교에 가정관 16평형 16개동을 마련해서 동시에 32가족이 생활할 수 있는 시설을 갖추었다. 가정관은 2～3일 동안 가족과 함께 생활하면서 손상된 가정의 기능을 회복시키기 위한 가족기능 회복 프로그램이다.

소년원학교에 장기적으로 생활하는 청소년들의 경우 가족과 유리되어 생활하면서 부모나 형제와의 사이에 생긴 심리적 거리를 좁히고 서로 이해를 증진시키기 위한 프로그램이다. 가정관에 실제로 들어가서 처음에는 냉랭했던 가족들이 하루가 지나고 이틀을 함께 생활하면서 자녀가 보이던 냉담하고 냉소적 태도가 완화되고 부모들도 눈물을 흘리며 자녀의 사랑을 되찾았다고 말했다고 한 지도원이 전했다.

비록 잠시 유혹에 넘어가 범죄를 저질러서 소년원학교에 있기는 했지만 가족과의 상호작용을 통해 부모의 애정을 확인하고 심리적 위안을 얻으며 사회 복귀에 성공하는 경우가 많이 있다고 한다.

제 15 장

부모 특성별 부모교육 프로그램

1. 맞벌이 가족의 부모교육

한국 가정 중에는 맞벌이 가족이 절반이 넘는다고 알려져 있다. 〈표 15-1〉에서 보는 것처럼, 통계청 통계자료에 의하면 2002년도 부모가 자녀를 양육하는 비율은 62.6%, 조부모 포함 가족이나 친인척 14.8%, 파출부나 가정부 1%이고, 2005년도 부모가 자녀를 양육하는 비율은 60.5%, 조부모 14.2%, 가족이나 친인척 2.8%, 파출부나 가정부 1%다.

연령별로 살펴보면 자녀가 1세 미만의 경우 부모양육이 83.1%, 1~2세 77.1%, 3~4세 60.2%, 5~6세 53.1%로 감소된다. 한편, 조부모 양육은 2세까지는 22% 정도로 동일하지만 그 후에는 감소된다.

부모가 취업과 가사를 이중으로 담당하는 이중취업의 어려움을 경험하지만 가장 문제가 되는 것은 자녀양육이다. 어린 유아를 양육하면서 매일 반복되는 격리가 유아에게 미치는 영향을 간과할 수 없다. 애착은 인간 신뢰와 인간 애정에 토대를 제공하기 때문이다.

표 15-1 아동 연령별 주양육자의 비율

구분	부모	조부모	친인척	가정부/파출부
1세 미만	83.1	22	4.1	1.6
1~2세	77.1	22.5	3.3	1.9
3~4세	60.2	14.3	3.1	0.8
5~6세	53.1	10.8	2.4	0.7

출처: 통계청(2002, 2005).

여기에서는 맞벌이 가족의 특성, 맞벌이 가족 아동의 발달특성, 맞벌이 가족의 부모교육과 부모교육 프로그램의 사례를 제시한다.

1) 맞벌이 가족의 부모-자녀 격리와 유아의 발달특성

스스로 몸을 이동하지 못하고 누군가에 의해서 영양을 섭취해야 하는 신생아에게 생애 초기에 의미있는 타자에 대한 애착발달은 생존과 관련되어 있다. 의미있는 타자란 대부분 부모이며, 때로는 조부모나 기타 양육자를 말한다. 부모에 대한 애착은 에릭슨의 이론에 따르면 심리적 안정감을 형성하고 자신의 가치감을 높이는 것은 물론이고 사회적 관계를 맺는 토대가 된다.

영아의 부모 애착은 안정 애착과 불안정 애착으로 나뉠 수 있다. 부모와 안정 애착을 형성한 영아는 심리적 안정감을 가지고 있으며, 불안정 애착을 형성한 영아는 그렇지 못한 것으로 알려져 있다. 따라서 안정 애착이 심리적 안정을 가져오고 사회적 관계를 맺는 데 자신감을 가지도록 한다는 것이다. 자기에 대한 신뢰감은 영아기부터 형성되는데 그러한 자신감의 기초는 안정 애착에서 온다고 볼 수 있다. 부모가 나를 소중히 여기고 사랑하고 있다는 느낌, 부모가 나를 위해서 시간, 노력, 에너지와 자원을 기꺼이 줄 것이라는 믿음이 있을 때 영아는 자기에 대해서 자신감을 획득하는 듯하다.

안정 애착은 사회성 형성에만 도움이 되는 것이 아니라 정신발달의 토대로 작용하는 것으로 알려져 있다. 구체적으로 안정 애착을 형성한 영아는 인지발달 수준이 높은 것으로 보고되었다. 안정 애착을 형성한 영아는 주변환경을 탐색하는 데에도 적극적이어서 새로운 주변환경 탐구가 높은 경향이 보인다(최나야 · 우현경 · 정현심 · 박혜준 · 이순형, 2009).

안정 애착 영아는 자기의 욕구 규제에도 긍정적 영향을 미친다. 결과적으로 안정 애착을 형성한 영아는 인지발달이 높고 자기조절 능력이 높아서 사회적응력이 높다는 사실이 알려져 있다.

반면에 애정을 제대로 받지 못한 유아는 심리적 불안을 경험하고, 그 불안이 반복되고 길어지면 마음에 상처가 되고, 그것으로 인해 뇌발달에 장애가 생길 수 있다. 부모가 자녀에 대해 냉담해서 사랑을 주지 않는 경우도 있고, 부모에게 언어적으로나 신체적으로 폭행을 당한 경우도 있다. 이처럼 부모에게서 신체적, 언어적, 성적 학대를 받는 경우에 긴장과 불안은 코르티솔이라는 스트레스 호르몬을 분비하게 되고 그 호르몬이 장기적으로 반복해 분비될 경우에 뇌의 구조나 기능에 영향을 미칠 수 있다.

2) 맞벌이 가족의 상호작용 특성

맞벌이 가족의 상호작용에는 다음과 같이 세 가지 특성이 있다. 첫째, 맞벌이 가족의 부모와 자녀는 매일 분리를 일상적으로 경험해야 한다. 맞벌이 가족은 하루 중 일정 시간 동안 자녀와 분리를 매일 경험한다. 아침에 출근하는 부모를 보며 영아는 울음을 그치지 않고 몸이 아프거나 기분이 나쁠 때 영아는 더 부모를 찾는다. 처음에는 울다가 지치는 것이 반복되면서 소심한 영아는 주눅든 아이처럼 보인다. 부모가 퇴근하면 낮 동안 기다렸던 불편한 심기가 폭발하여 부모에게 매달려 떨어지지 않거나 생떼를 쓰기도 하지만 부모의 애정을 확인하면서 영아는 생기를 회복한다. 신생아 때부터 맞벌이 가족의 부모와 자녀 간에 이루어지는 반복적 만남과 이별은 차츰 유아에게 시간대별 리듬을 익히게 한다. 아침에는 부모의 출근과 불쾌한 이별, 저녁에는 부모의 퇴근과 더불어 반가운 만남, 아기도 차츰 이러한 생활에 익숙해진다.

둘째, 맞벌이 가족의 부모는 자녀와 접촉할 시간이 부족하다. 취업으로 인해 시간이 부족한 부모는 저녁 시간과 아침 시간에 잠시 유아를 보고 상호작용을 해야 한다. 직장에서 피곤했던 부모는 낮 동안 분리를 참아 낸 유아의 근접성 유지와 떼를 참고 다독거려야 한다. 혹시라도 부모에게 엉겨 떨어지려 하지 않는 유아를 나무라면 감정적 상실감을 이기지 못해 유아는 울음이 복받치거나 반발하는 경우도 있다. 따라서 부모는 유아의 심리상태를 이해하고 다른 일은 밀어 둔 채 유아를 안고 그 마음을 풀어 주어야 한다. 부모와 자녀 간에 밀착되고 집중된 상호작용이 필요하다. 낮 동안의 분리감을 떨쳐 낼 수 있는 밀착감은 꼭 안아 준다든지, 함께 목욕을 한다든지, 쓰다듬어 주는 등 신체적 접촉을 유지하는 것으로 가능하다. 유아가 스스로 몸을 이동시킬 때까지 부모는 유아와 밀착경험을 유지하는 편이 좋다. 이때 부모와 자녀 간 상호작용의 질이 높으면 낮 동안의 분리로 인한 유아의 심리적 문제는 극복될 수 있다.

셋째, 맞벌이 가족의 부모는 이중취업으로 인해 신체적으로나 심리적으로 피곤하다. 맞벌이 가족의 부모는 취업과 가사로 인한 이중취업으로 하루에 일하는 시간이 많다고 알려져 있다. 맞벌이 여성의 주당 노동시간은 17.7시간이고 남편의 노동시간은 46.2시간이다(통계청, 2004). 전국의 근로시간이 43.9시간에 비하면 여성들의 취업지위가 대부분 비정규직이라는 것을 알 수 있다. 맞벌이 가족은 직장에서의 노동과 집안일을 겸해서 이중취업이 되므로 신체적으로 피곤하고 그 때문에 심리적으로 평안을 찾기 어렵다.

3) 맞벌이 가족의 부모교육 내용

맞벌이 가족의 특성을 토대로 그들의 요구를 파악해 다음과 같이 부모교육의 내용을 구성한다.

• 맞벌이 부모는 유아의 격리불안을 이해하고 심리적 안정을 주어야 한다.

낮 동안의 격리 때문에 징징거리는 유아의 마음을 헤아리지 못한 채 “너 이러면 엄마는 가 버린다."는 등 유아의 격리불안을 부추기는 말을 삼가야 한다. 대신에 "엄마는 늘 네 곁에 있고 너를 가장 아끼고 사랑한다."는 말로 불안을 해소해 주어야 한다. 유아에게 부모의 근접성을 느끼고 사랑을 확신하도록 해 주기 위한 교육을 받아야 한다.

- 맞벌이 부모는 유아에게 다양하고 풍부한 언어 자극을 주어야 한다.

온종일 집에서 어머니와 함께 있는 유아에 비해서 맞벌이 가족에서 성장하는 유아는 낮 동안 시설에 맡겨지거나 아이를 돌보는 사람에게 맡겨진다. 시설에서 유아를 돌보는 교사는 여러 유아를 돌봐야 하므로 일대일로 상호작용을 할 수 없다. 집에서 양육도우미로 유아를 돌보는 사람은 지방언어라든가, 외국어를 모국어로 한다든지 하는 여러 가지 특성이 있을 수 있다. 특히 외국에서 온 양육도우미가 유아를 돌봐주는 사람은 한국어 발음 등에서 부자연스러운 부분이 많이 있다. 따라서 부모와의 풍부한 언어적 상호작용이 필요하다. 언어는 사물과 세상에 대한 소통을 가능하게 할 뿐 아니라 사고 발달을 이끈다. 따라서 다양하고 풍부한 언어 사용은 유아의 인지적 문제해결력을 향상시킨다.

엄마와 함께하는 요리활동은 유아의
심리적 발달에 도움이 된다.

- 맞벌이 가족에서 성장하는 유아의 놀이친구인 형제와 다양한 놀이활동을 지원해야 한다.

흔히 취업 여성은 자녀를 두 명 이상 출산하기를 꺼리는 경향이 있다. 취업으로 바쁜데 두 아이 이상 여러 아이를 키울 능력이 없다는 이유에서다. 그렇지만 외동아 키우기가 힘들다는 사실은 해 보지 않으면 알지 못한다. 외동아는 늘 부모의 손길이 필요하다. 혼자서는 그 무엇도 할 수 없기 때문에 외동아의 일상생활에는 부모가 함께 참여해야 한다. 그중 놀이도 마찬가지다. 혼자 하는 놀이는 곧 싫증이 나는데, 그 이유는 혼자 하는 놀이에는 놀 방법이나 종류에 한계가 있기 때문이다. 따라서 외동아에게 가장 필요한 것은 놀이 상대이고 언제나 가능한 놀이 상대는 형제자매다. 맞벌이를 하는 부모가 바쁠 때 형제자매는 함께 놀면서 부모가 없는 시간을 기다릴 수 있다.

맞벌이 가족의 부모는 유아가 형제들과 다양한 놀이를 할 수 있도록 유도하고 그러한 놀이활동에 함께 참여해서 지원해 준다. 형제와 뒹굴면서 신체활동을 하거나 구성놀이를 하는 것은 형제간 우애를 키워 주고, 사회성을 키우며, 인지발달을 향상시켜 준다.

- 맞벌이 부모는 유아에게 지적 자극을 주는 일에 소홀하지 않아야 한다.

맞벌이 가족의 유아는 때로 지적 자극이 부족할 가능성이 있다. 특히 저소득층 맞벌이 가족인 경우에 유아가 잠에서 깨어나기 전에 부모는 직장에 나가고 저녁 늦게 귀가하는 경우가 많다. 낮 동안 유아는 동네 골목을 돌아다니다가 하루를 보내고 보육시설에 입소하지 못하는 경우가 있다. 이 경우에 유아기가 발달의 적기인데도 불구하고 적절한 지적 자극을 받지 못해서 일반 가정의 유아보다 지적 발달이 더딜 수 있다. 이러한 가능성을 염두에 두고서 부모는 유아를 수준 높은 보육시설에 맡기거나 교육에 관심이 있는 사람에게 맡길 방법을 찾아야 한다. 그리고 저녁시간에 부모는 가능하면 자녀에게 책 읽어 주기를 반복해서 해야 한다. 책은 지적 자극과 상상력을 키우는 원천이기 때문이다. 책을 읽어 주는 부모를 통해서 유아는 책의 내용과 더불어 부모의 목소리를 함께 기억하고 부모와 그 내용에 대해서 대화를 할 수 있다. 부모는 책을 읽어 주고 대화를 함으로써 유아의 지적 발달을 촉진시킬 수 있다.

- 맞벌이 부모는 배우자의 피곤을 이해하고 육아를 공동으로 수행해야 한다.

맞벌이 가족의 부부는 늘 자신뿐 아니라 상대가 직장일와 가정일로 피곤할 수 있다는 사실을 고려해 배우자와 가사를 분담해야 한다. 이중취업이란 직장과 가정의 일에 매인 부모의 상황을 말해 주는 것이다. 이중취업으로 인한 노동이 심해질 때 긴장과 갈등이 생기는 것은 어쩌면 당연한 일이다. 늘 피곤한 상태에서 부부간에 여유 있고 따뜻한 대화는 기대하기 어려울지 모른다. 짜증스러운 대화는 곧 갈등을 유발하고 장기적으로 부부간 관계의 악화를 가져올 수 있다. 특히 육아는 신체적으로 에너지와 심리적 긴장을 동반하는 과업이다. 일생에 가장 에너지 수준이 높은 시기는 유아기이며, 따라서 유아는 끊임없이 움직이고, 질문을 퍼부어 부모를 피곤하게 한다. 처음에는 낮고 따뜻한 음성으로 자녀를 대하던 부모도 반복되는 질문과 놀이 요구에 짜증이 나기 쉽다. 부모는 자녀의 요구를 민감하게 받아들이고 그 요구에 맞추어 반응해야 한다. 반복되는 요구에도 참을성을 가지고 반응하다 보면 스스로 유아기 자녀에게 어떻게 대응해야 하는지, 어떻게 놀아 주어야 하는지를 깨달을 수 있다.

- 맞벌이 부모는 조부모나 친척을 양육도우미로 활용할 수 있어야 한다.

맞벌이 부모는 양육도우미를 찾아 활용하려 하는데 주로 시민단체나 상업적 중개기관을 통해서 소개받는다. 최근 연변지역에서 온 중국교포 도우미나 외국인 결혼여성이민자가 양육도우미로 활용되는 경향이 있다. 이들은 생계보조의 수단으로 양육도우미로 일하는데 그 일이 인성에 맞는 사람도 있고 그렇지 않은 사람도 있다.

유아의 입장에서 보면 유아를 오랫동안 알아 왔고 소중히 여기는 사람으로 치면 조부모를 비롯한 친척들이 있다. 조부모는 특히 손자녀를 사랑하고 아끼는 사람으로 어린 유아에게는 바람직한 인적 자원이 될 수 있다. 따라서 맞벌이 부모는 조부모를 비롯한 친인척으로 따뜻한 인성을 가진 사람을 양육도우미로 적극 활용할 필요가 있다. 특히 말을 하지 못하는 영아들이나 심약한 유아들의 경우에는 더욱 그렇다.

4) 맞벌이 가족의 부모교육 프로그램 사례

맞벌이 가족의 부모를 위한 부모교육 프로그램의 사례를 소개한다.

고양시 건강가정지원센터 부모교육 프로그램 "가정경영 아카데미"

- 주 1회씩 총 10회기
- 프로그램 내용: 건강 가정의 역할과 사명
  부모와 자녀의 놀이활동 및 아동상담
  현명한 의식주 생활
  효과적 의사소통
  가정의 CEO(경제교육)
  부부관계/다양한 가족 이해 등

2. 다문화가족의 부모교육

한국 농촌사회에서는 결혼하는 경우에 40% 이상이 다문화가족이라고 한다. 도시에서도 다문화가족이 증가하는 추세다. 다문화 가구수를 보면 2006년에는 전체 가구의 0.4%인데 2008년도 1.7%로 증가했다. 다문화 가구의 분포를 보면 다문화 가구의 수가 2006년에는 동부에 0.3%, 읍면부에 0.7%로 농어촌이 도시지역보다 더 많이 분포되어 있고(통계청, 2006), 2008년에는 동부에 1.7%, 읍면부에 2.1%로 분포되어 있다. 이를 통해 점차 다문화 가구수가 증가하는 가운데 농어촌지역의 다문화 가구수가 도시지역보다는 더 많은 현상은 변함이 없다는 사실을 알 수 있다.

여기에서는 다문화가족의 상호작용 특성, 다문화가족 유아의 발달특성, 다문화 가정의 부모교육과 부모교육 프로그램의 사례를 제시한다.

1) 다문화가족의 상호작용 특성

최근 한국에 외국인 여성들이 한국 남성과 결혼해 이민 와서 형성된 다문화가족이 많은데 이 다문화가족의 상호작용 특성은 다음과 같다.

(1) 한국어 학습모델로서의 부적절감

결혼여성이민자들은 한국어능력이 부족한 상태에서 자녀를 출산하기 때문에 다문화가족 자녀가 언어습득에 민감할 시기에 어머니가 언어 모델로서 적합하지 않다는 것이다. 대부분 결혼여성이민자들은 한국어 발음이 부정확하고 제한된 어휘만 사용이 가능하다. 이들이 한국어 사용의 어려움을 보고하고 있듯이(최연실 · 이순형 · 문무경, 2008), 이들이 언어적 민감기 자녀들에게 한국어를 가르치기에는 부적합한 모델이 되고 있다.

> 한글, 할 수 있어요. 그러나 작문 문장 어려워요. 발음이랑 문법 어려워요. 힘들어…
>
> 강원 거주 29세 베트남 여성, 최연실 등(2008)에서 인용

(2) 가족과의 언어적 상호작용의 부족

한국어능력이 부족한 결혼여성이민자들은 남편을 비롯한 가족들과 언어적 상호작용이 제한되어 있기 때문에 자신의 생각이나 감정을 표현하기 어려워 관계의 갈등 내지 악화를 가져올 수 있다.

> 말도 높임말을 써야 하는데, 그런 거 안 배웠으니까. 어머니도 남편도 다 저한테는 반말을 하니까. (나도 시어머니에게 반말을 썼는데) 시어머니한테는 그런 말 쓰는 거 아니라고 혼났어요.
>
> 강원 거주 43세 일본 여성, 최연실 등(2008)에서 인용

(3) 한국문화와 정서에 대한 이해 부족

한국문화나 한국정서를 이해하지 못한 결혼여성이민자들은 한국상황에서 경험하는 일을 자신의 모국문화나 모국정서로 해석하기 때문에 가족 간 소통이나 이해의 폭이 제한된다. 한 사례로 시어머니와 베트남에서 온 며느리의 갈등이 깊어서 전문가가 개입되었는데 알고 보니 걸레질에 대한 양국의 주거문화가 다르기 때문에 비롯되었다고 한다(이순형 · 문무경 · 최연실 · 이숙정 · 정하나 · 우현경, 2006). 베트남에서는 습하고 더운 기후조건으로 물걸레질을 하지 않는 주거문화이므로 시어머니가 준 물걸레가 무엇을 하라는 것인지 며느리를 미처 알지 못했다. 며느리가 걸레를 내려놓고 서 있자 청소하라는 말을 듣지 않고 저항하는 것으로 시어머니는 해석했다. 이처럼 문화의 차이는 상호 간 소통을 왜곡시킬 수 있다.

(4) 양육스트레스의 증가

다문화가족의 경우에 어머니의 자녀양육 스트레스가 매우 높다. 그 스트레스의 상당부분은 한국어능력의 부족 때문인 것으로 알려져 있다. 자녀의 학교에 가서 교사와 상담할 때에 소통이 어렵고, 자녀의 알림장에 쓰인 내용을 정확히 이해하기 어렵다거나 자녀의 숙제를 지도하기 어렵기 때문에 양육스트레스가 높다(최나야 · 우현경 · 정현심 · 박혜준 · 이순형, 2009). 실제로 다문화가족 어머니들의 소통능력을 조사했을 때(이순형 등, 2006), 그들의 29%만이 자녀와 충분히 소통이 가능하다고 응답했다. 자녀와의 소통이 어려운 이유로 54.2%가 한국어능력 부족으로 그렇다고 응답했다. 자녀의 숙제를 거의 돕지 못하는 경우는 21.2%에 달하는데 그 역시 44%가 한국어능력의 부족(설동훈 등, 2005)을 꼽았다. 이처럼 한국어능력이 어머니 역할을 제대로 하는 데 영향을 미치는 중요한 요인이 되고 있다. 한국어를 원활히 사용하기 어려운 다문화가족 어머니들이 한국어능력의 부족으로 인해 양육대행자로서 어머니 역할을 제대로 하지 못하고 있다.

2) 다문화가족 유아의 발달특성

한국어학습의 민감기에 언어학습의 모델인 어머니의 한국어능력의 부족은 유아기 언어발달을 지연시키는 문제로 드러났다. 자녀의 언어발달에 어머니가 미치는 영향에 대해서 학자들은 같은 사실을 보고했다. 어린 유아일수록 언어발달에 미치는 어머니나 주양육자의 영향이 크다는 것이다. 어머니가 유아와 언어활동에 보내는 시간이 길면 유아의 언어발달이 더 향상된다. 또한 어머니가 사용하는 말의 문장 길이와 문장 구조가 1, 2세 영아의 언어발달과 상관이 있으며, 양육자와 대화가 잦을수록 유아의 언어발달검사 점수도 높았다고 한다(Baldwin, 2000; Heith & Campos, 1977). 어머니의 언어능력이 영아에게 주는 영향이 크다는 이러한 사실은 다문화가족의 어머니들이 한국어능력이 부족해 자녀들의 언어학습이 늦어지고 어쩌면 학업 부진으로 이어질 수 있을지 모른다는 걱정을 하게 했다.

이러한 걱정은 실제로 밝혀지고 있다. 농촌지역 다문화가족의 만 3세부터 5세 유아의 68%가 언어발달지체의 가능성을 보였다(정은희, 2004). 연령이 증가하면 언어발달지체가 커지는 경향은 다른 연구(채혜경, 2008)에서도 확인되었다. 이러한 언어발달지체가 학업지체로 이어지지나 않을까 하는 우려에 대해 실제 조사를 시도해 밝힌 연구(안혜령 · 이순형, 2009)가 있다. 다문화가족의 학령기 아동과 같은 학급의 일반 가정 아동을 대상으로 지능검사와 학업 성취검사를 실시했다. 그 결과 지능을 통제했을 때에도 다문화가족 아동의 학업 성적이 일반 아동에 비해 낮게 나타났다. 이 결과를 통해서 다문화가족 아동들이 지적 능력이 일반 가정 아동과 동일할 경우에도 다문화가족 아동들의 학업 성적이 뒤떨어진다는 것을 알 수 있다. 다문화가족 아동의 학업지체가 타고난 지능의 차이나 학교 등 학습 환경의 차이에 의한 것이 아니라 어머니의 언어능력과 같은 가정의 양육환경 요인에 의한다는 사실을 밝힌 것이다.

같은 다문화가족에서 성장하더라도 외국인 출신 어머니의 한국어능력에 따라서 자녀의 언어능력도 발달하는 것으로 밝혀졌다. 서울대학교 생활과학연구소의 조사(우현경 · 정현심 · 최나야 · 이순형 · 이강이, 2009)에 의하면 어떤 연령집단에서든 어머니의 표현어휘력이 높을수록 자녀의 표현어휘력이 높았다. 또한 어머니의 수용어휘력이 높을수록 자녀의 수용어휘력도 높았다. 그뿐 아니라 어머니의 읽기능력이 높을수록 자녀의 표현어휘력이나 수용어휘력이 높았다. 이처럼 외국인 어머니의 한국어능력은 곧 자녀의 한국어능력과 관련이 깊음을 알 수 있다.

3) 다문화가족의 부모교육 내용

(1) 한국어교육 내용

서울대학교 생활과학연구소 다문화생활교육센터에서 구성한 부모교육 프로그램은 다음과 같다. 2008년 서울대학교 생활과학대학 다문화생활교육센터의 다문화가족 문해교육 프로그램(이하 서울대 다문화가족 문해교육 프로그램)이 구성되었으며 이 구성 내용은 아래와 같다.

- 부모자녀 통합교육 프로그램 : 가족문해 접근
  - 다문화가족 전체의 응집력과 적응력을 높이고 부모가 유아를 위한 안정된 교육환경을 제공할 수 있도록 가족문해 접근을 기반으로 하여 어머니와 자녀를 함께 교육한다.
  - 어머니용 프로그램과 함께 기존의 접근과 차별화되는 상호작용 프로그램을 개발하여 유아가 양육자와 긍정적이고 질 높은 상호작용을 할 수 있도록 지원한다.
- 언어중심 통합교육 프로그램
  - 한국어 구어와 문어 능력의 향상을 주목적으로 하여 어휘, 문법, 연습, 읽기, 쓰기의 모든 영역을 포괄하는 체계적 교재로 구성한다.
  - 언어활동을 기반으로 극, 음률, 신체표현 활동을 접목시킨 통합활동으로 구성한다.
- 수준별 학습 프로그램
  - 다문화가족 어머니의 한국어 수준을 평가하여 적합한 수준의 어머니용 프로

그램을 제공할 수 있도록 한다. 총 2수준으로 구성한다.

- 두 가지 수준이 모두 동일한 생활주제로 구성되어 심화학습이 가능하도록 한다.

• 노래와 놀이를 통한 한국어 교육 프로그램

- 어휘와 표현을 노랫말로 구성하여 유아가 흥미를 가지고 쉽게 학습할 수 있으며, 매 주제마다 같은 멜로디를 사용하여 학습의 효율성을 높인다.
- 놀이를 통해 언어활동에 대한 관심과 흥미를 높이고, 유아와 부모 간 언어적 상호작용을 촉진할 수 있도록 구성한다.

(2) 한국문화교육 내용

• 생활문화 통합교육 프로그램

- 일상생활 경험과 관련된 주제를 중심으로 프로그램을 구성한다. 가정, 유아교육기관, 지역사회의 맥락에서 경험하는 일상생활 문화의 요소들을 학습하도록 하여 참여자의 흥미와 학습동기를 유발하고, 교육 효과를 높인다.
- 한국의 문화뿐 아니라 다문화가족의 문화적 특성을 교육내용에 함께 반영한다.
- 실제적으로 유아의 양육자 및 다른 가족원들(아버지, 어머니, 조부모, 동거친족, 형제자매 등)이 지역사회 활동에 보다 적극적으로 참여할 수 있도록 하여 다문화가족의 사회적 통합과 적응을 지원한다.

(3) 일반 양육에 대한 지식

부모가 자녀양육에 대한 일반 지식과 기술을 습득하고 바람직한 자세를 지니도록 지도한다. 여기에서는 좋은 부모됨과 그렇지 않은 부모됨을 간략히 구분지어 기술한 서울대학교 생활과학연구소 다문화생활교육센터의 다문화가족 부모를 위한 프로그램의 사례를 소개한다.

① 부모됨의 자세

부모가 된다는 것을 처음 알았을 때 그 기쁨과 설렘을 기억하시나요? 나는 지금 어떤 부모인지 생각해 봅시다.

- 좋은 부모가 해야 할 일
  - 아이가 하는 말을 잘 들어 준다. 천천히 자기 생각을 말해 보도록 기다려 준다.
  - 아이의 행동을 세심하게 관찰한다.
  - 아이가 타당한 것을 원하면 최선을 다해 들어준다.
  - 아이와 열심히 놀아 준다.
  - 아이가 잘한 것을 구체적으로 칭찬해 준다.
  - 아이의 실수를 인정하고 무엇이, 왜 잘못되었는지 설명해 준다.
  - 아이의 발달을 돕는 다양한 경험과 추억거리를 만들어 준다.

- 좋은 부모라면 하지 말아야 할 일
  - 아이가 하고 싶은 일을 이유 없이 못하게 한다. 떼를 쓰면 무엇이든지 들어 준다.
  - 아이와 놀아 주는 것을 귀찮아한다.
  - 다른 아이와 비교한다.
  - 지나친 기대를 가지고 억지로 공부를 시킨다.
  - 소리 지르며 야단치고 때린다.
  - 부부싸움으로 아이를 불안하게 만든다.

② 부모의 양육지식

[언어발달의 시작]

• 엄마의 뱃속에 있을 때부터 아이의 언어는 시작됩니다.
- 약 6개월이 되면 소리를 들을 수 있습니다.
- 갓 태어난 아이는 엄마의 목소리도 기억한답니다.

• 아기는 울음으로 의사를 표현합니다.
- 배고플 때, 몸이 아플 때, 기저귀가 젖었을 때 아이의 울음소리가 다릅니다.
- 아기의 울음소리를 잘 들어 보세요.

• 아기는 아직 말을 하지 못할 때도 어른들의 말을 계속 듣고 있습니다.
- 아기의 눈을 마주보며 천천히 말해 줍니다.
- 약간 높은 목소리로 같은 말을 여러 번 반복하며 말해 줍니다.

• 2~3개월 된 아이들은 '목울림' 소리를 냅니다.
- 주로 기분이 좋을 때 나는 소리입니다.

• 4~8개월 아이들은 '옹알이'를 합니다.
- 처음에는 '아' '우우' 같은 소리를 내고 두세 달이 더 지나면 '마' '바바' 같은 소리도 냅니다.
- 아이가 옹알이를 하면 대화하듯이 받아 주세요.
- 차례를 주고받으며 아이와 비슷한 소리를 내어 보세요.
- '기분 좋다고?' '정말 그런 꿈을 꿨어?'와 같은 말을 해 주어도 좋습니다.

[단어 배우기]

말을 배우는 속도는 아이마다 차이가 아주 큽니다.

• 12개월 전후의 아기들은 첫 단어를 말합니다.
- 보통 '엄마' '아빠' '맘마'를 제일 먼저 말합니다.

• 한동안 같은 단어만 말하다가, 점점 새 단어를 배우는 속도가 빨라집니다.
- '엄마' 라는 단어 하나로 '우리 엄마예요.' '엄마 어디 갔어요?' '엄마 우유 주세요.' 처럼 여러 뜻을 표현합니다.

• 18~24개월이 되면 하루에 10개 이상 새 단어를 배우는 놀라운 속도를 보입니다. 이를 '어휘 폭발' 이라고 합니다.

• 18~22개월쯤 되면 단어를 두 개 연결해서 말을 할 수 있습니다.
- '아빠 공(아빠 공 주세요).' '엄마 아야(엄마가 아파요)' 처럼 단어 두 개로 전보다 더 깊은 뜻을 표현합니다.

• 24~30개월 무렵에는 단어를 세 개 이상 붙여서 말을 할 수 있습니다.
- '노란 차 많아.' '형아 빨리 와.' 처럼 꾸미는 말도 하게 됩니다.
• 아이들은 어른들이 하는 말을 듣고 언어를 가장 많이 배웁니다.
- 아이가 엄마 아빠의 말을 이해하지 못하고 아직 단어 한두 개밖에 말을 못하더라도 많은 말을 들려 주세요.

(4) 부모됨의 기술 교육내용

부모가 되면 필요한 지식 이외에 자녀양육 기술이 필요할 때가 있다. 자녀가 떼를 쓴다든가, 울음을 그치지 않는다든가, 다른 집 아이를 때린다든가 등등 일상생활에서 자녀가 기대하지 않았던 행동을 할 때 부모가 어떻게 대응할 것인지, 그 대응 기술을 교육하는 것이다. 여기에서는 서울대학교 생활과학연구소 다문화생활교육센터의 다문화가족 부모를 위한 프로그램의 사례를 소개한다.

[말이 늦는 아이 양육 기술]

- 다문화가족의 자녀들은 언어발달이 늦는 경우가 종종 있습니다.
  - 부모님이 두 개 이상의 언어를 사용하기 때문에 모국어 습득 속도가 느릴 수 있습니다.
  - 부모님의 한국어 발음이 부정확하여 자녀의 언어습득에 영향을 주기도 합니다.
- 아이가 친척, 이웃, 또래들을 자주 만나 이야기 나눌 수 있게 해 주세요.
- 아이들이 많이 모이는 장소에 데리고 가시면 언어교육에 도움이 됩니다.

[그림책]

그림책은 이야기를 그림으로 나타낸 책입니다.
단어나 문장이 그림과 함께 이야기를 이끌어 갑니다. 글이 전혀 없는 그림책도 있답니다.
그림책은 어른들도 볼 수 있는 책이고, 유아들이 처음 만나는 책입니다.

- 그림책은 아이들에게 즐거움을 줍니다.
- 그림책은 아름다운 그림을 감상할 수 있는 작은 미술관입니다.
- 그림책은 이야기를 이해하는 힘을 길러 줍니다.
- 그림책은 글자에 대한 관심을 자연스럽게 길러 줍니다.
- 그림책은 상상력을 키워 줍니다.
- 부모와 아이가 그림책을 함께 읽으며 대화를 나눌 때 언어능력이 성장합니다.

③ 서울대 다문화가족 문해교육 프로그램 사례

2008년 서울대학교 생활과학대학 다문화생활교육센터에서 교육인적자원부의 지원으로 가족 문해교육 프로그램을 개발했다. 서울대 다문화가족 문해교육 프로그램을 간략히 살펴보면 다음과 같다.

서울대 다문화가족 문해교육 프로그램은 교육대상과 그 대상의 한국어능력에 따라서 프로그램을 구성했다. 즉, 다문화가족 어머니를 대상으로 한 한국어교육 프로그램을 구성하고 다문화가족 유아와 어머니의 상호작용 프로그램을 구성했다. 그런데 이 프로그램은 어머니의 한국어능력을 2수준으로 구분하여 내용이 구성되었다. 다문화가족 유아와 어머니를 위한 교재개발 결과는 아래 그림과 같다.

〈서울대 다문화가족 문해교육 프로그램〉

3. 한부모가족의 부모교육

우리 사회가 복잡해지면서 미혼부모, 혼인후 별거, 이혼, 사별 등으로 한부모가족에서 성장하는 아동의 수가 증가하고 있다. 1985년에는 한부모가 전체 가구수의 6.2%였다. 그중에 사별로 인한 한부모가 52.24%, 이혼으로 인한 한부모가 5.90%, 미혼모 가구가 22.80%였다. 20년이 지난 2005년에는 한부모가 전체의 8.6%로 증가했다. 그중에 사별로 인한 한부모가 36.57%, 이혼으로 인한 한부모가 29.12%, 미혼모 가구가 10.29%였다. 20년 동안 이혼으로 인한 한부모가족이 5.90%에서 29.1%로 대폭 증가했다(통계청, 2006). 이혼의 증가로 인한 한부모가족 증가현상은 앞으로도 한동안 유지될 듯하다.

이러한 사회현상으로 인해 한부모가족에서 성장하는 아동들이 증가하고 있으며, 이 아동들의 건강한 발달을 위해서 한부모가족의 특성과 요구에 부응하는 부모교육이 필요하다. 여기에서는 한부모가족의 특성, 한부모가족 아동의 발달특성, 한부모가족의 부모교육과 부모교육 프로그램의 사례를 제시한다.

1) 한부모가족의 특성

한부모가 자녀를 양육할 때 부모와 자녀의 관계에는 특별히 응집력이 클 것이다. 양부모가 있어서 자녀를 양육하는 가정과 달리 한부모가 자녀를 양육할 때에는 양육스트레스를 더 받는다. 대체로 한부모가족은 어머니가 자녀를 양육하는 경우가 많은데 가정에 별다른 수입원이 없는 상황에서 취업을 하고 자녀를 양육해야 하는 이중취업으로 인해 한부모는 신체적으로나 심리적으로 피로를 경험하는 경향이 있다.

특히 이혼여성이 취업을 할 경우에 전문직을 포함한 상위직에 머무는 경우는 드물고 대부분 입직이 손쉬운 노동이나 서비스직에 머물러 일하기 때문에 경제적으로 빈곤상태를 벗어나기 어렵다. 따라서 한부모가족의 어머니들은 경제적 어려움과 더불어 양육의 어려움을 홀로 감당해야 하는 처지에 있다. 그렇다 보니 심리적 긴장과 갈등이 심해지고 적응에 어려움을 경험할 수 있다. 그러한 심리적 긴장, 갈등으로 인해 한부모가 자녀에게 심리적으로 편안한 발달환경으로 기능하는 데 어려울 수 있다. 한부모가 스스로 느끼는 심리적 불안과 부적절감을 극복하기 어려우면 그 긴장과 불안감은 자녀들에게 부정적 영향을 미칠 것이다. 따라서 한부모가족에서 양육자인 한부모와 자녀 사이에 언어적 상호작용이 원활하지 못하거나, 정서적 학대가 있을 수 있다. 이혼한 어머니와 사는 아들이 사춘기에 일탈 청소년들과 어울리며 위안을 찾으려 일탈행동을 하는 경향이 있는 것은 이러한 이유에서다. 헤더링턴(Hetherington)은 이혼으로 인해 20% 아동은 극단적 문제행동을 보이지만 대다수 80%는 적응한다고 보고했다(Hetherington, Law, & O'Connor, 1993).

2) 한부모가족 아동의 발달특성

한부모가족에서 성장한 아동의 발달특성은 부모의 이별 상황과 성별에 따라 달리 보고되고 있다. 부모가 사별한 경우에 죽음은 자녀에게 어쩔 수 없는 상황으로 인식된다. 사별한 배우자에 대해서 남은 사람들은 안타까운 그리움을 느낀다. 자녀는 그가 누구든 죽은 부모가 자신을 지켜볼 것이라고 생각한다. 비록 죽은 부모이지만 그리움 속에서 자녀는 자신을 지켜볼 사람을 실망시키지 않겠다는 일념으로 긍정적이고 적극적인 노력을 하기에 이른다.

그러나 이별의 경우는 다르다. 사람들은 이혼을 하면서 상대를 원망하고 적대시하는 경향이 있다. 한부모는 자녀를 혼자 양육하면서 자녀에게 자신도 모르게 따로 사는 배우자에 대한 부정적 감정과 인식을 자녀에게 표현한다. 부모의 적대적 관계를 아는 자녀들은 두 사람에게 실망하고 자신을 두고 집을 나간 아버지나 어머니를 원망하게 된다. 성인들에게 실망하고 마음을 기댈 곳이 없는 자녀는 일탈 청소년들과 어울리는 경향이 있다(Hetherington, Law, & O'Connor, 1993).

이혼으로 인해 부모가 헤어진 경우에 딸들이 아들보다는 적응을 더 잘하는 경향이 있다(Hetherington, 1987). 이혼한 어머니와 함께 사는 아들이 아버지에 대한 어머니의 원망을 참지 못하고 일탈 청소년들과 어울리거나 학교를 자퇴하는 경향이 있는 반면에 딸들은 표면적으로는 별 탈 없이 학교에 나가며 적응을 하는 것으로 알려져 있다. 그렇지만 그 딸들이 대학에 가서 이성교제를 할 경우에는 다소 어려움을 경험하는 경향이 있다. 평소 어머니의 아버지에 대한 복잡한 심경을 보고 성장한 탓에 이성교제에 대해서 두려움을 느끼기 때문이다.

3) 한부모가족 부모교육 내용

한부모가족의 부모가 해야 할 역할은 다음과 같다.

첫째, 부부 사이의 갈등이 자녀들에게 심리적 상처가 되지 않도록 해야 한다.

둘째, 한부모가족의 부모는 자녀양육에 대해서는 공동의 책임감을 가지고 서로 협동해서 양육해야 한다. 특히 자녀에게 아버지의 역할이 있음을 인식하여 이혼한 아버지와 자녀의 만남을 정기적으로 보장해야 한다.

셋째, 자녀와 언어적 소통을 통해 이야기를 들어 주고 마음을 위로하는 노력이 필요하다.

넷째, 청소년 자녀의 심리적 갈등과 고민을 듣고 이해하기 위해 부모는 공동으로 노력해야 한다.

4) 한부모가족 부모교육 프로그램 사례

부모의 별거나 이혼 또는 다른 이유로 인해 한부모가족이 되었을 때 그 부모들이 자녀를 위해 해야 할 일을 정리하면 다음과 같다. 미국의 콜롬비아 지구 고등법원에서 발간한 가사조정훈련 매뉴얼(1999)에서 아래 8가지 사항이 명기되어 있다(신라대학교 가족상담센터, 2005).

첫째, 부모는 자녀에게 사랑한다는 말을 하고 앞으로도 항상 사랑할 것이라는 점을 반복적으로 말해야 한다.

둘째, 부모가 더 이상 혼인관계에 있지 않아도 여전히 엄마, 아빠로 남을 것이라는 점을 말해야 한다. 혼인관계가 끝난 것은 아이들 때문이 아니라 성인들이 결정한 것이라는 점을 명료하게 말해 준다(어린 자녀는 자기 때문에 부모가 이혼했다는 죄책감을 가지기 때문이다.).

셋째, 이제부터 부모는 각자 다른 집에 살 것임을 말하고 두 집에 자녀의 공간이 있다는 것을 알려 준다.

넷째, 부모는 자녀에게 진실을 말해야 한다. 앞으로 자녀들의 삶에 일어날 변화에 대해서 솔직하게 밝혀야 한다.

다섯째, 자녀의 감정을 알고 싶다고 부모는 밝혀야 한다. 부모는 자녀의 심정을 알아야 한다.

여섯째, 부모는 결코 자녀를 떠나지 않을 것이라고 말한다. 그리고 부모 역시 자녀가 필요하다는 점을 강조하여야 한다.

일곱째, 별거나 이혼 사실을 분명히 가르쳐 준다. 자녀들은 부모들이 다시 옛날로 함께 돌아가기를 바란다. 예전으로 돌아갈 가능성이 없다면 분명히 밝혀야 한다.

여덟째, 자녀에 대한 사랑은 말로만이 아니라 행동으로 실천하여야 한다. 신체적으로 사랑을 표현해야 한다. 그리고 부모는 자녀와 함께 재미있는 시간을 보내야 한다.

4. 재혼가정의 부모교육

한국 사회에는 재혼가정이 점차 증가하고 있다. 1981년 혼인형태를 살펴보면 초혼이 94.1%, 나머지 5.9%가 재혼이다. 재혼의 형태를 살펴보면 초혼여자와 초혼남자 3.3%, 재혼여자와 초혼남자 1.1%, 재혼남녀가 2.9%였다. 20년 후인 2001년에는 초혼이 79.7%, 나머지 20.3%가 재혼이다. 1/5이 재혼인 셈이다. 재혼의 형태는 초혼여자와 초혼남자 3.8%, 재혼여자와 초혼남자 5.6%, 재혼남녀가 10.9%였다(통계청, 2002). 미국의 경우에 이혼부부의 75%가 이혼 후 3~5년 사이에 재혼하는 것으로 알려져 있다. 한국의 경우에는 이혼부부의 절반이 2년 이내에 재혼하는 것으로 알려져 있다.

일반적으로 재혼가정의 적응이 초혼가정의 적응보다 더 어려운 것으로 알려져 있다. 재혼이 초혼보다 이혼으로 끝나는 경우가 더 많다(Booth, 1992). 여기에서는 재혼가정의 특성, 재혼가정 아동의 발달특성, 재혼가정의 부모교육과 부모교육 프로그램의 사례를 제시한다.

1) 재혼가정의 특성

재혼으로 인해 가족은 새로운 변화를 경험한다. 새로운 부모, 형제자매가 생기므로 새로운 가족관계에 익숙해지는 데 오랜 시간이 필요하다. 재혼가정의 가족원들은 이제까지 생활해 온 역사가 개인마다 다르기 때문이다. 새로 결합한 부부와 자녀가 있지만 들여다보면 아버지의 자녀, 어머니의 자녀 그리고 새로 두 부부가 낳은 자녀가 있을 수 있다.

가족의 구성만 복잡한 것이 아니라 서로 이해할 수 없는 과거 경험이 있다. 아버지의 자녀는 이별한 생어머니와 얽힌 과거생활이 있고, 어머니의 자녀는 이별한 생아버지와 얽힌 과거가 있다. 복잡한 가족경험이 있으므로 잘못하면 서로 믿지 않고, 싫어한다고 의심하며, 사랑을 일구어 가기 어렵다. 미국의 연구(Vemer, Coleman, & Ganong, 1989)에서도 초혼가정의 실패율보다 재혼가정의 실패율이 더 높은 것으로 알려진 것은 이러한 사실을 반영해 주는 것이다.

복잡한 가족관계는 호칭부터 갈등을 유발할 수 있다. 생아버지만 아버지라고 부르고 계부를 아버지라고 부르지 않는 경우, 마찬가지로 생어머니만 어머니라고 부를 뿐 계모를 어머니라고 부르지 않은 경우가 흔하다. 자신의 자녀에게 상대배우자를 어머니 혹은 아버지라고 부르기를 부탁하고 때로는 강요하지만 어린 자녀들에게 새로운 사람을 자신의 생부모처럼 부르기가 쉽지 않다. 따라서 호칭을 빼고 말하거나 아예 말을 하지 않는 자녀들이 있다. 이러한 소통방식은 가족원들의 갈등의 시작일 수 있다.

생어머니가 재혼하여 새아버지와 사는 것에 대해 자녀의 성별에 따라 다르게 경험하는 것으로 알려져 있다. 대체로 이혼한 어머니와 함께 살던 아들은 어머니와 사이가 나쁘고 딸은 사이가 좋은 경향이 있다(Hetherington, 1987). 새아버지가 다정하고 수용적인 경우에 그동안 악화되었던 어머니와 아들의 관계가 새아버지로 인해서 나아지는 경향이 있다(Vuchinich, 1999). 그러나 딸은 새아버지가 잘 대해 주어도 이전에 어머니와 절친했던 관계가 새아버지 때문에 소원해진다고 생각해서 새아버지에게 냉담할 수 있다.

생아버지와 새어머니와 함께 사는 경우에 가족관계는 더 혼란스러울 가능성이 있다. 새어머니의 존재가 이혼할 때까지 돈독했던 아버지와 자녀의 관계에 변화를 가져올 수 있다. 새어머니는 양육자의 역할을 해야 하므로 적극적으로 감독과 지도의 역할을 하려 한다. 새어머니의 지도를 감독으로 받아들이는 딸들은 생어머니와의 관계에 더 애착을 느끼고 새어머니에게 반발할 수 있다.

재혼 후 자녀 출산은 새로운 일이 아니다. 미국의 경우에 재혼 부부의 절반 정도가 2년 이내에 자녀를 출산한다(Visher, 1996). 새로운 자녀의 출산이 가족의 유대를 더 공고하게 해 준다는 주장이 있고, 그렇지 않다는 주장이 있어서 일관된 사실을 알기 어렵다. 재혼 후 자녀 출산이 재혼부부와 계부모-자녀관계, 그리고 계형제관계를 호전시킨다는 연구(Duberman, 1975)가 있다. 한편, 재혼 후 자녀 출산이 계부모-자녀관계, 그리고 계형제관계에 부정적 영향을 준다는 연구(Visher & Visher, 1979)도 있다. 그런가 하면 아무런 영향을 미치지 않는다는 연구(Ganong & Coleman, 1988)도 있다.

재혼 후 자녀 출산 자체가 계부모-자녀관계에 영향을 미친다기보다는 자녀 출산 시기가 더 민감한 문제라는 사실이 알려져 있다. 계부모와 자녀 간의 애착이나 관계가 돈독해진 후에 새로운 아기의 출생은 별다른 문제를 가져오지 않지만, 관계가 돈독하게 설정되기 이전에 새로운 자녀를 출산하면 계부모가 자신의 친자녀에게 더 애정을 쏟는다고 자녀들이 느끼기 때문에 부모-자녀 간 애착문제를 유발할 수 있다(Bernstein, 1989)고 한다.

한편, 재혼한 생부모는 새로운 배우자와 그의 자녀를 의식해서 자신의 자녀와 예전처럼 개인적 대화를 나눌 수 없다. 가족원들이 모두 함께한 자리에서 이야기를 나누어야 한다고 생각하기 때문이다. 아버지도 같은 이유로 자신의 자녀와 예전처럼 개인적 이야기를 할 수 없는 것은 마찬가지다. 부모와 자녀 간에 전처럼 격의 없는 대화가 이루어지기 어렵다. 그러니 오해가 싹트고 그 오해의 원인이 부모의 배우자가 되기 마련이다. 자칫 편싸움이 될 가능성도 없지 않다.

2) 재혼가정 아동의 발달특성

계부모가 재혼을 해서 한 집에 모여 살면서 여러 복잡한 상호작용이 발생한다. 한 번도 본 적이 없던 형제자매가 생기고 조부모가 생기는 등 갑작스러운 가족관계가 확장되어 자녀들이 감당하기에 힘겹다. 새로운 호칭도 부르기 어렵다. 예전에 자신의 부모와 가졌던 경험이나 가족생활 원칙이 무너지고 새로운 집에서 새로운 생활을 해 나가기 위해서 새로운 법칙에 적응해야 하는 것이 쉽지 않다.

또한 재혼가정 아동들은 관계에 소극적이 되고 눈치를 보는 경우가 빈번해진다. 재혼가정 아동들이 복잡한 가족관계에 대해서 민감해지면서 잘못하면 성인을 신뢰하지 않고 자신을 사랑하는 사람이 없다고 생각해서 대인관계에 실망을 할 수 있다. 어린 시절에 인간에 대해서 실망하고 대인관계에서 좌절하는 것은 성장한 후에도 대인관계를 원활하게 맺을 수 없을지 모른다는 우려를 낳는다. 이러한 심리적 부적응은 성인이 되면서 타인과의 관계에서 소극적이거나 회피적인 양상을 보일 것이다.

가족생활이 복잡해지다 보면 자연스럽게 심리적으로 불안하고 산만해져 학습에 집중하기 어려울 가능성이 크다. 학교생활이나 공부에 전념하지 못하고 산만한 경우에 성취동기가 약화될 수 있다. 학업 성적이 떨어지면 학습에 더 관심이 적어지고 일탈 친구들이나 게임 등에 관심을 두게 될지 모른다.

특히 자녀들이 사춘기인 경우에 그 이전 시기나 이후 시기보다 스스로 느끼는 심리적 갈등이 더 클 수 있다. 미국 조사자료에서는 재혼 후 2년 동안 일반가정의 아동들보다 재혼가정의 아동들이 적응도가 낮은 것으로 밝혀졌다(Heatherington, Lavner, 1998). 대부분의 재혼가정에서 청소년 초기 아동의 대다수는 잘 적응하지만

1/3의 경우는 가출, 성적부진, 학교중퇴나 비행을 저지른다(Simons et al., 1996). 그 이유는 계부모가 청소년 자녀를 적극적으로 지도하는 데 망설이고 생부모가 해야 한다고 생각하는 경향이 있기 때문이다(Mekos, 1996). 그리고 재혼가정의 손자에 대해서 조부모들도 관심이 약해지기 때문이다. 따라서 청소년기 자녀에게는 양쪽 부모의 관심과 적극적 지도가 필요하다. 한편, 청소년기 자녀는 부모에게서 일찍 독립해 새로운 과업이나 정신적 지도자에게서 다른 일을 찾는 것이 건설적일 수 있다.

3) 재혼가정 부모교육 내용

재혼가정의 부모들은 다음과 같은 것에 관심을 두고 노력해야 한다. 성공적 재혼가정은 몇 가지 특성이 있다고 한다. 첫째, 가족원들이 현실적 기대를 하고, 이혼으로 인한 상실을 서글퍼하고, 견고한 부부관계를 새롭게 형성하며, 만족스러운 계부모-자녀관계를 형성한다(이영숙, 박경한, 전귀연, 2004). 이처럼 만족스러운 계부모-자녀관계를 형성하기 위해서는 다음의 사실을 중시할 필요가 있다.

- 배우자와의 관계만큼 그의 자녀에게도 지속적 관심을 두어야 한다.
- 배우자의 자녀 양육에 개입해야 한다. 구체적으로 재혼가정의 부모들은 우선 복잡한 가족관계에서 비롯된 자녀들의 심리적 불안을 해소하는 것부터 신경을 써야 한다.
- 배우자의 자녀와 자기 자녀를 차별하지 않도록 노력한다.
- 자녀양육과 지도에 대해서 전 배우자와 상의하고 협력해야 한다.

4) 재혼가정 부모교육상담 사례

재혼가정의 부모교육 프로그램이 필요하지만 아직 재혼가정의 적응을 교육하는 것은 찾을 수 없었다. 재혼가정의 적응문제에 부모교육이 필요하다는 사실에는 공감하지만 아직 전문적 교육 프로그램이 실시되고 있지 못한 것이다.

부모의 이혼과 재혼을 지켜본 아동들이 마음의 상처를 극복하고 평정심을 찾을 수 있게 도울 수 있는 기술을 갖추도록 해야 한다. 우선 자녀의 말을 경청하는 기술, 개방형 질문을 하는 기술, 문제를 파악하고 명료화하는 기술, 그리고 대안을 이끌어 내는 기술을 교육해야 한다. 아직 한국에는 이러한 기술을 구체적으로 훈련시키는 재혼가정 부모교육 프로그램이 마련되어 있지 않다.

단지 인터넷상에서 재혼가정의 자녀문제를 상담하는 사례를 소개한다.

재혼가정 아버지의 질문

Q 재혼가정의 아빠입니다. 부인쪽으로 아들이 둘 있고 이제 결혼해서 낳은 신생아가 하나 있고요.

둘째 아들은 저를 잘 따르는데 문제는 첫째 아들이 중2인데 사춘기라서 그런지 정도가 좀 심합니다. 저를 뭐 인정 안 하고 그런 것은 차차 나아질 거라 생각이 들지만 생각하는 사고관념이 좀 남다르다고 해야 되나. 동생이 쪽팔리다느니, 식구들, 예를 들어 엄마, 할머니, 동생을 길에서 보면 외면합니다. 친구들은 금쪽같이 생각하면서요.

물론 그 나이 땐 그럴 것이라 생각하고 저 또한 어릴 적을 생각하면 그럴 수 있다고 생각하지만, 옷 입는 거 하며 뭐든지 생활하는 거 모두를 남들과 비교하면서 창피하고 쪽팔린다고 합니다.

오늘 같은 경우는 학원에서 동생이 옆 반인데 목소리가 다 들리도록 떠들어서 너무 쪽팔렸다고 쉬는 시간에 가서 동생을 패버리고 싶다고 하면서 뭐라 하고 왔다는 겁니다.

그래서 그럼 입장을 바꿔 놓고 생각하면 동생이 지나가는 말로 형 때문에 쪽팔리다고 하면 넌 어떤 생각이 들겠냐, 그건 아니지 않냐 그러면서 동생을 잘 타일러야지 그러면 되느냐고 그러니깐 그래도 쪽팔려서 죽겠답니다.

남들과 다른 가정이어서 혼내는 거 하나에도 조심하고 감정 상할까 봐 적절한 단어 생각해 가며 몇 마디 말도 못하고 있는 실정입니다. 좋은 방법이 없을까요? 같은 사정에 있거나 재혼가정에서 자녀교육에 한 번씩 겪었던 대처방법들이 있으시면 답변 좀 부탁드립니다.

앞의 상담사례에서 보듯이 재혼가정은 여러 문제를 안고 있어서 초혼가정보다 해체의 가능성이 더 크다고 알려져 있다. 이러한 상담 요청에 여러 네티즌들이 선풀을 달아서 상담에 응했다. 그 응답 중에서 한 사례를 소개한다.

A 그래도 마음이 따뜻한 분이라는 생각이 드네요. 사실 남의 자식 키우는 게 도닦기보다 힘들다고 하잖아요. 부인을 정말 많이 사랑하셔서 더불어 선택한 아이들…

뜻대로 되진 않겠지만 항상 많은 대화를 하시고 남자끼리 목욕도 하면서 아빠에게서 느낄 수 있는 사랑을 느끼게 해 주면 어떨는지요? 엄마의 역활도 중요하겠지만 아들이 사춘기니깐 엄마보단 아빠의 사랑이 큰 효과를 얻을 수 있을 것 같아요.

어른들 말씀이… 큰아들이 잘 돼야 동생들이 같이 잘 된다고 하잖아요.

항상 말 한마디라도 당분간만이라도 큰아들 편에 서서 해 보세요. 중2 정도면 충분히 아빠 마음 헤아릴 수 있을 거예요. 물론 말처럼 쉬운 일이 아니지만 한 번 노력해 보세요.

어렵게 선택한 결혼생활 슬기롭게 해결해 가야죠. 화이팅 하세요.

참고문헌

강차연 · 정연집(1999). 어머니 애착유형과 결혼갈등, 자녀양육행동 및 아동행동문제와의 관계. 아동학회지, 20(3), 51-75.

고선주(2000). 정보사회와 가족: 정보사회에서 가족의 삶의 변화를 중심으로. 대한가정학회지, 38(2), 167-184.

공선영(2000). 모자가족의 경험과 적응에 관한 연구. 이화여자대학교 대학원 박사학위논문.

곽노의 · 홍순정(2001). 유아교육사상. 서울: 문음사.

교육인적자원부(2006). 다문화가정의 자녀교육실태 조사.

권정혜(1997). 심리사회적 요인이 산후우울에 미치는 영향-산후우울에 대한 스트레스-취약성모델 검증. 한국심리학회지 임상, 16(2), 55-66.

김경원 · 김경화 · 정연희(2001). 놀이치료 이론에 따른 놀이활동의 비교. 놀이치료연구, 5(2), 13-24.

김경화(2004). 상호교류분석이론에 기초한 부모교육이 어머니의 심리적 자세, 자아개념 및 유아의 자아개념에 미치는 영향. 유아교육연구, 24(2), 181-198.

김광웅 · 박성연 역(1995). 아버지의 역할과 아동발달. 서울: 이화여자대학교 출판부.

김광웅 · 유미숙 · 유재령(2004). 놀이치료학. 서울: 학지사.

김광웅 · 이인수(1998). 아버지의 양육 참여도와 유아의 사회, 정서적 능력. 아동학회지, 19(2), 65-76.

김규수 · 류태보(2001). 교류분석-성격개선 · 상담 · 심리치료. 서울: 형설출판사.

김나현(2009. 4. 18). 임신 중 운동하면 영아 돌연사 위험 낮아진다. 코메디닷컴(http://kormedi.com).

김미숙 · 박민정 · 이상헌 · 홍석표 · 조병은 · 원영희(2002). 저소득 편부모가족의 생활실태와 정책과제. 서울: 한국보건사회연구원.

김미영(1995). 취업모의 자녀양육에 관한 연구-전문직 취업모를 중심으로-. 성균관대학교 교육대학원 석사학위논문.

김미정 · 정계숙(2006). 모래놀이치료를 적용한 모-유아 중심의 애착관계 개선 프로그램 개발 및 효과연구. 아동학회지, 27(5), 159-182.

김민정 · 도현심(2001). 부모의 양육행동, 부부갈등 및 아동의 형제자매관계와 아동의 공격성 간의 관계. 아동학회지, 22(2), 149-166.

김민호(2006. 12. 15.). 백마디 말보다 소중한 한 번의 포옹… 감동적 '포옹스토리' 국민일보.

김상희 · 이희선 · 박보경 · 황은영 · 선우현정(2008). 부모교육 프로그램의 요구도 조사연구: 유아기 아동의 부모를 대상으로. 아동학회 춘계학술대회 자료집, 149.

김수경(2005). 초보엄마, 아빠가 꼭 알아야 할 첫 임신+출산. 서울: 효성출판사.

김승권 · 김태진 · 김유경 · 송수경(2001). 최근 가족해체의 실태와 정책방안에 관한 연구. 연구보고서 2001-02. 서울: 한국보건사회연구원.

김양희 · 장은정(2004). 장기 분거 가족에 관한 탐색적 연구-기러기 가족에 초점을 맞추어-. 한국가족관계학회지, 9(2), 1-23.

김영옥(2007). 부모교육. 서울: 공동체.

김옥 · 이완정(2001). 부모의 이혼과 아동의 또래애착. 한국가정관리학회지, 19(3), 31-40.

김윤경(2005). 영아의 애착 증진을 위한 집단치료놀이 프로그램 개발과 효과. 숙명여자대학교 대학원 박사학위논문.

김은정 역(2006). 놀이치료의 기초. Clarles E. Schaefer 저. 서울: 시그마프레스.

김재연(1993). 부모역할 훈련에서의 자아개념 및 태도변화에 관한 연구. 연세대학교 대학원 석사학위논문.

김정 · 이지현(2005). 어머니가 지각한 아버지의 양육 참여도와 어머니의 양육 스트레스와의 관계. 아동학회지, 26(5), 245-261.

김정미(2004). 예비부모교육 프로그램의 적용효과. 유아교육학논집, 8(4), 65-85.

김정옥 · 구향숙(2006). 청소년기 부모교육 프로그램개발. 사회과학논총, 5, 81-97.

김정원(2008). 웹기반 부모교육 프로그램의 개발 및 적용을 위한 기초연구. 대한가정학회지, 46(1), 1-14.

김정원 · 이기숙(1999). 부모교육 프로그램의 개발 및 실시에 관한 연구. 아동학회지, 20(3), 183-197.

김정택 · 심혜숙(1990). 성격유형검사(MBTI)의 표준화에 관한 일 연구. 한국심리학회지. 상담과 심리치료 3(1), 44-72.

김정택 · 심혜숙 · 제석봉 (1995). MBTI 개발과 활용. 서울: 한국심리검사연구소.

김정휘 · 백영승(2001). 영재자녀는 부모가 만든다. 교육연구, 18, 61-109.

김종훈(2006). 부모교육 프로그램이 부모효능감 및 양육스트레스에 미치는 영향. 부산대학교 대학원 석사학위논문.

김지신(1994). 부모교육 프로그램의 내용 선정을 위한 기초조사 분석. 한국영유아보육학회지, 1, 85-107.

김지신 · 김민정 · 김은혜 · 이유리 · 최정희(2008). 영아기 자녀를 위한 부모교육 프로그램 요구도 조사. 아동학회 추계학술대회 자료집, 146-147.

김향은 · 정옥분(1999). '자녀의 힘을 북돋우는 부모' 프로그램이 어머니와 자녀에게 미치는 효과. 아동학회지, 20(4), 179-193.

김혜숙(1997). 부모교육 프로그램의 실제: 자녀의 힘을 북돋우는 부모. 한국아동학회 편. 부모교육학(pp. 337-345). 서울: 교육과학사.

김효정(1991). 어머니의 통제 유형이 유아의 공격성 및 자아개념에 미치는 영향. 성신여자대학교 대학원 석사학위논문.

도현심 · 박선영 · 이선희 · 오유리 · 최규리 · 김경미 · 강나현(2009). 걸음마기 자녀를 둔 어머니의 부모교육 요구도 및 지식정도. 아동학회지, 30(3), 127-143.

도현심 · 유명희(1996). 부모교육 프로그램 모형의 개발 및 실시. 아동학회지, 17(1), 39-55.

라효정 역(2004). 0~3세까지 아기의 두뇌를 결정하는 베이비 마사지. 앨런 히스 · 닉키 베인브리지 저. 경기 : 21세기 북스.

라효정(2004). 전문인을 위한 베이비 마사지 강의. 서울: 이유.

랜덤하우스코리아(2003). 건강하고 똑똑한 아이 만드는 임신 출산 육아백과. 서울: 랜덤하우스코리아.

랜덤하우스코리아(2007). 첫아기 출산-임신후기에서 육아까지. 서울: 랜덤하우스코리아.

류왕호(1997). 자기성장중심 부모교육 프로그램이 어머니 자아개념에 미치는 효과. 한국영유아보육학, 12, 77-100.

류점숙 · 국주영(2000). 전통태교의 현대과학적 의의. 진주산업대학교 논문집, 19, 87-103.

민하영(2004). 손자녀가 지각하는 조모/외조모의 사회적 지지 특성과 학령기 아동의 심리적 적응. 한국가정관리학회지, 22(3), 23-34.

민하영 · 유안진(1996). 아동이 지각한 조부모의 사회적 지지와 아동의 사회적 능력과의 관계. 대한가정학회지, 34(4), 279-294.

민하영 · 이윤주 · 김경화(2008). 여성 한부모 및 양부모 가정의 모-자녀 의사소통과 청소년 자녀의 심리적 소외감. 한국가정관리학회지, 26(3), 15-23.

박경란(1994). 부모-조부모 관계의 질이 청소년기 손자녀-친조부모간의 유대관계에 미치는 영향: 부산시 중, 고등학교 학생을 중심으로. 한국노년학, 14(2), 74-89.

박경자 · 권연희(2002). 문제 해결을 위한 모-자 상호작용 시 어머니 행동과 관련된 변인: 결혼 만족도 , 자녀양육 스트레스, 애착 안정성. 아동학회지, 23(4), 53-70.

박성연 · 김상희 · 김지신 · 박응임 · 전춘애 · 임희수(2003). 자녀와의 진정한 만남을 위한 부모교육. 서울: 교육과학사.

박성연 · 성숙자 · 김상희 · 김지신 · 박응임 · 전춘애 · 안지영 · 임희수 · 이사라 · 한세영 · 이주연(2007). 부모-자녀관계. 경기: 교문사.

박신진(2008). 영아기 모-자녀 상호작용 중재프로그램 효과 연구 -영아 신호 민감성 증진을 중심으로-. 한국아동학회, 29(5), 151-164.

박재희(1997). 십대의 적극적 부모역할 훈련이 비행청소년 가족의 의사소통과 가족기능에 미치는 영향. 전남대학교 대학원 석사학위논문.

박현선 · 이상균(1998). 청소년기 문제예방을 위한 학교-가정연계프로그램 개발-학교기반 부모교육 프로그램을 중심으로-. 한국사회복지학, 35, 205-229.

박화윤(2002). 유치원에서의 부모자원봉사활동 운영에 대한 교사의 인식. 유아교육연구, 22(1), 163-184.

배지희(2002). 유아교육과 부모참여의 의미와 실제에 대한 문화기술적 탐구. 유아교육연구, 22(4), 5-28.

백지은(2007). 분리불안장애 아동의 특성과 부모-자녀 놀이치료 프로그램의 효과. 한양대학교 대학원 박사학위논문.

서영숙 · 김경혜(1997). 중산층 맞벌이 가족의 자녀양육 실태에 관한 연구. 사회과학연구 2(2)(숙명여자대학교 편), 73-101.

설동훈 · 김윤태 · 김현미 · 윤홍식 · 이혜경 · 임경택 · 정기선 · 주영수 · 한건수(2005). 국제결혼 이주여성 실태조사 및 보건 복지 · 지원 정책 방안. 보건복지부 연구용역과제 보고서.

성영혜(1998). 발달놀이치료이론을 통한 母-子관계증진과 아동행동치료. 여성가정생활연구, 3, 20-49.

성영혜(2001). 모-아 TP를 통한 애착 증진 프로그램 개발 기초 연구. 아시아여성연구, 40, 63-85.

성영혜 · 윤석희 · 이경화(1994). 부모교육. 서울: 문음사.

송길연 · 김수정 · 이지연 · 양돈규 역(2000). 발달심리학. David R. Shaffer 저. 서울: 시그마프레스.

송영혜(1997). 놀이치료 이론들의 고찰. 놀이치료연구, 1(1), 1-15.

송진숙 · 권희경(2000). 가정과 학교간의 연계교육을 위한 부모의 가정내 교육적 활동과 자원봉사활동 참여도에 대한 연구. 아동학회지, 21(2), 233-251.

신라대학교 가족상담센터 편역(2005). 이혼조정 매뉴얼. 서울: 양서원.

신영철(2005). 산후 우울증의 치료와 예방. 한국모자보건학회 학술대회 자료집, 18, 76-78.

신용주 · 윤혜경 · 강인재(1997). 부모교육 및 상담. 서울: 양서원.

신혜령 · 정재훈 · 김성경(2006). 한부모가족지원법안에 관한 연구. 서울: 여성가족부.

심혜숙 · 곽미자 역(1998). 성격유형과 자녀양육태도. 서울: 한국심리검사연구소.

안미연 역(2006). 몸과 마음을 키우는 베이비 마사지. 노도 하루오, 노도 아키코 저. 서울: 사랑과 나무.

안선희(2004). 부모참여에 대한 유아교사의 인식과 태도. 미래유아교육학회지, 11(3), 27-49.

안유자(2000). 적극적 부모역할 훈련이 부모의 양육태도와 부모자녀 의사소통에 미치는 영향. 충남대학교 대학원 석사학위논문.

안혜령 · 이순형(2009). 여성결혼이민자 가정 아동과 일반 가정 아동의 학업성취 비교. 아동학회지, 30(1), 1-10.

양영숙(2000). MBTI를 활용한 부모교육프로그램이 어머니의 자아수용과 양육태도에 미치는 효과. 동국대학교 대학원 석사학위논문.

양영희(1987). STEP 부모교육프로그램의 효과에 관한 연구. 이화여자대학교 대학원 석사학위논문.

양장애(1999). 아버지의 역할수행에 관한 탐색적 연구I: 아버지의 역할참여와 아동의 성역할 지향. 아동학회지, 20(1), 135-145.

엄명용(2005). 사회복지실천의 이해(개정판). 서울: 학지사.

여성가족부(2005). www.mogef.go.kr

오선영 · 이숙(1993). 도시 저소득층 취업모의 자녀위탁실태 및 탁아 서비스에 관한 요구 조사. 대한가정학회지, 31(2), 141-157.

오승환(2001). 저소득 편부모가족의 가족기능과 자녀의 심리사회적 특성 비교. 아동복지학, 12, 77-107.

우재현(2001). 심성개발을 위한 교류분석(TA) 프로그램. 대구: 정암서원.

우현경 · 정현심 · 최나야 · 이순형 · 이강이(2009). 다문화가정 어머니의 한국어 능력과 유아기 자녀의 언어발달. 아동학회지, 30(3), 23-36.

유안진(1986). 한국의 전통육아방식. 서울: 서울대학교 출판부.

유안진(1990). 육아론. 서울: 문음사.

유안진(1995). 한국 전통사회의 유아교육. 서울: 서울대학교 출판부.

유안진 · 김연진(1996). 유아를 위한 부모교육. 서울: 동문사.

유영주(1985). 신가족관계학. 서울: 교문사.

유은희 · 홍숙자(1998). 부모교육 프로그램. 대한가정학회지, 36(1), 157-168.

윤기영(2005). 유아교육기관에서의 학부모탐구. 파주: 양서원.

윤서영 · 정옥분(1999). 아버지의 역할수행과 아동의 사회적 적응과의 관계. 아동학회지, 20(2), 101-123.

윤운성(2001). 한국형에니어그램 1, 2, 3단계 워크북. 아산: 한국에니어그램교육연구소.

이경숙(1996). 애착장애 아동의 특성과 부모-아동 관계 개선 프로그램 개발 및 적용에 관한 연구. 이화여자대학교 대학원 박사학위논문.

이경혜(2004). 여성건강간호학(상). 서울: 현문사.

이경혜 · 노춘희(1989). 한국의 전통 분만체위에 관한 연구. 한국생활과학연구원논총, 43, 163-172.

이경희 · 이경희(1994). 아동발달과 양육. 서울: 형설출판사.

이규태(1978). 한국인의 조건. 서울: 문음사.

이대현(2006. 11. 6). "사람품이 천국이다" 포옹을 하면. 매일신문.

이도영 등(1999). 교류분석: 이론과 실제. 서울: 중앙적성출판사.

이동만 역(1987). Danial Bell의 정보화사회의 사회적 구조. 서울: 하울.

이민자 · 김용미 · 정명수(2007). 가정통신문을 이용한 부모교육 프로그램이 어머니의 부모효능감, 양육행동에 미치는 영향에 관한 연구. 아동교육, 16(3), 191-203.

이병래(1997). 부모의 심리적 자세와 유아의 정서지능과의 관계. 중앙대학교 대학원 박사학위논문.

이부영(1998). 분석심리학: C. G. Jung의 인간심성론. 서울: 일조각.

이사라 · 박지숙 · 이혜린 · 김은진 · 권정임 · 김수진(2008). 자녀의 발달단계별 부모교육 프로그램의 요구도 조사연구: 학령기 아동의 부모를 대상으로. 아동학회 춘계학술대회 자료집, 130-131.

이숙 · 최정미 · 김수미(2002). 가족문제와 가족복지. 서울: 도서출판 양지.

이숙 · 최정미 · 김수미(2002). 현장중심 놀이치료. 서울: 학지사.

이순복 · 정미숙(2006). MBTI를 활용한 유치원부모교육 프로그램이 어머니의 양육효능감 및 가족기능성 변화에 미치는 효과. 대한가정학회지, 44(10), 121-132.

이순형(1990). 특수 아동의 발달과 지도. 서울: 중앙적성출판사.

이순형 · 문무경 · 최연실 · 이숙정 · 정하나 · 우현경(2006). 농촌여성결혼이민자 정착지원 방안. 농림부 연구용역과제 보고서.

이순형 · 민하영 · 이소은 · 이완정 · 황혜신 · 이영미 · 이혜승 · 한유진 · 이옥경 · 권혜진 · 성미영(2008). 아동복지-이론과 실천-(4판). 서울: 학지사.

이영 · 김온기(2000). 엄마와 함께 하는 영아 교육 프로그램이 어머니-영아 관계 및 영아 발달에 미치는 영향. 유아교육연구, 20(3), 67-84.

이영숙 · 박경란 · 전귀연(2004). 가족문제와 복지. 서울: 신정.

이영자(2007). 적극적 부모역할 훈련(APT) 프로그램과 부모의 양육태도. 숙명여자대학교 대학원 석사학위논문.

이영주(2008). 다문화가족 아동의 특성에 따른 적응요인: 위험요인과 보호요인분석. 한국가족복지학, 13(1), 79-101.

이영환(2001). 생산적인 아버지노릇과 유아의 애착안정성의 발달적 결과: 단기종단적 연구. 아동학회지, 22(2), 65-76.

이완정 · 현온강 · 최혜란(1997). 아버지의 자녀양육 참여도와 자녀의 보육상황에 대한 보육인지도가 아버지의 보육만족도에 미치는 영향. 대한가정학회지, 36(4), 63-77.

이원영(1992). 부모교육론. 서울: 교문사.

이원영 · 이태영 · 강정원(2008). 영유아교사를 위한 부모교육. 서울: 북카페.

이은화 · 이경우 역(1985). 부모교육입문-부모자녀관계. J. J. Bigner 저. 서울: 창지사.

이재연 · 김경희(1996). 부모교육. 서울: 양서원.

이정화(2008). 엄마의 성격을 알면 아이가 보인다. 서울: 교보문고.

이정화 · 한경혜(2008). 농촌 조손가족의 세대관계와 손자녀 양육 조모의 심리적 복지. 한국노년학회지, 28(1), 177-196.

이한수(1996). 초등학교 1학년 부모교육프로그램 참여효과에 관한 연구. 건국대학교 대학원 석사학위논문.

이한욱(2008). 애착증진을 위한 부모교육 프로그램 개발-Satir 빙산이론을 중심으로-. 한남대학교 대학원 석사학위논문.

임계원(1987). 소아정신과 환아 부모의 부부관계에 대한 연구. 이화여자대학교 대학원 박사학위논문.

임연화 · 이승희(1999). 놀이치료 이론에 따른 치료자 역할의 비교. 놀이치료연구, 3(1), 43-60.

임현진(2000). 한국사회의 안전과 위험: 이론적 모색과 경험적 고찰. 사회과학, 39(2), 1-26.

임현진(2000). 한국에서 지식기반사회의 이론과 그 적용. 새천년의 과학기술과 지식기반사회. 서울: 나남출판.

장래혁(2006. 11. 14.). 뇌가 가장 싫어하는 건 뭘까. 오마이뉴스.

장혜순(2008). 부모교육 및 상담의 이론과 실제. 서울: 파란마음.

장휘숙 역(2003). 애착장애의 치료: 이론에서 실제까지. Karl Heinz Brisch 저. 서울: 시그마프레스.

장휘숙(2001). 아동발달-아동의 심리적 세계. 서울: 박영사.

전애영(2005). 모-아 치료놀이 프로그램이 모-아 상호작용에 미치는 영향. 경성대학교 대학원 석사학위논문.

전우경(2002). 영아의 애착증진을 위한 부모교육 프로그램의 구성과 적용효과. 중앙대학교 대학원 박사학위논문.

전춘애 · 이미숙(2003). 부모교육 프로그램의 개발과 수행헤 관한 연구 경향 분석(최근 10년간 국내연구를 중심으로. 한국가족관계학회지, 8(3), 1-29.

정계숙(1996). 가정중심 부모교육 프로그램 효과의 개인차에 관한된 부모변인 연구. 유아교육논총, 6, 27-46

정계숙(2007). 부모교육. 서울: 창지사.

정문자 역(1990). 부모교육 원리와 방법. Harman, D., & Brim, Jr., O. G. 저. 서울: 교육과학사.

정영숙 · 김영희 · 박범혁(2001). 아동발달과 부모교육. 서울: 시그마프레스.

정옥분(2002). 아동발달의 이해. 서울: 학지사.

정옥분(2005). 청년심리학. 서울: 학지사.

정은희(2004). 농촌지역 국제결혼 가정 아동의 언어발달과 언어환경. 한국언어치료학회 발표.

정태연 · 노현정(2005). 어머니의 취업유무에 따른 양육죄책감과 양육행동의 차이. 한국심리학회지: 여성, 10(2), 211-231.

정현희 · 최경순(1992). 아버지의 양육참여행동과 아동의 친사회적 도덕판단능력. 아동학회지, 13(1), 38-51.

조경자 · 이현숙(2004). 유아건강교육. 서울: 학지사.

조복희(1999). 아동발달. 서울: 교육과학사.

조복희 · 이진숙(1998). 한국 부모-자녀 관계 관련 속담의 분류 및 이에 대한 인식도. 아동학회지, 19(1), 5-26.

조희금(1999). 취업기혼여성의 일-가정갈등과 직업 및 생활만족도-생산직과 사무직 기혼여성을 중심으로. 대한가정학회지, 37(2), 145-158.

주간동아(2009. 6. 3.).

채정현(2005). 실천적 문제중심의 부모교육. 한국가정과교육학회 동계학술대회 자료집. 한국가정과교육학회, 31-63.

채혜경(2008). 결혼이민자 가정 유아의 문해능력과 가정문해환경. 서울대학교 대학원 석사학위논문.

최경순(1992). 아버지의 양육행동 및 참여도와 아동의 사회적 능력과의 관계. 고려대학교 대학원 박사학위논문.

최경순 · 정현희(1995). 아버지의 양육참여와 유아의 역할수용 능력 및 친사회적 행동과의 관계. 대한가정학회지, 33(1), 125-139.

최나야 · 우현경 · 정현심 · 박혜준 · 이순형(2009). 영유아기 자녀를 둔 다문화가정 어머니의 양육 스트레스. 한국가정관리학회지, 27(2), 255-268.

최미경(2008). 유아기 부모교육 프로그램 개발을 위한 기초연구: 유아기 부모교육 현황과 미래지향적인 부모교육 방향 탐색. 아동학회 춘계학술대회 자료집, 157.

최양숙(2008). 자녀의 조기유학으로 인한 분거가족에서 나타나는 사회심리적 기제. 한국가족관계학회지, 13(3), 67-97.

최연실 · 권용혁 · 김태성 · 우실하(2007). 한려 · 국제결혼에서의 갈등과 적응: '소외'와 '타자화'의 체험에서 '소통'과 '화합'의 모색으로. 한국가족관계학회지, 12(2), 251-299.

최연실 · 이순형 · 문무경(2008). 농촌거주 결혼이민여성의 발달과 적응. 인간발달연구, 15(3), 225-248.

최윤선(2005). 산욕초기 초산모의 모성역할 적응과 산후우울과의 관계. 임상간호연구지, 8, 114-124.

통계청(1985). 인구주택총조사.

통계청(2002). 인구동태 통계연보.

통계청(2004). 인구주택총조사.

통계청(2005). 인구주택총조사.

통계청(2006). 인구주택총조사.

통계청(2007). 한국의 사회지표.

한건수(2006). 농촌지역 결혼이민자 여성의 가족생활과 갈등 및 적응. 한국문화인류학, 39(1), 195-243.

한국교육개발원(1984). 부모교육 프로그램 모형개발 연구. 서울: 한국교육개발원.

한국보건사회연구원(2001). 2000년도 장애인 실태조사.

한국부모교육학회 편(1997). 부모교육학. 서울: 교육과학사.

한국아동학회 역(1989). 부모교육의 이론과 적용. M. J. Fine 저. 서울: 국민서관.

한국여성개발원(2004). 저출산시대 여성과 국가 대응전략.

한국인구보건연구원(1985). 전국심신장애자 실태조사보고.

한국행동과학연구소 편(1979). 부모교육안내서. 서울: 한국행동과학연구소.

한국행동과학연구소 편(1983). 유아교육운영. 서울: 한국행동과학연구소.

한미현(1993). 가정의 경제적 스트레스 및 부모의 지지에 따른 아동의 문제행동. 한국가정관리학회지, 11(2), 181–194.

한세영 · 김연화 · 김기원 · 김주연 · 김지윤 · 안수희 (2008). 예비부모교육 프로그램의 요구도 조사연구-첫 자녀를 임신한 예비어머니를 중심으로-. 아동학회 춘계학술대회 자료집, 144–145.

한영숙(2007). 부-자녀관계 증진을 위한 미술치료 적용 연구. 미술치료연구, 14(3), 457–478.

한종혜 · 홍계옥(2000). 어머니의 자기지각과 양육행동-유치원아 어머니를 중심으로-. 미래유아교육학회지, 7(1), 85–111.

홍경자 역(1995). 현대의 적극적 부모역할훈련. 서울: 중앙적성출판사.

홍경자 · 노안영 · 차영희 · 최태산 역(2007). 부모코칭 프로그램 적극적 부모역할, Now! -부모용지침서-. 서울: 학지사.

황세희(2005. 8. 8). 산후우울증, 아이 성격 · 지적 발달에 영향. 중앙일보.

황임란(2005). 에니어그램과 MBTI의 비교. 청소년학연구, 12(2), 314–335.

Ainsworth, M. D. S. (1940). An evaluation of adjustment based upon the concept of security. University of Toronto Studies. *Child Development Series, no.9.* Toronto: University of Toronto Press.

Ainsworth, M. D. S. (1968). Object-relations, dependency, and attachment: A theoretical review of the infant-mother relationship. *Child Development, 40*, 969–1025.

Anisworth, M. D. S. (1973). The development of infant-mother attachment. In B. M. Caldwell & H. N. Ricciuti (Eds). *Review of child development research* (Vol. 3). Chicago Press.

Baker, B. L., & Heifetz, L. J. (1976). The READ project: Teaching manuals for parents of retarded children. In T. D. Tjossem (Ed.), *Intervention strategies for high risk infants and young children.* Baltimore, MD: University Park Press.

Baldwin, D. A. (2000). Interpersonal understanding fuels knowledge acquisition. *Current Directions in Psychological Science, 9*, 40–45.

Baldwin, J. D., & Baldwin, J. I. (1986). *Behavior principles in everyday life* (2nd ed.). Englewood Cliffs, NJ: Prentice-Hall.

Bandura, A. (1977). Self-efficacy: Toward a unifying theory of behavioral change. *Psychological Review, 84*, 191–215.

Barbe, Walter Burke, Zaner-Bloser(1980). *Basic skills in kindergarden: Foundation for formal learning.* Columbus.

Baron, R., & Wagele, E. (1994). *The Enneagram made easy: Discover the 9 types of people.* 최연실 역(2005). 내 사람, 남의 사람 알수 있는 9가지 방법. 서울: 청림출판.

Baumrind, D. (1966). Effects of Authoritative Parental Control on Child Behavior. *Child Development, 37(4)*, 887-907.

Baumrind, D. (1967). Child care practices anteceding three patterns of preschool behavior. *Genetic Psychology Monographs, 75*, 43-88.

Baumrind, D. (1971). Current patterns of parental authority. *Developmental Psychology, 4*, 1-103.

Baumrind, D. (1973). The development of instrumental competence through socialization. In A D. Pick (Ed.), *Minnesota symposia on child psychology* (Vol. 7). Minneapolis: Univ. of Minnesota Press.

Baumrind, D. (1991). Effective parenting during the early adolescent transition. In P. A. Cowan & E. M. Heatherington (Eds.), *Family transitions.* Hillsdale, NJ: Erlbaum.

Becker, W. C. (1964). Consequences of different kind of parental discipline. In M. L. Hoffman & L. W. Hoffman (Eds.), *Review of child development research* (Vol. 1). NY: Russell Sage Foundation.

Bell, D. (1985). *The social framework of the information society.* In T. Forester (Ed.), The Microelectronics Revolution Cambridge: The MIT Press. 이동만 역(1987). 정보화사회의 사회적 구조. 서울: 한울.

Belsky J., Domitrovich C., & Crnic K (1997). Temperament and parenting antecedents of individual differences in three-year-old boys' pride and shame reactions. *Child Development, 68*, 456-466.

Belsky, J. (1984). The determinants of parenting: A process model. *Child Development, 55*, 83-96.

Belsky, J. B., & Volling, B. L. (1987). Mothering, fathering, and marital interaction in family triad during infancy: Exploring family system' s processes. In P. W. Berman and F. A. Pedersen (Eds.), *Men' s transitions to parenthood: Longitudinal studies of early family experience.* Hilsdale, NJ: Erlbaum.

Bem, S. L. (1974). The measurement of psychological androgyny. *Journal of Clinical and Consulting Psychology, 42*, 155-162.

Berman, P. W., & Pedersen, F. A. (Eds.) (1987). *Men' s transitions to parenthood: Longitudinal studies of early family experiences.* NY: Erlbaum.

Berne, E. (1961). *Transactional Analysis in Psychotherapy.* New York: Grove Press, Inc.

Berne, E. (1964). *Games People Play.* New York: Grove Press, Inc.

Berne, E. (1972). *What do you say after you say hello?.* Corgi Books.

Bernino, J., & Rourke, J. (2003). Obesity prevention in pre-school Native-American Children: A pilot study using home visiting. *Obesity Research, 11,* 606-611.

Bernstein, A. C. (1989). *Yours, mine and ours: How families change when remarried parents have a child together.* Scribners.

Bernstein, B. (1973). *Class, codes and control,* vol. 1. London, Routledge & Kegan Paul.

Birnbrauer, J. S. (1994). Should only positive methods be used by professionals who work with children and adolescents?: No. In M. A. Mason & E. Gambrill (Eds.), *Debating children' s lives: Current controversies on children and adolescents.* Thousand Oaks, CA: Sage.

Blankenhorn, D. (1995). *Fatherless America: Confronting our most urgent social problem.* NY: Basic Books.

Blatz, W. (1940). *Hostages to peace: Parents and the children of democracy.* New York: Morrow.

Boccella, E. (1987). Effects of the Active Parenting program on attitudinal change of parents, parent perceived behavioral change of children, and parent perceived change in family environment. Doctoral dissertation, Temple University.

Bolger, K. E., Patterson, C. J., Thompson, W. W., & Kupersmidt, J. B. (1995). Psychological adjustment among children experiencing persistent and intermittent family economic hardship. *Child Development, 66,* 1107-1129.

Booth, A. L. (1992). *Child care in 1990s: Trends and consequences.* Erlbaum Associates.

Booth, A., & Amato, P. R. (1991). Divorce and psychological stress. *Journal of Health and Social Behavior 32*(4), 396-407.

Borgers, N., Dronkers, J., & Van Praag, B. M. S. (1996). The effects of different form of two-and single parent families on the well-being of their children in Deutch secondary education. *Social Psychology of Education, 1,* 147-169.

Bornstein, M. H. (1985). How infant and mother jointly contribute to developing cognitive competence in the child. *Proceedings of the National Academy of Sciences(U.S.A.), 82,* 7470-7473.

Bornstein, M. H., & Arterberry, M. E. (1999). Perceptual development. In M. H. Bornstein and M. E. Lamb (Eds.), *Developmental psychology: An advanced textbook*(4th ed., pp. 231-274). Mahwah, NJ: Lawrence Erlbaum Associates.

Bowlby, J. (1969, 1982). *Attachment and loss.* Vol.1. Attachment. New York: Basic Books.

Bradshaw, J. (1990). *Home Coming: Reclaiming and Championing your inner child.* 오제은 역 (2004). 상처받은 내면아이 치유. 서울: 학지사 .

Brestan, E. V., & Eyberg, S. M. (1998). Effective psychosocial treatment of conduct-disordered children and adolescents: 29 years, 82 studies, and 5,272 kids. *Journal of Clinical Child Psychology, 27*, 180-189.

Brody, V. A. (1978). Developmental play: A relationship-focused program for children. *In Child Welfare*, volume LVII, No 9, November.

Bronfenbrenner, U. (1979). *The ecology of human development: Experiment by nature and design.* Cambridge, MA: Harvard University Press.

Bronfenbrenner, U. (1989). Ecological systems theory. *Annals of Child Development, 6*, 187-249.

Bronfenbrenner, U., & Ceci, S. (1994). Nature-nurture reconceptualization in developmental perspective: a bioecological model. *Psychological Review, 101*, 568-586.

Bronfenbrenner, U., & Morris, P. A. (1998). The ecology of developmental processes. In W. Danon & R. M. Lerner, *Handbook of Child Psychology: Vol.1. Theory* (5th ed.). New York: Wiley.

Brooks, J. B. (2001). *Parenting*(3rd ed.). Mayfield Publishing Company.

Brooks, J. B. (2001). *Parenting*, McGraw-Hill. Companies, Inc. 이순례 · 문연심 · 신건호 역 (2006). 새로운 세대의 부모와 자녀. 서울: 학지사.

Brooks, J. B. (2008). *The Process of Parenting.* New York: McGraw Hill.

Brooks-Gunn, J., & Reiter, E. O. (1990). The role of pubertal processes. In S. S. Feldman & G. R. Elliott(Eds.), *At the threshold.* Cambridge, MA: Harvard University Press.

Brown, L. (2003). *Grandparents their grandchildren: An in-depth phenomenological study.* Doctoral disseration. New Mexico Univ.

Brunelli, S. A., Wasserman, G. A., Rauh, V. A., Alvarado, L. E., & Caraballo, L. R. (1995). Mothers' reports of paternal support: Associations with maternal child-rearing attitudes. *Merrill-Palmer Quarterly, 41*, 152-171

Cairney, J., Boyle, M., Offord, D., & Racine, Y. (2003). Stress, social support, and depression in single and married mothers. *Social Psychiatry and Psychiatric Epidemiology, 38*, 442-449.

Cedar, B., & Levant, R. F. (1990). A meta-analysis of the effects of parent effectiveness training. *American Journal of Family Therapy, 18*(4), 373-384.

Chacko, A., Wymbs, B. T., Wymbs, F. A., Pelham, W. E., Swanger-Gagne, M. S., Girio, E., Pirvics, L., Herbst, L., Guzzo, J., Phillips, C., & O' Connor, B. (2009). Enhancing traditional behavioral parent training for single mothers of children with ADHD. *Journal of Clinical Child & Adolescent Psychology, 38*(2), 206-218.

Chronis, A. M., Chacko, A., Fabiano, G. A., Wymbs, B. T., & Pelham, W. E. (2004). Enhancement to the behavioral parent training paradigm for families of children with ADHD: Review and future directions. *Clinical Child and Family Psychology Review, 7*, 1-27.

Cohn, d. A. (1990). Child-mother attachment of six-year-olds and social competence at school. *Child Development, 61*(1), 152-162.

Coleman, M., & Churchill, S. (1997). Challenges to family involvement. *Childhhood Educatin, 73*(3), 144-148.

Coleman, M., & Wallinga, C. (2000). Connecting families and classrooms using family involvement webs. *Childhood Education, 76*(4), 209-214.

Coley, R. (1998). Children' s socialization experiences and functioning in single mother households: The importance of fathers and other men. *Child Development, 69*(1), 219-230.

Conger, R. D., Conger, K. J., Elder, G. H., Lorenze, F. O., Simmons, R. L., & Whitebeck, L. B. (1992). A family process model of economic hardship and adjustment of early adolescent boys. *Child Development, 63*, 526-541.

Connors, L J., & Epstein, J. L. (1995). Parents and school partnerships. In M. Bornstein (Ed.), *Handbook of parenting: Vol. 4. Applied and practical parenting* (pp. 437-458). Mahwah, N.J. : Erlbaum

Constantinople, A. (1973). Masculinity-femininity: An exception to the famous dictum?. *Psychological Bulletin, 80*, 389-407.

Cook-Gumperz, J. (1973). *Social control and socialization: A study of social class differences in the language of maternal control.* London, Routledge & Kegan Paul.

Covey, S. R. (1997). The 7 habits of highly effective families. NY: Franklin Covey Co.

Cowan, P, A., Powell, D., & Cowan, C. P. (2000) Parenting interventions: A family systems perspective. In I. E. Sigel & Renninger(Vol, 4, 5th ed.), *Handbook of Child Psychology in Practice*(pp. 3-72). John Wiley & Sons. Inc.

Cox, C. M. (1926). The early mental traits of three hundred geniuses. In Terman, L. M. (Ed.), *Genetic Studies of Genius* (Vol. II). SanFrancisco: Stanford University Press.

Cox, C. M. (1926). The early mental traits of three hundred geniuses. Stanford University Press.

Creasey, G., & Koblewski, P. J. (1991). Adolescent grandchildren' s relationships with maternal and paternal grandmothers and grandfathers. *Journal of Adolescence, 14*, 373-387.

Crosnoe, R., & Elder, G. H., Jr. (2002). Life course transitions, the generational stake, and grandparent-grandchild relationships. *Journal of Marriage and Family, 64*, 1089-1096.

Cummings, E. M., & O' Reilly, A. W. (1997). Fathers in family context: Effects of marital quality on child adjustment. In M. E. Lamb (Ed.), *The role of the father in child development* (3rd ed., pp. 49-65). New York: Wiley.

Deaux, K. (1987). Psychological constructions of masculinity and femininity. In J. M. Reinisch, L. A. Rosenblum, & S. A. Sanders (Eds.), *Masculinity/femininity: Basic perspectives* (pp. 289-303). New York: Oxford University Press.

Demo, D. H., & Cox, M. J. (2000). Families with young children: A review of research in the 1990s. *Journal of Marriage and family, 62*(4), 876-895.

Dennis, W., & Dennis, M. G. (1940). the effect of cradling practices upon the onset of walking in Hopi children. *Journal of Genetic Psychology, 56*, 77-86.

Dinkmeyer, D., & McKay, G. D. (1983). *STEP/TEEN systematic training for effective parenting of teens.* Circle Pines, MN: American Guidance Service.

Dinkmeyer, S. Sr., Macay, G. D., Dinkmeyer, J. S., Dinkmeyer, D., & Macy, J. L. (1997). *Leaders resource guide: systematic training for effective parenting of children under six kit.* American Guidance Service, Inc. Minnesota.

Doh, H. S., & Falbo, T. (1999). Social competence, maternal attentiveness and overprotectiveness: Only children in Korea. *International Journal of Behavioral Development, 23*(1), 149-162.

Duberman, L. (1975). *The reconstituted family: A study of remarried and their children.* Nelson-Hall.

Elkind, D. (1974). *Children and adolescents* (2nd Ed.). New York: Oxford University Press.

Epstein, J. L. (2001). *School, family, and community partnerships: Preparing educators and improving schools.* Boulder, CO : Westview Press.

Erikson, E. (1950). *Childhood and society.* New York: Norton.

Erikson, E. (1963). *Childhood and society* (2nd Ed.). New York: Norton.

Faber, A., & Mazlish, E. (1980). H*ow to talk so kids will listen and listen so kids will talk.* New York: Rawson Wade.

Finch, J. (1989). *Family Obligations and Social Change.* Cambridge, UK: Polity Press.

Fine, M. J. (1980). The parent education movement: An introduction. In M. J. Fine (Ed.), *Handbook on parent education* (pp. 3-26). NY: Academic Press.

Fine, M. J., & Brownstein, C. (1983). Parent education: Problems, promises, and implications for school social workers. *Social Work in Education, 6*, 44-55.

Fine, M. J., & Henry, S. A. (1991). Professional issues in parent education. In M. J. Fine (Ed.), *The second handbook on parent education: Contemporary perspectives* (pp. 3-20). NY: Academic Press.

Fine, M. J., & Herry, S. A. (1991). Professional issues in parent education. In M. J. Fine (Ed.) *The second handbook on parent education: Contemporary perspectives* (pp. 3-20). NY: Academic Press.

Flouri, E., & Buchanan, A. (2004). Early father' s and mother' s involvement and child' s later educational outcomes. *British J. of Educational Psychology, 74*, 141-153.

Freud, S. (1949). *An outline of psycho-analysis.* New York: Norton.

Fuligni, A., & Eccles, J. S. (1993). Perceived parent-child relationships and early adolescents' orientation toward peers. *Developmental Psychology, 29*, 622-632.

Furman, W., & Buhrmester, D. (1985). Children' s perceptions of the personal relationships in their social network. *Developmental Psychology, 20*, 277-290.

Ganong L. H., & Coleman, M. (1988). Do mutual children cement bonds in stepfamilies?. *Journal of Marriage and Family, 50*, 687-698.

Geary, D. C. (2000). Evolution and Proximate Expression of Human Paternal Investment. *Psychological Bulletin, 126*(1), 55-77.

Gesell, A., & Ilg, F. (1943). *Infant and Child in the Culture of Today.* New York: Harper and Brothers Publishers.

Gestwicki, C. (2000). Home, school, and community relations: A guide to working with parents. Albany, N.Y. : Delmar Publishers

Gottman, J. M. & DeClaire, J. (1997). *Raising an Emotionally Intelligent Child: The Heart of Parenting*. Simon and Schuster.

Gould, E., Reeves, A. J., Graziano, M. S., Gross, C. G. (1999). Neurogenesis in the neocortex of adult primates. *Science, 286*, 548-552.

Griswold, R. L. (1993). *Fatherhood in America*. NY: Basic Books.

Grusec, J. E., & Redler, E. (1980). Attribution, reinforcement, and altruism: A development analysis. *Developmental Psychology, 16*, 525-534.

Hamner, T. J., & Turner, P. H. (1985). *Parenting in contemporary society*. NY: Prentice-Hall.

Harmain, D., & Brim, Jr., O. G. (1980). *Learning to be parents: Principles, programs, and methods*. Beverly Hills, CA: Sage.

Harris, K. M., & Morgan, S. P. (1991). Fathers, sons, daughters: Differential paternal involvement in parenting. *J. of Marriage and the Family, 53*(3), 531-544.

Harris, T. A. (1967). *I' m OK - You' re OK*. New York: HarperCollins Publishers Inc.

Harter, S. (1990). Self and self-identity. In S. S. Feldman & G. R. Elliott(Eds.), *At the threshold*. Cambridge, MA: Harvard University Press.

Harter, S. (1998). The development of self-representations. In E. Damon (Ed.), *Handbook of Child Psychology, vol. 3* (pp. 553-617). New York: Wiley.

Heatherington, L., Lavner, J. A. (1998). Assessing individual family member' s constructions of family problem. *Family Process, 37*, 2, 167-188.

Heith, M. M., & Campos, J. J. (1977). Human infancy. *Annual Review of Psychology, 28*, 251-293.

Hetherington, E. M. (1987). Family relations six year after divorce. In Pasley, K., & Ihinger-Tallman, M. (Eds.), *Remarriage and stepparenting today: Current research and theory*. Guilford, 185-205.

Hetherington, E. M., Law, T. C., & O' Connor, T. G. (1993). Divorce: Callenges, change and new chance. In Walsh, F. (Eds.), *Normal Family Process*(end Ed.). Guilford, 208-234.

Holden, G. W., Coleman, S. M., & Schmidt, K. L. (1995). Why 3-year-old children get spanked: Parent and child determinants as reported by college-educated mothers. *Merrill-Palmer Quarterly, 41*(4), 431-452.

Holmbeck, G. N., Paikoff, R. L., & Brooks-Gunn, J. (1995). Parenting adolescents. In M. Bornstein (Ed.), *Handbook of Parenting, Vol. 1* (pp. 91-118). Hillsdale, NJ: Erlbaum.

Huttenlocher, P. (2002). *Neural plasticity*. Cambridge, MA: Harvard University Press.

Jaffe, M. L. (1997). *Understanding parenting*(2nd). Boston: Allyn & Bacon.

James, M., & Jongeward D. (1996). *Born to win*. 이원영 역(2005). 아이는 성공하기 위해 태어난다. 서울: 샘터.

Jendrek, M. P. (1993). Grandparents who parent their grandchildren: Effects on lifestyle. *Journal of Marriage and Family, 55*, 609-621.

Jennifer, W. (1999). One is enough?. *Christian Science Monitor, 91*(121), 15-17.

Jensen, R. E., & Moore, S. G. (1977). The effect of attribute statements on cooperativeness and competitiveness in school-age boys. *Child Development, 48*, 305-307.

Jung, C. (1934). *The meaning of psychology for modern man*.

Kaler, S., & Kopp, C. (1990). Compliance and comprehension in very young toddlers. *Child Development, 58*, 1459-1473.

Keller, H. (2007). *Cultures of infancy*. New Jersey: Lawrence Erlbaum Associates.

Kennedy, G. E. (1992). Quality in grandparent/grandchild relationships. International *Journal of Aging and Human Development, 35*(2), 83-98.

Key, E. (1909). *The century of the child*. NY: G. P. Putnam' s Sons.

King, V., & Elder, G. H. Jr. (1995). American children view their grandparents: Linked lives across three rural generations. *Journal of Marriage and Family, 57*, 165-178.

Kohlberg, L. (1966). Cognitive stages and preschool education. *Human Development, 9*, 5-17.

Kuczynski, L., & Kochanska, G. (1995). Function and Content of Maternal Demands: Developmental Significance of Early Demands for Competent Action. *Child Development, 66*, 616-628.

Lafreniere, P. J., & Sroufe, L. A. (1985). Profiles of peer competence I the preschool: Interrelations between measure, influence of social ecology, and relation to attachment history. *Developmental Psychology, 21*, 56-69.

Lamb, M. E. (1981). *The role of the father in child development*. NY: Wiley & Sons.

Lamb, M. E. (1986). The changing role of fathers. In M. E. Lamb (Ed.), *The father' s role: Applied perspectives*. NY: John Wiley & Sons.

Lamb, M. E. (Ed.). (1997). *The role of the father in child development* (3rd ed.). New York: Wiley.

Landerholm, E., & Lowenthal, B. (1993). Adding variety to parent involvement activities. *Early Child Development and Care. 91*, 1-16.

Larson, R., & Ham, M. (1993). Stress and 'storm stress' in early adolescence: The relationship of negative events and dysphoric affect. *Developmental Psychology, 29*, 130-140.

Larson, R., & Richards, M. (1994). *Divergent realities: The emotional lives of mothers, fathers, and adolescents*. New York: Basic Books.

Larzelere, R. E. (1994). Should the use of corporal punishment by parents be considered child abuse? No. In M. A. Mason & E. Gambrill (Eds.), *Debating children' s lives: Current controversies on children and adolescents*. Thousand Oaks, CA: Sage.

Lepper, M. R., Greene, D., & Nisbett, R. E. (1973). Undermining children' s intrinsic interest with extrinsic reward: A test of the "overjustfication" hypothesis. *J. of Personality and Social Psychology, 28*, 129-137.

Leslie, Alan M. (1987). Pretense and representation: The origins of "theory of mind." *Psychological Review, 94*(4), 412-426.

Levin, J. (1999). *The Enneagram intelligences: Understanding personality for effective teaching and learning*. CT: Bergin & Garvey.

Levin, J. (2003). *Know your parenting personality*. 윤운성 역(2008). 성공적인 자녀양육을 위한 9가지 성격-부모들을 위한 에니어그램지침서. 한국에니어그램교육연구소.

LeVine, R. A. (1974). Parental Goals: A cross-cultural view. *Teachers College Record, 76*, 226-239.

LeVine, R. A. (1988). Human parental care: Universal goals, cultural strategies, individural behavior. In W. Damon (Series Ed.) & R. A. LeVine, P. M. Miller, & M. M. West (Vol. Eds.), *New directions for child development: Parental behavior in diverse societies* (Vol. 40, pp. 3-11). San Francisco, CA: Jossey-Bass.

Levitt, M. J., Guacci-France, N., & Levitt, J. L. (1993). Convoys of social support in childhood and early adolescence: Structure and function. *Developmental Psychology, 29*, 811-818.

Lewis, M., & Brooks-Gunn, J. (1979). *Social cognition and the acquisition of self*. New York: Plenum.

Lewis, M., & Weinraub, M. (1976). The father' s role in the infant' s social network. In M. E. Lamb (Ed.), *The role of the father in child development*. NY: Wiley.

Lightfoot, C., Cole, M., & Cole, S. (2008). *The development of children* (6th ed.). New York: Worth Publishers.

Lorenz, K. (1935, 1970). *Studies in animal and human behavior* (R. Martin, Trans.). London: Methuen.

Lorenz, K. (1952). *King Solomon' s ring; new light on animal ways*. New York: Crowell.

Lorenza, D. (2002). Developing high quality family involvement programs in early childhood settings. *Young Children, 57*(5), 90-95.

Lubeck, S., & deVries, M. (2000) Social construction of parent involvement in Head Start. *Early Education and Development, 11*(5), 633-658.

Maccoby, E. E. (1990). Gender and relationships: A developmental account. *American Psychologist, 45*, 513-520.

Maccoby, E. E., & Martin, J. A. (1983). Socialization in the context of family: Parent-child interaction. In E. M. Hetherington(Ed. P. H. Mussen General Ed.), *Handbook of child psychology* (Vol. 4). Socialization, personality, and social development (pp. 1-101). N. Y: Wiley.

Mahler, M., Pine, F., & Bergman, A. (1975). *The psychological birth of the human infant*. New York: Basic Books.

Marcia, J. E. (1980). Identity in adolescence. In J. Adelson (Ed.), *Handbook of adolescent psychology*. New York: Wiley.

Martin, B. (1975). Parent-child relations. In F. D. Horowitz (Ed.), *Review of child development research (Vol. 4)*. Chicago: Univ. of Chicago Press.

McCoy, C. L., & Masters, J. C. (1985). The development of children' s strategies for the social control of emotion. *Child Development, 56*, 1214-1222.

Medway, F. J. (1991). Measuring the effectiveness of parent education. In M. J. Fine (Ed.), *The second handbook on parent education: Contemporary perspectives* (pp. 237-255). NY: Academic Press.

Meins, E. (1997). *Security of attachment and the social development of cognition*. Hove, UK: Psychology Press.

Mekos, D. (1996). Sibling differences in problem behavior and parental treatment in nondivorced and remarried family. *Child Development, 67*, 5, 2148-2165.

Melton, D. (1972). When children need help: An up-to-date handbook of guidance for parents of children who have been diagnosed as brain-injured, mentally retarded, cerebral palsied, learning disabled, or as slow learners. Crowell.

Michalski, R. L., & Shackelford, T. K. (2005). Grandparental investment as a function of relational uncertainty and emotional closeness with parents. *Human Nature, 16*(3), 293-305.

Miller, B. M., O' Connor, S., & Sirignano, S. W. (1995). Out-of-school time: A study of children in three low-income neighborhoods. *Children Welfare, 74*(6), 1249-1280.

Moore, C., & Dunham, P. J. (Eds.), (1995). *Joint attention: Its origins and role in development* (pp. 223-250). Hillsdale, NJ: Lawrence Erlbaum Associates.

Morrison, G. (1976). *Parental involvement in home, school and community.* Columbus, Ohio: Chas. E. Merrill.

Mulick, J. A. (1994). Should only positive methods be used by professionals who work with children and adolescents?: No. In M. A. Mason & E. Gambrill (Eds.). *Debating children' s lives: Current controversies on children and adolescents.* Thousand Oaks, CA: Sage.

Murphy, T., & Oberlin, L. H. (2001). *The angry child.* New York: Three Rivers Press.

Murray, A., & Sandqvist, K. (1990). Father absence and children' s achievement from age 13 to 21. *Scandinavian J. of Education Research, 34*, 3-28.

Murray, V. M., & Brody, G. H. (1999). Self regulation and self worth of black children reared in economically stressed, rural, single mother-headed families. *J. of family Issues, 20*(4), 458-484.

Myers, I. B. & Myers, P. B. (1995). *Gifts differing: Understanding personaltu type.* 정명진 역 (2008). 성격의 재발견. 서울: 부글북스.

Nelson, J., & Delzer, C. (1999). *Positive discipline for single parents: Nurturing cooperation, respect and joy in your single-parent family.* NY: Crown.

NICHD Early Child Care Research Network (2003). Does amount of time spent in child care predict socioemotional adjustment during the transition to kindergarten?. *Child Development, 74*, 976-1005.

Nock, M. K., & Kazdin, A. E. (2001). Parent expectancies for child therapy: Assessment and relation to participation in treatment. *Journal of Child and Family Studies, 10*, 155-180.

O' Connor, K. J., & Braverman, L. D. (1997). *Play therapy: Theory and practice.* 송영혜 · 이승희 역(2000). 놀이치료: 이론과 실제. 서울: 시그마프레스.

Olson, M. R., & Haynes, J. A. (1993). Successful single parents. *Families in Society, 74*, 259-267.

Olson, S. L., Ceballo, R., & Park, C. (2002). Early problem behavior among children from low-income, mother-headed families: A multiple risk perspective. *J. of Clinical and*

Adolescent Psychology, 31(4), 419-430.

Parke, R. D. (2000). Father involvement: A developmental psychological perspective. *Marriage and Family Review, 29*, 43-58.

Parsons, T., & Bales, R. (1955). *Family, socialization and interaction process*. Glencoe, IL: Free Press.

Patterson, G. R. (1977). *Living with children*. revised edition. Champaign, III: Research Press.

Pavlov, I. P (1927). *Conditional Reflexes*. London: Oxford University Press.

Pelham, W. E., Wheeler, T., & Chronis, A. (1998). Empirically supported psychosocial treatment for ADHD. *Journal of Clinical Child Psychology, 27*, 190-205.

Perry, D., & Bussey, K. (1984). *Social development*. Englewood Cliffs, NJ: Prentice-Hall.

Peterson, A. C. et al. (1993). Depression in adolescence. *American Psychologist, 48*, 155-168.

Pinker, S., & Bloom, P. (1990) Natural language and natural selection. *Behavioral and Brain Sciences, 13*, 707-784.

Pinsker, M., & Geoffray, K. (1981). A comparison of parent effectiveness training and behavior modification parent training. *Family Relations, 30*, 61-68.

Pollack, W. (1998). *Real boys*. New York: Henry Holt.

Povinelli, D. J., & Simon, B. B. (1998). Young children' s reactions to briefly versus extremely delayed images of the self: Emergence of the autobiographical stance. *Developmental Psychology, 34*, 188-194.

Powell, D. R. (1989). *Families and Early Childhood Program*. Washington, DC: NAEYC.

Powell, D. R., & Diamond, K. E. (1995). Approaches to parent-teacher relationships in U.S early childhood programs during the twentieth century. *Journal of Education, 177*(3), 71-94

Power, T. G., & Chapieski, M. L. (1986). Childrearing and impulse control in toddlers: A natural investigation. *Developmental Psychology, 22*(2), 271-275.

Raver, C. C. (1996). Success at catching and keeping toddlers' attention: An examination of joint attention among low-incom mothers and their 2-year olds. *Early Development and Parenting, 5*, 225-236.

Riso, D, R., & Hudson, R. (1999). *The wisdom of the Enneagram*. 주혜명 역(2000). 에니어그램의 지혜. 서울: 한문화.

Robinson, P. W., Robinson, M. P., & Dunn, T. W. (2003). Looking at Inaccuracies and Omissions in STEP Parenting Research Reporting: A Research Review. *Canadian*

Journal of Counselling, 37(4). 270–278.

Rochat, P., & Striano, T. (1999). Social-cognitive development in the first year. In P. Rochat(Ed.), *Early social cognition* (pp. 3–34). Mahwah, NJ: Lawrence Erlbaum Associates.

Roid, G. H., & Canfield, K. R. (1994). Measuring the dimensions of effective fathering. *Educational and Psychological Measurement, 54*(1), 212–217.

Ross, O. M., & Ross, S. A. (1973). Cognitive training for the educable mentally retarded child situational problem solving and planning. *American Journal of Mental Deficiency, 15*, 216–218.

Rubin, K. H., Bukowski, W., & Parker, J. G. (1998). Peer Interactions, relationships, and groups. In E. Damon (Ed.), *Handbook of child psychology (5th ed.)* vol. 3, (pp. 619–700).

Sailor, D. H. (2004). *Supporting children in their home, school, and community.* Pearson Allyn Bacon Prentice Hall.

Sanders, M, G. (1996). Actions teams in action: interviews and observations in three schools in the Batimore school-family-community partnership program. *Journal of Education for Students Placed at Risk, 1*, 249–262.

Schaefer, E. S. (1959). A circumplex model for maternal behavior. *J. of Abnormal and Social Psychology, 59*, 226–235.

Schaffer, D. R. (2002). *Developmental Psychology: Childhood and Adolescence* (6th ed.). Belmont: Wadsworth.

Schneider-Rosen, K., & Wenz-Gross, M. (1990). Patterns of compliance from eighteen to thirty months of age. *Child Development, 61*, 104–112.

Schweinhart, L. J., Barnes, H. V., & Weikart, D. P. (1993). *Significant benefits: The HighScope Perry Preschool study through age 27*(Monographs of the HighScope Educational Research Foundation, 10). Ypsilanti: HighScope Press.

Seltzer, M. M. (1976). Suggestions for the examination of time-disordered relationships. In J. F. Gubrium (Ed.), *Time, roles, and self in old age* (pp. 111–125). New York: Human Sciences.

Show, D. S., Winslow, E. B., & Flanagan, C. (1999). A prospective study of the effects of marital status and family relations on young children's adjustment among African American and European American families. *Child Development, 70*, 742–755.

Silberman, M. L., & Wheelan, S. A. (1980). *How to discipline without feeling guility: Assertive relationships with children.* Champaign, Il: Research Press.

Simmons, R. G. et al. (1987). The impact of cumulative changes in early adolescence. *Child Development, 58*, 1220-1234.

Simon, R. L. (1996). *Understanding difference between divorced and intact families: Stress, interaetion, and child outcom.* Sage Publications.

Simons, R. L., Beaman, J., Conger, R. D., & Chao, W. (1993). Childhood experience, conceptions of parenting, and attitudes of spouse as determinants of parental behavior. *Journal of Marriage and the Family, 55*, 91-106.

Smetana, J. G., & Daddis, C. (2002). Domain-specific antecedents of psychological control and parental monitoring: The role of parenting beliefs and practices. *Child Development, 73*, 563-580.

Snow, J. N., Kern, R. M., & Curlette, W. L. (2001). Identifying personality traits associated with attrition in systematic training for effective parenting groups. *The family Journal: Counseling and Therapy for couples and Families. 9*(2), 102-108.

Spock, B. (1946). *The common sense book of baby and child care.* NY: Pocket Book.

Spock, B. (1957). *The pocket book of baby and child care.* NY: Pocket Book.

Sroufe, A. (1999). *Emotional development: The organization of emotional life in the early years.* Cambridge: University of Cambridge.

Sroufe, L. A. (1977). Wariness of strangers and the study of infant development. *Child Development, 48*, 1184-1199.

Sroufe, L. A., & Fleeson, J. (1988). The coherence of individual relationships. In R. A. Hinde, & stevenson-Hinde (Eds.), *Relationships within families: Mutual influence* (pp. 27-47). Oxford: Oxford University Press.

Starrels, M. (1994). Gender differences in parent-child relations. *Journal of Family Issues, 15*, 148-165.

Steinberg, L. (2005). *Adolescence* (7th edition). New York: McGraw-Hill.

Steiner, J. E. (1979). Human facial expressions in response to taste and smell stimulation. In H. Reese and L. Lipsitt (Eds.), *Advances in child development and behavior(Vol. 13).* New York: Academic.

Stipek, D. J., & DeCotis, K. M. (1988). Children' s understanding of the implications of causal attributions for emotional experiences. *Child Development, 59*, 1314-1322.

Straus, M. A. (1991). Discipline and deviance: Physical punishment of children and violence and other crime in adulthood. *Social Problems, 38*, 133-154.

Swap, S. M. (1993). *Developing home-school partnerships: From concepts to practice*. N.Y: Teachers College Press.

Taanila, A., Ebeling, H., Kotimaa, A., Moilanen, I., & Jvelin, M-R. (2004). Is a alrge family a protective factor against behavioral and emotional problems at the age of 8 years?. *Acta Padiatr, 93*, 508-517.

Taylor, A. C., Robila, M., & Lee, H. S. (2005). Distance, contact and intergenerational relationships: Grandparents and adult grandchildren from an international perspective. *Journal of Adult Development, 12*(1), 33-41.

Thompson, L., & Walker, A. J. (1989). Gender in families: Women and men in marriage, work, and parenthood. *J. of Marriage and the Family, 51*, 845-871.

Thompson, R. A. (1998). *Handbook of child psychology: Vol. 3. Social, Emotional, and personality development* (5th ed., pp. 25-104). New York: Wiley.

Thompson, R. A. (1999). Early attachment and later development. In J. Cassidy & P. R. Shaver (Eds.), *Handbook of attachment: Theory, research, and clinical application* (pp. 265-286). New York: Guilford Press.

Turner, H. A., & Finkelhor, D. (1996). Corporal punishment as a stressor among youth. *J. of Marriage and the Family, 58*, 155-166.

Van IJzendoorn, M. H., & Hubbard, F. O. A. (2000). Are infant crying and maternal responsiveness during the first year related to infant-mather attachment at 15 months?. *Attachment and Human Development, 2*(3), 371-392.

Veevers, J. (1973). Voluntarily childless wives: An exploratory study. *Sociology and Social Research, 57*, 356-366.

Vemer, E., Coleman, M., & Ganong, L. (1989). Marital Satisfaction inremarriage: A meta-analysis. *Journal of Marriage and the Family, 51*, 713-725.

Visher, E. B. (1996). *Therapy with stepfamilies*. Brunner & Mazel.

Visher, E. B., & Visher, J. S. (1979). *Stepfamilies: A guide to working with stepparents and stepchildren*. Psycholog Press.

Vuchinich, S. (1999). *Problem solving in families: reseauch and practice*. Sage Publication.

Vygotsky, L. S. (1978). *Mind in Society: the development of higher psychological processes*. Cambridge, MA: Harvard University Press.

Wagele, E. (1997). *The Enneagram of parenting.* 김현정 역(2005). 에니어그램으로 보는 우리 아이 속마음. 서울: 연경미디어.

Walters, G. C., & Grusec, J. E. (1977). *Punishment. San Francisco.* W. H Freeman & Company Publishers.

Weiss, B., Dodge, K. A., Bates, J. E., & Pettit, G. S. (1992). Some consequences of early harsh discipline: Child aggression and a maladaptive social information processing style. *Child Development, 63*, 1321-1335.

Whitbeck, L. B., Hoyt, D. R., & Huck, S. M. (1993). Family relationship history, contemporary parent-grand parent relationship quality, and the grandparent-grandchild relationship. *Journal of Marriage and Family, 55*, 1025-1035.

Wood, C., & Davidson, J. (2003). Helping families cope: a fresh look at parent effective training. *Family Matters, 65*, 28-33.

Woodworth, R. A., & Rohner, R. P. (1998). Perceived parental acceptance, parental involvement, and youths' psychological adjustment in rural biracial Southern Community. *J. of Marriage and the Family, 60*(2), 335-343.

Woodworth, S., Belsky, J., & Crinic, K. (1996). The determinants of fathering during the child's second and third years of life: A developmental analysis. *J. of Marriage and the Family, 58*, 679-692.

Zimbardo, P. G., & Radl, S. (1982). *The shy child.* Garden City. NY: Doubleday.

http://www.gfamily.or.kr(관악구건강가정지원센터)
http://www.brainmedia.co.kr(브레인미디어)
http://www.fathers.or.kr(좋은아버지모임)
http://www.cartoonstock.com(카툰스톡)
http://www.ta.or.kr(한국교류분석협회)
http://www.kpti.com(한국심리검사연구소)
http://www.kenneagram.com(한국에니어그램교육연구소)
http://www.mbti.co.kr(한국MBTI연구소)
http://www.OkCupid.com
http://www.activeparenting.com/about.htm

찾아보기

《인 명》

김정택 304

심혜숙 304

Ainsworth, M. 163, 220
Aristoteles 19

Bales, R. 50
Bandura, A. 174
Baumrind, D. 55, 58
Berne, E. 288, 290
Bernstein, B. 59, 60
Blatz, W. 165
Bowlby, J. 163, 164, 220
Briggs, K. C. 304
Brody, V. A. 227
Bronfenbrenner, U. 27, 177

Dinkmeyer, D. 147, 257
Dreikus 17

Erikson, E. 77, 140

Faber, A. 147
Freud, A. 160
Freud, S. 77, 154
Froebel, F. W. A. 21

Ginott 17
Gordon 17, 257
Gumperz, J. 62

Hall 22, 145
Hudson, R. 319

Jenberg, A. 233
Jung, C. 304

Klein, M. 160
Kohlberg, L. 116

LeVine, R. A. 15
Locke, J. 20
Lorenz, K. 164
Lousseau, J. J. 20

Maccoby, E. E. 58
Mahler 228
Martin, J. A. 58
Mazlish, E. 147
McKay, G. D. 25, 147, 257
Murphy, T. 133
Myers, I. B. 304

Oberlin, L. H. 133

Parsons, T. 50
Pavlov, I. 171
Pestallozzi, J. H. 21
Piaget, J. 109
Platon 18
Popkin 257

Riso, D. R. 319
Rogers, C. 25

Sapir-Whorf 59
Schaefer, E. S. 54
Skinner, B. F. 172
Spock, B. 15, 23

Vygotsky, L. S. 59

Whorf 59

《내 용》

16가지 성격유형 307
9가지 기본 성격유형 315
HIPPY 프로그램 191
HOPE 프로그램 191
MBTI 304
MBTI 성격유형검사 308
MMTIC 309

가설적 사고 139
가슴중심 314
가슴형 부모 323
가정중심 부모교육 프로그램 189
가족관계 140
가치관 142
각인현상 164
갈등 69, 142, 148
감각형 306
감각 306
감독 151
감정 71, 72, 130
감정 기복 140
감정표현 70
감정 306
강연회 205
강점 136
강화 250
개방형 질문 147
개인상담 212
개인의 특성 68
개인적 143
개인적 우화 139
개입 66

거부 72
거식증 145
걱정 145
격려 148, 150
경제적 문제 69
경청 147
계획 138
고유성 151, 331
고전적 조건화 171
고정관념 145
공감 69, 72
공감 능력 69
공격성 347
공격적인 행동 135
과잉행동 347
과잉활동 136
관계 146
관습적 143
교류 181
교류분석 288
교류양식분석 301
교육활동 참여 208
교차교류 302
구체적 조작기 130
권력 143
권위적 양육행동 56, 57
규범 149
규칙 143, 148, 149
규합총서 26
그림책 369
근력 130
근면성 132
근접과정 178
긍정적 스트로크 290
긍정적인 아동관 66
긍정적인 정서 137
기관중심 부모교육 프로그램 191
기러기 가족 44
기본적 태도 291
기자속 25
기질 68, 78
까다로운 기질 70

나-전달법 264, 274
날개 317
남성 한부모가족 34
낯선 상황 실험 167
내향 306
냉소 147
논리적인 사고 130
느린 기질 68

다문화가족 42, 360, 363
대교수학 19
대상관계이론 161
대상상실 162
대인관계 문제 348
대중매체 68
대화분석 301
대화의 모델이 되기 147
도와주기 135
독립 욕구 149
독립성 132
독재적 양육행동 56, 57
동물행동학 164
동의보감 26
동조 142
또래 131
또래 지향 151
또래관계 129, 134

또래압력 142

리비도 77, 154

만성질환 344
말다툼 143
맞벌이 가족 353, 354
머리중심 314
머리형 부모 325
명령적 통제유형 61
모델링 251
모방 174
모의 민감성 가설 164
모친 학교 20
목울림 367
목표행동 247
무승부법 265
문제 소유자 260
문제해결 능력 138
문제행동 67, 144
미성취 영재 340
미소대뇌기능장애 347
민감 70
민감기 164
민감성 69
민주적인 부모교육 프로그램 25

반영 147
반영적 경청 273
반영적 부모교육 프로그램 25
반응 70
발달 상황 68
발달놀이치료 227
발달단계 68
발달수준 319
방법 및 전략 263
방어기제 158
방임 151
배우자와의 관계 70
벌 252
베이비 마사지 221
보육시설운영위원회 210
보존개념 130
본능형 부모 326
부모 자아 상태 181, 294
부모교육 10, 67, 153, 205
부모교육 유형 190
부모교육 프로그램 187
부모교육 프로그램의 개발 196
부모교육 프로그램의 개발과정 197
부모됨 동기 46
부모봉사 213
부모상 74
부모상담 210, 212
부모의 언어통제 유형 59
부모참여 207, 208
부모치료 10
부모회 209
부모효율성훈련 258
부모훈련 10
부모-자녀관계 72
부부관계 69
부적 강화 242
부적절감 129
부정적 스트로크 290
부주의 136
분노 72, 133
분노 조절 349, 351
분노 조절 능력 135
분리 355

분열 317
분열의 방향 317
불안 136, 145
불안정 애착 354
불안증상 69
비교 133
비난 66, 147
비참여 부모 58
비판 69, 147
비판적 부모 294
비행 378

사고 306
사별 371
사회성 142
사회성 증진 훈련 프로그램 135
사회적 기술 132, 135
사회화 70
사후처방적 부모교육 188
산후우울증 92
삼태도 26
상보교류 302
상상적 관중 139
상호 의존 단계 146
상호작용 74, 135
상황 66
새로운 아버지 50
생물학적 생태체계론 177
생태학적 체계론적 관점 27
생활양식 306
서열화 130
선행자극 249
선호경향 305
성격의 구조분석 293
성격의 기능분석 293
성별 115
성인 자아 상태 182, 294
성장 급등 137
성적 143
성적 성숙 137, 145
성정체성 115
세미나 및 소규모 토론회 205
소거 252
소년원학교 351
소속감 142
소황제 31
수줍음 135
수치감 129
순응 119
순응하는 아동 294
순한 기질 70
슈퍼에고 156
스텝 부모교육 프로그램 25
스트레스 69, 140, 145
스트로크 290
스푸트니크 24
시각장애 332
시간체계 178
시냅스 104
시행착오 139
신경세포 138
신체건강장애 332
신체발달 129
신체변화 145
신체상 145
신체에 대한 불만족 145
심리사회적 발달이론 156
심리유형이론 304
심리적 성숙 69
심리적 욕구 69

심리적 준비 145
심리적 지지체계 71, 132
심리적 환경 65
심리적인 지지자 71

아동 자아 상태 182
아동발달 67
아동발달 원리 67
아동에 대한 태도 65
아버지참여수업 208
안전기지 114
안정 애착 354
애정성-적대성 54
애착 113, 141, 163
애착발달 354
애착이론 113
양가감정 334
양성성 117
양육 66
양육경험 74
양육도우미 359
양육방식 65
양육적 부모 294
양육행동 65, 67, 70
언어 기술 135
언어발달 67
언어사회화 이론 59
에고 156
에너지 초점 306
에니어그램 313
여가활동 142
여성 한부모가족 32
역할모델 74
연령 70
열등감 132
영아돌연사증후군 89
영향력 143
예방적 부모교육 188
예비부모교육 188
온정 150
옹알이 367
왕따 341
외로움 131
외향적인 행동 135
외향 306
요청 135
우울 69, 136
우울감 131, 140
원초적 자아 156
웹중심 부모교육 프로그램 194
위축 68
유대감 141
유목화 130
유전 66
육아데이 40
의미있는 타자 38, 354
의사결정 143, 149
의사결정 참여 209
의사소통 69, 146, 148, 211
이고그램 295, 296
이면교류 303
이상주의적 사고 139
이중취업 358
이차성징 144
이차성징발달 137
이해 69
이혼 371
인내심 69
인성적 통제유형 62
인성지향적 가족 60, 61

인성지향적 체계 60
인식기능 306
인식 306
일상생활 습관 143

자기 자각 328
자기긍정 288
자기긍정 타인부정 291
자기부정 타인긍정 291
자기조절 118
자기중심성 139
자녀양육 스트레스 70
자신감 135
자아 156
자아 탐색 142
자아개념 111, 112, 131, 134, 138, 144
자아정체감 140, 149
자아존중감 133, 135, 148
자아효능감 174
자연적 · 논리적 귀결 275
자유 146
자유로운 아동 294
자율성 138, 141, 148, 150, 151
자율성-통제성 54
자존감 69, 70
자타긍정 291
자타부정 291
잠재력 65
장기분거가족 43
장애아 가족 332
장중심 315
장 중심 314
재혼가정 374, 377
저항감 72
적극적 부모 279
적극적 의사소통 283
적성 133
정교한 어법 60
정보 68, 147
정상성 331
정서불안 347, 348
정서적 환경 132
정서조절 133
정신분석이론 154
정적 강화 242
제안 135
제한 150
제한된 어법 60
조기교육 67
조망 수용 능력 130
조부모 양육 353
조손가족 35
조언 148
조작적 조건화 172
조합적 사고 139
존중 66, 147, 151
좌절감 133
주의력결핍 과잉행동장애 122, 136
주의산만 347
지구력 130
지도 151
지역사회중심 부모교육 프로그램 192
지위지향적 가족 60
지위지향적 통제유형 61
지위지향적 체계 60
직관형 306
직관 306
직장 71
직장생활 69
진로 142

질풍노도의 시기 145
집단 압력 341
집단상담 212

창피 131
청각장애 332
체계적 부모효율성훈련 267
체중 145
초자아 156
추론 138
충동성 136
치료놀이 233
친구 142
친구관계 140, 142
친밀한 관계 69, 71
칠태도 26

코르티솔 355
코멘트 요청하기 147
코멘트하기 147

타인긍정 288
타임아웃 253
탐색 150
태교 26, 80
태교신기 26
태중훈문 26
통제 66, 146, 148
통제력 143, 146
통찰 74
통합의 방향 317
통합 317

파워 133
판단 147
판단기능 306
판단 306
팔로우 뜨루 24
포테이지 프로그램 191
포화 253
폭식증 145

학교생활 129, 135
학교중퇴 378
학령기 129
학습 170
학습 부진 348
학습동기 132
학습이론 169
학습장애 136
학업 143
학업 성취 132, 136
한부모가족 32, 371, 373
행동발달장애아 347
행동수정 241
행동형성 251
허용적 양육행동 56, 58
헤드 스타트 24, 191
협동하기 135
형식적 조작기 139
홈 스타트 24
홈 스타트 프로그램 191
환아 가족 343
활동참여 208
효율적인 부모역할 66
후기 프로이트 이론 160
후속자극 249
훈육 72, 146
힘의 중심 314

▶ 저자 소개 ◀

이순형

서울대학교 대학원 아동학 박사
한국아동학회 회장
인간발달학회 회장
서울대학교 생활과학대학 어린이집 원장
현) 서울대학교 아동가족학과 교수

민하영

서울대학교 대학원 아동학 박사
서울대학교 생활과학연구소 연수연구원
현) 대구가톨릭대학교 아동학과 교수
대구가톨릭 대학교 보육교사교육원 원장

권혜진

서울대학교 대학원 아동학 박사
하이닉스어린이집 원장
서울대학교 어린이집 부원장
현) 나사렛대학교 아동학과 교수

정윤주

서울대학교 대학원 아동학 석사
미국 펜실베이니아 주립대학교 아동학 박사
서울법원어린이집 원장
현) 인천대학교 소비자 · 아동학과 교수

한유진

서울대학교 대학원 아동학 박사
서울대학교 생활과학연구소 연수연구원
나사렛대학교 아동학과 교수
현) 명지대학교 아동학과 교수

최윤경

서울대학교 대학원 아동학 석사
미시간 주립대학교 연구조교
미시간 주립대학교 아동학 박사
현) 육아정책연구소 부연구위원

권기남

서울대학교 대학원 아동학 박사
국민체육진흥공단 어린이집 원장
서울대학교 생활과학대학 어린이집 부원장
현) 서울사이버대학교 복지시설경영학과 교수

부모교육

2010년 3월 10일 1판 1쇄 발행
2017년 4월 20일 1판 7쇄 발행

지은이 • 이순형 · 민하영 · 권혜진 · 정윤주 · 한유진 · 최윤경 · 권기남
펴낸이 • 김 진 환
펴낸곳 • (주) 학지사
04031 서울특별시 마포구 양화로 15길 20 마인드월드빌딩 5층
대표전화 • 02) 330-5114 팩스 • 02) 324-2345
등록번호 • 제313-2006-000265호
홈페이지 • http://www.hakjisa.co.kr
페이스북 • https://www.facebook.com/hakjisabook

ISBN 978-89-6330-348-2 93370

정가 **18,000**원

저자와의 협약으로 인지는 생략합니다.
파본은 구입처에서 교환하여 드립니다.

교육문화출판미디어그룹 **학지사**

학술논문서비스 **뉴논문** www.newnonmun.com
심리검사연구소 **인싸이트** www.inpsyt.co.kr
원격교육연수원 **카운피아** www.counpia.com